普通高等院校会计系列规划教材

Intermediate Accounting

中级会计学

主　编　闫国举
副主编　杨　晶　席文燕　郭　山

上海交通大学出版社
SHANGHAI JIAO TONG UNIVERSITY PRESS

内容提要

本教材以我国最新发布的企业会计准则及2016年5月1日全面推行的营改增等相关法规为依据，以我国制造业日常经济业务为主，阐述了中级财务会计的目的、特征等，介绍了企业会计要素的基本理论和具体会计处理方法，力求培养和提高学生及其他相关学习者的动手和分析问题及解决问题的能力。

图书在版编目（CIP）数据

中级会计学 / 闫国举 主编 . —上海：上海交通大学出版社，2016
ISBN 978-7-313-16472-8

Ⅰ. ①中… Ⅱ. ①闫… Ⅲ. ①会计学—教材 Ⅳ. ①F230

中国版本图书馆 CIP 数据核字（2017）第 006460 号

中级会计学

主　　编：闫国举
出版发行：上海交通大学出版社　　地　　址：上海市番禺路 951 号
邮政编码：200030　　电　　话：021-64071208
出 版 人：郑益慧
印　　制：北京蓝创印刷有限公司　　经　　销：全国新华书店
开　　本：787mm×1092mm　1/16　　印　　张：21
字　　数：524 千字
版　　次：2017 年 4 月第 1 版　　印　　次：2017 年 4 月第 1 次印刷
书　　号：ISBN 978-7-313-16472-8/F
定　　价：46.00 元

前言 PREFACE

“中级会计学”是财经类院校不可或缺的一门专业核心课程。本教材遵循会计教学规律，全书内容新颖，以最新的《企业会计准则》为依据，内容上紧跟会计发展的最新动态，深入浅出、循序渐进地阐述了财务会计的基本理论与实务，是一本融理论性、实践性、业务性和技术性为一体的教科书。在写作过程中，力图体现如下特色：

第一，注重实用，所选案例比较接近现实，为将来学生就业参考打下基础。

第二，尊重科学，查阅收集整理最新会计准则、会计政策和有关会计核算的法规，如营改增在案例中充分的体现。

第三，有针对性和目的性，通过项目导入，使学生带着问题去学。

第四，突出操作，配套设计大量的习题，题型多样，达到在练习中学知识的目的。

第五，职业对接，与会计从业资格考试，助理会计师、会计师等专业技术职称考试对接。

为突出应用型教材特色，保证良好的教学效果，本书提供了较丰富和全面的学习资料(包括各类型习题和相应参考答案)，致力于培养学生对教材知识点的全面掌握以及提高对中级会计实务的认知能力和业务处理能力，为广大读者的学习和研究提供服务。

本书由闫国举担任主编，杨晶、席文燕、郭山担任副主编。参加本书编写的有（以姓氏笔画为序）：闫国举、杨晶、郭山、席文燕、蒋晓丽、潘宗英。

本书在编写过程中参阅和吸纳了许多最新研究成果，借鉴和融合了一些同类教材，在此向这些成果的作者和同人表示诚挚的谢意！

由于作者水平有限，书中存在的问题与不足之处，恳请广大读者批评指正。

目录 CONTENTS

第1章
总　　论

学习目标

（1）掌握：财务会计的性质和财务会计报告的目标；财务会计的基本前提、基本要素、会计信息的质量要求。

（2）理解：财务会计的特点及经济环境对财务会计的影响。

（3）了解：企业会计准则的产生和发展的背景。

问题导入

某有限责任公司董事长了解到本年度利润为亏损后，找到财务经理，要求其将已经签订合同的一项销售业务提前入账，以提高本年利润的总额。财务经理按照董事长的授意，将利润表作了修改，对外报出的利润数据非常好看。请问这栏做对吗？如果不对他违反了什么原则和程序？

1.1　财务会计的概念

1.1.1　财务会计的定义

现代社会是当代企业会计的一个重要组成部分，它是运用系统的专门方法，以通用的会计原则为指导，对企业资金运动进行反映和监督控制，旨在为投资者、债权人提供会计信息的对外报告会计。会计实质上是一个信息系统，是为了使信息使用者能够作出有根据的判断和决策而认定、计量和传递经济信息的程序。强调会计信息对决策的相关性和有用性，是现代会计的一个重要特点。它是为经济决策提供信息的特殊信息系统。

现代会计自20世纪30年代分离为财务会计和管理会计两大分支，至今已有80多年的历史。财务会计作为现代会计的一大重要分支，其理论和方法在不断地发展和完善，人们对于财务会计的认识也由浅入深，但由于对财务会计的认识角度不同，对财务会计的定义理解也有所区别。长期以来，国内外会计界对财务会计定义的表述各不相同，迄今为止仍未达成共识。

在美国，涉及财务会计的定义，主要有以下几种观点：

1966年，美国会计学会在其发表的《基本会计理论说明书》第一章中曾把会计定义为“使信息使用者能够作出有根据的判断和决策而辨认、计量和传递经济信息的程序”。它把信息使用者分为外部和内部，向外部使用者提供的会计信息就是指财务会计。

1970年，美国注册会计协会所属会计原则委员会发表的第4号说明书说，企业财务会计是会计的一个分支，它着眼于有关财务状况与经营成果的通用报告即财务报表。财务报表是一种媒介，财务会计通过它将积累和处理的信息按期传递给使用者。借助财务会计程序，一个企业经济活动错综复杂的作用，便可据此积累、分析、定量、分类、记录、汇总并报告两种基本类型的信息：与某一时点有关的财务信息及与一定期间有关的财务状况的变动。

1978 年，财务会计准则委员会在其概念公告第 1 号中指出：财务会计“关注的是企业的资产、负债、收入、费用、盈利等方面的会计”。

1989 年，安东尼和瑞斯在其合著的《会计学——教科书与案例》中认为：“会计提供三种信息，其中财务会计信息既供管理当局使用又供企业外部使用。外部使用者包括股东、银行家和其他债权人、政府机构及广大公众。这种信息的提供要遵守一致的即共同的规则。”

在我国，关于财务会计的定义也众说不一。

1995 年，中国注册会计师专门化系列教材《中级财务会计》一书中指出：“财务会计（Financial Accounting）以会计准则为主要依据，确认、计量、控制企业资产、负债、所有者权益的增减变动，记录反映营业收入的取得、费用的发生和归属，以及收益的形成和分配，定期以财务报告的形式报告企业的财务状况、经营成果和资金流转，并分析报表，评价企业的偿债能力、获利能力等。财务会计报告既可满足投资者、债权人、政府管理部门等企业外部使用者的需要，也可满足企业内部管理部门的需要。”

1999 年，葛家澍教授主编的《中级财务会计》中认为：“财务会计是在继承传统会计的基础上发展起来的一个重要的会计分支。它基本上是一个财务信息系统，立足于企业，面向市场。财务会计着重按企业外部会计信息使用者的需要（用于评估企业的业绩和作出多种经济决策），把企业视为一个整体，以各国（各地区）的财务会计准则或 GAAP 为指导，运用确认、计量、记录和报告等程序，提供关于整个企业及其分部的财务状况、经营业绩、现金流量等方面的财务报表和有助于使用者作出决策的其他报告手段。对财务报表，应由独立公正的注册会计师进行审计，对其他财务报告，在必要时则由注册会计师或外部其他专家进行审阅（Review），这都是确保财务会计信息质量的必要步骤。”

根据上述财务会计的定义，我们认为：财务会计是现代企业会计的一个分支，它以企业会计准则为依据，运用确认、计量、记录和报告等程序对企业已经发生的交易或事项进行加工与处理，并以财务报告的形式向有关各方提供企业的财务状况、经营成果与现金流量等方面的财务信息。

1.1.2 财务会计的特征

现代会计分为财务会计和管理会计。财务会计是对外报告会计，而管理会计主要是为内部管理服务。财务会计的特征是指财务会计区别于管理会计及其他学科的主要标志。财务会计主要有以下特征。

1. 财务会计以计量和传递信息为主要目标

财务会计不同于管理会计的特点之一，就是财务会计的目标主要是向企业的投资人、债权人、政府以及社会公众提供会计信息。从信息的性质看，主要是反映企业整体情况，并着重反应历史信息；从信息的使用者看，主要是外部使用者，包括投资人、债权人、社会公众和政府部门等；从信息的用途看，主要是利用信息了解企业的财务状况和经营成果。而管理会计的目标侧重于规划未来，对企业的重大经营活动进行预测和决策以及加强事中控制。

2. 财务会计以会计报告为工作核心

财务会计作为一个会计信息系统，是以会计报表作为最终成果。会计信息最终是通过会计报表反映出来的。因此，财务报告是会计工作的核心。现代会计所编制的会计报表是以公认会计准则为指导而编制的通用会计报表，现代财务会计将会计报表的编制放在最突出的位置上。而管理会计并不把编制会计报表当作它的主要目标，只是为企业的经营决策提供有选择的或特定的管理信息。其业绩报告也不对外公开。

3. 财务会计仍然以传统会计模式作为数据处理和信息加工的基本方法

为了提供通用财务会计报表，财务会计还要运用较为成熟的传统会计模式作为处理和加工信息的方法。传统会计模式是历史成本模式，其特点如下：

（1）会计反映依据复式记账原理，以凭证账簿为形式，包括序时记录、分类核算、试算平衡、调整分录和对账结账等一系列步骤。

（2）收入与费用的确认，以权责发生制为基础。财务会计对收入和费用的确认采用权利义务发生，而不是等到企业收入或付出现金才确认和记录的。

（3）会计计量模式采用历史成本原则。历史成本原则的核心是指资产、负债等要素应按交易或事项发生时所确认的交换价格作为最初入账的计量标准。

4. 财务会计以公认会计原则和行业会计制度为指导

公认会计原则是由基本会计准则和具体会计准则所构成，而目前管理会计的基本准则和具体准则还没有执行。

1.1.3 财务会计的目标

会计目标是指会计所要达到的目的，会计主要是生成和提供会计信息。“受托责任观”与“决策有用观”是关于财务会计目标的两大主流观点。“受托责任观”认为，财务会计的目标是反映受托责任的履行情况，因此，财务会计应以提供反映经营业绩的信息为重心，且在反映财务信息时主要强调客观性和可靠性。“决策有用观”认为，财务会计的目标是为了向财务信息的使用者提供有助于他们作出合理的投资、信贷及类似决策的信息，因此，财务会计应以提供反映企业现金流动的信息为重心，且在反映财务信息时主要强调相关性和有用性。显然，考察财务会计的目标必须与具体的社会环境和经济环境相适应。在资本市场不太发达的情况下，“受托责任观”比较切合实际，它能使企业的会计行为与其经济行为相一致。而在资本市场比较成熟的情况下，“决策有用观”显得更为科学，它能促使财务会计的理论与方法产生质的飞跃。

当然，这两种观点实际上是相互联系、相互补充的，相互融合更有利于全面科学地认识一般会计的目标。譬如，国际会计准则委员会在其发布的《关于编制和提供财务报表的框架》中对上述两种观点作了综合性的描述：①财务报表的目标是提供经济决策中有助于使用者的一系列关于企业财务状况、经营业绩和财务状况变动的资料；②财务报表还反映了企业管理当局对交付给它的资源的受托管理责任或经营责任的成果。使用者之所以评估企业管理当局的受托管理工作，是为了能够作出经济决策，如是保持还是出卖其对企业的投资，是续聘还是更换管理者等。

而我国根据企业会计准则编制的财务会计报告，其目标是“受托责任观”和“决策有用观”的融合，即“向财务报告使用者提供与企业财务状况、经营成果和现金流量等有关的会计信息，反映企业管理层受托责任履行情况，有助于财务会计报告使用者作出经济决策”。我国财务报告目标主要包括以下两个方面：

（1）帮助投资者和债权人作出合理的决策。财务会计的主要目标就是帮助投资者和债权人作出合理的投资和信贷决策。一般认为，最为关注企业会计信息的莫过于投资人和债权人。除此之外，对其他使用者也是有用的。因此，财务会计把服务于投资人和债权人作为主要目标。

（2）考评企业管理者管理资源的责任和绩效。企业的经济资源均为投资人及债权人所提供，委托企业经营者保管和经营，投资者和债权人与经营者之间存在着一种委托和代理关系。投资人和债权人要随时了解和掌握企业经营者管理和运用其资源的情况，以考评经营者的经营绩效，适时改变投资方向或更换经营者。

（3）为财务报告使用者提供决策有用的信息。企业编制财务报告的主要目的是为了满足财务报告使用者的信息需要，有助于财务报告使用者作出经济决策。因此，向财务报告使用者提供决策有用的信息是财务报告的基本目标。财务会计报告使用者包括投资者、债权人、政府及其有关部门和社会公众等。

1.2 会计核算的基本前提

会计核算的基本前提，规定了会计核算工作赖以存在的一些前提条件，是对会计核算所处的时间、空间环境所作的合理假定。会计核算对象的确定、会计方法的选择、会计数据的收集，都要以这一系列的基本前提为依据。在西方会计中，将这些会计核算的前提条件称为会计假设或会计假定。会计核算的基本前提包括会计主体、持续经营、会计分期和货币计量。

1.2.1 会计主体

会计主体是指企业会计确认、计量和报告的空间范围。

在会计主体假设下，企业应当对其本身发生的交易或者事项进行会计确认、计量和报告，反映企业本身所从事的各项生产经营活动。明确界定会计主体是开展会计确认、计量和报告工作的重要前提。

首先，明确会计主体，才能划定会计所要处理的各项交易或事项的范围。在会计工作中，只有那些影响企业本身经济利益的各项交易或事项才能加以确认、计量和报告，那些不影响企业本身经济利益的各项交易或事项则不能加以确认、计量和报告。会计核算中涉及资产和负债的确认、收入的实现、费用的发生等，都是针对特定会计主体而言的。

其次，明确会计主体，才能将会计主体的交易或者事项与会计主体所有者的交易或者事项以及其他会计主体的交易或者事项区分开来。例如，企业所有者的经济交易或事项是属于企业所有者主体所发生的，不应纳入企业会计核算的范围，但是企业所有者投入到企业的资本或者企业向所有者分配的利润，则属于企业主体所发生的交易或者事项，应当纳入企业会计核算的范围。

会计主体不同于法律主体。一般来说，法律主体必然是会计主体。例如，一个企业作为一个法律主体，应当建立财务会计系统，独立反映其财务状况、经营成果和现金流量。但是，会计主体不一定是法律主体。例如，企业集团编制合并报表所依据的便是合并主体而非法律主体。又如，某母公司拥有10家子公司，母子公司均为不同的法律主体，但母公司对子公司拥有控制权，为了全面反映由母子公司组成的企业集团整体的财务状况、经营成果和现金流量，就需要将企业集团作为一个会计主体编制合并财务报表。再如，某基金管理公司管理了10只证券投资基金。对于该公司而言，一方面，公司本身既是法律主体，又是会计主体，需要以公司为主体核算公司的各项经济活动，以反映整个公司的财务状况、经营成果和现金流量；另一方面，各只基金尽管不属于法律主体，但需要单独核算，并向基金持有人定期披露基金的财务状况和经营成果等，因此，每只基金也属于会计主体。

1.2.2 持续经营

持续经营是指在可以预见的将来，企业将会按当前的规模和状态继续经营下去，不会停业，也不会大规模削减业务。在持续经营假设下，企业进行会计确认、计量和报告应当以持续经营为前提。明确这一基本假设，就意味着会计主体将按照既定的用途使用资产，按照既定的合约条件清偿债务，会计人员就可以在此基础上选择会计政策和估计方法。

当然，在市场经济环境下，任何企业都存在破产、清算的风险也就是说，企业不能持续经营的可能性总是存在的。因此，需要企业定期对其持续经营基本前提作出分析和判断。如果可以判断企业不能持续经营，就应当改变会计核算的原则和方法，并在企业财务报告中作相应披露。如果一个企业在不能持续经营时还假定企业能够持续经营，并仍按持续经营的基本假设选择会计核算的原则和方法，就不能客观地反映企业的财务状况、经营成果和现金流量，误导财务报告使用者进行经济决策。

1.2.3 会计分期

会计分期是指将一个企业持续经营的生产经营活动期间划分为若干连续的、长短相同的期间。会计分期的目的，在于通过会计期间的划分，将持续经营的生产经营活动期间划分成连续、相同的期间，据以结算盈亏，按期编报财务报告，从而及时向财务报告使用者提供有关企业财务状况、经营成果和现金流量的信息。在会计分期假设下，企业应当划分会计期间，分期结算账目和编制财务报告。会计期间分为年度和中期，年度和中期均按公历起讫日期确定，中期是指短于一个完整的会计年度的报告期间。我国会计分期以公历1月1日起至12月31日，但不同国家会计分期的起止时间不一定相同。

根据持续经营假设，一个企业将按当前的规模和状态持续经营下去。要想最终确定企业的生产经营成果，只能等到企业在若干年后歇业时核算一次盈亏。但是，无论是企业的生产经营决策还是投资者、债权人等的决策，都需要及时的信息，不能等到歇业时。因此，就必须将企业持续经营的生产经营活动期间划分为若干连续的、长短相同的期间，分期确认、计量和报告企业的财务状况、经营成果和现金流量。而且由于会计分期，才产生了当期与以前期间、以后期间的差别，出现了权责发生制和收付实现制的区别，才使不同类型的会计主体有了记账的基准，进而出现了应收、应付、折旧、摊销等会计处理方法。

1.2.4 货币计量

货币计量是指会计主体在进行会计确认、计量和报告时，以货币计量反映会计主体的财务状况、经营成果和现金流量。在会计的确认、计量和报告过程中选择货币作为基础进行计量，是由货币本身的属性决定的。货币是商品一般等价物，是衡量一般商品价值的共同尺度，具有价值尺度、流通手段、贮藏手段和支付手段等特点。其他计量单位，如重量、长度、容积、台、件等，都只能从一个侧面反映企业的生产经营情况，无法在量上进行汇总和比较，不便于会计计量和经营管理。因此，为全面反映企业的生产经营活动和有关交易、事项，会计确认、计量和报告选择货币作为计量单位。但是，统一采用货币计量也存在缺陷，例如，某些影响企业财务状况和经营成果的因素，如企业经营战略、研发能力、市场竞争力等，往往难以用货币来计量，但这些信息对于使用者决策也很重要。为此，企业可以在财务报告中补充披露有关非财务信息来弥补上述缺陷。

1.3 会计信息质量要求

会计信息质量要求是对企业财务报告中所提供的会计信息质量的基本要求，是使财务报告中所提供会计信息对使用者决策有用，所应具备的基本特征包括可靠性、相关性、可理解性、可比性、实质重于形式、重要性、谨慎性和及时性。

1.3.1 可靠性

可靠性要求企业应当以实际发生的交易或者事项为依据进行会计确认、计量和报告，如实反映符合确认和计量要求的各项会计要素及其他相关信息，保证会计信息真实可靠、内容完整。具体包括以下要求：

（1）企业应当以实际发生的交易或者事项为依据进行会计确认、计量和报告，不能以虚构的交易或者事项为依据进行会计确认、计量和报告。

（2）企业应当如实反映其所应反映的交易或者事项，将符合会计要素定义及其确认条件的资产、负债、所有者权益、收入、费用和利润等如实反映在财务报表中，刻画出企业生产经营及财务活动的真实面貌。

（3）企业应当在符合重要性和成本效益原则的前提下，保证会计信息的完整性，其中包括编报的报表及其附注内容等应当保持完整，不能随意遗漏或者减少应予披露的信息，与使用者决策相关的有用信息都应当充分披露。

1.3.2 相关性

相关性要求企业提供的会计信息应当与财务报告使用者的经济决策需要相关，有助于财务报告使用者对企业过去、现在和未来的情况作出评价或者预测。

会计信息的价值，关键是看其与使用者的决策需要是否相关，是否有助于决策或者提高决策水平。相关的会计信息应当有助于使用者评价企业过去的决策，证实或者修正过去的有关预测，因而具有反馈价值。相关的会计信息还应当具有预测价值，有助于使用者根据财务报告所提供的会计信息预测企业未来的财务状况、经营成果和现金流量。例如，区分收入和利得、费用和损失，区分流动资产和非流动资产、流动负债和非流动负债等，都可以提高会计信息的预测价值，进而提升会计信息的相关性。

为了满足会计信息质量的相关性要求，企业应当在确认、计量和报告会计信息的过程中，充分考虑使用者的决策模式和信息需要。当然，对于某些特定目的或者用途的信息，财务报告可能无法完全提供，企业可以通过其他形式予以提供。

1.3.3 可理解性

可理解性要求企业提供的会计信息应当清晰明了，便于财务报告使用者理解和使用。

企业编制财务报告、提供会计信息的目的在于使用，而要使使用者有效地使用会计信息，应当能让其了解会计信息的内涵，弄懂会计信息的内容。这就要求财务报告所提供的会计信息应当清晰明了、易于理解。只有这样，才能提高会计信息的有用性，实现财务报告的目标，满足向使用者提供决策有用信息的要求。

鉴于会计信息是一种专业性较强的信息产品，因此，在强调会计信息的可理解性要求的同时，还应假定使用者具有一定的有关企业生产经营活动和会计核算方面的知识，并且愿意付出努力去研究这些信息。对于某些复杂的信息，如交易本身较为复杂或者会计处理较为复杂，但其对使用者的经济决策是相关的，就应当在财务报告中予以披露，企业不能仅仅以该信息会使某些使用者难以理解而将其排除在财务报告所应披露的信息之外。

1.3.4 可比性

可比性要求企业提供的会计信息应当具有可比性。具体包括下列要求：

（1）为了便于使用者了解企业财务状况和经营成果的变化趋势，比较企业在不同时期的财务报告信息，从而全面、客观地评价过去、预测未来，会计信息质量的可比性要求同一企业对于不同时期发生的相同或相似的交易、事项，应当采用一致的会计政策，不得随意变更。当然，满足会计信息可比性的要求，并不表明不允许企业变更会计政策，企业按照规定或者会计政策变更后可以提供更可靠、更相关的会计信息时，就有必要变更会计政策，以向使用者提供更为有用的信息，但是有关会计政策变更的情况，应当在附注中予以说明。

（2）为了便于使用者评价不同企业的财务状况、经营成果的水平及其变动情况，从而有助于使用者作出科学合理的决策，会计信息质量的可比性还要求不同企业发生的相同或相似的交易、事项，应当采用规定的会计政策，确保会计信息口径一致、相互可比，即对于相同或相似的交易、事项，不同企业应当采用一致的会计政策，以便不同企业按照一致的确认、计量和报告基础提供有关会计信息。

1.3.5 实质重于形式

实质重于形式要求企业应当按照交易或者事项的经济实质进行会计确认、计量和报告，不应仅以交易或者事项的法律形式为依据。如果企业仅仅以交易或者事项的法律形式为依据进行会计确认、计量和报告，那么就容易导致会计信息失真，无法如实反映经济现实。

在实务中，交易或者事项的法律形式并不总能完全真实地反映其实质内容。所以，会计信息要想反映其所应反映的交易或事项，就必须根据交易或事项的实质和经济现实来进行判断，而不能仅仅根据它们的法律形式。

例如，企业以融资租赁方式租入固定资产，虽然从法律形式来讲，企业并不拥有其所有权，但是由于租赁合同中规定的租赁期都相当长，接近于该资产的使用寿命；租赁期结束时承租企业有优先购买该资产的选择权；在租赁期内承租企业有权支配该资产并从中受益等。从其经济实质来看，企业能够控制融资租入固定资产所创造的未来经济利益，所以，在进行会计确认、计量和报告时，应当将以融资租赁方式租入的固定资产视为企业的资产，反映在企业的资产负债表上。

1.3.6 重要性

重要性要求企业提供的会计信息应当反映与企业财务状况、经营成果和现金流量有关的所有重要交易或者事项。

企业会计信息的省略或者错报会影响使用者据此作出经济决策的，该信息就具有重要性。重要性的应用需要依赖职业判断，企业应当根据其所处环境和实际情况，从项目的性质和金额大小两方面来判断其重要性。

1.3.7 谨慎性

谨慎性要求企业对交易或者事项进行会计确认、计量和报告时应当保持应有的谨慎，不应高估资产或收益，也不低估负债或费用。

在市场经济环境下，企业的生产经营活动面临着许多风险和不确定性，如应收款项的可收回性、固定资产的使用寿命、无形资产的使用寿命、售出存货可能发生的退货或者返修等。会计信息质量的谨慎性要求，即需要企业在面临不确定性因素的情况下作出职业判断时，保持应有的谨慎，充分估计到各种风险和损失，既不高估资产或收益，也不低估负债或费用。

但是，谨慎性的应用并不允许企业设置秘密准备，如果企业故意低估资产或收益，或者故意高估负债或费用，将不符合会计信息的可靠性和相关性要求，损害会计信息质量，扭曲企业实际的财务状况和经营成果，从而对使用者的决策产生误导，这是企业会计准则所不允许的。

1.3.8 及时性

及时性要求企业对于已经发生的交易或者事项应当及时进行会计确认、计量和报告，不得提前或者延后。

会计信息的价值在于帮助使用者作出经济决策，因此具有时效性。即使是可靠、相关的会计信息，如果不及时提供，也就失去了时效性，对于使用者的效用也就大大降低，甚至不再具有任何意义。在会计确认、计量和报告过程中贯彻及时性的要求有：一是要求及时收集会计信息，即在经济交易或者事项发生后，及时收集整理各种原始单据或凭证；二是要求及时处理会计信息，即按照企业会计准则的规定，及时对经济交易或者事项进行确认或计量，并编制出财务报告；三是要求及时传递会计信息，即按照国家规定的有关时限，及时地将编制的财务报告传递给财务报告使用者，便于其及时使用和决策。

1.4 会计要素及其确认

1.4.1 会计要素的概念

会计要素是指按照交易或者事项的经济特征所作的基本分类，分为反映企业财务状况的会计要素和反映企业经营成果的会计要素。它既是会计确认和计量的依据，也是确定财务报表结构和内容的基础。

我国企业会计要素按照其性质分为资产、负债、所有者权益、收入、费用和利润。其中，资产、负债和所有者权益要素侧重于反映企业的财务状况，收入、费用和利润要素侧重于反映企业的经营成果。会计要素的界定和分类可以使财务会计系统更加科学严密，并可为使用者提供更加有用的信息。

1.4.2 反映企业财务状况的会计要素及其确认

1. 资产

(1) 资产的定义。

资产是指企业过去的交易或者事项形成的、由企业拥有或者控制的、预期会给企业带来经济利益的资源。

根据资产的定义，资产具有以下几个方面的特征：

① 资产预期会给企业带来经济利益。这是指资产具有直接或者间接导致现金和现金等价物流入企业的潜力，这种潜力可以来自于企业日常的生产经营活动，也可以是非日常生产经营活动。带来的经济利益可以是现金或现金等价物，或者是可以转化为现金或现金等价物的其他资产，再或者表现为减少现金或现金等价物流出。

资产预期能为企业带来经济利益是资产的重要特征。如果某一项目预期不能给企业带来经济利益，那么就不能将其确认为企业的资产。前期已经确认为资产的项目，如果不能再为企业带来经济利益的，也不能再确认为企业的资产。

② 资产应为企业拥有或者控制的资源。资产作为一项资源，应当由企业拥有或者控制，具体是指企业享有某项资源的所有权，或者虽然不享有某项资源的所有权，但该资源能够被企业所控制。

企业享有资产的所有权，通常表明企业能够排他性地从资产中获取经济利益。但是有些情况下，资产虽然不为企业所拥有，即企业并不享有其所有权，但是企业控制了这些资产，这同样表明企业能够从该资产中获取经济利益，符合会计上对资产的定义。反之，如果企业既不拥有也不控制资产所能带来的经济利益，那么就不能将其作为企业的资产予以确认。

③ 资产是由企业过去的交易或者事项形成的。资产应当由企业过去的交易或者事项所形成，过去的交易或者事项包括购买、生产、建造行为或者其他交易或事项。只有过去发生的交易或者事项才能产生资产，企业预期在未来发生的交易或者事项不形成资产。

(2) 资产的确认条件。

将一项资源确认为资产，首先应当符合资产的定义。除此之外，还需要同时满足以下两个条件：

① 与该资源有关的经济利益很可能流入企业。根据资产的定义，能够带来经济利益是资产的一个本质特征，但是由于经济环境瞬息万变，与资源有关的经济利益能否流入企业或者能够流入多少，实际上带有不确定性。因此，资产的确认应当与经济利益流入的不确定性程度的判断结合起来，如果根据编制财务报表时所取得的证据，与该资源有关的经济利益很可能流入企业，那么就应当将其作为资产予以确认。

② 该资源的成本或者价值能够可靠地计量。可计量性是所有会计要素确认的重要前提，资产的确认同样需要符合这一要求。只有当有关资源的成本或者价值能够可靠地计量时，资产才能予以确认。

企业取得的许多资产一般都是发生了实际成本的，如企业购买或者生产的存货，企业购置的厂房或者设备等，对于这些资产，只要实际发生的购买或者生产成本能够可靠地计量的，就应视为符合了资产的可计量性确认条件。在某些情况下，企业取得的资产没有发生实际成本或者发生的实际成本很小，如企业持有的某些衍生金融工具形成的资产，对于这些资产，尽管它们没有实际成本或者发生的实际成本很小，但是如果其公允价值能够可靠地计量的，也被认为符合了资产可计量性的确认条件。

因此，关于资产的确认，除了应当符合定义外，上述两个条件缺一不可，只有在同时满足的情况下，才能将其确认为一项资产。

2. 负债

（1）负债的定义。

负债是指企业过去的交易或者事项形成的、预期会导致经济利益流出企业的现时义务。

根据负债的定义，负债具有以下几个方面的特征：

① 负债是企业承担的现时义务。负债必须是企业承担的现时义务，它是负债的一个基本特征。现时义务是指企业在现行条件下已承担义务，未来发生的交易或者事项形成的义务，不属于现时义务，不应当确认为负债。

现时义务可以是法定义务，也可以是推定义务。其中，法定义务是指具有约束力的合同或者法律、法规规定的义务，通常在法律意义上需要强制执行；推定义务是指根据企业多年来的习惯做法、公开的承诺或者公开宣布的政策而导致企业将承担的责任，这些责任也使有关各方形成了企业的将履行义务解脱责任的合理预期。

② 负债的清偿预期会导致经济利益流出企业。负债的清偿会导致经济利益流出企业是负债的又一重要特征。只有企业在履行义务时会导致经济利益流出企业的，才符合负债的定义；如果不会导致企业经济利益流出的，就不符合负债的定义。在履行现时义务清偿负债时，导致经济利益流出企业的形式多种多样。例如，用现金偿还或以实物资产偿还，以提供劳务偿还，部分转移资产、部分提供劳务偿还、将负债转为资本等。在某些情况下，现时义务也可能以其他方式解除，如债权人放弃或者丧失了其要求清偿的权利等。在这种情况下，尽管现时义务的履行最终没有导致经济利益的流出，但是在现时义务发生时，仍然应当根据预计将要清偿的金额将其确认为负债。

③ 负债是由企业过去的交易或者事项形成的。负债应当由企业过去的交易或者事项所形成，过去的交易或者事项包括购买货物、使用劳务、接受银行贷款等。即只有过去发生的交易或者事项才形成负债，企业在未来发生的承诺、签订的合同等交易或者事项不形成负债。

（2）负债的确认条件。

将一项现时义务确认为负债，首先应当符合负债的定义。除此之外，还需要同时满足以下两个条件：

① 与该义务有关的经济利益很可能流出企业。根据负债的定义，预期会导致经济利益流出企业是负债的一个本质特征。鉴于履行义务所需流出的经济利益带有不确定性，尤其是与推定义务相关的经济利益通常需要依赖于大量的估计，因此，负债的确认应当与经济利益流出的不确定性程度的判断结合起来。如果根据编制财务报表时所取得的证据判断，与现时义务有关的经济利益很可能流出企业，那么就应当将其作为负债予以确认。

② 未来流出的经济利益的金额能够可靠地计量。负债的确认也需要符合可计量性的要

求，即对于未来流出的经济利益的金额应当能够可靠地计量。对于与法定义务有关的经济利益流出金额，通常可以根据合同或者法律规定的金额予以确定。考虑到经济利益的流出一般发生在未来期间，有时未来期间的时间还很长，在这种情况下，有关金额的计量通常需要考虑货币时间价值等因素的影响。对于与推定义务有关的经济利益流出金额，通常需要较大程度的估计。为此，企业应当根据履行相关义务所需支出的最佳估计数进行估计，并综合考虑有关货币时间价值、风险等因素的影响。

3. **所有者权益**

（1）所有者权益的定义。

所有者权益是指企业资产扣除负债后，由所有者享有的剩余权益。公司的所有者权益又称股东权益。所有者权益反映了所有者对企业资产的剩余索取权，是企业资产中扣除债权人权益后应由所有者享有的部分。

（2）所有者权益的来源构成。

所有者权益按其来源主要包括所有者投入的资本、直接计入所有者权益的利得和损失、留存收益等。

所有者投入的资本是指所有者投入企业的资本部分，它既包括构成企业注册资本或者股本部分的金额，也包括投入资本超过注册资本或者股本部分的金额，即资本溢价或者股本溢价。这部分投入资本在我国企业会计准则体系中被计入了资本公积，并在资产负债表中的资本公积项目下反映。

直接计入所有者权益的利得和损失，是指不应计入当期损益，会导致所有者权益发生增减变动的，与所有者投入资本或者向所有者分配利润无关的利得或损失。其中，利得是指由企业非日常活动所形成的、会导致所有者权益增加的、与所有者投入资本无关的经济利益的流入；损失是指由企业非日常活动所发生的、会导致所有者权益减少的、与向所有者分配利润无关的经济利益的流出。直接计入所有者权益的利得和损失主要包括可供出售金融资产的公允价值变动额、现金流量套期中套期工具利得或损失属于有效套期部分等。

留存收益是企业历年实现的净利润留存于企业的部分，主要包括计提的盈余公积和未分配利润。

（3）所有者权益的确认条件。

由于所有者权益体现的是所有者在企业中的剩余权益，因此，所有者权益的确认主要依赖于其他会计要素，尤其是资产和负债的确认；所有者权益金额的确定也主要取决于资产和负债的计量。例如，企业接受投资者投入的资产，在该资产符合企业资产确认条件时，也相应地符合了所有者权益的确认条件。

1.4.3 反映企业经营成果的会计要素及其确认

1. **收入**

（1）收入的定义。

收入是指企业在日常活动中形成的、会导致所有者权益增加的、与所有者投入资本无关的经济利益的总流入。

收入具有以下几个方面的特征：

① 收入应当是企业在日常活动中形成的。其中，日常活动是指企业为完成其经营目标

所从事的经常性活动以及与之相关的活动。例如，工业企业制造并销售产品、商业企业销售商品、保险公司签发保单、咨询公司提供咨询服务、软件企业为客户开发软件、安装公司提供安装服务、商业银行对外贷款、租赁公司出租资产等，均属于企业的日常活动。明确界定日常活动是为了将收入与利得相区分，因为企业非日常活动所形成的经济利益的流入不能确认为收入，而应当计入利得。

② 收入应当会导致经济利益的流入，该流入不包括所有者投入的资本。收入应当会导致经济利益的流入，从而导致资产的增加。例如，企业销售商品，必须要收到现金或者有权利将收到现金，才表明该交易符合收入的定义。但是，企业经济利益的流入有时是由所有者投入资本的增加所导致的，所有者投入资本的增加不应当确认为收入，应当将其直接确认为所有者权益。因此，与收入相关的经济利益的流入应当将所有者投入的资本排除在外。

③ 收入应当最终会导致所有者权益的增加。与收入相关的经济利益的流入最终应当会导致所有者权益的增加，不会导致所有者权益增加的经济利益的流入不符合收入的定义，不应确认为收入。

（2）收入的确认条件。

收入的确认除了应当符合定义外，还应当满足严格的确认条件。收入只有在经济利益很可能流入，从而导致企业资产增加或者负债减少，且经济利益的流入额能够可靠地计量时才能予以确认。因此，收入的确认至少应当同时符合下列条件：

① 与收入相关的经济利益很可能流入企业。

② 经济利益流入企业的结果会导致企业资产的增加或者负债的减少。

③ 经济利益的流入额能够可靠地计量。

2. 费用

（1）费用的定义。

费用是指企业在日常活动中发生的、会导致所有者权益减少的、与所有者分配利润无关的经济利益的总流出。

根据费用的定义，费用具有以下几个方面的特征：

① 费用应当是企业在日常活动中发生的。这些日常活动的界定与收入定义中涉及的日常活动相一致。日常活动中所产生的费用通常包括销售成本、职工薪酬、折旧费、无形资产摊销费等。将费用界定为日常活动中所形成的，目的是为了将其与损失相区分，因企业非日常活动所形成的经济利益的流出不能确认为费用，应当计入损失。

② 费用应当会导致经济利益的流出，该流出不包括向所有者分配的利润。费用应当会导致经济利益的流出，从而导致资产的减少或者负债的增加（最终也会导致资产的减少）。其表现形式包括：现金或者现金等价物的流出，存货、固定资产和无形资产等的流出或者消耗等。鉴于企业向所有者分配利润也会导致经济利益的流出，而该经济利益的流出属于所有者权益的抵减项目，因而不应确认为费用，应当将其排除在费用之外。

③ 费用应当最终会导致所有者权益的减少。与费用相关的经济利益的流出最终应当会导致所有者权益减少，不会导致所有者权益减少的经济利益的流出不符合费用的定义，不应确认为费用。

（2）费用的确认条件。

费用的确认除了应当符合定义外，还应当满足严格的确认条件，即费用只有在经济利益很可能流出，从而导致企业资产减少或者负债增加，且经济利益的流出额能够可靠地计量时才能予以确认。因此，费用的确认至少应当符合以下条件：①与费用相关的经济利益应当很可能流出企业；②经济利益流出企业的结果会导致资产的减少或者负债的增加；③经济利益的流出额能够可靠地计量。

费用的确认应当注意以下几点：

① 企业为生产产品、提供劳务等发生的可归属于产品成本、劳务成本等的费用，应当在确认产品销售收入、劳务收入时，将已销售产品、已提供劳务的成本等计入当期损益。即这些费用应当与企业实现的相关收入相配比，并在同一会计期间予以确认，计入利润表。

② 企业发生的支出不产生经济利益的，或者即使能够产生经济利益但不符合或者不再符合资产确认条件的，应当在发生时确认为费用，计入当期损益。

③ 企业发生的交易或者事项导致其承担了一项负债而又不确认为一项资产的，应当在发生时确认为费用，计入当期损益。

3. 利润

（1）利润的定义。

利润是指企业在一定会计期间的经营成果，反映的是企业的经营业绩情况。利润通常是评价企业管理层业绩的一项重要指标，也是投资者、债权人等作出投资决策、信贷决策等的重要参考指标。

（2）利润的来源构成。

利润包括收入减去费用后的净额、直接计入当期利润的利得和损失等。其中，收入减去费用后的净额反映的是企业日常活动的业绩，直接计入当期利润的利得和损失反映的是企业非日常活动的业绩。直接计入当期利润的利得或损失，是指应当计入当期损益、最终会引起所有者权益发生增减变动的、与所有者投入资本或者向所有者分配利润无关的利得或损失。企业应当严格区分收入和利得、费用和损失之间的区别，以更加全面地反映企业的经营业绩。

（3）利润的确认条件。

利润反映的是收入减去费用、利得减去损失后的净额，因此，利润的确认主要依赖于收入和费用以及利得和损失的确认，其金额的确定也主要取决于收入、费用、利得、损失金额的计量。

资产、负债、所有者权益是静态的会计要素，反映某一时点上企业的规模，是资产负债表的列报项目。而收入、费用、利润是动态的会计要素，与企业的生产经营直接联系，反映企业的财务状况与经营成果，是利润表的列报项目。会计要素之间的关系可以用下式表示：

资产 = 负债 + 所有者权

利润 = 收入 − 费用 + 利得 − 损失

1.5 会计计量

会计计量是在一定的计量尺度下，运用特定的计量单位，选择合理的计量属性，确定应予记录的经济事项金额的会计记录过程。会计计量由计量单位和计量属性两方面组成。关于计量单位，我国基本准则中的会计假设已作出了规定。计量属性是指计量客体的特征或外在表现形式。不同的计量属性，会使相同的会计要素表现为不同的货币数量，从而使会计信息反映的财务成果和经营状况建立在不同的计量基础上，即建立在选用不同的会计目标上。但是，经济的发展需要多种多样的会计信息，使会计目标呈现多元化的趋势。根据我国基本准则的规定，会计计量属性主要有历史成本、重置成本、可变现净值、现值和公允价值。

1.5.1 历史成本

历史成本又称原始成本，是指以取得资产时实际发生的成本作为资产的入账价值。一般情况下，资产的历史成本越高，资产的原始价值就越大；反之，资产的原始价值就越小。二者在质和量的内涵上是一致的。在历史成本计量下，资产按照购置时支付的现金或者现金等价物的金额，或者按照购置资产时所付出的代价的公允价值计量；负债按照因承担现时义务而实际收到的款项或者资产的金额，或者承担现时义务的合同金额，或者按照日常活动中为偿还负债预期需要支付的现金或者现金等价物的金额计量。

历史成本计量具有以下优点：①历史成本是在财产物资取得时确实发生的成本支出，具有客观性、真实性；②采用历史成本有合法的原始凭证，便于日后查证，具有可验证性；③历史成本的数据比较容易取得，便于核算。但在物价变动较大、通货膨胀指数很高的情况下，历史成本不能准确反映企业的资产和负债的真实价值。

1.5.2 重置成本

重置成本又称现行成本，是指企业重新取得与其所拥有的某项资产相同或与其功能相当的资产需要支付的现金或现金等价物。重置成本适用的前提是资产处于在用状态，一方面反映资产已经投入使用；另一方面反映资产能够继续使用，对所有者具有使用价值。在重置成本计量下，资产按照现在购买相同或者相似资产所需支付的现金或者现金等价物的金额计量；负债按照现在偿付该项债务所需支付的现金或者现金等价物的金额计量。

与历史成本比较，重置成本计价具有以下优点：①可避免物价上涨时虚增利润；②作为现时成本，增强了会计信息的有用性；③现时成本与现行收入相匹配，能准确反映企业经营状况。但重置成本的数据难以确定，在计算上缺乏足够可信的证据，不便于核算。

1.5.3 可变现净值

可变现净值又称预期脱手价值，是指在不考虑货币时间价值的情况下，计量资产在正常经营过程中可带来的预期现金流入或将要支付的现金流出。在可变现净值计量下，资产按照其正常对外销售所能收到现金或者现金等价物的金额扣减该资产至完工时估计将要发生的成本、估计的销售费用以及相关税费后的金额计量。

1.5.4 现值

现值即现时价值，是指资产或负债形成的未来现金流量的折现价值。在现值计量下，资产按照预计从其持续使用和最终处置中所产生的未来净现金流入量的折现金额计量；负债按照预期期限内需要偿还的未来净现金流出量的折现金额计量。现值计量属性的依据是资产的预期经济利益和负债的预期经济利益流出形成的现时义务。按资产和负债的定义和属性，资产具有一定的获利（产生未来现金净流入）能力；负债具有一定的支付（未来现金净流出）

义务，因此，现值这一计量属性符合会计要素的本质定义。

1.5.5 公允价值

公允价值是指在公平交易中熟悉情况的交易双方自愿进行资产交换或债务清偿的金额。在公允价值计量下，资产和负债按照在公平交易中熟悉情况的交易双方自愿进行资产交换或者债务清偿的金额计量。

公允价值最大的特征就是它来自于公平交易市场的确认，是一种具有明显可观察性和决策相关性的会计信息。公允价值是金融工具最相关的计量属性，而且是衍生工具唯一相关的计量属性。这是因为公允价值计量模式是以市场价值或未来现金流量的现值作为资产和负债的主要计量属性的会计模式。很多金融工具的交易或事项并未实际发生，不符合传统会计的计量标准，而采用公允价值计量则可以解决这一问题。

公允价值的确定，一般参考活跃市场交易价格或者类似资产的市场价格，特殊情况下可以参考资产评估机构评估确认的价值。

企业在对会计要素进行计量时，一般应当采用历史成本作为会计计量基础，法律、行政法规和企业会计准则规定允许采用其他会计计量基础的，也可以采用其他会计计量基础，但应当保证所确定的会计要素金额能够取得并可靠计量。

本章小结

本章主要讲述财务会计的概念及特点，财务会计以会计准则为主要依据，确认、计量、控制企业资产、负债、所有者权益的增减变动，记录反映营业收入的取得、费用的发生和归属以及收益的形成和分配，定期以财务报告的形式报告企业的财务状况、经营成果和资金流转，并分析报表和评价企业的偿债能力、获利能力等。

财务会计的基本前提和会计要素的确认。会计计量属性，根据我国基本准则的规定，会计计量属性主要有历史成本、重置成本、可变现净值、现值和公允价值。

关键名词

财务会计　基本假设　信息质量要求　会计要素　会计等式　会计计量

即测即评

请扫描二维码，在线测试本章学习效果。

选择题　　判断题

第2章
货币资金

学习目标

（1）掌握：货币资金的范围和使用的会计科目；货币资金的内部控制制度的主要内容；库存现金和银行存款的主要会计处理及清查盘点的核算；其他货币资金的主要内容和会计处理。

（2）理解：银行存款余额调节表的编制方法。

（3）了解：银行账户管理的内容和银行存款结算的主要方式；办理网络银行业务的基本要求和方法。

问题导入

某单位的出纳王某兼任应收会计，利用单位制度的漏洞，经常打白条从库存现金中取出部分现金用于自己的消费　有一天当单位财务经理突击检查时发现，王某的库存现金账实不符。经核对，除白条之外，还有少部分短缺，经询问是出纳王某经常没有对账所致。本例中王某违反了哪些规定?

2.1　货币资金概述

2.1.1　货币资金的概念及种类

1. 货币资金的概念

货币资金是指企业在生产经营过程中以货币形态存在的资产。货币资金是流动性最强、能够直接转化为其他任何资产形态的流动资产。货币资金用来购买原材料、直接支付各种税费、支付各种必要的劳务费、股利分红以及用于投资、筹资、汇率变动活动中发生的往来业务。

2. 货币资金的种类

根据货币资金存放地点和用途，可以分为库存现金、银行存款、其他货币资金。

（1）库存现金是指存放在企业财务部门由出纳人员保管，作为企业日常活动中零星开支必要的现金。在会计学上我们通常所指的现金是库存现金。

（2）银行存款是企业存放在银行或其他金融机构的货币资产，包括人民币存款和各种外币存款。

（3）其他货币资金是企业所拥有的除现金和银行存款以外的其他形式的货币资金，包括银行本票存款、银行汇票存款、信用卡存款、信用证存款、外埠存款、在途货币资金等。

2.1.2　货币资金管理

货币资金具有极强的变现能力，具有普遍可接受性、容易被盗窃等特点，因此在企业生产经营过程中，应该加强货币资金的管理和控制。

1. 现金管理

根据国务院颁布的《现金管理暂行条例》，企业可用于现金支付的款项包括：

（1）职工工资、津贴。

（2）个人劳务报酬。

（3）根据国家规定颁发给个人的科学技术、文化艺术、体育等各种奖金。

（4）各种劳保、福利费用以及国家规定的对个人的其他支出。

（5）支付给不能转账的集体单位或城乡居民个人的劳动报酬和收购农副产品与其他物资的价款。

（6）出差人员必须随身携带的差旅费。

（7）结算起点1 000元以下的零星开支。

（8）中国人民银行确定需要支付现金的其他支出。

现金使用范围以外的收支，企业应通过银行进行转账结算。

库存现金限额由开户银行根据实际需要核定，一般为3～5天的零星开支需要量。边远地区和交通不便地区的企业，库存现金限额可以多于5天，但不能超过15天的日常零星开支量。企业必须严格控制现金结余量，超过限额的部分必须及时送存银行。

现金日常收支管理的内容：现金收入应当当日送存银行，如当日送存银行确有困难，由银行确定送存时间；企业可以在现金使用范围内支付现金或从银行提取现金，但不得从本单位坐支现金；不准挪用现金和白条抵库，严禁企业设立小金库；企业应配备专职人员负责办理现金收支和保管业务，出纳和会计不能由一人兼任。

2. 银行存款管理

按照中国人民银行颁布的《银行账户管理办法》规定，企业应在银行或其他金融机构开立账户，办理存款、取款和转账等结算。企业开立账户必须遵守有关银行账户管理的各项规定。根据用途，银行存款账户可以分为基本存款账户、一般存款账户、临时存款账户、专用存款账户。

（1）基本存款账户是企业办理日常结算和现金收付的账户，企业支取工资、奖金等需要通过基本存款账户办理。

（2）一般存款账户是企业在基本存款账户以外的银行取得借款的转存或与基本存款账户的存款人不在同一地点的、附属的非独立核算单位开立的账户。企业可以通过一般存款账户办理转账结算业务和现金缴存，但不能办理现金支取。

（3）临时存款账户是企业因临时经营活动需要开立的账户。企业可以通过临时存款账户办理转账结算和办理现金收付。

（4）专用存款账户是企业因特定需要开立的账户，如基本建设资金的专用存款账户、更新改造资金的专用存款账户、其他有特定用途资金的专用存款账户。

银行存款是指企业存放在银行或其他金融机构的货币资金。银行存款在经济往来中具有同现金相同的支付能力，可以用来购买材料物资、支付各种费用、偿还债务等。根据国家有关规定，凡是独立经济核算的单位均应在当地银行开立账户、存储资金，通过银行办理有关款项的收付。各开户单位通过银行账户办理资金收付，必须遵守如下规定：

（1）认真贯彻执行国家的政策、法令，遵守银行信贷、结算和现金管理等有关规定。在银行检查时，各单位必须提供账户使用情况的有关资料。

（2）每个公司一般只能在一家银行或其他金融机构开立基本账户，否则责令其限期撤销多余账户，根据性质和情节的轻重处以 5 000 元至 10 000 元的罚款。但可以在其他银行开设辅助账户。

（3）不准出租、出借银行账户，违者除责令其纠正外，并按账户出租、出借的金额处以 5% 但不低于 1 000 元的罚款。

（4）各单位在银行的账户必须有足够的资金保证支付，不准签发空头支票和远期支票，套取银行信用。

（5）及时、正确地记载和银行的往来账务，重视对账工作。

3. 其他货币资金管理

其他货币资金与现金、银行存款相比，有其特殊的存在形式和支付方式，在管理上有别于现金和银行存款，应单独进行会计核算。其他货币资金包括银行本票存款、信用卡存款、信用证存款、外埠存款、存出投资款等。

2.2 货币资金业务处理

2.2.1 库存现金的核算

会计核算的现金是指企业的库存现金，即狭义的现金概念，包括人民币现金和外币现金。现金的核算包括现金收支的总分类核算和现金收支的序时核算以及现金清查、备用金的核算。

1. 库存现金的总分类核算

为了总括地反映企业库存现金的收入、付出和结存情况，企业应设置“库存现金”科目进行总分类核算。该科目属于资产类科目，借方反映库存现金的增加，贷方反映库存现金的减少，期末余额在借方，反映企业实际持有的库存现金。企业内部周转使用的备用金，在“其他应收款”科目核算，或单独设置“备用金”科目核算，不在“库存现金”科目核算。

对于企业发生的各项现金收支业务，都要根据审核无误的原始凭证编制记账凭证（收、付款凭证）。为避免重复登账，从银行提取现金的业务，一般只编制银行付款凭证，不再编制现金收款凭证；将现金存入银行，一般只编制现金付款凭证，不再编制银行收款凭证。在会计核算中，可以根据现金收付款凭证和银行付款凭证直接登记“库存现金”科目。如果企业现金收支业务较多，为了简化核算工作，也可以根据汇总收、付款凭证或科目汇总表定期或月终登记“库存现金”科目。

现金收支的主要账务处理包括以下几个方面：

（1）从银行提取现金，根据支票存根所记载的提取金额，借记“库存现金”科目，贷记“银行存款”科目。企业将现金存入银行，根据银行退回的进账单第一联，借记“银行存款”科目，贷记“库存现金”科目。

(2) 企业因支付内部职工出差等原因所需的现金，按支出凭证所记载的金额，借记“其他应收款”科目，贷记“库存现金”科目。

企业收到出差人员交回的差旅费剩余款并结算时，按实际收回的现金，借记“库存现金”科目；按应报销的金额，借记“管理费用”等科目；按实际借出的现金，贷记“其他应收款”科目。

(3) 企业因其他原因支付现金，借记有关科目，贷记“库存现金”科目。

(4) 每日终了结算现金收支、财产清查等发现有待查明原因的现金短缺或溢余，应通过“待处理财产损溢”科目核算，如为现金短缺，按短缺的金额借记“待处理财产损溢——待处理流动资产损溢”科目，贷记“库存现金”科目；如为现金溢余，按实际溢余的金额，作相反的会计分录。待查明原因后，应分以下情况进行会计处理：

① 如为现金短缺，属于应由责任人赔偿的部分应计入“其他应收款”；属于无法查明的其他原因，根据管理权限，经批准后计入“管理费用”；属于玩忽职守、违反纪律、有章不循等原因造成的重大责任性差错，应追究失职者的经济责任，给予适当的处分；数额较大、影响严重的，应追究法律责任。

② 如为现金溢余，属于应支付给有关人员或单位的，应计入“其他应付款”；属于确实无法查明原因的现金溢余，经批准后计入“营业外收入”。

【例2-1】 某公司月末根据发生的有关现金清查业务，分别编制会计分录如下：

(1) 公司进行现金清查，发现库存现金较账面余额多出156元，原因待查。

借：库存现金	156	
贷：待处理财产损溢——待处理流动资产损溢		156

(2) 经反复核查，上述现金长款原因不明，经单位领导批准，转为营业外收入处理。

借：待处理财产损溢——待处理流动资产损溢	156	
贷：营业外收入——现金溢余		156

(3) 现金清查中发现库存现金较账面余额短缺108元，原因待查。

借：待处理财产损溢——待处理流动资产损溢	108	
贷：库存现金		108

(4) 经查，上述现金短缺属于出纳员王欣责任，应由该出纳员王欣赔偿。

借：其他应收款——应收现金短缺款（王欣）	108	
贷：待处理财产损溢		108

(5) 收到上述出纳员王欣赔款108元。

借：库存现金	108	
贷：其他应收款——应收现金短缺款（王欣）		108

2. 库存现金的序时核算

为了随时掌握现金的增减变化情况，保证现金的安全，企业应设置“现金日记账”，由出纳人员根据审核无误的现金收、付款凭证和有关银行存款付款凭证，按照现金收付业务发生的先后顺序逐笔登记，进行序时核算。有库存外币的企业，应按人民币、各种外币分别设置“现金日记账”。每日终了，“现金日记账”的结存数应与实际库存现金数进行核对，做到账款相符；如有不符，应及时查明原因，追究责任。月份终了，应将“现金日记账”与

"现金总账"进行核对。

3. **备用金的核算**

备用金是指企业拨付给非独立核算的内部单位（职能部门、施工单位、车间等）备作差旅费、零星采购或零星开支等使用的款项。根据我国现行制度规定，备用金不属于货币资金，需要在"其他应收款"或"备用金"科目中进行会计处理。备用金可分为定额备用金和非定额备用金。定额备用金是财会部门根据部门或个人的实际需要来核定定额，付给现金或现金支票，各部门或个人按规定用途使用，凭有关单据报销后取回现金，补足定额；非定额备用金是根据需要凭单据报销，多退少补结清账款。

为了反映和监督企业各车间、部门及职工个人对备用金的领用和报销情况，根据现行制度规定，企业应设置"其他应收款——备用金"科目，也可以单独设置"备用金"科目。其借方登记备用金的发放情况，贷方登记备用金的报销和收回情况，借方余额反映尚未收回和尚未报销的备用金。

【例2－2】 职工张玉出差暂借款3 000元，以现金支付。

	借方	贷方
借：其他应收款——备用金（张玉）	3 000	
贷：库存现金		3 000

张玉出差返回，报销差旅费2 900元，余额退回。

	借方	贷方
借：管理费用——差旅费	2 900	
库存现金	100	
贷：其他应收款——备用金（张玉）		3 000

2.2.2 银行结算方式与银行存款核算

1. **银行的结算方式**

所谓结算，是指企业与外部单位和职工个人之间发生经济往来时，所引起的货币收付行为。结算可分为现金结算和转账结算两种。转账结算是通过银行将货币资金从付款人账户划转到收款人账户的货币收付行为，它的实质是以存款货币的流通代替现金的流通。

目前，我国银行转账结算方式主要有：支票、银行本票、银行汇票、汇兑、委托收款、托收承付、商业汇票、信用卡、信用证。其中适用于同城结算的有：支票、银行本票、信用卡。适用于异地结算的有：银行汇票、汇兑、托收承付。同城和异地都适用的有：委托收款、商业汇票。

（1）支票。

支票是单位或个人签发的，委托办理支票存款业务的银行在见票时无条件支付确定的金额给收款人或持票人的票据。支票结算方式是同城结算中应用比较广泛的一种结算方式。单位和个人在同一票据交换区域的各种款项结算，均可使用支票。

印有"现金"字样的支票为现金支票，现金支票只能用于支取现金；印有"转账"字样的支票为转账支票，转账支票只能用于转账；未印明"现金"或"转账"字样的支票为普通支票，普通支票可以用于支取现金，也可以用于转账；左上角划两条平行斜线的普通支票为划线支票，划线支票只能用于转账，不能用于支取现金。采用支票结算，应注意以下事项：

① 支票一律记名。

② 支票的提示付款期限为出票日起10日内。

③ 转账支票在中国人民银行批准的地区可以背书转让。

④ 禁止签发空头支票。空头支票是指签发的支票金额超过其付款时在银行实有的存款金额；不得签发与其预留银行印鉴不符的支票；使用支付密码的，不得签发支付密码错误的支票。否则，银行除退票外，按票面金额处以5%但不低于1 000元的罚款，持票人有权要求出票人赔偿支票金额2%的赔偿金。

⑤ 支票的日期、金额、收款人名不得更改，更改的支票无效。

⑥ 存款人领购支票，必须填写“票据和结算凭证领用单”并加盖预留银行印鉴。存款账户结清时，必须将全部剩余空白支票交回银行注销。

（2）银行本票。

银行本票是银行签发的，承诺自己在见票时无条件支付确定的金额给收款人或者持票人的票据。无论单位或个人，在同一票据交换区域支付各种款项，都可以使用银行本票。

银行本票分为定额本票和不定额本票。定额本票面值分别为1 000元、5 000元、10 000元和50 000元。银行本票可以用于转账，但注明“现金”字样的银行本票只能向出票银行支取现金，且可以作成“委托收款”背书，委托他人向出票银行提示付款。采用银行本票结算方式，应注意以下事项：

① 银行本票一律记名。

② 用于转账的银行本票可以背书转让。

③ 由于银行本票受理银行见票即付款，不予挂失，对于银行本票应同现金一样，妥善保管。

④ 银行本票的付款期为2个月，逾期后，兑付银行不予受理，但签发银行可办理退款手续。

⑤ 受理银行本票的企业，应注意审查票据的有效性，其中包括：收款人或被背书人是否为本收款人；银行本票是否逾期，日期、金额等填写是否正确无误；印章是否清晰，是否具有压数机压印的金额；银行本票和解讫通知是否齐全、相符；汇款人或背书人的证明或证件是否有误，背书人证件上的姓名与其背书是否相符（上述审查内容同样适合银行汇票审查）。

（3）银行汇票。

银行汇票是出票银行签发的，由其在见票时按照实际结算金额无条件支付给收款人或持票人的票据。银行汇票适用于先收款后发货或钱货两清的商品交易。单位和个人在异地结算的各种款项，均可使用银行汇票。

银行汇票可以用于转账，填明“现金”字样的银行汇票也可以用于支取现金。但申请人或收款人为单位的，不得申请用于支取现金的银行汇票。采用银行汇票办理结算，应注意以下事项：

① 银行汇票一律记名。

② 银行汇票的提示付款期限为出票日起1个月。

③ 用于转账的银行汇票可以背书转让。银行汇票的背书转让以不超过出票金额的实际结算金额为限。

④ 收款人向银行提示付款时，必须同时提交银行汇票和解讫通知，缺少任何一联，银

行不予受理。

（4）商业汇票。

商业汇票是出票人签发的，委托付款人在指定日期无条件支付确定的金额给收款人或者持票人的票据。商业汇票同城和异地均适用。在银行开立存款账户的法人以及其他组织之间，须具有真实的交易关系或债权债务关系，才能使用商业汇票。采用商业汇票结算方式，应注意以下事项：

① 商业汇票的付款期限由交易双方商定，但最长不得超过 6 个月。

② 商业汇票的提示付款期限自汇票到期日起 10 日内。

③ 商业汇票可以背书转让。

④ 符合条件的商业汇票的持票人可持未到期的商业汇票连同贴现凭证，向银行申请贴现。

根据承兑人不同，商业汇票分为商业承兑汇票和银行承兑汇票。

商业承兑汇票是由银行以外的付款人承兑的商业汇票。商业承兑汇票按交易双方约定，由销货企业或购货企业签发，但由购货企业承兑。付款人存款账户不足支付的，银行将填制付款人未付票款通知书，连同商业承兑汇票邮寄持票人开户银行转交持票人。

银行承兑汇票由银行承兑，由在承兑银行开立存款账户的存款人签发。企业申请使用银行承兑汇票时，应向其承兑银行按票面金额的万分之五交纳手续费，并计入财务费用。银行承兑汇票的出票人应于汇票到期前将票款足额交存其开户银行，银行承兑汇票的出票人于汇票到期前未能足额交存票款时，承兑银行除凭票向持票人无条件付款外，对出票人尚未支付的汇票金额按照每天万分之五计收利息。

（5）信用卡。

信用卡是商业银行向单位和个人发行的，向特约单位购物和向银行存取现金，具有消费信用的特制载体卡片。信用卡按使用对象分为：单位卡和个人卡，按信誉等级分为：金卡和普通卡。

凡在中国境内金融机构开立基本存款账户的单位可申请单位卡，凡具有完全民事行为能力的公民可申请个人卡。单位或个人申请信用卡，应按照规定填制申请表，连同有关资料一并送交银行。符合条件并按银行要求交存一定金额的备用金后，银行为申请人开立信用卡存款账户，并发给信用卡。

持卡人不得出租或转借信用卡。单位卡账户的资金一律从基本存款账户转账存入，包括在使用过程中需要向其账户续存资金。单位卡不得用于 10 万元以上的商品交易；信用卡在规定的限额和期限内允许善意透支；透支金额金卡最高不超过 1 万元；普通卡最高不超过 5 000元，透支期限最长为60 天。

（6）汇兑。

汇兑是汇款人委托银行将款项汇给外地收款人的结算方式，分为信汇和电汇两种，适用于异地的单位、个体经济户和个人之间的资金调拨、清理交易尾欠和往来账款。有关汇兑结算方式的规定如下：

① 汇款公司委托银行汇款时，应填写信（电）汇凭证，填明收款单位或收款人名称，开户银行以及汇款用途等内容，如需要在汇入行支取现金的，可在汇款凭证上注明“现金”字样。

② 汇入行对开立账户的收款人的款项，将直接转入收款人的账户，收款人未在银行开立账户的，凭信（电）汇取款通知或按“留存待取”的手续向银行支取款项，支取时须交验足以证明身份的有关证件或证明。汇款也可分次支取，以收款人的姓名开立临时存款户，该账户只付不收，付完清户，不计利息。

（7）委托收款。

委托收款是收款人委托银行向付款人收取款项的结算方式。委托收款在同城异地均可办理，不受金额起点限制。委托收款可分为邮寄和电报划回两种。适用于在银行开立账户的单位结算，也适用于水电、邮电、电话等劳务款项的结算，其特点是便利单位主动收款。收款人办理委托收款，应向开户银行提供收款依据，填写委托收款凭证。付款人开户银行接到收款人开户银行寄来的委托收款凭证，经审查无误，应及时通知付款人。付款人接到通知和有关附件，如无异议，应按开户银行发出付款通知的次日起算，在 3 日内支付款项，如有异议可在 10 日内办理拒付并退票。

（8）托收承付。

托收承付是根据经济合同由收款单位发货后委托银行向异地付款单位收取款项，由付款单位向银行承兑付款的结算方式。它一般适用于异地订有合同的商品交易和由商品交易而产生劳务供应的款项结算，其结算过程包括托收和承付两个阶段。

托收是指收款单位委托开户银行收取款项，销货单位按照合同发出货物后，应填制银行规定的托收承付结算凭证（一式五联），注明收付款双方单位名称、账号、开户银行和托收金额等，连同发票账单和货物运单送交其开户银行办理托收。

承付是指付款单位在收到银行转来的托收承付结算和所附有关单据后，应立即审核确定是否符合订货合同的规定，并按合同约定的验单付款或验货付款方式及时承付货款；验单付款的期限为 3 天，验货付款的期限为 10 天；无论是验单付款还是验货付款，在承付期内购货单位如未提出拒付，银行到期则主动按销货单位指定的划款办法（邮划或电划）办理划款手续。

托收承付结算每笔的金额起点为 10 000 元。新华书店系统每笔结算的金额起点为 1 000 元。购货单位若在付款期内发现所购货物的品种、质量、规格、数量与合同不符，或货款计算有错误，或货款已付，购货单位可以提出全部拒付或部分拒付的意见，在承付期内提出拒付理由书，送银行办理拒付手续。购货单位开户银行审查同意后，在拒付理由书上签注意见，并寄往销货单位开户银行，转告销货单位。

（9）信用证。

信用证结算方式是国际结算的一种主要方式，是开证银行依照申请人（购货方）的申请向受益方（销货方）开出的一定金额、在一定期限内凭信用证规定的单据支付款项的书面承诺。我国的信用证为不可撤销、不可转让的跟单信用证。

信用证结算方式主要有三个特点：其一，信用证结算是以开证银行的信用作为付款保证的银行信用，信用证开出后，开证银行负第一性的付款责任；其二，信用证与作为其依据的购销合同相互独立，银行在处理信用证业务时，不受购销合同的约束，只对信用证负责，只凭信用证所规定的而又完全符合条款的单据付款；其三，信用证业务只处理单据，一切以单据为准，而不是与单据有关的货物及劳务。

企业办理信用证应填制信用证开证申请书、信用证申请人承诺书，并提交有关购销合同，向银行交纳不低于开证金额20%的保证金。

2. 银行存款的核算

银行存款核算是指依据不同的银行结算方式的规定，填制或取得银行印发的收款或付款结算凭证，以经过审核正确的各项银行结算凭证，填制反映企业银行存款收付业务的记账凭证，并据以登账。银行存款核算包括总分类核算和序时核算。

为了反映和监督银行存款的收、支与结存情况，企业应设置“银行存款”科目，进行总分类核算。该科目属于资产类，借方登记银行存款的增加数，贷方登记银行存款的减少数，余额一般在借方，反映企业银行存款的结余数。

【例2-3】 公司将现金60 000元，存入银行。

借：银行存款　　　　60 000

　　贷：库存现金　　　　60 000

该公司以银行存款购买甲材料一批共计10 000元，增值税1 700元，材料已验收入库，签发转账支票一张付讫。

借：原材料——甲材料　　　　10 000

　　应交税费——应交增值税（进项税额）　　　　1 700

　　贷：银行存款　　　　11 700

为了逐日、逐笔详细地反映和监督银行存款的收入来源、支出用途与结存情况，企业根据开户银行的名称，设置银行存款明细分类账，进行序时核算。银行存款明细分类账一般采用日记账的形式，格式采用三栏式或者多栏式日记账。银行存款日记账由企业的出纳人员根据银行存款的收款凭证、付款凭证和有关的现金付款凭证，按照业务发生的先后顺序，逐日、逐笔连续进行登记，每日终了结出余额。月末结出本月收入、本月付出合计数与月末余额，并定期与开户银行核对账目。

3. 银行存款的清查

为了保证银行存款日记账正确无误，企业出纳人员应定期将“银行存款日记账”与银行定期送来的对账单进行核对，如果存在未达账，还必须编制“银行存款余额调节表”进行调节。

未达账项是指公司与银行之间由于凭证传递和记账时间差的原因，所出现的一方已经入账而另一方尚未入账的款项。公司与银行之间的未达账项，大致有以下四种情况：

① 银行已收款记账而企业尚未收款记账的款项。

② 银行已付款记账而企业尚未付款记账的款项。

③ 企业已收款记账而银行尚未收款记账的款项。

④ 企业已付款记账而银行尚未付款记账的款项。

调整后双方银行存款的余额相等，说明记账无差错。如果调整后双方余额仍不相等，则应查明原因，进行处理。

现举例说明未达账项及“银行存款余额调节表”的编制方法如下：

【例2-4】 企业10月31日银行存款日记账余额为56 300元，而对账单上企业存款为46 800元。经逐笔核对，发现有4笔未达款项。银行支付给企业存款利息13 000元，企业尚未收到收款通知；企业收到其他单位的转账支票12 000元已经入账，但支票尚未送存银行；银行向企业收取借款利息20 000元，企业未收到银行的付款凭证；企业开出转账支票

30 000 元，但银行还未入账。试根据上述未达账，编制银行存款余额调节表，如表 2－1 所示。

表 2－1 银行存款余额调节表

2016 年 10 月 31 日 单位：元

项 目	金 额	项 目	金 额
银行存款日记账余额	78 000	银行对账单余额	89 000
加：银行已收，企业未收	13 000	加：企业已收，银行未收	12 000
减：银行已付，企业未付	20 000	减：企业已付，银行未付	30 000
调整后银行存款余额	71 000	调整后银行存款余额	71 000

2.2.3 其他货币资金的内容与核算

1. 其他货币资金的内容

其他货币资金是指单位除库存现金、银行存款以外的其他形式存在的各种货币资金。主要包括外埠存款、银行本票存款、银行汇票存款、信用卡存款、信用证存款和存出投资款等。其他货币资金往往都有其指定的用途，要求会计上对其单独进行核算。

为了反映和监督其他货币资金的收支和结存情况，企业应设置“其他货币资金”总分类账户，该账户借方登记其他货币资金的增加额，贷方登记其他货币资金的减少额，期末借方余额反映其他货币资金的期末结存金额。在总分类账户下，还应按其他货币资金的种类分设“外埠存款”、“银行汇票存款”、“银行本票存款”、“在途货币资金”、“信用卡存款”、“存出投资款”等明细分类账户进行明细核算。

2. 其他货币资金的核算

（1）外埠存款的核算。

企业汇出款项时，应填写汇款委托书，并根据汇款凭证作账务处理，借记“其他货币资金——外埠存款”科目，贷记“银行存款”科目。收到采购员交来供应单位发票账单等报销凭证时，借记“物资采购”或“原材料”“库存商品”“应交税费——应交增值税（进项税）”等科目，贷记“其他货币资金——外埠存款”科目。

【例 2－5】 企业将银行存款 60 000 元汇往外地银行开立采购专户，以备临时采购材料。

借：其他货币资金——外埠存款 60 000
　　贷：银行存款 60 000

十天后，采购甲材料 50 000 元，增值税 8 500 元，材料验收入库，并将剩余款项转回。

借：原材料——甲材料 50 000
　　应交税费——应交增值税（进项税额） 8 500
　　贷：其他货币资金——外埠存款 58 500

剩余款项转回：

借：银行存款 1 500
　　贷：其他货币资金——外埠存款 1 500

（2）银行汇票存款的核算。

银行汇票是出票银行签发的，由其在见票时按照实际结算金额无条件支付给收款人或者持票人的票据，适用于单位和个人各种款项的结算。银行汇票存款是指企业为取得银行汇票按规定存入银行的款项。银行汇票分为转账银行汇票和现金银行汇票。申请人使用银行汇票，应向出票银行填写“银行汇票申请书”，填明收款人名称、汇票金额、申请人名称、申请日期等。

企业向银行提交“银行汇票申请书”，并将款项交存开户银行，取得汇票后，根据银行盖章的申请书存根联，编制付款凭证，借记“其他货币资金——银行汇票”科目，贷记“银行存款”科目。

企业使用银行汇票支付款项后，应根据发票账单及开户行转来的银行汇票有关副联等凭证，经核对无误后编制会计分录，借记“物资采购”或“原材料”、“库存商品”、“应交税费——应交增值税（进项税）”等科目，贷记“其他货币资金——银行汇票”科目。银行汇票使用完毕，如果“其他货币资金——银行汇票”科目有余额，企业要求银行退回多余款项或汇票因超过付款期限等原因未曾使用而退还款项时，根据开户银行转来的银行汇票第四联（多余款收账通知），按退回的款项，借记“银行存款”科目，贷记“其他货币资金——银行汇票”科目。

（3）银行本票存款的核算。

银行本票是银行签发的，承诺自己在见票时无条件支付确定的金额给收款人或者持票人的票据，适用于单位和个人在同一票据交换区域需要支付的各种款项。银行本票存款是指企业为取得银行本票按照规定存入银行的款项。

申请人使用银行本票，应向银行填写“银行本票申请书”，银行受理并收妥款项后，向申请人签发银行本票，并退回申请书存根联。

企业取得银行本票时，根据银行盖章退回的申请书存根联，借记“其他货币资金——银行本票”科目，贷记“银行存款”科目。

企业使用银行本票支付购货款等款项后，根据发票账单等有关凭证，借记“物资采购”或“原材料”、“库存商品”、“应交税费——应交增值税（进项税额）”等科目，贷记“其他货币资金——银行本票”科目。如企业因本票超过付款期等原因未曾使用而要求银行退款时，应填制进账单一式二联，连同本票一并交给银行，然后根据银行收回本票时盖章退回的一联进账单，借记“银行存款”科目，贷记“其他货币资金——银行本票”科目。

（4）信用卡存款的核算。

信用卡是指商业银行向个人和单位发行的，凭以向特约单位购物、消费和向银行存取现金，且具消费信用的特制载体卡片。信用卡存款是指企业为取得信用卡按照规定存入银行的款项。企业申请信用卡应按规定填制申请表，连同支票和有关资料一并送交发卡银行。银行受理后，为申请人开立信用卡存款账户，发给信用卡并退回进账单第一联，由申请人作为账务处理的依据。

企业根据银行盖章退回的进账单，借记“其他货币资金——信用卡”科目，贷记“银行存款”科目。企业收到开户银行转来的信用卡存款的付款凭证及所附发票账单，借记有关科目，贷记“其他货币资金——信用卡”科目。

（5）信用证保证金存款的核算。

信用证保证金存款是指企业为取得信用证按规定存入银行的保证金。企业向银行申请开立信用证，应按规定向银行提交开证申请书、信用证申请人承诺书和购销合同。企业向银行交纳的保证金，根据银行退回的进账单第一联作账务处理，借记“其他货币资金——信用证保证金”科目，贷记“银行存款”科目。

使用信用证方式采购货物，根据开证银行转来的信用证来单通知书及有关单据列明的金额，借记有关科目，贷记“其他货币资金——信用证保证金存款”和“银行存款”科目。

（6）存出投资款的核算。

存出投资款是指企业已存入证券公司但尚未进行短期投资的现金。

企业向证券公司划出资金时，应按照实际划出的金额，借记“其他货币资金——存出投资款”科目，贷记“银行存款”科目。

企业购买股票、债券等时，根据实际发生的金额，借记“交易性金融资产”科目，贷记“其他货币资金——存出投资款”科目。

【例2-6】　公司向证券公司划出资金6 000 000元，准备用于短期投资。

借：其他货币资金——存出投资款	6 000 000	
贷：银行存款		6 000 000

某日该公司购入W公司股票4 000 000元，作短期投资。

借：交易性金融资产——A公司股票	4 000 000	
贷：其他货币资金——存出投资款		4 000 000

本章小结

本章主要讲述货币资金的内容，货币资金是指企业在生产经营过程中以货币形态存在的资产。货币资金是流动性最强、能够直接转化为其他任何资产形态的流动资产。货币资金用来购买原材料、直接支付各种税费、支付各种必要的劳务费、股利分红以及用于投资、筹资、汇率变动活动中发生的往来业务。根据货币资金存放地点和用途，可以分为库存现金、银行存款、其他货币资金。

按照中国人民银行颁布的《银行账户管理办法》规定，企业应在银行或其他金融机构开立账户，办理存款、取款和转账等结算。企业开立账户必须遵守有关银行账户管理的各项规定。根据用途，银行存款账户可以分为基本存款账户、一般存款账户、临时存款账户、专用存款账户。

我国银行转账结算方式主要有：支票、银行本票、银行汇票、汇兑、委托收款、托收承付、商业汇票、信用卡、信用证。其中，适用于同城结算的有：支票、银行本票、信用卡，适用于异地结算的有：银行汇票、汇兑、托收承付，同城和异地都适用的有：委托收款、商业汇票。

其他货币资金是指单位除库存现金、银行存款以外的其他形式存在的各种货币资金。主要包括外埠存款、银行本票存款、银行汇票存款、信用卡存款、信用证存款和存出投资款等。

关键名词

货币资金　银行结算方式　银行存款余额调节表　未达账项　其他货币资金

即测即评

请扫描二维码，在线测试本章学习效果。

选择题　　判断题

实训题

请扫描二维码，查看实训题题目及答案

实训题

第 3 章 应收及预付款项

学习目标

（1）掌握：应收票据的贴现；应收账款的入账价值；坏账的核算。

（2）理解：其他应收款的核算和预付账款的核算

（3）了解：应收账款在资产负债表的列示方法。

问题导入

（1）某公司销售一批商品，货款没有及时收回，导致该项应收账款长期收不回，经多次催收无果。在本单位的账上始终存在一笔资产，该单位财务经理要把这些应收账款作为坏账处理，请问他这样做是否有依据？

（2）某单位收到一张银行承兑汇票，到期日为 3 个月，若该单位急需要资金，向银行贴现，单位在收到贴现金额时该如何处理？若是商业承兑汇票又该如何处理？

3.1 应收票据

3.1.1 应收票据概述

1. 应收票据的性质与分类

从广义上讲，应收票据作为一种债权凭证，应包括企业持有的未到期或未兑现的汇票、本票和支票等，但在我国会计实务中，支票、银行本票及银行汇票均为见票即付的票据，无须将其列为应收票据予以处理。因此，在我国应收票据仅指企业持有的未到期或未兑现的商业汇票，即狭义的应收票据。

根据我国现行法律的有关规定，商业汇票的期限不得超过 6 个月，因而我国的应收票据是一种流动资产。在会计实务中，企业的应收票据是指收到的经承兑人承兑的商业汇票。商业汇票可以按不同的标准进行分类。

按照票据是否带息，商业汇票分为带息票据和不带息票据两种。带息票据是指商业汇票到期时，承兑人除向收款人或被背书人支付票面金额款外，还应按票面金额和票据规定的利息率支付自票据生效日起至票据到期日止的利息的商业汇票。不带息票据是指商业汇票到期时，承兑人只按票面金额向收款人或被背书人支付票面款项的票据。

按照票据承兑人的不同，商业汇票分为银行承兑汇票和商业承兑汇票两种。承兑是汇票付款人承诺在汇票到期日支付汇票金额的票据行为，商业汇票必须经承兑后方可生效。银行承兑汇票的承兑人是承兑申请人的开户银行，商业承兑汇票的承兑人是付款人。

按照票据是否带有追索权，商业汇票分为带追索权的商业汇票和不带追索权的商业汇票两种。追索权是指企业在转让应收款项的情况下，接受应收款项转让方在应收款项遭拒付或逾期时，向该应收款项转让方索取应收金额的权利。在我国，商业票据可背书转让，持票人可以对背书人、出票人以及票据的其他债务人行使追索权。一般来说，负债的不确定性称为或有负债。因此，转让应收款项而产生的被追索的不确定性也属于一种或有负债，但并不是所有应收款项的转让都会产生或有负债。在我国的会计实务中，就应收票据贴现而言，银行承兑汇票的贴现不会使企业被追索，企业也就不会因票据贴现而发生或有负债；商业承兑汇票的贴现会使企业被追索，企业也就会因汇票贴现而发生或有负债。

按照我国企业会计准则规定，企业持未到期的商业汇票向银行贴现，符合金融资产终止确认条件的（将金融资产所有权上几乎所有的风险和报酬转移给转入方），应终止确认该金融资产（如银行承兑汇票的贴现）；不符合金融资产终止确认条件的（如商业承兑汇票贴现），作为取得短期借款处理，因贴现而产生的或有负债，通过报表披露予以反映。

2. 应收票据的计价

应收票据按其有效期限是否在 1 年之内，可以分为短期应收票据和长期应收票据。应收票据入账价值的确定，可以有两种方法，按票据面值入账和按票据到期值的现值入账。按票据面值入账比较简单、实用，按票据到期值的现值入账比较科学、合理。在我国，长期应收票据尚不存在，短期应收票据又无须按现值计价。因此，为了简化会计核算手续，企业收到的商业汇票以票据面值入账。对于带息的应收票据而言，为了及时反映因应收票据而产生的利息收入，应于会计期末按票面价值与确定的利率计算利息金额，增加应收票据的账面余额或者单独列项反映。我国会计准则采用的是单独以应收利息反映的方法。

3. 应收票据到期日的确定

商业汇票的持票人在票据到期日可向承兑人收取票据款。商业汇票自承兑日起生效，其到期日是由票据有效期限的长短来决定的。在实务中，票据的期限一般有按月表示和按日表示两种。

票据期限按月表示时，票据的期限不考虑各月份实际天数多少，统一按次月对日为整月计算。当签发承兑票据的日期为某月月末时，统一以到期月份的最后一日为到期日。如 3 月 2 日签发承兑的期限为 6 个月的商业汇票，其到期日为 9 月 2 日；1 月 31 日签发承兑的期限为 1 个月、2 个月、3 个月和 6 个月的商业汇票，其到期日分别为 2 月 28 日（闰年为 2 月 29 日）、3 月 31 日、4 月 30 日和 7 月 31 日。票据期限按月表示时，带息票据的利息应按票面金额、票据期限（月数）和月利率计算。

票据期限按日表示时，票据的期限不考虑月数，统一按票据的实际天数计算。在票据签发承兑日和票据到期日这两天中，只计算其中的一天。如 3 月 2 日签发承兑的期限为 180 天的商业汇票，其到期日为 8 月 29 日；1 月 31 日（当年 2 月为 28 天）签发承兑的期限为 30 天、60 天、90 天的商业汇票，其到期日分别为 3 月 2 日、4 月 1 日、5 月 1 日。票据期限按日表示时，带息票据的利息应按票面金额、票据期限（天数）和日利率计算。

3.1.2 应收票据的取得

企业收到承兑的商业汇票时，应按票面金额借记“应收票据”科目，并根据不同的业务内容分别贷记“主营业务收入”、“应交税费”、“应收账款”等科目。

【例3-1】 甲企业销售给乙企业商品一批，价款200 000元，增值税34 000元，甲企业收到乙企业签发并承兑的商业承兑汇票一张，面值234 000元。

借：应收票据——乙企业　　234 000
　　贷：主营业务收入　　200 000
　　　　应交税费——应交增值税（销项税额）　　34 000

3.1.3 应收票据持有期间的利息

对于带息商业汇票来说，在票据到期之前，尽管利息尚未实际收到，但企业已经取得收取票据利息的权利。会计核算上，应按权责发生制的原则于会计期末反映这部分利息收入，并将应收而未实际收到的利息作为应收票据的增加额予以记录，借记“应收利息”科目，贷记“财务费用”（或“利息收入”）科目。至于企业于月末、季末还是年末对企业持有的应收票据计提票据利息，应根据企业采取的会计政策而定。一般地，如果应收票据的利息金额较大，对企业财务成果有较大影响的，应按月计提利息；如果应收票据的利息金额不大，对企业财务成果的影响也较小的，可以于季末或年末计提应收票据的利息。除非应计利息金额极小，企业至少应于会计年末计提持有商业汇票的利息，以便正确计算企业的财务成果。

【例3-2】 某企业2015年11月1日销售商品一批，发票上注明销售收入300 000元，增值税税额51 000元，当即收到带息商业承兑汇票一张，期限为6个月，到期日为2016年5月1日，票面利率5%。企业编制有关的会计分录如下：

（1）收到票据时。

借：应收票据　　351 000
　　贷：主营业务收入　　300 000
　　　　应交税费——应交增值税（销项税额）　　51 000

（2）年度终了（2015年12月31日）计提利息：351 000×5%×2÷12=2 925（元）。

借：应收利息　　2 925
　　贷：财务费用　　2 925

3.1.4 应收票据到期

企业对持有的即将到期的商业汇票，应匡算划款时间，提前委托开户银行收款。一般来说，银行承兑汇票的票款能够及时收妥入账。商业承兑汇票的票款视付款人账户资金是否足额有两种情况：一是付款人足额支付票款，结清有关的债权债务；二是付款人账户资金不足，将托收的汇票退回，由收付款双方自行处理。

商业汇票到期时，应按商业汇票的到期值借记有关科目，按商业汇票的账面金额贷记“应收票据”科目，按两者的差额（未计提利息部分）贷记“财务费用”科目。

需要指出的是，根据《中华人民共和国票据法》的规定，汇票到期被拒绝付款的，持票人可以对有关债务人行使追索权。因此，到期未兑现的应收票据，应按汇票到期值反映企业对债务人的债权（包括应收票据面值和应收利息两部分）情况。

商业汇票到期值是指票据到期应收的票款额，对于不带息票据来说，到期值就是票据面值；对于带息票据来说，其到期值是票据面值加计应收票据到期利息的合计金额。计算应收票据到期利息的方法是：

应收票据利息 = 应收票据面值 × 利率 × 时期

公式中，应收票据面值是指商业汇票票面记载的金额，时期是指票据的有效期限，利率是指票据所规定的利率（一般以年利率表示）。

当商业汇票的期限按月数表示时，应收票据到期利息的计算方法为：

应收票据利息 = 应收票据面值 × 利率 × 时期（月数）/12

当商业汇票的期限按天数表示时，应收票据到期利息的计算方法为：

应收票据利息 = 应收票据面值 × 利率 × 时期（天数）/360

应收票据利息是企业所获得的一种收入，对这部分收入也必须及时入账核算。一般来说，应计票据利息应按月计算。但是，如果应计票据利息金额不大或票据生效日和到期日在同一会计年度时，为了简化会计核算手续，也可以在票据到期收到票据本息时，将利息收入计入“财务费用”科目贷方；如果应计票据利息金额较大，且票据生效日和到期日跨会计年度时，会计期末应确认当期应收利息，借记“应收利息”科目，贷记“财务费用”科目。

应收票据到期时，如果收到票款，应按实际收到的金额借记“银行存款”等科目；按应收票据的账面金额贷记“应收票据”科目；按已计提的利息贷记“应收利息”科目；按其差额（即未计提利息部分）贷记“财务费用”科目。

应收票据到期，如果因付款人无力支付票款，而收到由银行退回的商业承兑汇票、委托收款凭证、未付票款通知书或拒绝付款证明等单证，应将应收票据的面值转入“应收账款”科目，并将应收票据到期值尚未计提的利息借记“应收利息”科目，贷记“财务费用”科目。到期不能收回的带息应收票据面值转入“应收账款”科目，以及未计利息转入“应计利息”科目后，其原票据的计息期已结束，期末不应再对已经到期的应收票据计提利息，如果协议规定对已经到期而未能实际收到票款的债权继续计算利息的，其所包括的利息按照协议规定计算，并借记“应收利息”科目，贷记“财务费用”科目。

【例3－3】 年末，企业将持有的签发承兑日为11月1日、面值为300 000元、利率为7.6%、期限为2个月、到期日为第二年1月1日的银行承兑汇票的应计利息入账。

当年应计利息 = 300 000×7.6% × 2÷12 = 3 800（元）

借：应收利息 3 800

　　贷：财务费用 3 800

第二年1月1日，上述票据到期，票款全部收妥入账，共计307 600元。

借：银行存款 307 600

　　贷：应收票据 300 000

　　　　应收利息 3 800

　　　　财务费用 3 800

如果该票据为商业承兑汇票，汇票到期时，付款人账户资金不足，由银行退票，应编制会计分录为

借：应收账款 300 000

　　贷：应收票据 300 000

借：应收利息 3 800

贷：财务费用　　3 800

需要说明的是，企业持有的未到期的应收票据，一般不能转为应收账款，但如有确凿证据证明该应收票据不能收回或收回的可能性不大时，应将其余额转入应收账款，并按应收账款计提坏账准备的方法进行核算。

3.1.5　应收票据的转让

根据《银行支付结算办法》的有关规定，企业可以将持有的应收票据进行背书转让，用以购买所需物资或偿还债务。以应收票据转让偿还债务的会计处理方法和原则将在《高级会计学》中详细介绍，这里仅就应收票据背书转让取得材料物资的会计处理进行说明。

企业将持有的应收票据背书转让，如为带息应收票据，还应按未计提的票据利息借记“应收利息”科目，贷记“财务费用”科目。取得所需材料物资时，按应计入取得物资成本的价值借记“物资采购”、“原材料”、“库存商品”等科目；按专用发票上注明的可以抵扣的增值税进项税借记“应交税费”科目；按应收票据的账面余额贷记“应收票据”科目；按计提的利息贷记“应收利息”科目；按补付或收到的差额借记或贷记“银行存款”科目。

【例3-4】　企业采购一批原材料，货款总计234 000元（其中材料价款200 000元，增值税34 000元），将金额为230 000元的带息应收票据背书转让，至转让日该应收票据应计利息总额为300元，已经计提的利息为280元，尚未计提的利息为20元，同时以银行存款支付差额款3 700元。

借：原材料　　200 000

　　应交税费——应交增值税（进项税额）　　34 000

　　贷：应收票据　　230 000

　　　　应收利息　　280

　　　　财务费用　　20

　　　　银行存款　　3 700

应收票据的背书转让，当不符合金融资产终止确认条件时，会使企业承担因付款方不能到期支付票款的连带责任，这种连带责任使企业承担了相应的或有负债。对于这种连带责任所产生的或有负债情况，企业可以通过专门的“应收票据背书转让”科目反映，也可以通过表外披露方式反映。以上举例是以表外披露方式反映因票据转让而产生的或有负债。如果企业通过“应收票据背书转让”反映该或有负债的情况，其处理方法与企业专门设置“应收票据贴现”科目反映因贴现而产生或有负债的处理方法类似。我国企业会计准则规定采用表外披露的方法反映因转让应收票据而产生的或有负债。

3.1.6　应收票据的贴现

应收票据贴现是指持票人因急需资金，将尚未到期的商业汇票背书转让给银行，银行受理后，从票面金额中扣除贴现息后，将余额付给贴现企业的业务活动。其实质是企业的短期融资行为。贴现款的计算方法如下：

$$贴现款 = 票据到期值 - 贴现息$$

$$贴现息 = 票据到期值 \times 贴现率 \times 贴现天数/360$$

贴现天数是指自贴现日起至票据到期前一日止的实际天数，在贴现日和票据到期日这两天中，只计算其中的一天。如2月10日将1月31日（当年2月份为28天）签发承兑的期限为30天、60天、90天，到期日分别为3月2日、4月1日、5月1日的商业汇票贴现，其贴现天数分别为20天、50天、80天。无论商业汇票的到期日按日表示还是按月表示，贴现期一律按实际贴现天数计算。

在会计上，企业应根据贴现的商业汇票是否带有追索权分别采用不同的方法进行处理。

1. **不带追索权的应收票据贴现**

将不带追索权的应收票据贴现，企业在转让票据所有权的同时也将票据到期日不能收回票款的风险一并转给了贴现银行，企业对票据到期无法收回的票款不承担连带责任，即符合金融资产确认终止的条件。因此，将不带追索权的商业汇票贴现时，企业应按实际收到的贴现款借记“银行存款”科目，按贴现票据的账面金额贷记“应收票据”科目，按贴现票据已经计提的利息，贷记“应收利息”科目，实际收到的贴现款与贴现的商业汇票的账面金额及已经计提应计利息金额的差额借记（贴现款小于应收票据账面金额及已计提的利息时）或贷记（贴现款大于应收票据账面金额及已计提的利息时）“财务费用”科目。

在我国，企业将银行承兑汇票贴现的业务基本上不存在到期不能收回票款的风险，企业应将银行承兑汇票贴现视为不带追索权的商业汇票贴现业务，按金融资产终止确认的原则处理。

2. **带追索权的应收票据贴现**

将带追索权的应收票据贴现，企业并未转嫁票据到期不能收回票据款的风险，贴现企业因背书在法律上负有连带偿还责任，这种责任可能是部分的，也可能是完全的。企业对票据到期无法收回的票据款所承担的连带偿还责任，是企业的一种负债，这种负债直至贴现的票据到期贴现银行收到票据款后方可解除。因此，将带追索权的商业汇票贴现后，不符合金融资产终止确认的条件，不应冲销应收票据账户金额。在我国，企业将商业汇票贴现，就是一种典型的带追索权的票据贴现业务。

在会计实务中，反映因应收票据贴现而产生的负债的方法有两种：

（1）将因票据贴现而产生的负债，在资产负债表内以资产的备抵项目反映。会计核算上，单独设置“应收票据贴现”科目核算以贴现票据的账面金额，并将其作为“应收票据”科目的备抵科目。企业将带追索权的票据贴现后，根据实际收到的贴现款借记“银行存款”科目，按贴现票据的账面金额贷记“应收票据贴现”科目，实际收到的贴现款与贴现的商业汇票账面金额的差额借记（贴现款小于应收票据账面金额时）或贷记（贴现款大于应收票据账面金额时）“财务费用”科目。

在资产负债表上，应将“应收票据贴现”科目的余额作为“应收票据”的减项列示。

企业专门设置“应收票据贴现”科目核算带追索权的应收票据贴现业务的情况下，将带追索权的应收票据贴现后，如果该票据的付款人于汇票到期日将票款足额付给贴现银行，企业未收到相关追索债务的通知，则企业因票据贴现而产生的或有负债责任解除，此时应终止确认应收票据，借记“应收票据贴现”科目，贷记“应收票据”科目。如果该票据的付款人于汇票到期日未能向贴现银行足额支付票款，尽管企业会成为实际的债务人，但应收票据已满足终止确认金融资产的条件，应根据对该汇票贴现时所记录的账面金额，借记“应收票据贴现”科目，贷记“应收票据”科目。同时，企业还应按票据到期值中付款人的未付金额，反映对该汇票付款人的债权，借记“应收账款”科目，并根据银行对该票据到期值的扣款方法，贷记“银行存款”或“短期借款”科目。

（2）将因票据贴现而产生的负债单独以“短期借款”科目核算。会计核算上，不单独设置“应收票据贴现”科目。企业将带追索权的票据贴现后，不符合金融资产终止确认的条件，不应冲销应收票据账户。此时，应根据实际收到的贴现款借记“银行存款”科目，贷记“短期借款”科目。

企业不单独设置“应收票据贴现”科目核算带追索权的应收票据贴现业务的情况下，将带追索权的应收票据贴现后，无论票据付款人是否足额向贴现银行支付票款，均满足金融资产终止确认的条件，应终止确认应收票据。其中，该票据的付款人于汇票到期日将票款足额付给贴现银行，企业未收到有关追索债务的通知，则企业因票据贴现而产生的负债责任解除，应作为偿还短期借款对待，借记“短期借款”科目，贷记“应收票据”科目，贷记“应收利息”科目，差额借记或贷记“财务费用”科目。如果该票据的付款人于汇票到期日未能向贴现银行足额支付票款，企业则成为实际的债务人，受到银行有关偿债通知后，企业应借记“短期借款”科目，贷记“应收票据”科目，贷记“应收利息”科目，差额借记或贷记“财务费用”科目。同时企业应按票据到期值中付款人的未付金额，反映对该汇票付款人的债权，借记“应收账款”科目，并根据银行对该票据到期值的扣款方法，贷记“银行存款”或“短期借款”科目。

以上两种处理方法相比较，第一种方法能单独反映企业因票据贴现所产生的负债，但由于将“应收票据贴现”作为“应收票据”备抵项目反映，导致企业负债总额低估，不利于报表使用者进行分析和决策。第二种方法将贴现商业汇票产生的负债计入企业负债总额，便于报表使用者分析企业负债情况，但难以通过报表单独了解企业因票据贴现产生的负债。我国企业会计准则规定采用第二种方法处理。

3.2 应收账款

3.2.1 应收账款的性质与范围

应收账款是企业因对外销售商品、产品、提供劳务等经营活动而应向客户收取的款项。从应收账款的回收期来看，应收账款是指应在1年（可跨年度）内收回的短期债权。在资产负债表上，应收账款应列为流动资产项目。

应收账款是因赊销业务形成的债权，不包括各种非经营活动发生的应收款项。例如，存出的保证金和押金、购货的预付定金、对职工或股东的预付款、预付分公司款、应收认股款、与企业的经营活动无关的应收款项、超过1年的应收分期销货款以及采用商业汇票结算方式销售商品的债权等，均不属于应收账款的范围。

3.2.2 应收账款的计价

应收账款的计价就是确定应收账款的入账金额，并合理估计其可收回的金额的方法。一般来说，应收账款应按买卖双方成交时的实际发生额入账。但企业为了及时回笼货款，在销售时往往实行折扣政策，为了确保货物的销售、对客户建立商业信用，对已销的商品、产品可能实行折让或退回制度等。此类事项的发生，会不同程度地影响应收账款及相应的销货收入的计价。

下面分别说明商业折扣与现金折扣以及销货退回与折让对应收账款入账金额的影响。

1. **商业折扣与现金折扣**

商业折扣和现金折扣是两种不同形式的折扣，其对应收账款入账金额的影响也不同。

（1）商业折扣。

商业折扣是指对商品价目单所列的价格给予一定的折扣，实际上是对商品报价进行的折扣。一般来说，商业折扣可用百分比来表示，如5%、10%、20%等；也可用金额表示，如100元、200元等；还可以按备份折扣形式表示，如顾客每支付100件商品、产品的货款，可以收到102件的货物，2件即为备份折扣，等等。商品报价并不是企业对某一具体客户的应收款项，不能将其计入应收客户款，只有业务发生时的成交价才能以应收客户款入账。也就是说，企业发生销货、提供劳务等主要经营业务行为时，商业报价扣除商业折扣以后的实际成交价格才是应收账款的入账金额。由此可知，商业折扣对会计核算不产生任何影响。

【例3-5】 某企业销售A商品，每件100元，现销售6 000件，并给予购货方5%的商业折扣。则该企业销售A商品的实际销售单价为95元/件［100×（1-5%）］，销售6 000件的价款共计570 000元（95×6 000），应收取的销项税为96 900元，共计666 900元。

	借方	贷方
借：应收账款	666 900	
贷：主营业务收入		570 000
应交税费——应交增值税（销项税额）		96 900

实际收到货款时，会计分录为：

	借方	贷方
借：银行存款	666 900	
贷：应收账款		666 900

（2）现金折扣。

现金折扣是指销货企业为了鼓励客户在一定期间内早日偿还货款，对销售价格所给予的一定比率的扣减。现金折扣对于销货企业来说，称为销货折扣，对于购货企业来说，则称为购货折扣。现金折扣一般用2/10、1/20、n/30等表示，其内容分别为10天内付款给予2%的折扣，20天内付款给予1%的折扣，30天内付款无折扣。现金折扣使得企业应收账款的实收数额在规定的付款期限内，随着顾客付款时间的推延而增加，因而对会计核算产生影响。对于这种折扣，会计上有两种处理方法可供选择：一是总价法；二是净价法。

第一，总价法。在总价法下，应收账款按企业销售商品的实际售价计价入账。发生的现金折扣实际上是对利益的减让，相当于企业销售收入的减少或理财费用的增加。在会计处理上，有两种方法可以选择：一是单独设置“销货折扣”或“现金折扣”科目；二是不单独设置“销货折扣”或“现金折扣”科目。

习惯上把现金和折扣作财务费用处理。发生销售业务时，将未减去现金折扣的销售额作为实际售价金额入账，借记“应收账款”科目，贷记“主营业务收入”、“应交税费”等科目；实际收到款项时，按实际收款额借记“银行存款”科目，按实际发生的现金折扣借记“财务费用”科目，按收回应收账款的总价贷记“应收账款”科目。不单独设置“销货折扣”或“现金折扣”科目时，虽然不能集中反映企业发生的现金折扣总额，但会计处理比较简单。当现金折扣业务不多且数额不大时，这种方法被广泛采用。

【例3-6】 某企业对应收账款采用总价法核算，根据发生的有关应收账款的经济业务，编制会计分录如下：

（1）企业销售产品，扣除商业折扣后的货款总额为46 800元（其中商品价款40 000元，增值税6 800元），规定的付款条件为：2/20、n/30。

借：应收账款 46 800

贷：主营业务收入 40 000

应交税费——应交增值税（销项税额） 6 800

（2）购货方于20天内付款，给予购货方的折扣为800元，实际收到货款46 000元存入银行。

借：银行存款 46 000

财务费用 800

贷：应收账款 46 800

在会计实务中，企业以总价法核算应收账款业务时，对于现金折扣的处理可以根据实际情况，在以上两种方法中选择。一般来说，如果现金折扣业务较多而且数额又较大的，应单独设置“销货折扣”或“现金折扣”科目，以便提供企业发生现金折扣的会计信息；如果现金折扣业务不大或数额较小的，应作为财务费用处理，以简化会计核算手续。

第二，净价法。在净价法下，应收账款按实际售价扣减最大现金折扣后的金额入账。这种方法是将客户取得的折扣视为正常现象，认为顾客都会为获得购货折扣而提前付款。因此，客户丧失的购货折扣，实际上是购货方超过正常付款期限而付出的代价，应视为利息支出；与之相应，销货方应将购货方丧失的购货折扣作为利息收入入账，并记入“财务费用”科目。

我国会计准则对于应收账款是按总价法进行规范的，即采用总价法核算应收账款，也不要求在会计报表中提供现金折扣的信息。

2. 销货退回与折让

销货退回是指企业销售商品后，由于商品的品种、质量不符合购销合同的规定，而被购货方所退回的现象。销售折让是指企业销售商品后，由于商品的品种、质量与购销合同不符或由于其他原因，应购货方要求在价格上给予减让的现象。出现销货退回和销货折让，会使企业的销售收入相应减少。

销货退回与折让虽然都应冲减销售收入及相应的销项税，但两者的性质是不同的。销货退回是将已经销售出去的商品、产品又退回来的业务，退回的商品、产品仍作为企业的存货对待。销货折让是对已销商品、产品售价的减让，并不退回已售商品、产品。会计实务中，发生销货退回业务时，一般根据红字发票直接冲减销售收入和应交增值税，并同时调整存货记录；对于发生的销货折让业务，只是根据红字发票冲减销售收入和应交增值税。

【例3-7】 某企业根据发生的有关销货退回与折让业务，编制会计分录如下：

（1）销售甲产品400件，每件售价100元，销售该批产品发生商业折扣5%，实际售价38 000元，增值税6 460元（税率17%），货款总计44 460元。

借：应收账款 44 460

贷：主营业务收入 38 000

应交税费——应交增值税（销项税额） 6 460

（2）购货方验收商品时，发现有200件商品与购销货合同不符，经购销货双方协商，同意购货方将其中的40件退回，另160件按实际售价的10%给予折让。

销货退回应冲减销售收入额 = 40 × 95 = 3 800（元）

销货退回应冲减增值税税额 = 3 800 × 17% = 646（元）

销货折让应冲减销售收入额 = 160 × 95 × 10% = 1 520（元）

销货折让应冲减增值税税额 = 1 520 × 17% = 258.40（元）

借：主营业务收入 5 320

应交税费——应交增值税（销项税额） 904.40

贷：应收账款 6 224.40

如果客户退回的商品已经结清了账款，并实际发生了现金折扣，则销货退回的金额一般应按扣除现金折扣后的价格计算。

如某企业赊销产品货款为10 000元，其中产品价款8 547元，增值税为1 453元，付款条件为3/10、2/20、n/30。实际发生的现金折扣为2%，实收货款额为9 829.06元，以后发现有20%的产品质量不合格，由购货方将不合格产品退回，则销货退回的金额为1 965.81元。其中，应冲减销售收入的金额为1 675.21元［（8 547 − 8 547 × 2%）× 20%］，冲减销项税的金额为290.60元（1 453 × 20%）。

借：主营业务收入 1 675.21

应交税费——应交增值税（销项税额） 290.60

贷：银行存款 1 965.81

结清货款后发生的销货折让业务，其冲减销售收入和销项税的处理原则与销货退回业务相同，这里不再重复。

3.3 其他应收及预付款项

3.3.1 其他应收款

其他应收款是指企业除应收票据、应收账款、预付账款、应收股利、应收利息、长期应收款、存储保证金等以外的各种应收及暂付款项。包括各种应收赔款、备用金、应收包装物租金、应收的各种赔款、罚款、应向职工收取的各种垫付款项等。

企业应设置“其他应收款”科目对其他应收款的收付业务进行核算，并应按其他应收款的项目以及债务人进行明细核算。“其他应收款”科目核算的其他应收及暂付款主要包括：①应收的各种赔款、罚款；②应收出租包装物押金；③应向职工收取的各种垫付款项；④备用金；⑤存出保证金（如租入包装物支付的押金）；⑥其他各种应收、暂付款项。

企业发生的拨出用于投资、购买物资的各种款项，在尚未进行投资或购买物资之前，属于企业的其他货币资金，该类款项应通过“其他货币资金”科目进行核算，不属于其他应收款的范围。

【例3－8】 某企业根据发生的有关其他应收款的经济业务，编制会计分录如下：

（1）职工李琪借差旅费2 000元，以现金支付。

借：其他应收款——李琪　　2 000
　　贷：库存现金　　2 000

（2）职工李琪报销差旅费 2 600 元，原借 2 000 元，以现金补付 600 元。

借：管理费用——差旅费　　2 600
　　贷：其他应收款——李琪　　2 000
　　　　库存现金　　600

（3）从外单位借入包装物，支付包装物押金 1 000 元。

借：其他应收款——某单位　　1 000
　　贷：银行存款　　1 000

在其他应收款业务中，特别需要指出的是备用金的核算。企业因业务经营需要，往往要准备一定数额的备用金。备用金是指企业内部各车间、部门、职能科室等周转使用的货币资金，主要包括预付给科室、车间及非独立核算的经营单位等用于日常开支的款项。会计核算上，企业应以“其他应收款”科目核算备用金业务，按用款单位详细记录反映备用金的具体情况。根据备用金的预付方式不同，备用金分为定额备用金和非定额备用金两种。不同形式的备用金其会计处理方法也不一样。

定额备用金是指用款单位按定额持有的备用金。其具体方法是，根据用款单位的实际需要，核定备用金定额，由财会部门按定额将备用金支付给用款部门，待用款部门实际支用后，经财会部门审核，凭有效单据报账领款，以补足用款单位定额备用金。这种方法便于企业对备用金的使用进行控制，一般适用于具有经常性费用开支的内部用款单位。由于用款单位报销领款后，备用金数额仍按定额持有，所以报销费用时，视同货币资金支付费用处理，借记“管理费用”等科目，贷记“银行存款”、“库存现金”科目。在用款单位不再需要备用金时，才将备用金退回，借记“库存现金”等科目，贷记“其他应收款——备用金”科目。

【例 3-9】 某企业根据发生的有关定额备用金的经济业务，编制会计分录如下：

（1）开出现金支票，向总务部门支付定额备用金 10 000 元。

借：其他应收款——备用金——总务科　　10 000
　　贷：银行存款　　10 000

（2）总务部门向财会部门报销日常办公用品费 8 000 元，财会部门以现金支付。

借：管理费用——办公费　　8 000
　　贷：库存现金　　8 000

（3）总务部门不再需要备用金，将备用金 2 000 元退回。

借：库存现金　　2 000
　　贷：其他应收款——备用金——总务科　　2 000

非定额备用金是指用款单位不按固定定额持有的备用金。其一般做法是：根据实际需要由财会部门预付用款单位一定时期的备用金数额，用款单位支用备用金后，向财会部门报账核销。备用金支用完毕，再根据需要由财会部门拨付下一时期的备用金。这种方法手续简单，但不便于对备用金的使用进行控制，一般适用于非经常性开支的用款单位。由于用款单位报账核销时，财会部门并不以货币资金补充其备用金，而是作为债权的收回处理，因此，用款单位报销费用时，应借记“管理费用”等科目，贷记“其他应收款——备用金”科目。

【例3－10】 某企业根据发生的有关非定额备用金的经济业务，编制会计分录如下：

（1）以现金拨付销售公司备用金60 000元。

借：其他应收款——备用金——销售科 60 000

　　贷：库存现金 60 000

（2）销售公司报销销售商品的运费36 000元。

借：销售费用 36 000

　　贷：其他应收款——备用金——销售科 36 000

企业发生的其他应收款业务，同企业的应收账款业务一样，存在不可收回的可能性。为了正确反映企业其他应收款的可收回金额，并正确核算企业损益，对发生的其他应收款也应合理估计其坏账，并计提坏账准备。估计其他应收款坏账主要采用余额百分比法或账龄分析法。其他应收款估计坏账、计提坏账准备、核销坏账、坏账收回的方法与应收账款相同。

需要说明的是，为了在资产负债表上分别列示应收账款和其他应收款的可收回净值，并在资产减值准备明细表上分别反映应收账款和其他应收款计提、转回及保留的坏账准备，“坏账准备”科目也应按计提的范围（应收账款、应收票据、其他应收款等）进行明细核算。

3.3.2 预付账款

预付账款是指企业按照购货合同规定，预先以货币资金或以货币等价物支付供应单位的款项。对于预付账款业务，企业应设置“预付账款”科目进行核算，并按供应单位设置明细科目进行明细核算。

企业因购货预付款项时，借记“预付账款”科目，贷记“银行存款”科目；收到所购货物时，按应计入物资采购成本的金额，借记“物资采购”科目或“原材料”、“库存商品”等科目，按专用发票注明的增值税，借记“应交税费”科目，按发票账单注明的应付金额，贷记“预付账款”科目；补付款项时，借记“预付账款”科目，贷记“银行存款”科目；收到退回的多付款项时，借记“银行存款”科目，贷记“预付账款”科目。

【例3－11】 某企业向华联公司采购原材料一批，按合同规定预付购货款70 000元，以银行存款支付。编制会计分录如下：

借：预付账款——华联公司 70 000

　　贷：银行存款 70 000

收到华联公司材料和增值税专用发票及运单等单据，发票上注明材料货款70 000元，增值税11 900元，对方代垫运杂费1 000元。以银行存款补付货款12 900元。编制会计分录如下：

借：原材料 70 930

　　应交税费——应交增值税（进项税额） 11 970

　　贷：预付账款——东岳公司 82 900

借：预付账款——东岳公司 12 900

　　贷：银行存款 12 900

【例3－12】 如上例3－11中增值税专用发票上注明材料货款60 000元，增值税10 200元，多余款通过银行退回，其他条件不变。编制会计分录如下：

借：原材料　　60 000
　　应交税费——应交增值税（进项税额）　　10 200
　　贷：预付账款——东岳公司　　70 200
借：银行存款　　9 800
　　贷：预付账款——东岳公司　　9 800

在会计实务中，预付账款业务不多时，可以通过“应付账款”科目核算预付账款业务；企业的应付账款业务不多时，也可以通过“预付账款”科目核算应付账款业务。需要指出的是，为了便于反映企业对客户的债权债务关系，对同一客户发生购货往来业务，只通过“应付账款”或只通过“预付账款”科目核算。会计期末，“应付账款”科目和“预付账款”科目所属的明细科目中，有的可能是借方余额，有的可能是贷方余额。其中借方余额合计，列示于资产负债表流动资产项下的预付账款项目；贷方余额合计，列示于资产负债表流动负债项下的应付账款项目。

企业的预付账款作为一种债权，同应收账款、其他应收款一样，也存在发生坏账的可能，当有确凿证据表明其难以收回，或者因供货单位破产、撤销等原因已无望再收到所购货物的，应比照应收账款和其他应收款的坏账处理方法进行会计处理。

3.4　坏账及其核算

企业的应收账款可能由于种种原因而不能收回，这些不能收回的账款称为坏账，由于坏账而发生的损失称为坏账损失。坏账损失可以通过“坏账损失”科目进行核算，也可以在“资产减值损失”科目设置“坏账费用”或其他明细科目进行核算。我国会计准则规定，应通过“资产减值损失”科目进行核算。

核算坏账的方法有两种：一是直接转销法；二是备抵法。

3.4.1　直接转销法

直接转销法是在实际发生坏账时，直接冲销应收账款，并确认坏账损失，借记“管理费用——坏账损失”科目，贷记“应收账款”科目。在直接转销法下，若已经确认为坏账的应收账款因债务人经济状况好转或由于其他原因，又全部或部分收回时，为了通过“应收账款”的账簿记录反映债务人的偿债信誉，应首先按收回的金额冲销原确认坏账的会计分录，然后再反映应收账款的收回。即借记“应收账款”科目，贷记“管理费用”科目；同时借记“银行存款”等科目，贷记“应收账款”科目。

【例3-13】　甲企业应收乙企业货款30 000元已经超过3年，经多次催收均无效，确定无法收回，编制会计分录如下：

借：管理费用　　30 000
　　贷：应收账款——乙企业　　30 000

应当注意，即使企业已确认为坏账的应收账款，仍然拥有其追索权，一旦重新收回，应及时入账。

如上例中的30 000元应收款以后又收回时，编制会计分录如下：

借：应收账款——乙企业　　30 000

　　贷：管理费用　　30 000

借：银行存款　　30 000

　　贷：应收账款——乙企业　　30 000

采用直接转销法对坏账进行核算，日常核算中应收账款可能发生的坏账损失不予考虑，只有在实际发生坏账时才作为损失计入当期损益，并冲减应收账款，其核算手续比较简单。但采用这种方法，由于在实际发生坏账时才确认坏账损失，从而导致日常核算的应收账款价值虚增、损益虚列，既不符合权责发生制和收入与费用的配比原则，又不符合谨慎原则，在资产负债表上，只能提供应收账款的账面余额，无法提供关于应收账款可收回净额的会计信息，歪曲了企业期末的财务状况。企业一般不采用直接转销法核算应收账款的坏账，我国企业会计准则也不允许采用这种方法。但对于规模很小且坏账数额也小的企业来说，采用直接转销法是一个选择。

3.4.2 备抵法

备抵法是根据收入和费用配比的原则，按期估计坏账损失，列为坏账费用，形成坏账准备，在实际发生坏账时，冲销坏账准备的方法。采用备抵法核算坏账，每期估计的坏账损失直接计入当期损益，既体现了稳健原则，又符合收入和费用的配比要求。在资产负债表上可以反映应收账款的净额，使报表使用者能够了解企业应收账款的可变现金额，同时在利润表上避免了因应收账款价值虚列而造成的利润虚增，避免了企业明盈实亏。我国会计准则规定企业应采用备抵法核算应收账款的坏账。

在备抵法下，企业应设置"坏账准备"科目。该科目是各种应计提坏账准备的应收款项的抵减调整科目。根据我国会计准则，应计提坏账准备的范围主要包括应收账款、预付账款、应收票据、其他应收款等。本节主要以应收账款为例说明坏账的核算方法。

在备抵法下，按期估计坏账损失时，借记"资产减值损失"科目，贷记"坏账准备"科目；实际发生坏账时，借记"坏账准备"科目，贷记"应收账款"科目。在资产负债表上，应收账款项目应按应收账款账户余额减去应收账款提取的坏账准备后的净额反映。

采用备抵法核算应收账款的坏账，必须采用一定的方法合理估计各会计期间坏账损失。按期估计坏账损失的方法主要有三种，即应收款项余额百分比法、账龄分析法和赊销百分比法。

1. 应收款项余额百分比法

应收款项余额百分比法是按应收款项余额的一定比例估计坏账损失的方法。采用这种方法时，每期所估计的坏账损失，应根据坏账损失占应收款项余额的经验比例和该期应收款项余额确定。当期末坏账准备与应收款项账面余额的比例高于或低于确定的计提比例时，应对已经计提的坏账准备进行调整，冲回多提或补提少提的坏账准备，使得坏账准备的余额等于应收款项余额乘以确定的坏账估计比率。

采用应收款项余额百分比法对坏账费用进行会计处理的要点是：

（1）企业首次计提坏账准备时，根据期末应收款项的余额和企业确定的坏账估计比率计算的估计坏账，借记"资产减值损失"科目。需要指出的是，这里所讲的应收款项期末余额与"应收账款"总账科目的期末余额是不同的。应收款项余额是企业按编制资产负债表的方法计算确定的应收账款数额，即根据"应收账款"、"预收账款"、"应收票据"等科目所属的明细科目的借方余额加总计算。“应收账款”总账科目的期末余额直接从“应收账款”总账科目取得，当企业发生的某些预收账款业务不通过“预付账款”科目而通过“应收账款”科目核算的情况下，“应收账款”总账科目的余额不能真实反映企业的应收账款情况。所以，企业计提应收账款的估计坏账时，应收款项的余额应按编制资产负债表时确定的应收账款项目的金额计算，不应根据“应收账款”总账科目的余额计算。

（2）发生坏账时，按实际发生的坏账数额，借记“坏账准备”科目，贷记“应收账款”科目。

（3）已经确认坏账的应收账款又收回时，根据收回数额，借记“应收账款”科目，贷记“坏账准备”科目；同时借记“银行存款”等科目，贷记“应收账款”科目。这里需要说明的是，已确认为坏账的应收账款又收回时，同时编制两套会计分录的目的，在于通过“应收账款”的账簿记录反映债务人的偿债信誉，并通过“坏账准备”的账簿记录反映坏账准备的提取、核销等情况，而不能只通过借记“银行存款”等科目，贷记“坏账准备”科目这一笔会计分录反映。另外，在冲销原确认坏账的会计分录时，与借记“应收账款”相对应的贷方科目无论是“坏账准备”科目，还是“资产减值损失”科目，对计算确定当年损益均无任何影响，这是因为会计期末需要对坏账准备进行调整，而调整“坏账准备”科目余额时，与之对应的科目就是“资产减值损失”。

（4）会计期末估计的坏账损失与“坏账准备”科目的余额有差异时，应对“坏账准备”科目的余额进行调整，使调整后“坏账准备”科目的贷方余额与估计的坏账数额一致。调整“坏账准备”科目贷方余额时，有以下三种情况：

第一种情况：调整前的“坏账准备”科目为借方余额，该余额表明本期实际发生的坏账大于上期估计的坏账的差额。这时应按本期估计的坏账加上调整前“坏账准备”科目的借方余额之和作为计提坏账准备的依据，借记“资产减值损失”科目，贷记“坏账准备”科目。

第二种情况：调整前的“坏账准备”科目为贷方余额，而且该贷方余额小于本期估计的坏账额。这时应按“坏账准备”科目贷方余额小于本期估计坏账数额的差额作为计提坏账准备的数额，借记“资产减值损失”科目，贷记“坏账准备”科目。

第三种情况：调整前的“坏账准备”科目为贷方余额，而且该贷方余额大于本期估计的坏账数额。这时应按“坏账准备”科目贷方余额大于本期估计的坏账数额的差额冲减多计提的坏账准备，借记“坏账准备”科目，贷记“资产减值损失”科目。

下面举例说明采用应收款项余额百分比法时，坏账损失的核算方法和特点。

【例3－14】　某企业2016年12月31日应收账款的年末借方余额为800 000元，坏账准备科目原有贷方余额3 000元，2017年5月应收乙公司货款50 000元有确凿证据表明收不回，2017年年末应收账款借方余额600 000元，2018年8月原已确认的乙公司货款50 000元又收回，年末应收账款余额为400 000元，按应收款项余额的5‰计提坏账准备，根据发生的有关经济业务，编制会计分录如下：

（1）2016年年末估计坏账损失＝800 000×5‰＝4 000（元）

应提坏账准备＝4 000－3 000＝1 000（元）

借：资产减值损失——计提的坏账准备　　1 000

　　贷：坏账准备　　1 000

（2）2017 年 5 月编制会计分录如下：

借：坏账准备　50 000

　　贷：应收账款　50 000

（3）2017 年年末估计坏账损失 = 600 000 × 5‰ = 3 000（元）

年末应计提坏账准备 = 3 000 －（4 000 － 50 000）= 49 000（元）

借：资产减值损失——计提的坏账准备　49 000

　　贷：坏账准备　49 000

（4）2018 年 8 月，已经确认为坏账的 50 000 元又收回：

借：应收账款　50 000

　　贷：坏账准备　50 000

同时：

借：银行存款　50 000

　　贷：应收账款　50 000

（5）2018 年年末估计坏账损失 = 400 000 × 5‰ = 2 000（元）

年末应计提坏账准备 = 2 000 －（3 000 + 50 000）= －51 000（元）

借：坏账准备　51 000

　　贷：资产减值损失——计提的坏账准备　51 000

2. 账龄分析法

账龄分析法是按应收账款账龄的长短，根据以往的经验确定坏账损失百分比，并据以估计坏账损失的方法。这里所指的账龄是指客户所欠账款的时间。虽然应收账款能否收回及其回收的程度与应收账款的过期长短并无直接联系，但一般来说，账龄越长，账款不能收回的可能性就越大，因此，企业可以按应收账款的账龄估计坏账。账龄分析法就是依据这一前提来估计坏账损失的。

应收账款账龄分析及坏账损失估计的方法如表 3－1 和表 3－2 所示。

表 3－1　应收账款账龄分析表

单位：元

项目账龄	2017 年 12 月 31 日		2016 年 12 月 31 日	
	应收账款金额	百分比	应收账款金额	百分比
未到期	25 000	29.41%	30 000	37.50%
过期 1 个月	20 000	23.53%	22 000	27.50%
过期 2 个月	15 000	17.65%	10 000	12.50%
过期 3 个月	10 000	11.76%	8 000	10.00%
过期 4 个月	8 000	9.41%	6 000	7.50%
过期 5 个月	5 000	5.88%	3 000	3.75%
破产或追诉中	2 000	2.36%	1 000	1.25%
合　计	85 000	100.00%	80 000	100.00%

表 3－2 坏账损失估计计算表

2017 年 12 月 31 日 单位：元

账龄	应收账款金额	估计损失百分比	估计损失金额
未到期	25 000	1%	250
过期 1 个月	20 000	3%	600
过期 2 个月	15 000	5%	750
过期 3 个月	10 000	7%	700
过期 4 个月	8 000	20%	1 600
过期 5 个月	5 000	50%	2 500
破产或追诉中	2 000	80%	1 600
合计	85 000		8 000

【例 3－15】 如表 3－2 所示，2017 年 12 月 31 日估计的坏账损失为 8 000 元，假设“坏账准备”原有贷方余额 3 000 元，则本期应计提坏账准备 =8 000－3 000 =5 000（元）。

借：资产减值损失——计提的坏账准备 5 000

　　贷：坏账准备 5 000

假设“坏账准备”原有贷方余额 9 000 元，则本期应调整坏账准备 =8 000－9 000 =－1 000（元）。

借：坏账准备 1 000

　　贷：资产减值损失——计提的坏账准备 1 000

人们普遍认为，账龄长短与发生坏账的可能性直接相关，因此账龄分析法被广泛应用。尤其在对外会计报告方面，报表使用者更倾向于分析企业应收账款及其账龄、计提坏账准备的比例等信息。我国会计准则也要求将应收账款作为重要会计报表项目说明这些信息。

3. 赊销百分比法

赊销百分比法是以赊销金额的一定百分比估计坏账损失的方法。百分比一般根据以往的经验，按赊销金额中平均发生坏账损失的比率加以计算确定。各期按当期赊销金额的一定比率估计坏账损失，是因为应收账款的坏账只与赊销有关，而与现销无关，赊销业务越多，赊销金额越大，发生坏账的可能性也就越大，因此，企业可以根据历史经验估计发生坏账占赊销金额的比率，并按此比率估计各期赊销金额中可能发生的坏账。如根据过去 5 年的资料，企业每 80 000 元的赊销金额中，有 1 600 元的坏账损失，则：

估计坏账的百分比 =1 600 ÷80 000 ×100% =2%

如果本期实际的赊销金额为 20 000 元，则：

本期估计的坏账损失 =20 000 ×2% = 400（元）

借：资产减值损失——计提的坏账准备 400

　　贷：坏账准备 400

如果下期实际发生坏账 200 元，则应冲销坏账准备：

借：坏账准备 200

　　贷：应收账款 200

采用赊销百分比法时，实际上是针对每一笔单项应收账款计提坏账准备的，对不同的赊销对象可以根据历史经验使用同一比率，也可以使用不同比率。由于坏账率可能随着企业生产经营情况的不断变化而变化，需要经常对其进行检查，对坏账准备余额与应收账款可收回金额进行测试，并根据测试结果调整估计坏账的比率，以备根据调整后的坏账比率对后期应收账款计提减值。

从以上分析可以看出，应收账款余额百分比法、账龄分析法和赊销百分比法，实际上都是应收款项百分比法，只是考虑的计提基础不同而已。应收款项余额百分比法将所有应收款项余额作为计提坏账基础，既不考虑账龄基础上的应收账款结构，也不考虑每笔赊销金额基础上的应收账款结构，而是按一个综合比率计提应收账款减值。账龄分析法按不同账龄分别以不同的比率计提应收账款减值，但没有考虑同一账龄的应收账款存在风险的差异。赊销百分比法针对每一笔赊销金额单独计提坏账准备，能够充分考虑每一笔应收账款的不同风险。

与直接转销法相比，备抵法具有以下优点：一是及时将预计不能收回的应收账款作为坏账损失计入当期费用，避免资产和利润的虚增；二是在报表上采用应收账款项净额填列，使报表使用者更清楚企业真实的财务状况；三是使应收账款实际占用资金接近实际，有利于加快企业资金周转，提高企业经济效益。但备抵法的账务处理较复杂。

本章小结

本章主要讲述应收及预付款项，主要内容包括应收票据、应收账款、预付账款和其他应收款。应收票据作为一种债权凭证，在我国，应收票据仅指企业持有的未到期或未兑现的商业汇票。根据我国现行法律的有关规定，商业汇票的期限不得超过6个月，因而我国的应收票据是一种流动资产。在会计实务中，企业的应收票据是指收到的经承兑人承兑的商业汇票。商业汇票可以按票据是否带息，商业汇票分为带息票据和不带息票据两种。按票据承兑人的不同，商业汇票分为银行承兑汇票和商业承兑汇票两种。应收账款是企业因对外销售商品、产品、提供劳务等经营活动而应向客户收取的款项。在资产负债表上，应收账款应列为流动资产项目，不包括各种非经营活动发生的应收款项，超过1年的应收分期销货款以及采用商业汇票结算方式销售商品的债权等，均不属于应收账款的范围。企业的应收账款可能由于种种原因而不能收回，这些不能收回的账款称为坏账，由于坏账而发生的损失称为坏账损失。核算坏账的方法有两种：一是直接转销法；二是备抵法。

在会计实务中，预付账款业务不多时，可以通过“应付账款”科目核算预付账款业务；企业的应付账款业务不多时，也可以通过“预付账款”科目核算应付账款业务。

关键名词

应收票据　应收账款　其他应收账款　预付账款　坏账及坏账准备

即测即评

请扫描二维码，在线测试本章学习效果。

选择题　　判断题

第 4 章
存　　货

学习目标

（1）掌握原材料的核算内容；委托加工物资的核算；存货的减值。

（2）理解：低值易耗品的核算；存货的清查。

（3）了解：掌握存货的计价方法。

问题导入

（1）某公司购入一批原材料，货物已经运到并验收入库，但发票账单等由于某些原因暂时没有到达，财务会计该怎样处理该项资产？若月末单据依然没有到达，财务又该如何处理？

（2）某单位原材料发出采用先进先出法，在物价持续上升时，该方法怎样影响资产计价和损益的核算？若物价持续下降时，又如何影响资产计价和损益的核算？

4.1　存货的概念及确认

4.1.1　存货的概念及其分类

1. 存货的概念及特点

存货是指企业在日常活动中持有以备出售的产成品或商品，为了出售仍然处在生产过程中的在产品，在生产过程或提供劳务过程中耗用的材料或物料等。从存货定义中可以发现，存货具有以下特点：

（1）存货属于有形资产，具有实物形态。存货这一特征，使其与企业的许多其他资产相区别，如无形资产、应收账款、应收票据等。

（2）存货属于流动资产，具有较强流动性。存货通常在一年或者超过一年的一个营业周期内被消耗或经出售转换为现金、银行存款或者应收账款等，所以具有很强的流动性，属于企业的流动资产。存货这一特点，使其区别于固定资产、在建工程等。

（3）存货持有的目的是将用于出售，如商品等；或为了出售，如仍然处在生产过程中的在产品等；或将在生产过程或劳务提供过程中耗用，如材料、包装物及低值易耗品等。存货这一特征，使其与企业储存的用于工程建造的各种工程物资相区别。

（4）存货具有实效性或发生潜在损失的可能性。在存货持有过程中，存货可能会因时间因素或市场变化产生潜在贬值，给企业带来损失。

2. 存货的分类

存货可以按以下三个标准进行分类：

（1）按照经济内容进行分类。

① 原材料。指企业在生产过程中经加工改变其形态或性质并构成产品主要实体的各种原料及主要材料、辅助材料、外购半成品（外购件）、修理用备件（备品备件）、包装材料、燃料等。

② 在产品。指企业正在制造尚未完工的生产物，包括正在各个生产工序中加工的产品和已加工完毕但尚未检验或已检验但尚未办理入库手续的产品。

③ 半成品。指经过一定生产过程并已检验合格交付半成品仓库保管，但尚未制造完工成为产成品，仍需进一步加工的中间产品。但不包括从一个生产车间转给另一个生产车间继续加工的自制半成品以及不能单独计算成本的自制半成品。

④ 产成品。指工业企业已经完成全部生产过程并验收入库。可以按照合同规定的条件送交订货单位，或者可以作为商品对外销售。企业接受外来原料加工制造的代制品和为外单位加工修理的代修品，制造和修理完成验收入库后，应视为企业的产成品。

⑤ 商品。指商品流通企业的商品，包括外购或委托加工完成验收入库用于销售的各种商品。

⑥ 周转材料。包括包装物及低值易耗品。其中包装物指为了包装本企业商品而储备的各种包装容器，如桶、箱、瓶、坛、罐、袋等，主要是用于盛装、装潢、保护产品或商品。低值易耗品指不能作为固定资产管理的各种用具物品，如工具、管理用具、玻璃器皿以及在经营过程中周转使用的包装容器等。它的特点是单位价值较低、使用期限相对于固定资产较短，在使用过程中保持其实物形态基本不变。

但是，下列各项不属于包装物及低值易耗品的核算范围：

• 各种一次性包装用的材料，如纸、绳、铁丝、铁皮等，应作为原材料进行核算。

• 用于储存或保管产品、商品、材料等而不准备随同产品或商品对外出售的价值较大、年限较长的包装物及低值易耗品，这类包装物或低值易耗品应视为固定资产进行管理和核算。

• 单独列作企业产品、商品的自制包装物及低值易耗品，应作为库存商品进行管理和核算。

⑦ 委托代销商品，指企业委托其他单位代销的物资。

⑧ 委托加工物资，虽然委托给其他单位加工，但是其所有权还是属于委托单位，因而应作为委托企业的存货进行核算。

前已述及，为建造固定资产而购入的各种工程所需的物资，虽然具有存货流动性的特征，但不符合存货的定义，因此不能作为存货管理。另外，特种储备物资以及国家专项储备物资也不属于企业的存货。

（2）按经济用途分类。

① 在生产经营过程中储存以备出售的存货。指企业在日常经营过程中已经完工并处于待销状态的各种物品，主要指的是工业企业的库存产成品和商品流通企业的库存商品等。

② 为了最终出售尚处于生产过程中的存货。指工业企业的在产品和自制半成品等。

③ 为了生产出可供销售的商品或提供劳务而储备的可供消耗的存货，如原材料、燃料、

包装物、低值易耗品等。

(3) 按存货的存放地点分类。

① 存存货。指已经运到企业，并已经验收入库的各种原材料、商品以及已验收入库的自制半成品和产成品等。

② 加工中存货。指企业已经委托外单位加工，尚未加工完成的各种存货。

③ 在途存货。企业已经购入但尚未验收入库的各种存货。

④ 委托代销商品。

此外，按照存货的来源，还可以将存货分为外购存货、自制存货、委托外单位加工存货、接受投资收到存货、接受捐赠收到存货、债务重组收到存货、非货币性交易收到存货等。

4.1.2 存货的确认

存货只有在同时满足两个条件时才能确认为存货：一是该存货包含的经济利益可能流入企业；二是该存货的成本能可靠地计量。

是否属于企业存货应以是否拥有其法定所有权作为判断标准，而不是以其存放的地点来判断。也就是说，在盘存日期，法定所有权归属企业的一切存货，无论其存放在哪里，都应作为企业的存货。

具体在确认存货时，还应特别注意以下几点：

(1) 关于在途存货。对于销售企业已经按照销售合同等规定确认为销售，存货的所有权及相应的风险报酬都已转移给购货方，而销货方尚未发出的商品，应作为购货方的存货而不是销货方的存货；对于购货方已经收到但尚未收到销货方有关结算发票的商品，应作为购货方的存货；对于购货方已经确认为购入而尚未收到的存货应作为购货方的存货。

(2) 关于代销商品。从商品的所有权分析，代销商品的所有权是属于委托方，受托方只是代其销售，所以委托代销商品是属于委托方的存货。而从受托方来讲，为了便于受托代销商品的管理和核算，也将其纳入账内管理。

(3) 关于购货约定。对于约定未来购入的商品，由于企业当期并没有实际的购货行为发生，因此，不作为企业的存货。

4.2 存货的计价

存货核算的关键是存货的计价，即正确确定收入存货、发出存货和结存存货的价值。

4.2.1 存货入账价值的基础及其构成

1. 存货入账价值的基础

存货应当按照成本入账，包括采购成本、加工成本和其他成本。这表明存货的取得途径不同，其实际成本的构成也有所不同。

2. 存货取得成本的构成

企业取得存货应当按照成本进行计量，包括采购成本、加工成本和其他成本三个组成部分。

（1）外购存货的成本。

企业外购存货主要包括原材料和商品。外购存货的成本即存货的采购成本，指企业物资从采购到入库前所发生的全部支出，包括购买价款、相关税费、运输费、装卸费、保险费以及其他可归属于存货采购成本的费用。

① 存货的购买价款。即企业购入的材料或商品的发票账单上列明的价款，但不包括按规定可以抵扣的增值税额。

② 存货的相关税费。即企业购买、自制或委托加工存货发生的进口关税、消费税、资源税和不能抵扣的增值税进项税额等应计入存货采购成本的税费。

③ 其他可归属于存货采购成本的费用。即采购成本中除上述各项以外的可归属于存货采购成本的费用，如在存货采购过程中发生的仓储费、包装费、运输途中的合理损耗、入库前的挑选整理费用等。这些费用能分清负担对象的，应直接计入存货的采购成本；不能分清负担对象的，应选择合理的分配方法，分配计入有关存货的采购成本。分配方法通常包括按所购存货的数量或采购价格比例进行分配。

对于采购过程中发生的物资毁损、短缺等，除合理的途耗应当作为存货的其他可归属于存货采购成本的费用计入采购成本外，应区别不同情况进行会计处理：

• 从供货单位、外部运输机构等收回的物资短缺或其他赔款，应冲减所购物资的采购成本。

• 因遭受意外灾害发生的损失和尚待查明原因的途中损耗，暂作为待处理财产损溢进行核算，查明原因后再作处理。

商品流通企业在采购商品过程中发生的运输费、装卸费、保险费以及其他可归属于存货采购成本的费用等进货费用，应计入所购商品成本。在实务中，企业也可以将发生的运输费、装卸费、保险费以及其他可归属于存货采购成本的费用等进货费用先进行归集，期末，按照所购商品的存销情况进行分摊。对于已销售商品的进货费用，计入主营业务成本；对于未售商品的进货费用，计入期末存货成本。商品流通企业采购商品的进货费用金额较小的，可以在发生时直接计入当期销售费用。

（2）加工取得的存货的成本。

企业通过进一步加工取得的存货主要包括产成品、在产品、半成品、委托加工物资等，其成本由采购成本、加工成本构成。某些存货还包括使存货达到目前场所和状态所发生的其他成本，如可直接认定的产品设计费用等。通过进一步加工取得的存货的成本中采购成本是由所使用或消耗的原材料采购成本转移而来的，因此，计量加工取得的存货的成本，重点是要确定存货的加工成本。

存货的加工成本由直接人工和制造费用构成，其实质是企业在进一步加工存货的过程中追加发生的生产成本，因此，不包括直接发出材料存货转移来的价值。其中，直接人工是指企业在生产产品过程中直接从事产品生产的工人的职工薪酬。直接人工和间接人工的划分依据通常是生产工人是否与所生产的产品直接相关（即可否直接确定其服务的产品对象）。制造费用是指企业为生产产品和提供劳务而发生的各项间接费用。制造费用是一种间接生产成本，包括企业生产部门（如生产车间）管理人员的职工薪酬、折旧费、办公费、水电费、机物料消耗、劳动保护费、季节性和修理期间的停工损失等。

① 存货加工成本的确定原则。企业在加工存货过程中发生的直接人工和制造费用，如

果能够直接计入有关的成本核算对象，则应直接计入该成本核算对象。否则，应按照合理方法分配计入有关成本核算对象。分配方法一经确定，不得随意变更。存货加工成本在在产品和完工产品之间的分配应通过成本核算方法进行计算确定。

② 直接人工的分配。如果企业生产车间同时生产几种产品，则其发生的直接人工应采用合理方法分配计入各产品成本中。由于工资形成的方式不同，直接人工的分配方法也不同。比如，按计时工资或者按计件工资分配直接人工。

③ 制造费用的分配。由于企业各个生产车间或部门的生产任务、技术装备程度、管理水平和费用水准各不相同，因此，制造费用的分配一般应按生产车间或部门进行。

企业应当根据制造费用的性质，合理选择分配方法。也就是说，企业所选择的制造费用分配方法，必须与制造费用的发生具有较密切的相关性，并且使分配到每种产品上的制造费用金额科学合理，同时还应当适当考虑计算手续的简便。在各种产品之间分配制造费用的方法，通常有按生产工人工资、按生产工人工时、按机器工时、按耗用原材料的数量或成本、按直接成本（原材料、燃料、动力、生产工人工资等职工薪酬之和）及按产成品产量等。这些分配方法通常是对各月生产车间或部门的制造费用实际发生额进行分配的。

（3）其他方式取得的存货的成本。

企业取得存货的其他方式主要包括接受投资者投资、非货币性资产交换、债务重组、企业合并等。

① 投资者投入存货的成本。投资者投入存货的成本应当按照投资合同或协议约定的价值确定，但合同或协议约定价值不公允的除外。在投资合同或协议约定价值不公允的情况下，按照该项存货的公允价值作为其入账价值。

② 通过非货币性资产交换、债务重组、企业合并等方式取得的存货的成本。企业通过非货币性资产交换、债务重组、企业合并等方式取得的存货，其成本应当分别按照《企业会计准则第 7 号——非货币性资产交换》、《企业会计准则第 12 号——债务重组》、《企业会计准则第 20 号——企业合并》等的规定确定。但是，该项存货的后续计量和披露应当执行存货准则的规定。

③ 盘盈存货的成本。盘盈的存货应按其重置成本作为入账价值，并通过“待处理财产损溢”科目进行会计处理，按管理权限报经批准后冲减当期管理费用。

④ 自制存货成本，按制造过程中发生的实际成本计价。

⑤ 接受捐赠的存货，按以下规定确定其实际成本：捐赠方能够提供有关发票单据的，按发票单据上注明的金额加上应支付的相关税费，作为实际成本。

捐赠方没有提供有关发票单据的，按如下顺序确定其实际成本：同类或类似存货存在活跃市场的，按同类或类似存货的市场价格估计的金额加上应支付的相关税费，作为实际成本；同类或类似存货不存在活跃市场的，按该接受捐赠存货的预计未来现金流量现值，作为实际成本。

注意下列费用不应当计入存货成本，而应当在其发生时计入当期损益：

① 非正常消耗的直接材料、直接人工及制造费用应计入当期损益，不得计入存货成本。例如，企业超定额的废品损失以及由自然灾害而发生的直接材料、直接人工及制造费用，由于这些费用的发生无助于使该存货达到目前场所和状态，不应计入存货成本，而应计入当期损益。

② 仓储费用指企业在采购入库后发生的储存费用，应计入当期损益。但是，在生产过程中为达到下一个生产阶段所必需的仓储费用则应计入存货成本。例如，某种酒类产品生产企业为使生产的酒达到规定的产品质量标准，而必须发生的仓储费用，就应计入酒的成本，而不是计入当期损益。

③ 不能归属于使存货达到目前场所和状态的其他支出不符合存货的定义和确认条件，应在发生时计入当期损益，不得计入存货成本。

4.2.2 发出存货的计价方法

《企业会计准则第1号——存货》规定的可以采用的发出存货的计价方法，包括先进先出法、加权平均法、移动平均法和个别计价法。

1. 先进先出法

先进先出法是假设在发出存货时先购进的存货先发出，并按这样的顺序对发出存货和期末存货进行计价。

【例4－1】 某企业2017年9月的A材料收、发、结存情况如表4－1所示。

表4－1 存货明细账

存货类别：　　　　　　　　　　　　　　　　计量单位：千克/元

存货编号：　　　　　　　　　　　　　　　　最高存量：

存货名称及规格：A　　　　　　　　　　　　最低存量：

2017年		凭证编号	摘要	收入			发出			结存		
月	日			数量	单价	金额	数量	单价	金额	数量	单价	金额
9	1		期初结存							400	4.00	1 600
	3	略	购入	200	4.50	900				400	4.00	1 600
										200	4.50	900
	4		购入	700	5.00	3 500				400	4.00	1 600
										200	4.50	900
										700	5.00	3 500
	10		领用500				400	4.00	1 600	100	4.50	450
							100	4.50	450	700	5.00	3 500
	23		购入	300	4.00	1 200				100	4.50	450
										700	5.00	3 500
										300	4.00	1 200
	25		领用800				100	4.50	450	300	4.00	1 200
							700	5.00	3 500			
	30		期末结存	1 200		5 600	1 300		6 000	300	4.00	1 200

由表4－1可以得出：

本月10日发出存货成本＝400×4＋100×4.5＝2 050（元）

25日发出存货成本＝100×4.5＋700×5＝3 950（元）

月末结存存货成本＝1 600＋（900＋3 500＋1 200）－2 050－3 950＝1 200（元）

采用先进先出法可以使期末存货成本比较接近现行的市场价格，而且避免企业随意挑选价格调整企业利润。但缺点是工作比较烦琐，特别是在存货收发频繁、单价经常变动的情况下，企业计算的工作量较大；另外，当物价上涨时，会导致虚增利润和高估库存存货成本，反之，会虚减利润和低估库存存货成本。

2. **加权平均法**

加权平均法又称月末一次加权平均法，该法根据期初结存存货和本期进货存货的数量作为权数，去除月初存货成本加上本月全部进货成本，期末一次计算存货的加权平均单价，从而确定本期发出存货成本和期末结存存货的成本。计算公式为

$$加权平均单价=\frac{期初结存存货实际成本+本期进货存货实际成本}{期初结存存货数量+本期进货存货数量}$$

$$本期发出存货成本=本期发出存货数量\times 加权平均单价$$

$$本期结存存货成本=本期结存存货数量\times 加权平均单价$$

当加权平均单价除不尽须四舍五入时，为保证结存存货的正确性，应采用倒挤成本法计算发出存货成本。即先计算，期末结存存货成本 = 本期结存存货数量 × 加权平均单价，然后倒挤，本期发出存货成本 = 期初结存存货成本 + 本期进货存货成本 − 期末结存存货成本。

【例4－2】 以［例4－1］中存货的收发资料为例，采用加权平均计算存货A材料发出成本和结存成本，如表4－2所示。

表4－2 存货明细账

存货类别： 计量单位：千克/元

存货编号： 最高存量：

存货名称及规格：A 最低存量：

2017年		凭证编号	摘要	收入			发出			结存		
月	日			数量	单价	金额	数量	单价	金额	数量	单价	金额
9	1		期初结存							400	4.00	1 600
	3	略	购入	200	4.50	900				600		
	4		购入	700	5.00	3 500				1 300		
	10		领用500				500			800		
	23		购入	300	4.00	1 200				1 100		
	25		领用800				800			300		
	30		期末结存	1 200		5 600	1 300	4.50	5 850	300	4.50	1 350

采用加权平均法计算如下：

加权平均单价 = （1 600 + 900 + 3 500 + 1 200） ÷ （400 + 200 + 700 + 300） = 4.50（元）

发出存货成本 = （500 + 800） × 4.5 = 5 850（元）

期末结存存货成本 = （400 + 200 + 700 + 300 − 500 − 800） × 4.5 = 1 350（元）

采用加权平均法，能简化核算工作，平日工作较简单，而且在市价上涨或下跌情况下，计算出来的单位成本趋于平均化。但是由于平时对存货的发出和结存在账上只反映数量，不反映单价和金额，所以不便于加强对存货的管理。

3. **移动平均法**

移动平均法又称移动加权平均法，指在每次购进存货后，就根据本次进货的成本加原有库存存货的成本，除以本次进货数量加原有库存数量，计算出新的加权平均单价，从而确定

本期发出存货和结存存货成本的方法。计算公式如下：

$$\text{移动加权平均单价}=\frac{\text{原有存货实际成本}+\text{本次购入存货实际成本}}{\text{原有存货数量}+\text{本次购入存货数量}}$$

$$\text{本次发出存货成本}=\text{本次发出存货数量}\times\text{移动加权平均单价}$$

【例4－3】　仍依［例4－1］存货的收发资料，采用移动平均法计算A材料发出成本和结存成本，如表4－3所示。

表4－3　存货明细账

存货类别：　　　　　　　　　　　　　　　　　　　　计量单位：千克/元

存货编号：　　　　　　　　　　　　　　　　　　　　最高存量：

存货名称及规格：A　　　　　　　　　　　　　　　　最低存量：

2017年		凭证	摘要	收入			发出			结存		
月	日	编号		数量	单价	金额	数量	单价	金额	数量	单价	金额
9	1		期初结存							400	4.00	1 600
	3	略	购入	200	4.50	900				600		
	4		购入	700	5.00	3 500				1 300	4.62	
	10		领用500				500		2 304	800	4.62	3 696
	23		购入	300	4.00	1 200				1 100		4 896
	25		领用800				800		3 561	300	4.45	1 335
	30		期末结存	1 200		5 600	1 300		5 865	300	4.45	1 335

上例资料中：

第一次发出500千克

移动加权平均单价＝（1 600＋900＋3 500）÷（400＋200＋700）≈4.62（元）

结存存货成本＝800×4.62＝3 696（元）

发出存货成本＝1 600＋900＋3 500－3 696＝2 304（元）

第二次发出800千克

移动加权平均单价＝（3 688＋1 200）÷（800＋300）≈4.45（元）

结存存货成本＝300×4.45＝1335（元）

本次发出存货成本＝3 696＋1 200－1 335＝3 561（元）

采用移动加权平均法计价时，管理者能及时了解存货的结存情况，发出存货或库存存货成本较客观。但是采用这种方法，每次收货都要计算一次加权平均单价，计算工作量较大，对收发比较频繁的企业不适用。

4. 个别计价法

个别计价法又称个别认定法、具体辨认法、分批实际法。采用这种方法是以每批（次）收入存货的实际成本作为发出该批（次）存货的成本的方法。一般适用于不能替代使用的存货以及为特定项目专门购入或制造的存货，如贵重物品、大件物品、船舶、飞机、起重设备、珠宝、房产等。

采用个别计价法可以使发出存货和期末结存存货成本较为合理、准确，但缺点是工作量大，易出现企业随意挑选较高或较低价格的存货以达到调整当期利润的目的。

4.2.3　存货的简化计价方法

1. 计划成本法

计划成本法指平时对存货的收入、发出、结存均采用预先制定的计划成本核算，同时将计划成本和实际成本的差额计入“材料成本差异”账户，期末将材料成本差异在发出存货和期末结存存货之间分配，从而将发出存货期末结存存货计划成本调整为实际成本的方法。一般适用于存货品种规格繁多、收发频繁的大中型企业。计算公式为：

$$材料成本差异率=\frac{期初结存材料的成本差异+本期收入材料的成本差异}{期初结存材料的计划成本+本期收入材料的计划成本}\times 100\%$$

本月收入材料中一般不包括暂估入账的材料成本。企业也可以采用上月材料成本差异率。计算公式为

$$上月材料成本差异率=\frac{期初结存材料成本差异}{期初结存材料的计划成本}\times 100\%$$

$$发出存货应负担材料成本差异=发出存货计划成本\times材料成本差异率$$

$$期末结存存货应负担材料成本差异=期末结存存货计划成本\times材料成本差异率$$

$$实际成本=计划成本\pm材料成本差异$$

【例4－4】　依照［例4－1］，假设A材料的计划单位成本为6.50元，期初材料成本差异为节约差1 000元，采用计划成本法登记A材料明细账，如表4－4所示。

表4－4　存货明细账

存货类别：　　　　　　　　　　　　　　　　计量单位：千克/元
存货编号：　　　　　　　　　　　　　　　　最高存量：
存货名称及规格：A　　　　　　　　　　　　最低存量：

2017年		凭证编号	摘要	收入			发出			结存		
月	日			数量	单价	金额	数量	单价	金额	数量	单价	金额
9	1		期初结存							400	6.5	2 600
	3	略	购入	200						600		
	4		购入	700						1 300		
	10		领用500				500			800		
	23		购入	300						1 100		
	25		领用800				800			300		
	30		期末结存	1 200			1 300			300	6.5	1 950

采用计划成本法计算如下：

期初结存的计划成本＝400×6.5＝2 600（元）

本期购入的计划成本＝（200＋700＋300）×6.5＝7 800（元）

本期发出存货的计划成本＝（500＋800）×6.5＝8 450（元）

期末结存存货计划成本＝300×6.5＝1 950（元）

依［例4－1］，

本期采购存货成本的实际成本 =200×4.5 +700×5 +300×4 =5 600（元）

本期购入材料成本差异 =5 600 -7 800 = -2 200（节约差）

材料成本差异率 =（ -1 000 -2 200）÷（2 600 +7 800）×100% ≈ -31%

发出存货应负担的材料成本差异 =8 450×（-31%）= - 2 619.5（元）

发出存货实际成本 =8 450 -2 619.5 =5 830.5（元）

期末结存存货应负担材料成本差异 =（ -1 000 -2 200）-（ -2 619.5）= -580.5（元）

期末结存存货实际成本 =1 950 -580.5 =1 369.5（元）

在资产负债表中，存货项目应按相应的计划成本加（减）材料成本差异后的实际成本反映。计划成本法能简化平常工作量，便于降低存货采购成本，是制造企业常用的存货计价方法。

2. 毛利率法

毛利率法是指用本期实际销售净额乘以上期实际（或本期计划）毛利率匡算出本期销售毛利，据以计算发出存货和期末结存存货成本的方法。适用于商业企业，特别是商业批发企业。计算公式如下：

销售毛利率 = 销售毛利 ÷ 销售净额 ×100%

销售净额 = 销售收入 - 销货退回与折让

销售毛利 = 销售净额 × 销售毛利率

销售成本 = 销售净额 - 销售毛利

本期结存存货成本 = 期初结存存货成本 + 本期购入存货成本 - 本期销售成本

【例4 -5】 某商业企业月初纺织品结存234 000元，本月购货500 000元，销售收入实现200 000元，销货退回及折让10 000元，上季度该类商品毛利率为20%。

本期销售净额 =200 000 -10 000 =190 000（元）

本期销售毛利 =190 000×20% =38 000（元）

本期销售存货成本 =190 000 -38 000 =152 000（元）

月末结存存货成本 =234 000 +500 000 -152 000 =582 000（元）

采用毛利率法，商品销售成本按商品大类销售额计算，在大类商品账上结转成本，计算手续简便。商品明细账平时只记数量不记金额，每季末的最后一个月应按季末结存数量，采用最后进价法，确定季末结存成本，然后计算该季度的商品销售成本。用该季度的商品销售成本减去前两个月已结转的成本，计算出第三月的销售成本，从而对前两个月用毛利率计算的成本进行调整。

3. 零售价法

零售价法是用成本占零售价的百分比计算期末结存存货的方法。适用于商业零售企业，如百货商店、超级市场等。具体计算步骤如下：

（1）期初存货和本期购入同时按成本和售价反映。

（2）本期销货只反映售价，期初存货售价加本期购入存货售价减销售商品的售价，得到期末结存存货售价。

（3）计算成本率，公式为

$$\text{成本率} = \frac{\text{期初存货成本} + \text{本期购入存货成本}}{\text{期初存货售价} + \text{本期购入存货售价}} \times 100\%$$

（4）计算期末存货成本，公式为

$$期末存货成本=期末结存存货售价总额\times成本率$$

（5）计算本期销售成本，公式为

$$本期销售成本=期初存货成本+本期购入存货成本-期末结存存货成本$$

【例4-6】　某商场9月期初存货成本200 000元，售价总额350 000元，本期购货成本300 000元，售价总额450 000元，本期销售收入650 000元，计算期末存货成本和本期销售成本。

成本率=（200 000+300 000）÷（350 000+450 000）×100%=62.5%

期末存货成本=（350 000+450 000-650 000）×62.5%=93 750（元）

本期销售成本=200 000+300 000-93 750=406 250（元）

售价金额核算法是零售价法的一种账务处理方式，在我国的会计实务中，商品零售企业广泛采用售价金额核算法。

售价金额核算法是指平时商品的购进、储存、销售均按售价核算，售价和进价的差额通过“商品进销差价”科目核算，期末通过计算商品进销差价率和本期已销商品应分摊的进销差价，据以调整本期销售成本。计算公式如下：

$$进销差价率=\frac{期初库存商品进销差价+本期购进商品进销差价}{期初结存商品售价总额+本期购进商品售价总额}\times100\%$$

$$本期已销售商品应负担的商品进销差价=本期商品销售收入总额\times进销差价率$$

$$本期销售商品的实际成本=\begin{matrix}本期商品销售\\收入总额\end{matrix}-\begin{matrix}本期销售商品应负担\\的商品进销差价\end{matrix}$$

$$期末结存商品的实际成本=\begin{matrix}期初结存商品\\进价成本\end{matrix}+\begin{matrix}本期购进商品\\进价成本\end{matrix}-\begin{matrix}本期销售商品\\的实际成本\end{matrix}$$

【例4-7】　某商场9月期初结存商品的进价成本为110 000元，售价总额120 000元，本月购进商品的进价成本为70 000元，售价总额为80 000元，本月商品销售收入130 000元。

进销差价率=（10 000+10 000）÷（120 000+80 000）×100%=10%

已销商品应负担的商品进销差价=130 000×10%=13 000（元）

本期销售商品的实际成本=130 000-13 000=117 000（元）

期末结存商品的实际成本=110 000+70 000-117 000=63 000（元）

商品零售企业在编制资产负债表时，“存货”中的商品项目应根据“库存商品”的期末余额扣除“商品进销差价”科目的期末余额填列。

以上不同的存货发出计价方法，对企业财务状况、盈亏情况会产生不同的影响。具体表现在以下几方面：

（1）存货发出计价对企业损益产生影响，表现在：①如果期末存货计价偏低，本期发出存货成本就会偏高，从而导致当期的损益可能低估；②如果期末存货计价偏高，本期发出存货成本就会偏低，从而导致当期的损益可能高估。

（2）存货发出计价对计算交纳所得税产生影响。因为存货的发出计价方法选择不同，它所产生的当期销售成本的金额就会不同，从而影响到企业当期应纳税利润的金额。

（3）存货发出计价对资产负债表上有关流动资产项目产生影响。

4.2.4 存货的期末计价

期末，为了客观反映企业结存存货的实际价值，企业在编制资产负债表时，应当准确地计量“存货”项目的金额，也就是要确定期末存货的实际价值，除了选择适当的期末计价方法外，还必须准确确定存货的数量。

1. 存货数量的盘存方法

（1）实地盘存制。

实地盘存制又称定期盘存制，指平时在账上只记录存货的增加不记减少，会计期末通过对全部存货的实地盘点确定期末存货的实有数额，然后分别乘以各盘存存货的单价，计算出期末存货的总金额，然后倒挤出本期已耗用或已销售存货成本的方法。该方法又称为“以存计耗”或“以存计销”，它所依据的基本公式为

$$本期发出存货成本=期初存货成本+本期购入存货成本-期末结存存货成本$$

$$期末结存存货成本=期末存货数量\times单价$$

（2）永续盘存制。

永续盘存制又称账面盘存制，指对存货项目分别品名、规格设置明细账，平时在账上逐笔逐日地反映各存货收入、发出和结存的数量、单价和金额，可随时从账上了解其实有数额。

（3）两种方法的比较。

实地盘存制和永续盘存制作为确定存货数量的两种方法，各有其优缺点和实用性。

实地盘存制的主要优点是简化了存货的日常核算工作，但加大了期末的工作量。实地盘存制的主要缺点：①不能随时从账上反映存货收入、发出和结存的动态，不便于管理人员掌握情况。②容易掩盖存货管理中出现的人为或自然的损失。由于采用倒挤方法计算发出成本，这会使得非正常消耗或耗用的存货损失、差错甚至偷盗等原因引起的短缺，全部倒挤入本期耗用或销售成本中，掩盖了仓库保管中存在的问题。③采用这种方法只能通过期末盘点才能得到本期的耗用或销售成本，不能随时结转成本。所以，这种方法主要适用于自然消耗大、数量不稳定的鲜活产品。

永续盘存制的主要优点是有利于加强存货的管理。在各种存货明细账中，可以随时了解某一存货收入、发出、结存的状态；根据账簿记录可进行定期或不定期的实地盘点，检查存货是否账实相符，可以及早查明存货溢余或短缺的原因；通过账簿记录还可以随时反映出存货是否过多或过少，以便及时组织货源，加速资金周转。它的主要缺点是存货明细账的记录工作量较大。

企业可以根据存货类别和管理要求，选择实地盘存制和永续盘存制，但不论采用何种盘存方法，前后各期应保持一致。

2. 存货期末计价及账务处理

在资产负债表日，企业存货应当按成本和可变现净值孰低法计量。

（1）成本与可变现净值孰低法的含义。

其含义是指对期末存货按成本价和可变现净值两者之间的较低者进行计价的方法。也就

是说，当成本低于可变现净值时，存货按成本计价；当成本高于可变现净值时，存货按可变现净值计价。

这里所讲的“成本”是指存货的历史成本，也就是前面所介绍的以历史成本计价为基础的发出存货计价方法（如先进先出法等）确定的结存存货的实际成本。

“可变现净值”是指企业在日常生产经营活动过程中，以存货的估计售价减去至完工估计将要发生的成本、估计销售费用及相关税费后的金额。其实质是净现金流入，而不是指存货的售价或合同价。

采用成本与可变现净值孰低法的理论基础是要使得存货符合资产的定义：当存货的可变现净值低至成本以下时，表明该存货给企业带来的未来经济利益低于其账面金额，应将该部分损失从资产价值中扣除，计入当期损益；否则，就会出现虚计资产的情况。所以，成本与可变现净值孰低法是对历史成本的修正，它充分体现了谨慎性要求。

（2）可变现净值的确定。

企业在确定存货的可变现净值时，应当以取得的可靠证据为基础，并且考虑持有存货的目的、资产负债表日后事项的影响等因素。具体有以下几种情况：

① 产成品、商品及用于出售的原材料等直接用于出售的存货，其可变现净值根据在正常的生产经营活动中，存货的估计售价减去估计的销售费用及相关税费后的净额。

② 用于生产的材料、在产品或自制半成品等需经过进一步加工的存货，其可变现净值根据在正常的生产经营活动中，以其生产的产成品估计的售价减去完工估计将发生的成本、估计的销售费用及相关税费后的金额确认。

③ 如果属于按订单生产，则应按协议价或合同价而不是估计售价确认可变现净值。但如果库存存货超过合同购买存货，超过部分存货应按当前市场售价减去估计的销售费用及相关税费后确认。

当企业存在下列情况之一，期末存货应当按可变现净值计价，并对可变现净值低于成本的部分计提存货跌价准备：

① 该存货的市价持续下跌，并且在可以预见的未来无回升的希望。

② 企业使用该项原材料生产的产品的成本大于产品的销售价格。

③ 企业因产品更新换代，原有库存原材料不适应新产品的需要，而该原材料的市场价格又低于其账面成本。

④ 因企业所提供的产品或劳务过时或消费者喜好的改变，导致市场需求发生变化，以致价格逐渐下跌。

⑤ 其他足以证明该项存货实质上已经发生减值的情形。

（3）计提存货跌价准备的方法。

① 企业通常应当按照单个存货项目计提存货跌价准备。在企业采用计算机信息系统进行会计处理的情况下，完全有可能做到按单个存货项目计提存货跌价准备。在这种方式下，企业应当将每个存货项目的成本与其可变现净值逐一进行比较，按较低者计量存货，并且按成本高于可变现净值的差额计提存货跌价准备。这就要求企业应当根据管理要求和存货的特点，明确规定存货项目的确定标准。比如，将某一型号和规格的材料作为一个存货项目、将某一品牌和规格的商品作为一个存货项目等。

② 对于数量繁多、单价较低的存货，可以按照存货类别计提存货跌价准备。如果某一

类存货的数量繁多并且单价较低，企业可以按存货类别计量成本与可变现净值，即按存货类别的成本的总额与可变现净值的总额进行比较，每个存货类别均取较低者确定存货期末价值。

③ 与在同一地区生产和销售的产品系列相关、具有相同或类似最终用途或目的，且难以与其他项目分开计量的存货，可以合并计提存货跌价准备。存货具有相同或类似最终用途或目的，并在同一地区生产和销售，意味着存货所处的经济环境、法律环境、市场环境等相同，具有相同的风险和报酬。因此，在这种情况下可以对该存货进行合并计提存货跌价准备。

④ 存货存在下列情形之一的，通常表明存货的可变现净值低于成本：

- 该存货的市场价格持续下跌，并且在可预见的未来无回升的希望。
- 企业使用该项原材料生产的产品的成本大于产品的销售价格。
- 企业因产品更新换代，原有库存原材料已不适应新产品的需要，而该原材料的市场价格又低于其账面成本。
- 因企业所提供的商品或劳务过时或消费者偏好改变而使市场的需求发生变化，导致市场价格逐渐下跌。
- 其他足以证明该项存货实质上已经发生减值的情形。

【例4－8】 某企业有A、B、C、D四种存货，分别属于甲、乙两大类。各存货的成本与可变现净值资料见下表，分别按三种比较方法确定期末存货的价值，如表4－5所示。

表4－5 期末存货成本与可变现净值比较表

金额单位：元

项目	数量	成本		可变现净值		单项比较法	分类比较法	总额比较法
		单价	金额	单价	金额			
甲类存货								
A	100	400	40 000	420	42 000	40 000		
B	200	500	100 000	480	96 000	96 000		
小计			140 000		138 000		138 000	
乙类存货								
C	220	200	44 000	180	39 600	39 600		
D	150	300	45 000	340	51 000	45 000		
小计			89 000		90 600		89 000	
合计			229 000		228 600	220 600	227 000	228 600

从表4－5中的计算结果可以看出：

采用单项比较法，A存货成本 < 可变现净值，没有跌价损失，不用计提存货跌价准备；B存货成本 > 可变现净值，需要计提的存货跌价准备4 000元；C存货成本 > 可变现净值，按差额计提存货跌价准备4 400元；D存货成本 < 可变现净值，无须计提存货跌价准备。所以采用单项比较法，应计提的存货跌价准备总额是8 400元。

采用分类比较法，甲类存货成本 > 可变现净值，应按差额计提存货跌价准备2 000元；乙类存货成本 < 可变现净值，无须计提存货跌价准备。所以采用分类比较法，应计提的存货跌价准备总额是2 000元。

采用总额比较法，存货总成本 > 可变现净值，应按差额计提存货跌价准备400元。

可以看出，存货分得越细，期末存货的价值越准确，也就越符合谨慎性要求。故《企业会计准则第1号——存货》规定，存货跌价准备应当按照单个存货项目计提。但是在某些情况下，如具有类似目的或最终用途，并在同一地区生产和销售的产品，且难以将其与该产品系列的其他项目区别开来进行估价的存货，可以合并计提存货跌价准备，对于数量繁多、单价较低的存货，也可以按照存货的类别比较成本与可变现净值，从而确定存货跌价准备。

（4）存货跌价准备的账务处理。

企业应该在每一会计期末，比较成本与可变现净值。如果成本低于可变现净值则不需要进行账务处理，存货仍按原账面价值反映；如果成本高于可变现净值，应在期末确认存货跌价损失，并通过“存货跌价准备”、“资产减值损失”账户进行相关账务处理。“存货跌价准备”账户，属资产类备抵账户，该账户的贷方反映计提的存货跌价准备，借方反映已提的存货跌价准备得以恢复或其他原因而冲销的跌价准备金，余额在贷方，表示企业已提的存货跌价准备。存货跌价准备是各存货项目的抵减项目，通过有关存货项目和“存货跌价准备”科目比较，使期末存货表现为可变现净值。在资产负债表中“存货”项目即按存货类账户的期末余额减去存货跌价准备后的净额反映。

具体做法是：首先，在期末根据成本低于可变现净值的金额确定应计提的存货跌价准备；其次，将应提存货跌价准备与“存货跌价准备”科目的原贷方余额比较，如应提存货跌价准备 > 原“存货跌价准备”科目的余额，则按差额计提借记“资产减值损失——计提的存货跌价准备”科目，贷记“存货跌价准备”科目，如应提存货跌价准备 < “存货跌价准备”科目的余额，表示存货价值部分恢复，则按差额冲销，借记“存货跌价准备”科目，贷记“资产减值损失——计提存货跌价准备”科目。如果已提存货跌价准备的存货价值日后全部恢复，应以“存货跌价准备”的余额冲减至零为限。

【例4-9】 某公司采用“成本与可变现净值孰低法”进行期末存货计价，2015年年末某项存货账面成本200 000元，可变现净值195 000元。编制会计分录如下：

（1）2015年应提存货跌价准备5 000元。

借：资产减值损失——计提的存货跌价准备　　5 000

　　贷：存货跌价准备　　5 000

（2）2016年该项存货的可变现净值为192 000元，应提跌价准备8 000元，原已提5 000元，所以当期应补提3 000（8 000－5 000）元。

借：资产减值损失——计提的存货跌价准备　　3 000

　　贷：存货跌价准备　　3 000

（3）2017年该类存货的可变现净值为194 000元，应提跌价准备6 000元，原已提8 000元，所以当期应冲销2 000元。

借：存货跌价准备　　2 000

　　贷：资产减值损失——计提存货跌价准备　　2 000

（4）2018年该类存货的可变现净值为201 000元，原计提跌价准备6 000元，应冲减跌价准备6 000元（以“存货跌价准备”科目余额冲减至0为限）。

借：存货跌价准备　　6 000

　　贷：资产减值损失——计提存货跌价准备　　6 000

在资产负债表中，“存货”项目应按照减去存货跌价准备后的净额填列。

值得注意的是：

① 期末对存货进行计量时，如果同类存货，其中有部分是有合同价格约定，另一部分则没有合同价格，在这种情况下，企业应当区分有合同价格约定的和没有合同价格约定的两个部分。分别确定其期末可变现净值，并与其相对应的成本进行比较，从而分别确认是否需要计提存货跌价准备，由此计算的存货跌价准备不得相互抵消，因存货价值回升而冲销的存货跌价准备，按上述同一原则确定当期应转回的金额。

② 企业计提了存货跌价准备，如果其中一部分出售，则在结转销售成本的同时应结转对其已计提的存货跌价准备，结转的存货跌价准备冲减当期的资产减值损失。对于因债务重组、非货币性交易转出的存货，应同时结转已计提的存货跌价准备，但不冲减当期的资产减值损失，按债务重组和非货币性交易的原则进行会计处理。

③ 为了在资产负债表上反映各类存货计提的存货跌价准备，并提供关于各类存货提取、转回跌价准备的具体情况，“存货跌价准备”科目也应按不同的存货类别进行明细核算。

（5）存货的转销。

存货的转销，是指将存货的账面价值全部转入当期损益。企业会计制度规定，当企业存在下列条件之一时，应将存货的账面价值（减去已提跌价准备后的净额）全部转入当期损益：

① 已霉烂变质的存货。

② 已过期且无转让价值的存货。

③ 生产中已不再需要，并且已无使用价值和转让价值的存货。

④ 其他足以证明已无使用价值和转让价值的存货。

企业发生上述情况时，应按已提的存货跌价准备借记“存货跌价准备”科目，按扣除存货跌价准备后的净额，借记“资产减值损失——计提的存货跌价准备”科目，同时贷记“库存商品”等科目。

【例4－10】 2016年9月30日，甲企业某项原材料账面价值600 000元，可变现净值570 000元，原已提存货跌价准备20 000元，2016年11月发现该批原材料已没有价值，经批准转销。其账务处理如下：

（1）2016年9月30日应提存货跌价准备为30 000元，但原已提20 000元，所以当期计提10 000元的存货跌价准备：

借：资产减值损失——计提的存货跌价准备　　10 000
　　贷：存货跌价准备　　10 000

（2）2016年11月存货经批准转销：

借：存货跌价准备　　30 000
　　资产减值损失——计提的存货跌价准备　　570 000
　　贷：原材料　　600 000

4.3 原 材 料

4.3.1 原材料的概念、特点及分类

1. **原材料的概念及特点**

原材料是指企业在生产过程中经加工改变其形态或性质并构成产品主要实体的各种原料及主要材料、辅助材料、外购半成品（外购件）、修理用备件（备品备件）、包装材料、燃料等。

与机器设备、低值易耗品等相比，原材料具有以下特点：①其实物形态随着生产过程被改变或被消耗；②随着原材料实物形态的改变，其价值一次性转移；③原材料的采购、收发比较频繁，并且品种规格繁多，在存货中的资金占用比例较大。

2. **原材料的分类**

原材料按经济业务内容分为以下几种：

（1）原料及主要材料。这是指在生产过程中经过加工构成产品主体部分的各种原料和材料，如纺织厂的棉纱、钢铁厂的矿砂等。

（2）辅助材料。这是指生产过程中起辅助作用，不构成产品主体部分的各种材料，如机器润滑用的机油等。

（3）外购半成品。这是指从外部购入需要本企业进一步加工、装配的半成品，如电器生产厂的外购零件等。

（4）修理用备件。这是指为修理本企业机器设备等而购入的专用修理用零部件，如阀门等。

（5）包装材料。这是指用来包装产品用的不属于包装物的一次性材料，如铁丝、铁皮、纸等。

（6）燃料。这是指生产过程中用来燃烧发热以满足正常劳动条件要求的各种燃料，包括各种液体、气体、固体等燃料。

原材料按存放地点可分为以下三种：库存原材料、在途原材料和委托加工原材料。

4.3.2 原材料按实际成本计价的核算

1. **按实际成本核算应设置的账户**

按实际成本核算时，原材料的收入、发出、结存均按实际成本反映。会计核算上主要设置“原材料”、“在途物资”等科目。

（1）“原材料”科目。该科目用来核算企业库存原材料的实际成本。借方登记原材料的增加，贷方登记原材料的减少，余额在借方，反映企业结存原材料的实际成本，并按材料的保管地点、类别、品种和规格进行明细核算。

（2）“在途物资”科目。该科目用来核算企业已经购入但尚未到达或尚未验收入库的各种物资的实际成本。借方登记已购入但尚未验收入库的在途货物的实际成本，贷方登记验收入库的在途物资的实际成本。一般按供货单位和材料种类进行明细核算。

2. **原材料增加的核算**

（1）购入原材料的核算。

① 原材料采购成本的组成。原材料的采购成本包括买价和采购费用两部分。

买价是根据发票金额确认的购货价格，一般扣除商业折扣但不扣除现金折扣。采购费用包括：运杂费（运输费、装卸费、保险费、仓储费、包装费等）、运输途中的合理损耗、入库前的整理挑选费用、购入材料应负担的相关税金及其他。其中应注意，一般纳税人购入存货支付的运输费用，营业税改证增值税后按 11% 的税率计算增值税，这一部分支出不计入原材料采购成本。

关于购买材料支付相关税金的处理：购买材料支付的资源税、消费税、关税、城市维护建设税等价内税构成材料采购成本；一般纳税企业购买材料支付的增值税，凡取得了相关的增值税专用发票或海关完税凭证等，可按税法规定进行相应的进项税额抵扣，不计入材料采购成本；购买的材料如用于非应税项目或免税项目以及未能取得增值税专用发票等有关证明的，支付的增值税不能抵扣，应直接计入材料成本；收购的废旧物资，按有关凭证上注明收购价格 10% 的扣除率计算进项税额，并按买价扣除进项税额后的价值作为购入物资的采购成本；购买的农副产品，按有关凭证上注明买价 13% 的扣除率计算进项税额，并按买价扣除进项税额后的价值作为其采购成本；小规模纳税企业购入材料所支付的增值税不管是否取得增值税专用发票都应计入材料的采购成本。

② 采购原材料的账务处理。企业外购材料时，可从本地进货，也可从外地进货，而且可以根据购货业务的不同特点采用不同的结算方式。本地购货可以采用现款、支票和银行本票等结算方式；外地购货可以采用委托收款、银行汇票、异地托收承付等结算方式。实际业务中，企业还可以采用预付款、赊购等方式购进材料。当企业从外地进货时，由于结算凭证的传递、材料的运输，会使得结算凭证到达和材料验收入库在时间上产生三种情况，具体分为：

第一，结算凭证和材料同时到达。

【例 4 – 11】 某企业购入 W 材料一批，增值税专用发票上注明买价 200 000 元，增值税 34 000 元，对方代垫运费 1 500 元，取得增值税运费发票，增值税 165 元。企业签发一张票面金额为 235 500 元的转账支票，材料已入库。编制会计分录如下：

	借方	贷方
借：原材料——W 材料	201 500	
应交税费——应交增值税（进项税额）	34 165	
贷：银行存款		235 650

【例 4 – 12】 某企业购买了 F 材料一批，买价 300 000 元，增值税 51 000 元，交付一张面额为 351 000 元的银行汇票，同时，取得运费增值税发票，运费 5000 元增值税 550 元，用存款支付运费及其增值税 5 500 元，材料已入库。编制会计分录如下：

	借方	贷方
借：原材料——F 材料	305 000	
应交税费——应交增值税（进项税额）	51 550	
贷：其他货币资金——银行汇票		351 000
银行存款		5 500

第二，货款已付，材料尚未验收入库。

对于这一类业务，应根据发票账单等记载的实际发生的采购成本，借记“在途物资”

科目；根据增值税专用发票上所注明的增值税，借记“应交税费——应交增值税（进项税额）”科目；同时根据具体付款情况，贷记“银行存款”、“其他货币资金”、“应付票据”等科目。

【例4－13】 某企业从丙单位购买了M材料一批，增值税专用发票上注明贷款100 000元，增值税17 000元，运输费增值税发票单据上注明运费3 000元税额330元，装卸费500元、运输保险费600元，货款、增值税及运费等通过银行支付，材料尚未验收入库。编制会计分录如下：

借：在途物资——丙单位　　104 100
　　应交税费——应交增值税（进项税额）　　17 330
　　贷：银行存款　　121 430

日后，材料到达时，根据收料单再编制会计分录如下：

借：原材料——M材料　　104 100
　　贷：在途物资——丙单位　　104 100

第三，材料已验收入库，款项尚未支付。

这一类业务具体分为两种情况：

第一种是材料已经验收入库，发票账单也已经到达，但款项尚未支付。这种情况实际上就是赊购，由于企业流动资金不足或其他原因造成企业尚未支付的款项，应作为“应付账款”核算，企业应当在收到有关发票账单的时候进行相关账务处理。

【例4－14】 企业从H单位购入E材料一批，增值税专用发票上注明材料买价300 000元，增值税51 000元，材料已验收入库，买价及增值税尚未支付。编制会计分录如下：

借：原材料——E材料　　300 000
　　应交税费——应交增值税（进项税额）　　51 000
　　贷：应付账款——H单位　　351 000

第二种是材料已经验收入库，但是由于尚未收到有关发票账单，所以企业尚未付款。对于这类业务，为了核算简单，月度内暂不进行总分类核算，按实际收到的材料先登明细账，等收到有关发票账单后再按正常采购程序处理。如月末仍未收到有关发票账单，为保证账实相符，企业应对该部分材料进行估价暂估入账，并进行借记“原材料”科目，贷记“应付账款——暂估应付账款”科目的账务处理，下月初，再用红字进行相同的处理，进行冲销，然后等实际账单到了后再按正常采购处理。

【例4－15】 某企业购入W材料一批，材料已于10月15日验收入库，但至月底尚未收到有关发票账单，10月末估价260 000元入账。编制会计分录如下：

借：原材料——W材料　　260 000
　　贷：应付账款——暂估应付账款　　260 000

11月1日将暂估入账的材料用红字冲回，编制会计分录如下：

借：原材料——W材料　　260 000
　　贷：应付账款——暂估应付账款　　260 000

假设企业于11月22日收到上述材料的相关发票账单，增值税专用发票上注明该批材料买价200 000元，增值税34 000元，当即用存款支付。编制会计分录如下：

借：原材料——W材料　　200 000

应交税费——应交增值税（进项税额）　　34 000
贷：银行存款　　234 000

③ 预付账款核算。企业在采购材料时，可按照合同规定先预付一部分货款，等材料到达后，再进行相关结算。这部分内容已在第三章进行了介绍，此处不再重述。

④ 入库时材料短缺和毁损的核算。企业外购材料时可能会发生短缺或溢余。对于短缺和溢余部分应及时查明原因并作出处理，并根据处理意见进行相应账务处理。

企业购入材料发生短缺应根据不同的原因和处理结果分别进行账务处理。具体为：

如果短缺是属于定额内的合理损耗，应按其实际成本计入购入存货的采购成本，相应提高入库材料的单位成本，无须单独进行账务处理。

如果属超定额损耗，应按其实际成本及转出的不予抵扣的进项税额扣除由保险公司等相关责任人赔偿部分后尚不能弥补的损失部分，记入当期“管理费用”科目。

如果查明短缺是由于销货方责任造成，又可以分两种情况：如果购买方尚未付款，则可按短缺部分数量及单价计算拒付金额，填写拒付理由书，向银行办理拒付手续，经过银行审核同意后，再按实际入库数量金额进行入库账务处理；如果购买方已经支付了货款，并且原已记入“在途物资”等科目的，企业应将短缺部分的成本和相关转出进项税额转入“预付账款”或“应付账款”科目。

如果属运输部门、有关责任人及保险公司等赔偿的，应将短缺的成本及转出的进项税额计入“其他应收款”。

如果需要查明和报经上级部门批准才能转销的短缺损失，在原因查明前，应先计入“待处理财产损溢——待处理流动资产损溢”科目。待查明原因后，属责任人、保险公司赔偿的转入“其他应收款”科目；属自然灾害等人力无法抗拒等原因造成的非常损失，在扣除有关残值收入及赔偿后，计入“营业外支出”科目；属查不出原因造成的无法挽回损失，记入“管理费用”科目。

【例4-16】 企业10月16日从甲单位采购B材料200千克，单位买价1 200元，增值税票上注明货款240 000元，增值税40 800元，另支付对方代垫运杂费等2 110元（其中运费1 000元，准予抵扣进项税110元），款项共计282 910元，已用银行存款支付，材料尚未入库。相关账务处理如下：

10月16日购入原材料时，编制会计分录如下：

借：在途物资——甲单位　　242 000
　　应交税费——应交增值税（进项税额）　　40 910
　　贷：银行存款　　282 910

假设10月20日材料到达，实际入库数量150千克，短缺50千克，其中5千克属合理损耗，另45千克短缺原因待查。

材料实际单位成本 = 242 000 ÷ 200 = 1210（元）

材料负担的单位增值税 = 40 910 ÷ 200 = 204.55（元）

验收入库材料的实际成本 =（200 − 45）× 1210 = 187 550（元）

短缺部分的增值税 = 45 × 204.55 = 9 204.75（元）

待处理财产损溢 = 45 × 1 210 + 45 × 204.55 = 63 654.75（元）

编制会计分录如下：

借：原材料——B 材料　　187 550
　　待处理财产损溢——待处理流动资产损溢　　63 654.75
　　贷：在途物资——甲单位　　242 000
　　　　应交税费——应交增值税（进项税额转出）　　9 204.75

⑤ 小规模纳税企业购买原材料的处理。

【例 4-17】　丁企业属于小规模纳税企业，外购 C 材料一批，增值税票上注明买价 30 000元，增值税 5 100 元，企业签发一张 35 100 元的转账支票办理结算，材料已验收入库。编制会计分录如下：

借：原材料——C 材料　　35 100
　　贷：银行存款　　35 100

（2）自制、投资者投入和接受捐赠原材料的核算。

自制并已验收入库的原材料，按实际成本借记“原材料”科目，贷记“生产成本”科目。投资者投入的原材料，按投资各方确认的价值，借记“原材料”科目；按增值税，专用发票上注明的增值税额，借记“应交税费——应交增值税（进项税额）”科目；按占被投资方股权总额的比例，贷记“实收资本”科目；按其差额，贷记“资本公积——资本溢价”科目。

企业接受非政府补助捐赠的原材料，按确认的价值，借记“原材料”，一般纳税人按规定涉及可抵扣进项税额的，应按可抵扣的进项税额借记“应交税费——应交增值税（进项税额）”科目，贷记“营业外收入”。企业从政府无偿取得的存货，参考《企业会计准则第16 号——政府补助》。

【例 4-18】　企业接受外单位投入 A 原材料一批，有关发票账单上注明金额 200 000 元，增值税 17 000 元。其会计分录如下：

借：原材料——A 原材料　　200 000
　　应交税费——应交增值税（进项税额）　　34 000
　　贷：实收资本　　234 000

【例 4-19】　企业接受外单位捐赠 B 原材料一批，有关发票账单上注明金额 300 000 元，增值税 51 000 元。编制会计分录如下：

借：原材料——B 原材料　　300 000
　　应交税费——应交增值税（进项税额）　　51 000
　　贷：营业外收入　　351 000

（3）废料入库。

对废料回收，应填制“材料交库单”，办理入库手续。对于生产过程中发生的废料入库，应借记“原材料”科目，贷记“生产成本”科目；属低值易耗品报废残料入库，应借记“原材料”科目，贷记“制造费用”或“管理费用”科目；对固定资产报废收回的残料入库，应借记“原材料”科目，贷记“固定资产清理”科目。

企业收入材料还可以通过委托加工、债务重组、非货币性交易等方式取得，其账务处理将在以后有关章节中介绍。

3. 原材料减少的核算

由于企业材料的收发业务频繁，为了简化日常核算工作，平时一般只登记材料明细分类账户，反映各材料的收发和结存金额，月末根据实际成本计价的发料凭证，按领用部门和用途，编制“发料凭证汇总表”，反映其实际发出情况，并据以登记总分类账，进行材料发出的总分类核算。

（1）发出成本的确认。

可采用先进先出法、加权平均法、移动平均法、个别计价法等方法确认。

（2）发出原材料的账务处理。

发出原材料时，应按材料的发出用途分别进行账务处理。如属于生产领用，可根据领用材料的部门不同，分别借记“生产成本”、“管理费用”、“制造费用”等科目，贷记“原材料”科目。如果企业出售原材料，按实际收到的材料款和增值税，借记“银行存款”等科目，贷记“其他业务收入”科目，并按增值税贷记“应交税费——应交增值税（销项税额）”；结转所售材料成本时，借记“其他业务成本”科目，贷记“原材料”科目。

【例4－20】 某企业根据当月发料凭证，汇总编制发料凭证汇总表，如表4－6所示。

表4－6 发料凭证汇总表 单位：元

类别 用途	原料及 主要材料	辅助材料	燃 料	外购半成品	修理用备件	包装材料	合 计
生产领用	280 000	120 000					400 000
车间领用	100 000	80 000	30 000	20 000			230 000
厂部领用	80 000			10 000		10 000	100 000
工程领用	30 000						30 000
合计	490 000	200 000	30 000	30 000		10 000	760 000

根据发料凭证汇总表，编制会计分录如下：

借：生产成本 400 000

制造费用 230 000

管理费用 100 000

在建工程 30 000

贷：原材料 760 000

【例4－21】 某企业当月销售A材料一批，发票注明售价300 000元，增值税51 000元，收到对方一张转账支票，原购入成本230 000元。编制会计分录如下：

借：银行存款 351 000

贷：其他业务收入 300 000

应交税费——应交增值税（销项税额） 51 000

同时结转材料成本，编制会计分录如下：

借：其他业务成本 230 000

贷：原材料——A材料 230 000

4.3.3 原材料按计划成本计价的核算

1. 计划成本法概述

存货按计划成本法核算，要求存货的总分类核算和明细分类核算均采用计划成本计价。

一般适用于存货品种繁多、收发频繁的大中型企业。

采用计划成本法的前提是制定每一品种规格存货的计划成本。存货计划成本的组成内容应当与其实际成本的构成一致，包括买价、运杂费和有关税金等。计划单价的确定一般由企业采购部门会同财会等部门共同制订，制订的计划成本应尽可能接近实际成本。

其基本的核算程序如下：

（1）企业应当制订各种存货的计划成本目录，规定存货的分类，各种存货的名称、品种、规格、编号、计量单位和计划单位成本。除特殊情况外，一般计划单位成本年度内不得调整。

（2）平日收到存货时，应按计划单位成本计算出收入存货的计划成本填入收料单内，并按实际成本和计划成本的差额，作为“材料成本差异”分类登记。

（3）平时领用、发出的存货，都按计划单位成本计算，月份终了再将本月发出存货应负担的材料成本差异进行分摊，并将发出存货的计划成本调整为实际成本。发出存货应负担的材料成本差异，必须按月分摊，不得在季末或年末一次分摊。

2. 原材料按计划成本法核算应设置的会计科目

在计划成本法下应设置下面三个会计科目进行核算：

（1）“材料采购”科目。该科目用来核算材料采购过程中所发生的实际成本。其借方反映采购的实际成本和结转入库材料时实际成本小于计划成本的节约差，贷方反映入库材料的计划成本和结转入库时实际成本大于计划成本的超支差，余额在借方，表示企业在途物资的实际成本。

（2）“原材料”科目。该科目用来核算企业库存材料计划成本的增减变动。其借方登记增加原材料的计划成本，贷方登记减少原材料的计划成本，余额在借方，表示企业库存材料的计划成本。

（3）“材料成本差异”科目。该科目反映入库材料实际成本与计划成本的差额。其借方反映材料入库时发生的超支差，贷方反映材料入库时发生的节约差及发出材料时结转的材料成本差异（结转发出材料应负担的超支差用蓝字，节约差用红字），余额在借方表示库存材料的超支差，余额在贷方表示库存材料的节约差。

在计划成本法下，包装物、低值易耗品、委托加工物资等存货产生的材料成本差异也可以通过“材料成本差异”科目核算。

3. 计划成本法下原材料增加的核算

（1）购入材料的核算。

在计划成本法下，企业购入原材料，应先通过“材料采购”科目进行核算。按照材料款项的支付情况又分以下三种情况：

① 货款已付，材料同时到达。在这种情况下，首先按采购材料的实际成本借记“材料采购”科目；按允许抵扣的进项税额，借记“应交税费——应交增值税（进项税额）”科目；按实际支付的款项，贷记“银行存款”科目或“应付票据”等科目。当材料入库时，按计划成本借记“原材料”科目，贷记“材料采购”；同时按实际成本大于计划成本的超支差借记“材料成本差异”科目，贷记“材料采购”科目；如果是结转实际成本小于计划成本的节约差，则借记“材料采购”，贷记“材料成本差异”。

【例4-22】　甲企业为一般纳税企业，本月3日购入D材料一批，取得的增值税专用发票上注明买价80 000元，增值税13 600元，运费1 000元（可抵扣11%），货款已通过银行办理转账支付，材料已验收入库。该批材料的计划成本是100 000元。编制有关会计分录如下：

借：材料采购——某供货单位　　81 000
　　应交税费——应交增值税（进项税额）　　13 110
　　贷：银行存款　　94 600
借：原材料——D材料　　100 000
　　贷：材料采购　　100 000
借：材料采购——某供货单位　　19 070
　　贷：材料成本差异　　19 070

② 货款已付，材料尚未验收入库。这种情况下，无论材料是否验收入库，都应先按实际成本借记“材料采购”，等实际验收入库时再按计划成本进行入库的处理，并结转材料成本差异。若至月末材料仍然未验收入库，则“材料采购”会出现借方余额，表示是在途材料。

【例4-23】　甲企业于5月10日购入N材料一批，增值税专用发票上注明买价400 000元，增值税68 000元，签发一张面值为468 000元的银行承兑汇票，材料尚未入库，编制会计分录如下：

借：材料采购——某供货单位　　400 000
　　应交税费——应交增值税（进项税额）　　68 000
　　贷：应付票据　　468 000

假设材料于20天后收到并验收入库，计划成本360 000元。编制会计分录如下：

借：原材料——N材料　　360 000
　　贷：材料采购——某供货单位　　360 000
借：材料成本差异　　40 000
　　贷：材料采购　　40 000

③ 材料已经验收入库，货款尚未支付。与实际成本法一样，这又可以分为两种情况：一种是对于已经收到发票账单但尚未付款的入库材料，采购时按实际成本借记“材料采购”、“应交税费——应交增值税（进项税额）”科目，贷记“应付账款”等科目；入库时按计划成本借记“原材料”科目，贷记“材料采购”科目，同时结转相应材料成本差异。

另一种是对于已验收入库但因未收到发票账单而尚未付款的情况，在发票账单未到前，暂不进行账务处理，至期末如果发票账单仍未到，则应在期末按计划成本暂估入账，借记“原材料”科目，贷记“应付账款——暂估应付账款”，下月初用红字冲销，等发票账单到后，再进行采购、入库、结转材料成本差异的处理。

【例4-24】　甲企业于10月15日购买K材料一批，材料已验收入库，但至月底尚未收到发票账单，货款尚未支付。该批材料的计划成本为800 000元，企业应在月末按计划成本估价入账。编制会计分录如下：

借：原材料——K材料　　800 000
　　贷：应付账款——暂估应付账款　　800 000

下月初用红字将上述分录予以冲回：

借：原材料——K材料　　800 000
　　贷：应付账款——暂估应付账款　　800 000

收到上述增值税专用发票，发票上注明价款700 000元，增值税额119 000元，当即用银行存款支付。编制会计分录如下：

借：材料采购——某供货单位　　700 000
　　应交税费——应交增值税（进项税额）　　119 000
　　贷：银行存款　　819 000
借：原材料——K 材料　　800 000
　　贷：材料采购——某供货单位　　800 000
借：材料采购——某供货单位　　100 000
　　贷：材料成本差异　　100 000

【例 4-25】　甲企业 6 月 20 日购入 F 材料一批，价款 50 000 元，增值税 8 500 元，运杂费 1 500 元（其中运费发票 1 000 元，税额按 11% 进行抵扣 110 元），材料已入库，发票账单同时到达，款项暂欠，计划成本 40 000 元。有关会计处理如下：

借：材料采购——某供货单位　　51 500
　　应交税费——应交增值税（进项税额）　　8 610
　　贷：应付账款——某供货单位　　60 110
借：原材料——F 材料　　40 000
　　贷：材料采购——某供货单位　　40 000
借：材料成本差异　　11 500
　　贷：材料采购——某供货单位　　11 500

（2）自制材料入库。

自制材料入库同样可以采用计划成本进行核算。在生产过程中，通过“生产成本”科目汇总其实际生产成本，生产完成入库时，按计划成本记入“原材料”科目，实际成本与计划成本的差异通过“材料成本差异”科目反映。编制会计分录如下：

借：原材料（计划成本）
　　材料成本差异（超支差）
　　贷：生产成本（实际成本）
　　　　材料成本差异（节约差）

（3）短缺与损耗。

材料验收入库时发生短缺与损耗，其账务处理方法同实际成本法基本相同。对于运输途中的合理损耗，应计入材料的实际成本；由供货单位、运输机构或有关责任人赔偿的，应按短缺材料的实际成本与转出的进项税额，记入“其他应收款”或“应付账款”等科目；尚待查明原因和需要报经上级部门批转的损失，应先记入“待处理财产损溢——待处理流动资产损溢”科目，等查明原因后再进行相关账务处理。

【例 4-26】　甲企业本月 10 日购入 A 材料一批，共计 5 000 千克，单价 20 元，共计 100 000 元，增值税发票上注明增值税 17 000 元，货款通过银行转账支付。验收入库时发现短缺 110 千克，其中 100 千克因运输部门的责任造成，运输部门答应赔偿，另外 10 千克属于运输途中合理损耗，计划单价为 18 元。有关会计处理如下：

（1）买入时：

借：材料采购——某供货单位　　100 000
　　应交税费——应交增值税（进项税额）　　17 000

贷：银行存款　117 000

（2）验收入库时：

借：原材料——A 材料　88 020

其他应收款　2 340

材料成本差异　9 980

贷：材料采购——某供货单位　100 000

应交税费——应交增值税（进项税额转出）　340

为简化日常的核算工作，企业平常也可不进行材料入库和结转材料成本差异的总分类核算，待月份终了，通过编制“收料凭证汇总表”，汇总进行总分类核算。

4. 原材料减少的核算

企业一般在月末编制“发料凭证汇总表”，据以进行发出材料的总分类核算。在计划成本法下，原材料发出的总分类核算包括三方面的内容：①按计划成本结转发出材料的成本，按材料的用途不同，分别借记“生产成本”、“制造费用”、“管理费用”等科目，贷记“原材料”科目；②结转发出材料应负担的材料成本差异，按材料用途不同，借记“生产成本”、“制造费用”、“管理费用”等科目，贷记“材料成本差异”科目（超支差用蓝字，节约差用红字）；③工程领用、福利部门领用材料时，借记“在建工程”、“应付职工薪酬——职工福利”等科目，贷记“原材料”科目；结转发出材料应负担的材料成本差异，借记“在建工程”、“应付职工薪酬——职工福利”等科目，贷记“材料成本差异”科目（超支差用蓝字，节约差用红字）。

如果不考虑工程福利部门领用材料，发出材料的计划成本加上（或减去）应负担的材料成本差异，就是发出材料的实际成本。用公式表示为：

$$实际成本 = 计划成本 \pm 材料成本差异$$

材料成本差异随着材料的入库而形成，包括外购材料、自制材料、委托加工完成材料入库等，同时随着材料出库而减少，如领用材料、销售材料等。期初和当期形成的材料成本差异应在当期已发出材料和期末结存材料之间进行分配。企业应当在期末计算材料成本差异率，据以分配当月形成的材料成本差异。材料成本差异率可按前所述在当月计算，也可按上月月末的成本差异率计算。

材料成本差异率的计算方法一旦确定，不得随意变更。如果确实需要变更，应在会计报表附注中予以说明。企业应当按照存货的类别，如原材料、包装物、低值易耗品等，对材料成本差异进行明细核算，不能使用一个综合材料成本差异率分摊发出存货和结存存货的材料成本差异。

经过材料成本差异的分配后，本月发出材料应分配的材料成本差异从“材料成本差异”科目转出，属于库存材料应分配的材料成本差异仍保留在“材料成本差异”科目内，作为库存存货的调整项目。编制资产负债表时，存货项目应当按加（减）材料成本差异后的实际成本填列。

【例 4－27】　某企业 2016 年 11 月初结存原材料的计划成本为 100 000 元，本月收入原材料的计划成本为 200 000 元，本月发出原材料的计划成本为 160 000 元，“材料成本差异”账户的月初数为借方余额 2 000 元，本月收入原材料产生的材料成本差异为节约差 5 000 元。

要求计算本月材料成本差异率及发出材料应负担的材料成本差异。计算过程如下：

材料成本差异率 =（2 000 − 5 000）÷（100 000 + 200 000）= −1%

发出材料应负担的材料成本差异 = 160 000 ×（−1%）= −1 600（元）

发出材料的实际成本 = 160 000 − 1 600 = 158 400（元）

结存材料实际成本 = 102 000 + 195 000 − 158 400 = 138 600（元）

【例4－28】 某一般纳税人企业采用计划成本法进行材料的核算，2016年11月1日“原材料——甲材料”的期初余额为60 000元，“材料成本差异”科目期初借方余额为2 050元，甲材料计划单价是15元。本月10日购入1 000千克，增值税专用发票上注明单位买价12元，货款通过银行转账支付，并于12日验收入库；18日购入2 000千克，增值税专用发票上注明单位买价是16元，当即验收入库，货款及增值税暂欠；20日购入3 000千克，入库，但发票账单至月末仍未收到。根据本月发料凭证汇总表，各部门领用甲材料如下：生产部门领用1 000千克，车间管理部门领用200千克，厂部管理部门领用100千克，在建工程领用200千克。

根据上述资料进行如下账务处理：

（1）10日购入甲材料时：

	借方	贷方
借：材料采购——某供货单位	12 000	
应交税费——应交增值税（进项税额）	2 040	
贷：银行存款		14 040

（2）12日材料验收入库时：

	借方	贷方
借：原材料——甲材料	15 000	
贷：材料采购——某供货单位		15 000
借：材料采购——某供货单位	3 000	
贷：材料成本差异		3 000

（3）18日购入材料时：

	借方	贷方
借：材料采购——某供货单位	32 000	
应交税费——应交增值税（进项税额）	5 440	
贷：应付账款——某供货单位		37 440
借：原材料——甲材料	30 000	
贷：材料采购——某供货单位		30 000
借：材料成本差异	2 000	
贷：材料采购——某供货单位		2 000

（4）20日材料验收入库时暂不进行账务处理。

（5）至月末上述材料的发票账单仍未到达，则暂估入账，其会计分录如下：

	借方	贷方
借：原材料——甲材料	45 000	
贷：应付账款——暂估应付账款		45 000

（6）月末计算当月材料成本差异率：

材料成本差异率 =（2 050 − 3 000 + 2 000）÷（60 000 + 15 000 + 30 000）× 100% = 1%

根据当月的发料汇总表得知发出材料的计划成本总额为22 500元，则：

本月发出材料应负担的材料成本差异 = 22 500 × 1% = 225（元）

其中，生产部门领用材料负担的材料成本差异 = 1 000 × 15 × 1% = 150（元）

车间部门领用材料负担的材料成本差异 = 200 × 15 × 1% = 30（元）

厂部领用材料负担的材料成本差异 = 100 × 15 × 1% = 15（元）

在建工程领用材料负担的材料成本差异 = 200 × 15 × 1% = 30（元）

编制会计分录如下：

借：生产成本　　15 000

　　制造费用　　3 000

　　管理费用　　1 500

　　在建工程　　3 000

　　贷：原材料——甲材料　　22 500

结转材料成本差异及转出相关增值税时，编制会计分录如下：

借：生产成本　　150

　　制造费用　　30

　　管理费用　　15

　　在建工程　　30

　　贷：材料成本差异　　225

采用计划成本法进行材料的日常核算，有利于简化会计处理工作；通过计划成本与实际成本的对比，可以对采购部门进行考核，促使其降低采购成本，节约支出，有利于考核采购部门的业绩。因此，计划成本法是我国制造业企业中广泛采用的一种存货计价方法。

4.4 库存商品

4.4.1 工业企业库存商品的核算范围

工业企业的库存商品主要是指产成品。产成品是指企业已经完成全部生产过程并已经验收入库，合乎标准规格和技术条件，可以按照合同规定的条件送交订货单位，或者可以作为商品对外出售的产品，它包括自制已完工验收入库可供销售的产品、接受外单位来料加工制造已验收入库的代制品、为外单位加工修理已验收入库的代修品等。企业库存可降价出售不合格产品，也可作为产成品核算，但应当与合格商品分开记账。

4.4.2 企业库存商品核算的账户设置

企业应当设置“库存商品”账户，核算库存的各种商品的增加、减少和结存情况。该账户是资产类账户，借方登记增加，贷方登记减少，余额在借方，表示企业库存商品的成本，并按产品的种类、品种和规格进行明细分类核算。

4.4.3 账务处理

1. 库存商品入库的核算

产成品制造完成经检验合格后，应当由生产车间按交库数量，填制“产成品入库单”，交仓库验收后登记明细账，并根据产成品入库单和成本计算资料编制“产成品入库汇总表”。对企业生产完成验收入库的自制半成品或产成品，应按实际成本借记“库存商品”科目，贷记“生产成本”科目。

【例4－29】 企业根据当月产成品入库汇总表得知，当月甲产品入库1 000件，单位生产成本为800元。根据上述资料编制会计分录如下：

借：库存商品——甲商品 800 000

贷：生产成本 800 000

2. **库存商品发出的核算**

库存商品的发出主要是因为销售。企业销售部门在销售商品时，应填制“销售产品发货单”，交仓库办理库存商品出库手续并据以登记明细账。月末应结转发出和销售商品的成本。对已经实现销售的商品成本，应借记“主营业务成本”科目，贷记“库存商品”科目；对结转分期收款销售发出的商品成本，应借记“发出商品”科目，贷记“库存商品”科目。

【例4－30】 企业根据当月库存商品发出汇总表得知，当月销售甲产品200件，单位成本为800元，销售乙产品500件，单位成本为400元，结转当月销售成本。根据上述资料编制会计分录如下：

借：主营业务成本 360 000

贷：库存商品——甲产品 160 000

库存商品——乙产品 200 000

4.4.4 库存商品的明细分类核算

企业一般按照产成品的品种、规格、名称和存放地点设置明细账进行明细分类核算。通常采用数量金额式，登记产成品数量和金额的增减变化。

4.5 周转材料和委托加工物资的核算

企业的周转材料主要包括包装物和低值易耗品。

4.5.1 包装物的核算

1. **包装物的概念及分类**

包装物是指为了包装本企业商品、产品并随商品、产品的流转而储存的各种包装容器，如桶、箱、袋、瓶、坛、罐等。包装物按其用途不同，分为以下几类：①生产过程中用于包装商品、产品并构成商品、产品组成部分的包装物；②随同商品出售不单独计价的包装物；③随同商品出售单独计价的包装物；④出租、出借给购货单位使用的包装物。

进行包装物核算时应注意以下几项不属于包装物核算范围：

（1）各种一次性的包装用材料（如包装用的绳子、纸、铁丝、铁皮等），一般作为“原材料”中的辅助材料核算。

（2）用于储存和保管产品、材料而不准备对外出售的包装物，应当按照价值的大小、使用年限的长短，分别作为低值易耗品或固定资产核算。

（3）单独列做企业商品、产品的自制包装物，应作为企业的“库存商品”核算。

2. **包装物的成本构成**

包装物实际成本的构成与原材料相同。

3. 包装物按实际成本核算

（1）账中设置。

企业应当设置“周转材料——包装物”科目核算包装物的增减变动。该科目借方反映企业实际验收入库的包装物的成本，贷方反映包装物的发出成本，余额在借方，表示企业库存的包装物成本。该科目应当按照包装物的种类分别“在库”、“在用”、“摊销”进行明细核算。

（2）取得包装物的核算。

企业购入、自制等原因取得的包装物的核算方法同原材料的核算。

【例4－31】　企业采用实际成本法核算，购入一批包装物，价值20 000元，增值税3 400元。贷款用存款支付，已验收入库。编制会计分录如下：

借：周转材料——包装物　20 000

　　应交税费——应交增值税（进项税额）　3 400

　贷：银行存款　23 400

（3）发出包装物的核算。

企业发出包装物的核算应当按照发出包装物的不同用途分别进行处理。

① 生产领用包装物的核算。企业生产部门领用的用于包装产品的包装物，构成产品成本的一部分，所以应将领用的包装物成本记入产品生产成本。生产领用包装物时，应借记“生产成本”等科目，贷记“周转材料——包装物”科目。

【例4－32】　某企业采用实际成本法核算，生产部门为包装A产品领用包装物一批，价值5 000元。编制会计分录如下：

借：生产成本——A产品　5 000

　贷：周转材料——包装物　5 000

② 随同商品出售不单独计价包装物的核算。随同商品出售不单独计价的包装物，其主要目的是为了确保销售商品的质量或提供良好的服务，因此应在包装物发出时，将这部分实际成本作为企业发生的销售费用，借记“销售费用”科目，贷记“周转材料——包装物”科目。

【例4－33】　某企业采用实际成本法核算，当日销售商品一批，随同领用不单独计价包装物16 000元。编制会计分录如下：

借：销售费用　16 000

　贷：周转材料——包装物　16 000

③ 随同商品出售单独计价的包装物的核算。随同商品出售单独计价的包装物，实际上就是销售包装物，在会计核算上应当与原材料的销售相同。出售包装物时，按售价借记“银行存款”等科目；按实现的不含税收入贷记“其他业务收入”；按相应增值税贷记“应交税费——应交增值税（销项税额）”科目。结转已售包装物成本时，借记“其他业务成本”科目，贷记“周转材料——包装物”科目。

【例4－34】　某企业采用实际成本法核算，当日随同商品出售一批单独计价包装物售价是6 000元，增值税为1 020元，成本为4 600元，货款及税金已通过银行收妥。编制会计分录如下：

借：银行存款　7 020

贷：其他业务收入 6 000

应交税费——应交增值税（销项税额） 1 020

结转相关包装物成本时：

借：其他业务成本 4 600

贷：周转材料——包装物 4 600

④ 出租、出借包装物的核算。企业对于多余或闲置不用的包装物可用于出租、出借进行周转使用。出租和出借包装物在核算上的共同点是：

第一，核算内容都包括包装物价值的摊销、押金的收取与归还、报废时残料价值的处理等。

第二，摊销的方法相同。一般企业的包装物和低值易耗品可以采用一次转销法或五五摊销法进行摊销。施工企业的钢模板、木模板、脚手架和其他周转材料等，还可以采用分次摊销法进行摊销。

一次转销法是指在领用包装物时，将包装物的成本，按领用部门不同，一次全部计入当期有关成本费用的方法。采用这种方法比较简单，但如果一次领用包装物价值较大的话，会使当期的成本、费用增高。所以它主要适用于一次领用数量不多、单位价值较低、使用期限较短、易损耗的包装物。

五五摊销法是指在领用包装物时摊销其成本的50%，在报废时再摊销另外的50%成本。可在“周转材料”科目下设置“出租包装物”、“出借包装物”，再按“库存”、“在用”、“摊销”进行明细核算。在领用包装物时，按领用包装物的成本，借记“周转材料——包装物（在用）”，贷记“周转材料——包装物（在库）”；同时将包装物成本的50%按领用部门不同，借记“销售费用”、“其他业务成本”等科目，贷记“周转材料——包装物（摊销）”科目。当包装物报废时，再根据包装物成本的另外50%，借记“销售费用”、“其他业务成本”等科目，贷记“周转材料——包装物（摊销）”；同时注销包装物的成本及其已摊销价值，借记“周转材料——包装物（摊销）”，贷记“周转材料——包装物（在用）”。采用这种方法可以避免领用包装物时全部摊销其成本的缺点。但如果企业领用包装物较大、时间较长且各期领用包装物不均匀时，这种方法会影响有关损益，所以它主要适用于经常领用并且较均匀的包装物。

第三，收取的出租、出借包装物押金，均借记“银行存款”等科目，贷记“其他应付款”科目；对于承租企业逾期未退的包装物没收的押金收入，应转入其他业务收入，即借记“其他应付款”，贷记“其他业务收入”、“应交税费”等科目。该押金收入应为不含税收入，所以应按“不含税收入＝含税收入÷（1＋税率）”将含税收入计算成不含税收入，并据此计算增值税；另外，没收的逾期未退包装物加收的押金收入则应转入“营业外收入”。

出租和出借包装物在核算上的区别是：

第一，发出包装物成本的负担对象不同。出租包装物的成本计入“其他业务成本”，出借部分包装物的成本计入“销售费用”。

第二，出租包装物要核算租金收入，并将租金收入记入“其他业务收入”，其中租金收入必须为不含税收入，所以应按“不含税收入＝含税收入÷（1＋税率）”将含税收入计算成不含税收入，并据此计算增值税，而出借包装物则没有租金收入。

第三，出租包装物报废的残值收入冲减“其他业务成本”科目，出借包装物报废的残值收入冲减“销售费用”科目。

【例4-35】 企业采用实际成本法核算，当日出借包装物一批，价值3 000元，出租包装物5 000元，收取押金各1 300元，通过银行收妥，出借包装物采用一次转销法，出租包装物采用五五摊销法摊销。

(1) 出借包装物采用一次转销法，编制会计分录如下：

借：销售费用　3 000
　贷：周转材料——包装物　3 000

(2) 出租包装物采用五五摊销法，发出时编制会计分录如下：

借：周转材料——出租包装物（在用）　5 000
　贷：周转材料——出租包装物（在库）　5 000

收回时编制相反的分录。

第一次出租摊销该包装物的50%时：

借：其他业务成本　2 500
　贷：周转材料——出租包装物（摊销）　2 500

若出租一段时间后该批包装物报废，假设无残值，编制会计分录如下：

借：其他业务成本　2 500
　贷：周转材料——出租包装物（摊销）　2 500
借：周转材料——出租包装物（摊销）　5 000
　贷：周转材料——出租包装物（在用）　5 000

(3) 收取押金时，编制会计分录如下：

借：银行存款　1 300
　贷：其他应付款——某单位　1 300

【例4-36】 上述出租包装物到期，收回包装物，租金收入1 200元，从退还押金中扣除，剩余100元用现金退还。编制会计分录如下：

借：其他应付款——某单位　1 300
　贷：其他业务收入　1 025.64
　　应交税费——应交增值税（销项税额）　174.36
　　库存现金　100

【例4-37】 ［例4-36］中出租部分包装物，逾期未退还，没收其押金1 300元。编制会计分录如下：

借：其他应付款——某单位　1 300
　贷：其他业务收入　1 111.11
　　应交税费——应交增值税（销项税额）　188.89

包装物不多的企业，一般采用实际成本法核算包装物，但如果企业条件具备，也可以采用计划成本法核算，方法同原材料的核算。

4.5.2　低值易耗品的核算

1. 低值易耗品的概念、特点及分类

低值易耗品是指企业在生产经营活动过程中所必需的、单位价值较低或使用期限较短、不能进行固定资产核算的各种用具物品，如工具、管理用具、玻璃器皿、劳动用具及经营活动过程周转中的包装容器等。

低值易耗品可以多次参加生产经营活动而不轻易改变其实物形态，价值随着使用不断转移到相关的成本、费用中去，并在使用过程中可能会发生修理费用，报废时也会有一定残值。从这些看，低值易耗品有着固定资产的特性。但是低值易耗品同时又具有品种多、数量大、价值较低、使用年限较短、容易损坏、收发频繁等特点。在实务工作中，为了便于资产的实物管理，企业将不具备固定资产价值标准的器具、工具作为低值易耗品，单独设置“低值易耗品”科目对其进行核算，并按低值易耗品的类别、品种、规格进行明细核算。

低值易耗品按用途可分为一般工具、专用工具、替换设备、管理用具、劳动保护用品及其他不属于以上各项的低值易耗品等。

2. 低值易耗品按实际成本法核算

低值易耗品的成本构成与原材料相同。

（1）账户设置。

企业应当设置“周转材料——低值易耗品”科目对低值易耗品进行核算。购入的尚未入库的低值易耗品应先通过“在途物资”科目反映实际采购成本，待验收入库再转入“周转材料——低值易耗品”科目。

（2）取得的账务处理。

实际成本法下低值易耗品的购入、自制、委托外单位加工取得的核算与实际成本法下原材料、包装物的核算相同。

【例4－38】　企业采用实际成本法，购入一批低值易耗品，买价50 000元，增值税8 500元，款项用存款支付，已入库。编制会计分录如下：

借：周转材料——低值易耗品	50 000	
应交税费——应交增值税（进项税额）	8 500	
贷：银行存款		58 500

（3）低值易耗品的摊销。

低值易耗品的摊销方法与包装物一样。一般企业采用一次转销法和五五摊销法，施工企业还可采用分期（次）摊销法。在实务工作中，针对不同情况的低值易耗品采用不同的摊销方法。

① 一次转销法。即在领用低值易耗品时，按领用部门的不同将其价值一次计入当期有关成本费用。领用时，借记“管理费用”、“制造费用”、“生产成本”等科目，按领用的实际成本贷记“周转材料——低值易耗品”科目。报废低值易耗品时，将相关残料价值冲减相关成本费用，借记“原材料”等科目，贷记“管理费用”、“制造费用”、“生产成本”等科目。这种方法主要适用于一次性领用数量不多、单位价值较低、使用期限较短、易损耗的低值易耗品。

【例4－39】　企业采用一次转销法摊销低值易耗品，当月车间领用一批价值12 000元的低值易耗品。编制会计分录如下：

借：制造费用　12 000

　贷：周转材料——低值易耗品　12 000

假设该低值易耗品报废，收回残料300元，作为原材料已入库。编制会计分录如下：

借：原材料　300

　贷：制造费用　300

② 五五摊销法。该方法在领用时摊销低值易耗品成本的50%，报废时再摊销另外50%，并设置“在库”、“在用”、“摊销”三个明细科目进行明细核算。在领用低值易耗品时，按领用低值易耗品的成本，借记“周转材料——低值易耗品（在用）”，贷记“周转材料——低值易耗品（在库）”；同时将低值易耗品成本的50%按领用部门不同，借记“生产成本”、“制造费用”、“管理费用”等科目，贷记“周转材料——低值易耗品（摊销）”科目。当低值易耗品报废时，再根据低值易耗品成本的另外50%，借记“生产成本”、“制造费用”、“管理费用”等科目，贷记“周转材料——低值易耗品（摊销）”；同时注销低值易耗品的成本及其已摊销价值，借记“周转材料——低值易耗品（摊销）”，贷记“周转材料——低值易耗品（在用）”。这种方法主要适用于经常领用并且领用数量较均匀的低值易耗品。

【例4-40】　企业厂部管理部门领用一批劳保用品，价值共计6 000元。采用五五摊销法。

领用时，编制会计分录如下：

借：周转材料——低值易耗品（在用）　6 000

　贷：周转材料——低值易耗品（在库）　6 000

借：管理费用——低值易耗品摊销　3 000

　贷：周转材料——低值易耗品（摊销）　3 000

报废时，编制会计分录如下：

借：管理费用——低值易耗品摊销　3 000

　贷：周转材料——低值易耗品（摊销）　3 000

借：周转材料——低值易耗品（摊销）　6 000

　贷：周转材料——低值易耗品（在用）　6 000

低值易耗品按计划成本法核算，方法同原材料的核算。

③ 分次摊销法。分次摊销法是指按低值易耗品的预计使用期限或预计使用次数分次摊销其成本的方法。采用这种方法，其科目设置和核算同五五摊销法。此方法下低值易耗品按实际使用时间（次数）摊销其成本，使各期摊销价值比较符合实际情况，但是操作起来比较麻烦。一般适用于价值较高、使用时间较长、其使用情况相对较稳定的施工企业周转材料。

4.5.3　委托加工物资

1. 委托加工物资的核算内容

企业在生产经营活动过程中，出于降低成本或自身生产条件及工艺方面的限制，需要将一些物资委托给外单位进行加工，制造出满足需要的产品物资，这就是委托加工物资。具体来说，委托加工物资是指由委托企业提供原料及主要材料，通过向受托企业支付加工费的方式，委托受托方按合同规定将原料加工成委托方所需要的原材料或产品。在委托加工过程中，虽然委托加工物资存放在受托方，但是其法定所有权仍是属于委托方，加工完成后应交还委托方，因此，委托加工物资是属于委托方的存货。

委托加工物资在会计处理上具体包括拨付原料、支付加工费和税金、收回委托加工物资和剩余资产等几个内容。

2. 委托加工物资的成本构成

委托加工物资的实际成本包括：拨付加工的材料或半成品的实际成本、实际支付的加工费用、加工物资所支付的往返的运输费、装卸费、保险费等以及应负担的相关税金。

委托加工物资如果是特定消费品，则将支付给受托方的消费税分情况处理：

如果委托加工物资收回后直接出售，则支付的消费税计入“委托加工物资”成本；如委托加工物资收回后用于连续再生产的，则支付的消费税不计入成本，计入“应交税费——应交消费税”的借方。

3. 委托加工物资的账务处理

（1）账户设置。

企业应当设置“委托加工物资”账户进行总分类核算。该账户属于资产类，借方登记发出加工物资的实际成本、支付的加工费、应负担的运杂费和按规定应计入委托加工物资成本的税金等；贷方登记加工完成收回的物资和退回剩余物资的实际成本；余额在借方反映企业委托外单位加工但尚未加工完成物资的实际成本，同时按加工合同、受托加工单位和加工物资的品种设明细账进行明细分类核算。

（2）账务处理。

委托加工物资的账务处理程序分以下几步：

① 发出委托加工物资。企业发出委托加工物资时，应按发出物资的实际成本，借记“委托加工物资”科目，贷记“原材料”等科目。如果发出物资采用计划成本法，还应在发出的同时结转相关材料成本差异。

② 支付加工费用、往返运杂费。企业支付加工费用及往返运杂费时，应借记“委托加工物资”、“应交税费——应交增值税（进项税额）”科目，贷记“银行存款”等科目。如果加工物资以后用于非应纳增值税项目或免征增值税项目，应将交纳的增值税计入委托加工物资成本，借记“委托加工物资”科目，贷记“银行存款”科目。

③ 交纳的消费税。如果委托加工物资收回后直接出售，则支付的消费税计入“委托加工物资”成本，借记“委托加工物资”科目，贷记“银行存款”科目；如委托加工物资收回后用于连续再生产的，则支付的消费税不计入成本，计入“应交税费——应交消费税”的借方，即借记“应交税费——应交消费税”科目，贷记“银行存款”科目。

④ 加工完成验收入库。委托加工物资加工完成验收入库时，借记“原材料”、“库存商品”科目，贷记“委托加工物资”科目。采用计划成本核算的，应按计划成本借记“原材料”等科目；按实际成本贷记“委托加工物资”科目；实际成本与计划成本之间的差额计入“材料成本差异”或“商品进销差价”科目。

【例4－41】　甲企业委托乙单位加工材料一批（属应税消费品），原材料成本为20 000元，支付加工费7 000元，增值税率为17%，消费税税率为10%，材料加工完成并验收入库。加工费及税金已用存款支付，甲单位采用实际成本法核算。有关会计处理如下：

（1）发出委托加工材料时：

借：委托加工物资——乙单位　　20 000

　　贷：原材料　　20 000

（2）支付加工费、消费税及增值税：

消费税组成计税价格 =（20 000 +7 000）÷（1 −10%）=30 000（元）

受托方代收代交的消费税税额 =30 000 ×10% =3 000（元）

应交增值税税额 =7 000 ×17% =1 190（元）

① 企业收回加工后的材料用于连续生产应税消费品的。

借：委托加工物资——乙单位　　7 000

　　应交税费——应交增值税（进项税额）　　1 190

　　　　　　——应交消费税　　3 000

　　贷：银行存款　　11 190

② 甲企业收回加工后的材料用于销售的。

借：委托加工物资——乙单位（7 000 +3 000）　　10 000

　　应交税费——应交增值税（进项税额）　　1 190

　　贷：银行存款　　11 190

（3）加工完毕，收回委托加工材料。

① 甲企业收回加工后的材料用于连续生产应税消费品的。

借：原材料（20 000 +7 000）　　27 000

　　贷：委托加工物资——乙单位　　27 000

② 甲企业收回加工后的材料用于销售的。

借：库存商品　　30 000

　　贷：委托加工物资——乙单位　　30 000

4.6 存货清查

4.6.1 存货的清查方法

企业在日常存货的收发过程中，因种种原因可能会造成存货实际结存数量与账面结存数量不符。为确保存货账实相符，企业应当定期或不定期采用实地盘点法进行存货清查。发生存货盘盈、盘亏应及时查明原因，并进行相关账务处理，以保证账实相符。

4.6.2 存货盘盈、盘亏、毁损的核算

存货清查的结果一般有盘盈和盘亏两种，不管是盘盈还是盘亏，均应按规定的程序报经有关部门批准后才能进行处理。在上级有关部门尚未作出有关处理意见之前，应当先通过“待处理财产损溢——待处理流动资产损溢”账户反映。该账户属资产类账户，借方登记等待处理的盘亏和经上级部门批准转销的盘盈，贷方登记等待处理的盘盈和经上级部门批准转销的盘亏，余额在借方表示尚未处理的盘亏，余额在贷方表示尚未处理的盘盈。

1. 存货盘盈的核算

企业发生存货盘盈，在批准处理之前，借记“原材料”等科目，贷记“待处理财产损

溢——待处理流动资产损溢”科目。查明原因之后，按不同的原因及处理意见分别处理，一般查不出原因的冲减管理费用，即借记“待处理财产损溢——待处理流动资产损溢”科目，贷记“管理费用”科目。

2. **存货盘亏和毁损的核算**

企业发生存货盘亏和毁损时，在批准处理之前，按盘亏部分的实际成本借记“待处理财产损溢——待处理流动资产损溢”科目，贷记“原材料”等科目。如果采用计划成本法，应同时结转短缺部分的材料成本差异。还需指出的是，按照我国《增值税暂行条例》的规定，企业发生的非正常损失的购进货物以及非正常损耗的在产品、产成品所耗用的购进货物或应税劳务的进项税额不能从销项税额中扣除。因此，非正常损耗的存货，应转出原购入时的进项税额，借记“待处理财产损溢——待处理流动资产损溢”，贷记“应交税费——应交增值税（进项税额转出）”。

查明存货盘亏或毁损的原因后，报经上级部门批准，根据不同的情况及处理决定进行账务处理：由有关责任人赔偿的，借记“其他应收款”科目，贷记“待处理财产损溢——待处理流动资产损溢”科目；属自然灾害等非正常损失造成的，扣除有关残值、赔偿后，按净额借记“营业外支出”科目，贷记“待处理财产损溢——待处理流动资产损溢”科目；属其他原因，扣除有关残值、赔偿后，计入“管理费用”等科目。

【例4－42】　企业期末清查发现盘盈A材料一批，价值6 000元，原因待查。编制会计分录如下：

借：原材料——A材料　6 000
　贷：待处理财产损溢——待处理流动资产损溢　6 000

【例4－43】　盘盈的A材料查明原因属收发错误，上级部门批准冲减管理费用开支。编制会计分录如下：

借：待处理财产损溢——待处理流动资产损溢　6 000
　贷：管理费用　6 000

【例4－44】　企业因发生火灾，对财产进行清查，发现盘亏B材料一批，价值20 000元，其应转出的进项税为3 400元。编制会计分录如下：

借：待处理财产损溢——待处理流动资产损溢　23 400
　贷：原材料——B材料　20 000
　　应交税费——应交增值税（进项税额转出）　3 400

【例4－45】　经上级部门批准，盘亏的B材料是自然灾害造成的，应向保险公司索赔8 000元，另有残料回收1 000元，其余列作营业外支出。编制会计分录如下：

借：其他应收款——保险公司　8 000
　原材料　1 000
　营业外支出　14 400
　贷：待处理财产损溢——待处理流动资产损溢　23 400

盘盈盘亏的存货，企业应当在期末前查明原因，并按规定报经股东大会或董事会或经理（厂长）会议等类似权力机构批准后，按上述规定处理。如期末结账前尚未批准的，在对外提供财务会计报告时，先按上述原则进行处理，并在会计报表附注中说明；如果其后批准处理的金额和已处理的金额不一致，应按其差额调整会计报表相关的年初数。

本章小结

本章主要讲述存货的核算内容，主要包括存货的计价方式，不同存货的核算方法。原材料采用实际成本核算和计划成本核算，采用计划成本核算时，期末分摊成本差异。存货减值的核算，在资产负债表日，企业存货应当按成本和可变现净值孰低法计量，成本高于可变现净值时，按其差额计提减值准备；存货清查的核算，存货清查的结果一般有盘盈和盘亏两种，不管是盘盈还是盘亏，均应按规定的程序报经有关部门批准后才能进行处理。

关键名词

存货及存货的计价　原材料及成本的核算　库存商品　周转材料　委托加工物资　低值易耗品　存货清查

即测即评

请扫描二维码，在线测试本章学习效果。

选择题　　判断题

实训题

请扫描二维码，查看实训题题目及答案

实训题

第 5 章

交易性金融资产与可供出售金融资产

学习目标

（1）掌握：交易性金融资产的内容及初始入账价值、持有期间投资收益及公允价值变动和处置的会计处理；可供出售金融资产的内容及初始入账价值、持有期间投资收益及公允价值变动和处置的会计处理；可供出售金融资产的摊余成本的核算。

（2）理解：交易性金融资产和可供出售金融资产初始入账价值核算的区别；交易性金融资产和可供出售金融资产的公允价值变动的处理有何区别？

问题导入

某公司购入另一个公司股票，期初定为可供出售金融资产，公司换了一个新领导任命新的财务经理，新财务经理要将该资产重新划分为交易性金融资产。问这样做符合会计制度要求吗？

5.1 交易性金融资产

5.1.1 交易性金融资产的概念及其主要内容和基本特征

1. 金融资产的概念

金融资产是可以在金融市场上进行交易、具有现实价格和未来估价的金融工具的总称。金融资产的最大特征是能够在市场交易中为其所有者提供即期或远期的货币收入流量。金融资产主要包括货币黄金和特别提款权、通货和存款、股票以外的证券（包括衍生金融工具）、贷款、股票和其他权益、保险专门准备金、其他应收/应付款等。

从持有金融资产的目的和内容角度看，金融资产一般划分为交易性金融资产、持有至到期投资、贷款和应收款项、可供出售金融资产四类。从金融资产在会计上的计量方法角度，金融资产可以分为以公允价值计量的金融资产和以摊余成本（或成本）计量的金融资产两类。本章仅涉及以公允价值计量的金融资产。

根据企业会计准则的有关规定，以公允价值计量的金融资产又分为两种情况：一是以公允价值计量且其变动直接计入当期损益的金融资产；二是以公允价值计量且其变动计入所有者权益的金融资产。其中，以公允价值计量且其变动计入当期损益的金融资产包括交易性金融资产和直接指定为以公允价值计量且其变动计入当期损益的金融资产。以公允价值计量且其变动计入所有者权益的金融资产主要是指可供出售金融资产。

2. 交易性金融资产的主要内容和基本特征

交易性金融资产主要是指企业为了近期内出售而持有、在活跃市场上有公开报价、公允价值能够持续可靠获得的金融资产。通常情况下，企业以赚取价差为目的，利用闲置资金从二级市场购入的股票、债券和基金等属于交易性金融资产。

根据交易性金融资产的定义可知，交易性金融资产应具备三个基本特征：持有目的主要是为了近期出售，活跃市场上有公开报价，公允价值能够持续可靠获得。不具备这些特征的金融资产一般不属于交易性金融资产。

5.1.2 交易性金融资产的购入

一般地，企业购入交易性金融资产，购入成本包括公允价值（报价）和支付的交易手续费（如佣金、手续费、印花税等）两部分。购入价格就是该金融资产在购买时的公允价格，支付的交易手续费是一种附带费用。对于支付的交易手续费，会计上有两种可供选择的处理方法：作为购入成本入账和作为当期损益反映。当交易手续费数额较大或相对于交易性金融资产的购买价格比较重大时，对交易费用以资本化方式处理能更好地体现资产价值；但如果交易费用数额不大或相对于交易性金融资产的购买价格并不重大时，一般可直接作为投资收益的减项，以“投资收益”反映。

在实际工作中，购入交易性金融资产所支付的交易费用相对于交易性金融资产的公允价值来说数额极小，而资产价值及损益的影响可以忽略不计，因而我国会计准则规定将其作为投资费用处理，在支付交易性金融资产手续费时，直接借记“投资收益”。

但需要注意的是，购入交易性金融资产时，购买价格中包括的已经宣告发放但尚未支取的股利或已到付息期尚未领到的利息，不应作为购入成本入账，而应单独以“应收股利”、“应收利息”反映。

【例 5-1】 华联公司 2016 年 1 月 10 日从 A 股市场购入上海复旦复华科技股份有限公司的复旦复华股票 10 000 股，每股购买价格 12 元，另支付交易手续费及印花税等计 1 000 元，款项以存入证券公司投资款支付。

借：交易性金融资产——复旦复华股票——成本 120 000
　　投资收益 1 000
　　贷：其他货币资金——存出投资款 121 000

【例 5-2】 华联公司 2016 年 7 月 1 日从 A 股市场购入中兴通讯股份有限公司债券 1 000 000元，以进行交易为目的，不准备持有至到期。购买价中包含已到付息期但尚未领取的债券利息 30 000 元，购买该债券支付的交易费用为 2 000 元。款项以存入证券公司款支付。

借：交易性金融资产——中兴通讯公司债券——成本 1 000 000
　　应收利息——中兴通讯公司 30 000
　　投资收益 2 000
　　贷：其他货币资金——存出投资款 1 032 000

5.1.3 交易性金融资产持有期间收到的股利和利息

交易性金融资产在持有期间可以凭持有的交易性金融资产依法获得相关的股利或债券利息收入。

交易性金融资产持有期间，被投资单位宣告发放的现金股利，或在资产负债表日计算出已到付息期尚未收到的利息，应作为交易性金融资产持有期间的投资收益，借记“应收股利”、“应收利息”，贷记“投资收益”。实际收到股利或债券利息时，借记“银行存款”、“其他货币资金”等，贷记“应收股利”、“应收利息”。

【例5-3】 承［例5-1］，上海复旦复华科技股份有限公司于3月18日宣告发放股利，每股1元，股权登记日为3月25日。华联公司持有该公司股票10 000股，应收股利10 000元，该股利于3月29日实际收到。

3月25日，所作会计分录为：

借：应收股利——复旦复华公司　　10 000

　　贷：投资收益　　10 000

3月29日，所作会计分录为：

借：其他货币资金——存出投资款　　10 000

　　贷：应收股利——复旦复华公司　　10 000

【例5-4】 承［例5-2］，华联公司4月6日收到中兴通讯股份有限公司债券利息30 000元存入银行。

借：其他货币资金——存出投资款　　30 000

　　贷：应收利息——中兴通讯公司　　30 000

【例5-5】 沿用［例5-2］资料，假如6月30日为债券付息日，当日计算的应收到期利息为16 000元，则应作会计分录如下：

借：应收利息——中兴通讯公司　　16 000

　　贷：投资收益　　16 000

5.1.4 交易性金融资产的期末计价

为了使交易性金融资产能够反映预计给企业带来的经济利益以及交易性金融资产预计获得价差的能力，在资产负债表日，应按当日各项交易性金融资产的公允价值对交易性金融资产账面价值进行调整。

资产负债表日，交易性金融资产公允价值高于其账面价值的差额应增加交易性金融资产账面价值，一方面记录为该交易性金融资产待实现收益的增加或待实现损失的减少；另一方面反映企业交易性金融资产公允价值变动收益。交易性金融资产公允价值低于其账面价值的差额应调减交易性金融资产账面价值，一方面记录为该交易性金融资产待实现收益的减少或待实现损失的增加；另一方面反映企业交易性金融资产公允价值变动损失。即交易性金融资产公允价值高于其账面价值时，应按其差额借记“交易性金融资产——公允价值变动”，贷记“公允价值变动损益”；交易性金融资产公允价值低于其账面价值时，应按其差额做相反分录。

【例5-6】 承［例5-3］，华联公司12月31日记录的持有上海复旦复华科技股份有限公司10 000股股票的账面价值为：

借方余额：交易性金融资产——上海复旦复华科技股份有限公司股票10 000股——成本120 000元。

12月31日该股票当日收盘价为每股13元，则购买的上海复旦复华科技股份有限公司10 000股股票当日公允价值为130 000元，应调高该股票账面价值10 000元。

借：交易性金融资产——复旦复华公司股票——公允价值变动　　10 000

　　贷：公允价值变动损益——交易性金融资产变动损益　　10 000

【例5-7】　承［例5-4］，华联公司12月31日记录的持有中兴通讯股份有限公司债券的账面价值为：

借方余额：交易性金融资产——中兴通讯股份有限公司债券——成本1 000 000元。

12月31日，该债券按当日收盘价计算的公允价值为990 000元，应调减债券账面价值10 000元。

借：公允价值变动损益——交易性金融资产变动损益　　10 000

　　贷：交易性金融资产——中兴通讯公司债券——公允价值变动　　10 000

"公允价值变动损益"转入本年利润后无余额。

［例5-1］至［例5-7］中，假如无其他调整，则东岳公司应：

借：公允价值变动损益——交易性金融资产变动损益　　10 000

　　贷：本年利润　　10 000

东岳公司应：

借：本年利润　　10 000

　　贷：公允价值变动损益——交易性金融资产变动损益　　10 000

5.1.5　交易性金融资产的出售

交易性金融资产出售时，其损益已经实现。实现的损益由两部分构成：①出售该交易性金融资产时的出售收入与其账面价值的差额；②原来已经作为公允价值变动损益入账的金额。实现的损益应通过"投资收益"账户反映。

会计处理上，为集中反映交易性金融资产实际实现的损益。交易性金融资产出售后，出售收入与其账面价值的差额，以及原来已经作为公允价值变动损益入账的金额，均应作为投资收益入账，如果是部分出售交易性金融资产，其账面价值和原已经计入公允价值变动损益的金额，均应按出售的交易性金融资产占该交易性金融资产比例计算。

出售交易性金融资产时，按实际收到的金额借记"银行存款"、"其他货币资金"等，按出售交易性金融资产的成本贷记"交易性金融资产——成本"，按原记录的其公允价值变动借记（原来记录的公允价值变动贷方净额）或贷记（原来记录的公允价值变动借方净额）"交易性金融资产——公允价值变动"，差额借记（出售收入小于账面价值的差额）或贷记（出售收入大于账面价值的差额）"投资收益"。为便于通过"投资收益"账户集中反映出售交易性金融资产的损益情况，应同时将出售的交易性金融资产的公允价值变动转为"投资收益"反映，即借记（原来记录的公允价值变动收益）"公允价值变动损益——交易性金融资产变动损益"，贷记"投资收益"，或借记"投资收益"，贷记（原来记录的公允价值变动损失）"公允价值变动损益——交易性金融资产变动损益"。

【例5-8】　某企业持有的交易性金融资产（股票）3月31日账户内反映的数据如下：

借方余额：交易性金融资产——成本40 000元。

贷方余额：交易性金融资产——公允价值变动10 000元。

4月10日，将该交易性金融资产的50%出售，出售收入为30 000元，款项存入证券公司，以备购买其他交易性金融资产。编制会计分录如下：

借：其他货币资金——存出投资款　　30 000
　　交易性金融资产——公允价值变动（10 000×50%）　　5 000
　　贷：交易性金融资产——成本（40 000×50%）　　20 000
　　　　投资收益　　15 000

同时，将原来作为公允价值变动损益并转入本年利润的金额作为已实现损益调整入账，即原来全额贷记“公允价值变动损益——交易性金融资产公允价值变动损益”10 000 元中，现已经实现了50%，应转为“投资收益”反映：

借：投资收益　　5 000
　　贷：公允价值变动损益——交易性金融资产变动损益　　5 000

以上两笔分录反映该交易性金融资产实际实现投资收益 10 000 元，即该交易性金融资产购买成本为 40 000 元，出售 50% 的成本为 20 000 元，出售收入为 30 000 元，因此实际实现投资收益 10 000 元。在会计处理上，该投资收益由两部分构成：一是出售该交易性金融资产售价高于账面价值的差额 15 000 元；二是本期实现的原来已经作为公允价值变动反映的本期已实现损失 5 000 元。

【例 5－9】　承［例 5－1］至［例 5－7］的资料，假如次年 3 月份华联公司将其记录的持有上海复旦复华科技股份有限公司 50 000 股股票出售 5 000 股，售价 50 000 元；华联公司将其持有中兴通讯股份有限公司债券出售了 50%，售价 600 000 元。

出售时，华联公司记录的持有上海复旦复华科技股份有限公司 50 000 股股票及华联公司记录的持有中兴通讯股份有限公司债券的账面价值如下：

华联公司持有的上海复旦复华科技股份有限公司 50 000 股股票账面价值：

借方余额：交易性金融资产——复旦复华公司股票 10 000 股——成本 120 000 元。

借方余额：交易性金融资产——复旦复华公司股票——公允价值变动 10 000 元；
　　　　　账面价值 130 000 元。

东岳公司持有的中兴通讯股份有限公司债券账面价值：

借方余额：交易性金融资产——中兴通讯公司债券——成本 1 000 000 元。

贷方余额：交易性金融资产——中兴通讯公司债券——公允价值变动 10 000 元；
　　　　　账面价值 990 000 元。

东岳公司出售股票时：

借：其他货币资金——存出投资款　　10 000
　　投资收益　　3 000
　　贷：交易性金融资产——复旦复华公司股票——成本　　12 000
　　　　交易性金融资产——复旦复华公司股票——公允价值变动　　1 000

同时，

借：公允价值变动损益——交易性金融资产公允价值变动损益　　1 000
　　贷：投资收益　　1 000

东岳公司出售债券时：

借：其他货币资金——存出投资款　　600 000
　　交易性金融资产——中兴通讯公司债券——公允价值变动　　5 000
　　贷：交易性金融资产——中兴通讯公司债券——成本　　500 000

投资收益 105 000

同时，

借：投资收益 5 000

贷：公允价值变动损益——交易性金融资产公允价值变动损益 5 000

对于原来作为公允价值变动计入当期损益而在本期实现的部分，从公允价值变动损益转为投资收益，可能会发生在确认公允价值变动损益的以后年度，即确认公允价值变动损益和将公允价值变动损益转为投资收益可能发生在不同会计年度。这时，即使“公允价值变动损益”账户已无余额，无论借记还是贷记“公允价值变动损益”，也都不会影响公允价值变动损益实现年度的经营利润，因为公允价值变动损益和投资收益都属于经营利润的组成部分。借记“投资收益”，贷记“公允价值变动损益”，或者借记“公允价值变动损益”，贷记“投资收益”，都不会使当年的经营利润发生变化，只不过要通过“投资收益”反映实际实现的收益而已。

在会计报表上，交易性金融资产以账面价值反映，交易性金融资产持有期间的公允价值变动作为企业经营利润的构成项目单独反映。

需要强调的是，企业在初始确认时将某金融资产划分为交易性金融资产后，不能再重分类为其他类金融资产，其他类金融资产也不能重分类为交易性金融资产。

5.2 可供出售金融资产

5.2.1 可供出售金融资产的主要内容和基本特点

1. 可供出售金融资产的主要内容

国际会计准则和我国企业会计准则均规定可供出售金融资产包括：被指定为可供出售金融资产的非衍生金融资产，或未归类为贷款和应收款项、持有至到期投资、以公允价值计量且其变动计入当期损益的金融资产的非衍生金融资产。因此，可供出售金融资产可以分为两类，一类是企业直接指定的可供出售金融资产，它是指企业获得的在活跃市场上有公开报价的股票投资、债券投资，因获取投资的意图不十分明确，而被直接指定为可供出售金融资产；另一类可供出售金融资产是企业全部金融资产中未划分为其他三类金融资产的部分。

衍生金融资产一般同时具备三个条件：其价值随特定利率、金融工具价格、商品价格、汇率、价格或汇率指数、信用等级或信用指数或其他变量的变动而变动；不要求初始净投资，或要求的初始净投资小于预期对市场因素变化有类似反应的其他类型合同所要求的初始净投资；在未来某一日起进行结算。典型的衍生金融资产有远期合同、期货、期权等。

2. 可供出售金融资产的基本特征

无论直接指定的可供出售金融资产还是未被分类为其他三类金融资产的可供出售金融资产，都有两个明显特征：一是在活跃市场上有公开报价，公允价值能够持续可靠获得和计量；二是持有意图不十分明确。

可供出售金融资产和交易性金融资产的最大区别就在于持有目的不同。交易性金融资产的持有目的是为了近期出售而获利，而可供出售金融资产的持有目的并不十分明确。因此，企业持有上市公司限售股权且对上市公司不具有控制、共同控制或重大影响的，根据其持有目的是否明确，可以划分为可供出售金融资产或交易性金融资产。

5.2.2 可供出售金融资产的形成方式和入账价值

1. 可供出售金融资产的形成方式

可供出售金融资产主要有两种形成方式：一是购入时即指定为可供出售金融资产；二是由持有至到期投资转入。

（1）购入时即指定的可供出售金融资产。主要指企业购入的在活跃市场有公开报价、其公允价值能够持续可靠计量，但持有目的并不十分明确、未被归类为交易性金融资产、持有至到期投资、贷款和应收款项的金融资产。

（2）由持有至到期投资转换的可供出售金融资产。是指企业因改变了将持有至到期投资持有至到期的最初意图，而由金额较大且距到期日时间较长的尚未处置的原持有至到期投资转化成的可供出售金融资产。当处置持有至到期投资的金额相对于处置前企业持有的该项持有至到期投资的总额比较重大时，一般认为尚未处置的持有至到期投资不能再认定为能够持有至到期日，因此需要将其转为可供出售金融资产（前提条件是该投资在活跃市场上有公开价格且公允价值能够持续可靠计量）。将持有至到期投资转化为可供出售金融资产，实际上是对持有至到期投资进行的重分类。

根据企业会计准则的有关规定，企业因持有意图或能力的改变，使某项投资不再适合划分为持有至到期投资的，应当将其重分类为可供出售金融资产。但遇到下列情况时，并不对持有至到期投资进行重分类，而是仍作为持有至到期投资对待。这些情况包括：①部分出售持有至到期投资日距离该项投资到期日较近（如到期前3个月内），且市场利率变化对该项投资的公允价值没有显著影响；②根据合同约定的偿付方式，企业已收回几乎所有初始本金；③部分出售持有至到期投资是由于企业无法控制、预期不会重复发生且难以合理预计的独立事件所引起（如因被投资单位信用状况严重恶化，而将持有至到期投资予以出售等）。

2. 可供出售金融资产的入账价值

根据会计准则的有关规定，对于可供出售金融资产应根据不同的形成方式，分别采用不同的方法确定其初始入账价值。

（1）购入的可供出售金融资产，以购入时的公允价值加上相关交易费用入账。就是说，企业购入可供出售金融资产时，其购入成本或称初始成本包括了初始直接费用。这是可供出售金融资产与交易性金融资产在初始计量上的不同。

（2）由持有至到期投资重分类形成的可供出售金融资产，以重分类日的公允价值作为入账价值。重分类日将持有至到期投资的账面价值与其公允价值之间的差额计入其他综合收益——公允价值变动。

当持有至到期投资账面价值高于其公允价值时，该差额应冲减资本公积，资本公积不足冲减的，依次冲减盈余公积和未分配利润，当公允价值上升时，应依次恢复原冲减的未分配利润、盈余公积，其余部分再计入资本公积。当已确认公允价值变动的可供出售金融资产发生减值或终止确认而转出时，与其相应的计入其他综合收益的公允价值净变动额也应一并转出，并计入当期损益。

【例5-10】 华联公司于2016年4月20日在二级市场购入某股份有限A公司股票80 000股，每股成交价7.60元，购买时价格中包含每股0.2元已宣告但尚未领取的现金股利。购入该股票共支付手续费、印花税等交易费用1 800元。初始确认时，企业将购入的该股票划分为可供出售金融资产。该股利于2016年5月10日发放。

2016年4月20日，购入A公司股票。

初始入账成本 =（7.6 − 0.2）×80 000 + 1 800 = 593 800（元）

应收股利 = 0.2 × 80 000 = 16 000（元）

	借方	贷方
借：可供出售金融资产——某公司股票（成本）	593 800	
应收股利	16 000	
贷：其他货币资金——存出投资款		609 800

【例5－11】 华联公司2016年1月1日以62万元的价格购买B公司当日发行的面值为60万元、票面利率为8%的3年期公司债券。该债券每年年末付息，到期一次还本。企业购入该债券支付价款含交易费用。购入的该债券被归类为可供出售金融资产。

	借方	贷方
借：可供出售金融资产——B公司债券（成本）	600 000	
可供出售金融资产——B公司债券（利息调整）	20 000	
贷：其他货币资金——存出投资款		620 000

5.2.3 可供出售金融资产持有期间的股利和利息

1. 可供出售金融资产在持有期间收到的股利和利息

在可供出售金融资产持有期间，应将被投资单位宣告发放的现金股利，或在资产负债表日已到付息期尚未收到的利息，作为可供出售金融资产持有期间的投资收益，借记“应收股利”、“应收利息”，贷记“投资收益”。该类股利和利息的处理与交易性金融资产完全相同。

【例5－12】 承接［例5－10］华联公司持A公司股票80 000股，2017年4月15日，A公司宣告每股分派现金股利0.25元，该现金股利于2017年5月15日发放。

（1）2017年4月15日，A公司宣告分派现金股利。

	借方	贷方
借：应收股利	20 000	
贷：投资收益		20 000

（2）2017年5月15日，收到A公司发放的现金股利。

	借方	贷方
借：银行存款	20 000	
贷：应收股利		20 000

2. 可供出售金融资产持有期间的应计利息

对于债权性可供出售金融资产应比照持有至到期投资的会计处理方式确定期末摊余成本，然后再确认和计量公允价值变动。

【例5－13】 承接［例5－11］，华联公司2016年1月1日购买B公司债券，面值600 000元，期限3年，票面利率8%，每年12月31日付息，到期还本，初始入账价值为620 000元，在持有期间确认利息收入尚未会计处理如下：

（1）计算实际利率。

由于B公司债券的初始入账金额高于面值，因此，实际利率一定低于票面利率，先按7%作为折现率进行测算，查年金现值系数表和复利现值系数表可知，3期、7%的年金现值系数和复利现值系数分别为2.624 3和0.816 3。B公司债券的利息和本金按7%折现如下：

债券每年应收利息 = 600 000 × 8% = 48 000（元）

利息和本金的现值 = 48 000 × 2.624 3 + 600 000 × 0.816 3 = 615 746.4（元）

上式计算结果小于B公司债券的初始入账金额，说明实际利率小于7%。再按6%折现率测试，查表得3期、6%的年金现值系数和复利现值系数分别为2.673和0.839 6。

利息和本金的现值 = 48 000 × 2.673 + 600 000 × 0.839 6 = 632 064（元）

上式计算结果大于初始入账金额，说明实际利率介于6% ~ 7%之间，使用插值法估算实际利率如下：

实际利率 = 6% +(7% − 6%) ×（632 064 − 620 000）/（632 064 − 615 746.4）= 6.74%

（2）采用实际利率法编制利息收入与摊余成本计算表。

华联公司在购买日采用实际利率法编制的利息收入与摊余成本计算表，如表5－1所示。

表5－1 利息收入与摊余成本计算表

（实际利率法） 单位：元

日期	应收利息	实际利率%	利息收入	利息调整摊销	摊余成本
2016.1.1					620 000
2016.12.31	48 000	6.74	41 788	6 212	613 788
2017.12.31	48 000	6.74	41 369	6 631	607 157
2018.12.31	48 000	6.74	40 843	7 157	600 000
合计	144 000	—	124 000	20 000	—

（3）编制各年确认利息收入并摊销利息调整的会计分录（各年收到利息的处理省略）：

① 2016年12月31日。

借：应收利息（600 000元 ×8%） 48 000

　贷：投资收益（620 000 ×6.74%） 41 788

　　可供出售金融资产——B公司债券（利息调整） 6 212

② 2017年12月31日。

借：应收利息（600 000元 ×8%） 48 000

　贷：投资收益（613 788 ×6.74%） 41 369

　　可供出售金融资产——B公司债券（利息调整） 6 631

③ 2018年12月31日。

借：应收利息（600 000元 ×8%） 48 000

　贷：投资收益（607 157 ×6.74%） 40 843

　　可供出售金融资产——B公司债券（利息调整） 7 157

5.2.4 可供出售金融资产的期末计价

1. 可供出售金融资产公允价值变动金额确定方法

期末可供出售金融资产是以公允价值计量的，因此在会计期末，应当反映可供出售金融资产公允价值的变动。但不同的可供出售金融资产的公允价值变动的确定方法是不同的。

（1）可供出售权益工具的公允价值变动就是权益工具本期末与上期末的公允价值的差额。

（2）可供出售债权工具的公允价值变动是债权工具本期末与上期末的公允价值的差额，调整该期间摊余成本变动额后的金额。

2. 可供出售金融资产公允价值变动的会计处理

根据会计准则的规定，可供出售金融资产以公允价值计量。一般情况下，因可供出售金融资产公允价值变动形成的利得或损失，应计入其他综合收益——公允价值变动而不计入当期损益。当可供出售金融资产终止确认（如出售、处置、重分类为持有至到期投资等）时，再将与之相应的计入其他综合收益——公允价值变动转出，计入当期损益。

这与交易性金融资产公允价值变动直接计入当期损益明显不同。可供出售金融资产的持有目的不明确，其公允价值变动形成的利得和损失无法直接认定为经营损益，只能作为另一种形式的收益（综合收益包括经营损益和直接计入其他综合收益——公允价值变动的利得、损失）计入其他综合收益——公允价值变动。因此，可供出售金融资产终止确认时，应同时将计入其他综合收益——公允价值变动转出并直接计入当期损益，以构成经营损益的一部分。

【例 5－14】 承［例 5－10］资料，假如 4 月 20 日购入的 A 公司股票 80 000 万股，该股票在 2016 年 12 月 31 日的收盘价为每股 8.2 元，2017 年 12 月 31 日的收盘价为每股 5 元。2016 年 12 月 31 日的账面余额（即初始入账金额）为 593 800 元。

（1）2016 年 12 月 31 日，应调整该项可供出售金融资产的账面价值如下：

公允价值变动＝8.2×80 000－593 800＝62 200（元）

借：可供出售金融资产——某公司股票（公允价值变动） 62 200

贷：其他综合收益——公允价值变动 62 200

调整后该股票账面余额＝593 800＋62200＝8.2×80 000＝656 000（元）

（2）2017 年 12 月 31 日，调整可供出售金融资产账面余额如下：

公允价值表动＝5×80 000－656 000＝－256 000（元）

借：其他综合收益——公允价值变动 256 000

贷：可供出售金融资产——某公司股票（公允价值变动） 256 000

调整后该股票账面余额＝656 000－256 000＝5×80 000＝400 000（元）

【例 5－15】 承［例 5－11］和［例 5－13］，假设华联公司持有 B 公司债券，面值 600 000 元，期限 3 年，票面利率 8%，每年 12 月 31 日付息，2016 年 12 月 31 日该债券的公允价值为 615 000 元，2017 年 12 月 31 日该债券的公允价值为 608 000 元，其公计处理如下：

（1）2016 年 12 月 31 日，确认公允价值变动。

公允价值变动＝期末公允价值－期末账面价值（摊余成本）＝615 000－613 788＝1 212

借：可供出售金融资产——B 公司债券（公允价值变动） 1 212

贷：其他综合收益——公允价值变动 1 212

调整后 B 公司债券账面价值＝613 788＋1 212＝615 000（元）

（2）2017 年 12 月 31 日，确认公允价值变动。

公允价值变动＝期末公允价值－期末账面价值（摊余成本）＝608 000－608 369
＝－369（元）

借：其他综合收益——公允价值变动 369

贷：可供出售金融资产——B 公司债券（公允价值变动） 369

调整后 B 公司债券账面价值＝608 369－369＝608 000（元）

3. 可供出售金融资产的减值损失

（1）需要单独确认可供出售金融资产的减值损失。

期末可供出售金融资产尽管也可以公允价值计量，但其公允价值变动并不计入当期损益，而是计入资本公积。一旦可供出售金融资产发生了减值，如不对减值进行单独处理，就无法将其减值损失作为经营损益项目反映在利润表上。因此，当有客观证据表明可供出售金融资产发生减值时，应当计提减值准备，确认减值损失。

需要注意的是，为了单独反映可供出售金融资产的减值准备情况，并与一般资产的减值相区分，实务中多以"可供出售金融资产——公允价值变动"科目反映其减值准备。

（2）可供出售金融资产发生减值的主要证据。

可供出售金融资产期末以公允价值计量，期末公允价值有时高于成本，有时低于成本，但现行会计准则规定公允价值低于成本不一定要确认减值。只有发生了对可供出售金融资产预计未来现金流量有不利影响（且这种影响能够可靠计量）的事项才表明该可供出售金融资产发生了减值。一般地，当存在下列任何一项客观证据时，可判断可供出售金融资产发生了减值：

① 发行方或债务人发生严重财务困难。

② 债务人违反了合同条款，如偿付利息或本金发生逾期等。

③ 债权人出于经济或法律等方面因素的考虑，对发生财务困难的债务人作出让步。

④ 债务人很可能倒闭或进行其他财务重组。

⑤ 因发行方发生重大财务困难，该金融资产无法在活跃市场上继续交易。

⑥ 无法辨认一组金融资产中的某项资产的流量是否已经减少，但根据公开的数据对其进行总体评价后发现，该组金融资产自初始确认以来的预计未来现金流量确已减少且可计量，如该组金融资产的债务人支付能力逐步恶化，或债务人所在国家或地区失业率提高、担保物在其所在地区的价格明显下降、所处行业不景气等。

⑦ 债务人经营所处的技术、市场、经济或法律环境等发生重大不利变化，使权益工具投资人可能无法收回投资成本。

⑧ 权益工具投资的公允价值发生严重或非暂时性下跌。

⑨ 其他表明金融资产发生减值的客观证据。

（3）可供出售金融资产减值损失的计量。

可供出售金融资产发生减值时，应将资产减值损失作为企业正常经营损益处理，因此原已作为资本公积反映的公允价值下跌数额，应从资本公积中转出，计入当期损益（资产减值损失）。

【例5－16】　承［例5－10］和［例5－14］资料，假如2018年12月31日80 000股A公司股票因该公司股份有限公司发生重大违法事件导致股价严重下跌，每股收盘价为4元，且该下跌并非暂时性下跌。则应对该可供出售权益工具计提减值准备、确认减值损失273 800元（593 800－80 000×4），同时将原计入其他综合收益——公允价值变动的金额193 800元（62 200－25 6000）从其他综合收益——公允价值变动转出。

	借方	贷方
借：资产减值损失	273 800	
贷：可供出售金融资产——减值准备		80 000
其他综合收益——公允价值变动		193 800
借：可供出售金融资产——公允价值变动	193 800	
贷：可供出售金融资产——减值准备		193 800

2018年12月31日可供出售金融资产账面价值的构成如下：

成本 = 593 800（元）

公允价值变动 = 193 800 - 193 800 = 0（元）

减值准备 = 80 000 + 193 800 = 273 800（元）

账面价值（公允价值）= 593 800 - 273 800 = 4 × 80 000 = 320 000（元）

我国企业会计准则规定，对于已经计提减值损失的可供出售债券工具，如确认为可供出售金融资产的债券，在随后的会计期间公允价值已上升且客观上与确认原减值损失后发生的事项有关，原确认的减值损失应当予以转回，计入当期损益。对于已确认减值损失的可供出售权益工具，如确认为可供出售金融资产的股票，不得通过损益转回。在以后会计期间如果该可供出售权益工具的公允价值上升，应按照公允价值变动处理，计入其他综合收益。

【例 5 - 17】 承接［例 5 - 16］，假设 2019 年 12 月 31 日，A 公司股票的公允价值为 370 000 元，则华联公司编制会计分录如下：

借：可供出售金融资产——公允价值变动　　50 000

　贷：其他综合收益　　50 000

5.2.5 可供出售金融资产的转让出售

可供出售金融资产转让出售属于可供出售金融资产终止确认的一种情况，需要转让出售的可供出售金融资产从账面上转销。出售所得价款与出售的该可供出售金融资产账面价值的差额作为投资收益处理，与出售的可供出售金融资产相关的直接计入其他综合收益——公允价值变动的利得和损失，应一并转出计入当期损益（投资收益）。

【例 5 - 18】 承［例 5 - 10］和［例 5 - 14］资料，截至 2016 年 12 月 31 日，华联持有 80 000 股 A 公司股票，账面价值为 593 800 元，公允价值变动为（借方余额）62 200 元，计入其他综合收益——公允价值变动贷方的金额为 62 200 元。2017 年 1 月 2 日将 80 000 股 A 公司股票出售，收到 660 000 元。

（1）出售时：

借：其他货币资金——存出投资款　　660 000

　贷：可供出售金融资产——A 公司股票（成本）　　593 800

　　　可供出售金融资产——A 公司股票——公允价值变动　　62 200

　　　投资收益　　4 000

（2）将与之相关的其他综合收益——公允价值变动转出并计入损益：

借：其他综合收益——公允价值变动　　62 200

　贷：投资收益　　62 200

5.2.6 可供出售金融资产在资产负债表上的列示

可供出售金融资产在资产负债表上以公允价值列示，同时为了提供可供出售金融资产的详细信息，还应以披露方式提供可供出售金融资产的构成及公允价值变动情况。

本章小结

本章主要讲述交易性金融资产和可供出售金融资产。交易性金融资产主要是指企业为了近期内出售而持有、在活跃市场上有公开报价、公允价值能够持续可靠获得的金融资产。通常情况下，企业以赚取价差为目的，利用闲置资金从二级市场购入的股票、债券和基金等属于交易性金融资产。交易性金融资产应具备三个基本特征：持有目的主要是为了近期出售，活跃市场上有公开报价，公允价值能够持续可靠获得。不具备这些特征的金融资产一般不属于交易性金融资产。我国会计准则规定支付交易性金融资产手续费将其作为投资费用处理，直接借记“投资收益”。购入交易性金融资产时，购买价格中包括的已经宣告发放但尚未支取的股利或已到付息期尚未领到的利息，不应作为购入成本入账，而应单独以“应收股利”、“应收利息”反映。资产负债表日交易性金融资产按公允价值计量，公允价值变动计入当期损益。

根据会计准则的有关规定，对于可供出售金融资产应根据不同的形成方式，分别采用不同的方法确定其初始入账价值。

（1）购入的可供出售金融资产，以购入时的公允价值加上相关交易费用入账。也就是说，企业购入可供出售金融资产时，其购入成本或称初始成本包括初始直接费用。这是可供出售金融资产与交易性金融资产在初始计量上的不同。

（2）由持有至到期投资重分类形成的可供出售金融资产，以重分类日的公允价值作为入账价值。重分类日将持有至到期投资的账面价值与其公允价值之间的差额计入其他综合收益——公允价值变动。

当持有至到期投资账面价值高于其公允价值时，该差额应冲减资本公积，资本公积不足冲减的，依次冲减盈余公积和未分配利润。当公允价值上升时，应依次恢复原冲减的未分配利润、盈余公积，其余部分再计入资本公积。当已确认公允价值变动的可供出售金融资产发生减值或终止确认而转出时，与其相应的计入其他综合收益的公允价值净变动额也应一并转出，并计入当期损益。

关键名词

交易性资产　可供出售金融资产

即测即评

请扫描二维码，在线测试本章学习效果。

选择题　　判断题

实训题

请扫描二维码，查看实训题题目及答案

实训题

第 6 章

持有至到期投资与长期股权投资

学习目标

（1）掌握：持有至到期投资取得的核算；持有至到期投资摊余成本和收益核算的实际利率法；持有至到期投资到期兑现的核算；长期股权投资取得的核算；长期股权投资核算的成本法、权益法成本法和权益法的转换。

（2）理解：取得债券溢折价的原因；持有至到期投资摊余成本的构成；持有至到期投资利息调整的直线法持有至到期投资减值的核算；取得长期股权投资企业与被投资企业的关系；长期股权投资的减值。

（3）了解：持有至到期投资的概念；长期股权投资的概念。

问题导入

（1）持有至到期投资与交易性金融资产的联系与区别是什么?

（2）某投资者原本打算将该债券持有至到期，现在持有意图发生改变，应该如何处理?

6.1　持有至到期投资

6.1.1　持有至到期投资的概念及特点

持有至到期投资是投资者以债权人的身份所进行的、不准备随时变现或提前收回的债权投资，包括长期债券投资和其他长期债权投资。持有至到期投资具有以下特征：①有确定的到期日；②将来回收的金额固定或可确定；③企业有明确意图和能力持有至到期；④有活跃的市场。如企业购买的符合以上特征的国家债券、金融机构债券和公司债券等。

6.1.2　持有至到期投资的价值计量

持有至到期投资属于企业的金融资产，按会计准则规定，该类投资的价值计量分为：

（1）初始投资成本的计量。持有至到期投资应当按取得时的公允价值和相关交易费用之和作为初始确认金额。支付的价款中包含已到期未领取债券利息的，不应当计入初始确认金额，而是单独确认为应收项目。在随后收到这部分利息时，直接冲减应收项目。其中，交易费用金额较小的，可采用重要性原则处理，于发生时一次计入当期损益。

（2）后续计量。持有至到期投资在持有期间应当按照实际利率法确认利息收入，计入持有至到期投资账面价值。实际利率应当在取得持有至到期投资时确定，在随后期间保持不变。资产负债表日，持有至到期投资应当按摊余成本计量。

处置持有至到期投资时，应将其差额确认为投资收益。

资产负债表日，应按该项投资的成本与预计收回金额孰低进行价值计量。如果成本高于预计可收回金额，意味着该项投资已发生减值，应计提减值准备；如果成本低于预计可收回金额，则仍按成本计量。

6.1.3 持有至到期债券投资的购入价格的确定

（1）按高于面值的价格购入，又称溢价购入。这是由于债券的票面利率高于债券发行时的市场利率（银行利率）引起的。债券溢价对发行债券而言，是为以后各期多付利息而预先取得的补偿；对购买债券的投资方而言，是为以后各期多得利息而预付的代价，应在债券购入后至到期前的存续期间内分期摊销，其摊销应与确认相关债券的利息收入同时进行，调减实际利息收入。

（2）按面值购入，又称平价购入。这是由于债券票面利率等于债券发行时的市场利率而引起的，在这种情况下，每期按债券面值和票面利率计算的应收利息扣除应分摊的债券费用为当期的实际利息收入。

（3）按低于面值的价格购入，又称为折价购入。这是因债券票面利率低于债券发行时的市场利率引起的。债券折价对发行债券的公司而言，是为以后各期少付给投资者利息而事先给予的补偿；对购买债券的投资方而言，是对以后各期少得利息的提前补偿，也应在债券购入后至到期前的存续期间内分期摊销，并与确认相关债券的利息收入同时进行，调增当期的实际利息收入。

债券溢价或折价，应按实际利率法摊销。在实际利率法下，债券投资每期应计利息（又称名义利息）是按债券面值和票面利率计算的，而每期的实际利息是按债券投资期初的账面价值（成本）乘以购买时的实际利率计算，两者之间的差额即为当期应摊销的溢价或折价金额。这种方法下，债券的账面价值随溢价摊销而逐期减少，随折价摊销而逐期增加。而各期的摊销额是不相等的，如果是溢价摊销，摊销额呈逐期上升趋势；如果是折价摊销，其摊销额呈逐期下降趋势（有关实际利率的计算将在财务管理学中介绍）。

实际利率法摊销的步骤为：

① 各期名义利息 = 债券面值 × 票面利率

② 各期实际利息 = 债券期初账面价值 × 实际利率

③ 各期摊销额 = 各期名义利息 − 该期的实际利息

债券期初账面价值（即债券上期末账面价值） = 债券面值 + 未摊完的溢价（或未摊完的折价）+ 应计利息

6.1.4 持有至到期投资取得的会计处理

1. 应设的会计科目

（1）“持有至到期投资”科目。该科目核算企业持有至到期投资的价值。企业委托银行或其他金融机构向其他单位贷出的款项，也在本科目核算。本科目应当按照持有至到期投资的类别和品种，分别“债券面值”、“利息调整”、“应计利息”进行明细核算。该科目期末借方余额反映企业持有至到期投资的摊余成本。

（2）“持有至到期投资减值准备”科目。本科目核算企业持有至到期投资发生减值时计提的减值准备。应当按照持有至到期投资类别和品种进行明细核算。该科目期末贷方余额反映企业已计提但尚未转销的持有至到期投资减值准备。

2. 投资取得的账务处理

在确定持有至到期投资的入账金额之后，还有一个具体的账务处理问题。企业取得一项持有至到期投资，就意味着获得了合约规定的两项收款权利：一是债券到期时按债券面值收取款项的权利；二是基于票面利率分期或到期一次收取利息的权利。因此，债券投资的取得成本与债券面值之间的差额是一项重要的信息。

从会计信息使用者的角度，特别是企业内部管理的角度来看，债券面值是重要的信息，它代表了债券到期时企业需要偿还给债券投资者的本金，因此需要对其进行专门的明细反映。也就是说，我们需要将持有至到期投资的初始入账价值拆分为面值、一次付息债券应计利息和初始入账价值（含初始直接费用）扣除一次付息债券应计利息与面值的差额三部分分别反映。为了表达方便，我们将该差额称为利息调整，它代表了债券存续期间的利息总额（未折现的金额）的一部分，严格地说是全部投资成本的一部分。因为其中初始直接费用部分并不是支付给债券提供者，而是支付给了提供与债券投资相关服务的中介机构，是对投资方获取的利息总额的抵减。为了表述的方便，可将其当作广义的利息看待。也就是在这个意义上将其称为利息调整。

取得持有至到期投资支付的全部价款扣除一次付息债券应计利息后的金额大于债券面值的差额称为利息调整借差，为债券溢价金额（不含一次付息债券应计利息）与初始直接费用之和；取得持有至到期投资支付的全部价款扣除一次付息债券应计利息后的金额小于债券面值的差额称为利息调整贷差，为债券折价金额（不含一次付息债券应计利息）减去初始直接费用的差额。如果债券折价金额（不含一次付息债券应计利息）小于初始直接费用，则其差额也为利息调整借差。利息调整借差、贷差本质上均是债券投资成本的组成部分，借差是债券面值的增项，而贷差则是债券面值的减项。因此，为了反映各项持有至到期投资的取得、收益、处置等情况，应设置“持有至到期投资”科目，并设置“债券面值”、“利息调整”、“应计利息”等明细科目。

企业在发行日或付息日购入债券时，实际支付的价款中不含有利息。应按照购入债券的面值，借记“持有至到期投资——债券面值”科目；按照实际支付的全部价款扣除面值以后的差额，借记或贷记“持有至到期投资——利息调整”科目；按实际支付的全部价款，贷记“银行存款”等科目。

企业在发行日后或两个付息日之间购入债券时，实际支付的价款中含有自发行日或付息日至购入日之间的利息。这部分利息应分别不同情况进行处理。其中，到期一次付息债券的利息由于不能在一年以内收回，应计入投资成本，借记“持有至到期投资——应计利息”科目；分期付息债券的利息一般在一年以内能够收回，从性质上看属于企业获得的一项短期债权，应借记“应收利息”科目，不计入投资成本。

【例6-1】 远航公司于2016年1月1日以600 000元的价格购买了乙公司于当日发行的总面值为600 000元、票面利率为5%、4年期的债券，作为持有至到期投资。债券利息在每年12月31日支付。

持有至到期投资的入账金额=600 000（元）

借：持有至到期投资——乙公司债券——面值 600 000

贷：银行存款 600 000

【例6-2】 远航公司于2016年1月1日以528 000的价格（包含交易费用）购买了丙公司于当日发行的面值为500 000元、票面利率为6%、5年期的债券，作为持有至到期投资。债券利息在每年12月31日支付。

持有至到期投资的入账金额=528 000（元）

应确认的利息调整借差=528 000-500 000=28 000（元）

借：持有至到期投资——债券面值 500 000

——利息调整 28 000

贷：银行存款 528 000

【例6-3】 远航公司于2016年1月1日以银行存款818 500元（包含交易费用）购买了H公司于当日发行的总面值为800 000元、票面利率为5%、5年期的债券，每年12月31日付息债券，作为持有至到期投资。该款项中包含已到付息期但尚未支付的利息40 000元。

（1）购入债券时：

初始入账价值=818 500-40 000=778 500（元）

应确认的利息调整贷差=800 000-778 500=21 500（元）

借：持有至到期投资——债券面值 800 000

应收利息 40 000

贷：持有至到期投资——利息调整 21 500

银行存款 818 500

（2）收到债券利息时：

借：银行存款 40 000

贷：应收利息 40 000

6.1.5 持有至到期投资的摊余成本与投资收益的确定

对持有至到期投资的期末计价，即确定投资的摊余成本。确认投资的摊余成本，首先要确认投资的账面余额，在此基础上再考虑投资是否发生了减值的问题。如果投资未发生减值，则投资的账面余额即为摊余成本。由于持有至到期投资的摊余成本的确定同时伴随着投资收益的确定，我们将这两个相关的问题放在一起进行讨论。

持有至到期投资摊余成本的确定有两种方法，也就是利息调整的摊销方法：直线法与实际利率法。我国现行会计准则要求采用实际利率法确定摊余成本。

直线法的特点是各期的摊销额和投资收益固定不变。但由于随着利息调整借差或贷差的摊销，债券投资成本在不断变化，因而各期的投资收益率也在变化。采用直线法能够简化计算工作，但在一项投资业务中各期投资收益率不同，不能正确反映各期的经营业绩。

实际利率法的特点是各期的投资收益率保持不变，但由于债券投资额在不断变化，使得各期的投资收益也在不断变化；实际利率法下，债券利息调整借差或贷差摊销额是票面利息与投资收益（即实际利息）的差额，在票面利息不变而投资收益变化的情况下，摊销额也是在不断变化的。采用实际利率法能够使一项投资业务中各期的投资收益率相同，正确反映各期经营业绩，但计算工作较为复杂。

采用实际利率法时，期末持有至到期投资就是按照未来现金流量的现值计量的，只不过此时计算现值所用的折现率是债券投资时的实际利率，它是一个在债券存续期内保持不变的折现率，从这个意义上来讲，这样的处理方法意味着持有至到期投资是基于历史成本模式进行后续计量的。

1. **按直线法确定摊余成本**

按直线法确定摊余成本，就是将持有至到期投资的初始利息调整总额在债券的存续期内平均分摊到各个会计期间。

【例6-4】 承［例6-2］，假定远航公司购买债券后采用直线法确定持有至到期投资的摊余成本。

每年摊销利息调整贷差 = 28 000 ÷ 5 = 5 600（元）

每年12月31日的账务处理如下：

（1）收到利息（500 000 × 6% = 24 000）。

借：银行存款　　24 000

　　贷：投资收益　　24 000

（2）摊销利息调整。

借：持有至到期投资——利息调整　　5 600

　　贷：投资收益　　5 600

在直线法下，远航公司每年确认的持有至到期投资的投资收益为：

24 000 − 5 600 = 18 400（元）

【例6-5】 承［例6-3］，假定远航公司购买债券后采用直线法确定持有至到期投资的摊余成本。

每年摊销利息调整借差 = 21 500 ÷ 5 = 4 300（元）

每年12月31日的账务处理如下：

（1）收到利息（800 000 × 5% = 40 000）。

借：银行存款　　40 000

　　贷：投资收益　　40 000

（2）摊销利息调整。

借：投资收益　　4 300

　　贷：持有至到期投资——利息调整　　4 300

在直线法下，远航公司每年确认的持有至到期投资的投资收益为：

40 000 + 4 300 = 44 300（元）

【例6-6】 承［例6-3］，假定远航公司购买债券后采用直线法确定持有至到期投资的摊余成本。

每年摊销利息调整贷差 = 21 500 ÷ 5 = 4 300（元）

在企业的持有至到期投资是到期一次付息债券的情况下，则其应计利息也是一项非流动资产，它与该项债券投资的初始成本没有本质区别。可以在“持有至到期投资”科目下设置“应计利息”明细科目予以反映。

远航公司每年12月31日的账务处理如下：

（1）确认应收利息。

借：持有至到期投资——应计利息　　40 000

　　贷：投资收益　　40 000

（2）摊销利息调整。

借：持有至到期投资——利息调整　　4 300

　　贷：投资收益　　4 300

在直线法下，W 公司每年确认的持有至到期投资的投资收益为：

40 000 + 4 300 = 44 300（元）

采用直线法确定摊余成本，操作比较简单。但这种方法无论从持有至到期投资的期末计价还是从投资收益的确定来看，都存在理论上的缺陷。从持有至到期投资的期末计价来看，按这种方法确定的持有至到期投资的期末余额，无法从统一的计量属性的角度进行解释；从投资收益的确定来看，由于各期期末持有至到期投资的账面价值会随着利息调整的摊销而发生变化，所以在利率相同的情况下，各期确认的投资收益应该不同，但按直线法所确定的各期投资收益是完全相同的。

2. 按实际利率法确定摊余成本

采用实际利率法确定持有至到期投资的摊余成本，可以克服直线法的上述不足。可以从两个不同的角度来理解实际利率法的特点：一是从持有至到期投资的期末计价来看，实际利率法要求期末持有至到期投资按未来现金流量的现值计量，计算现值要以取得债券投资时的实际利率作为折现率；二是从投资收益的确认来看，实际利率法要求以期初债券的账面价值乘以取得债券投资时的实际利率，据以确定当期应确认的投资收益，再将其与当期的票面利息相比较，以两者的差额作为当期应摊销的利息调整金额。采用这种方法可以保证各期按相同的投资收益率确认持有至到期投资的投资收益，这个相同的投资收益率就是该债券的实际利率。

在对持有至到期投资的后续计量采用实际利率法的情况下，需要在债券投资时即确定所购买债券的实际利率。实际利率是使所购买债券的未来现金流量的现值等于该债券的入账金额的折现率。通常需要采用插值法确定债券的实际利率。

在债券分期付息的情况下，债券面值在到期时一次收回，其现值应根据债券面值乘以复利现值系数计算；债券票面利息分期等额收回，其现值应根据各期债券票面利息乘以年金现值系数计算。其计算公式为

$$债券初始入账价值 = 债券面值 \times DF_{i,n} + 债券票面利息 \times ADF_{i,n}$$

采用插值法即可计算出债券实际利率 i。

依据［例 6-2］的资料，设实际利率为 i，则有：

$528\ 000 = 500\ 000 \times DF_{i,5} + 500\ 000 \times 6\% \times ADF_{i,5}$

式中，$DF_{i,5}$是利率为 i、期限为 5 的复利现值系数；$ADF_{i,5}$是利率为 i、期限为 5 的年金现值系数。可采用插值法确定债券的实际利率 i 为 4.72%。

同理，依据［例 6-3］的资料，设实际利率为 i，则有：

$778\ 500 = 800\ 000 \times DF_{i,5} + 800\ 000 \times 5\% \times ADF_{i,5}$

采用插值法确定债券的实际利率 i 为 5.64%。

在债券到期一次还本付息的情况下，不论是面值购入还是溢价或折价购入，不论是否含有初始直接费用，其实际利率公式为

由于：

$$债券初始入账价值 \times (1 + 实际利率\ i)\ n = 债券到期价值$$

因此：

$$实际利率\ i = \sqrt[n]{\frac{债券到期价值}{债券初始入账价值}} - 1$$

式中，n 为债券到期价值折现的期数。例如，企业取得5年期债券，如按年确认投资收益，则折现期为5期，利率 i 为年利率；如按半年确认投资收益，则折现期为10期，实际利率 i 为半年利率；如按季度确认投资收益，则折现期为20期，实际利率 i 为季度利率。

【例6-7】 远航公司2016年1月1日银行存款737 260元购买了S公司于当日发行的总面值为800 000元、票面利率为5%、5年期的到期一次性还本付息债券，作为持有至到期投资，另支付该债券发生的交易费用10 000元。

远航公司会计处理：

借：持有至到期投资——面值　　800 000

　　贷：持有至到期投资——利息调整　　52 740

　　　　银行存款　　747 260

$$实际利率\ i = \sqrt[5]{\frac{800\ 000 + 800\ 000 \times 5\% \times 5}{747\ 260}} - 1 = 6\%$$

计算求得债券的实际利率 i 为6%。

【例6-8】 承［例6-2］，假定远航公司购买债券后采用实际利率法确定持有至到期投资的摊余成本。

根据前面的计算结果可知，实际利率为4.72%。

为了方便各期的账务处理，可以编制持有至到期投资利息调整贷差摊销表，如表6-1所示。

表6-1　利息调整贷差摊销表（分期付息）

（实际利率法）

单位：元

期次（年）	实收利息	投资收益	利息调整贷差摊销	利息调整贷差余额	摊余成本
	(1)=面值×5%	(2)=期初(5)×6%	(3)=(2)-(1)	(4)=期初(4)-(3)	(5)=期初(5)+(3)
2016-01-01				28 000	528 000
2016-12-31	30 000	24 921.6	5 078.4	22 921.6	522 921.6
2017-12-31	30 000	24 209.90	5 318.1	17 603.5	517 603.5
2018-12-31	30 000	24 430.89	5 569.11	12034.39	512 034.39
2019-12-31	30 000	24 168.02	5 831.98	6 202.41	506 202.41
2020-12-31	30 000	23 797.59 *	6 201.41	0	500 000.00

*含尾数调整。

2017 年 12 月 31 日的账务处理如下：

（1）收到利息。

借：银行存款　　30 000

　　贷：投资收益　　30 000

（2）摊销利息调整。

借：持有至到期投资——利息调整　　5 078.4

　　贷：投资收益　　5 078.4

同理，第 5 年（2021 年）12 月 31 日的财务处理如下：

（1）收到利息。

借：银行存款　　30 000

　　贷：投资收益　　30 000

（2）摊销利息调整。

借：持有至到期投资——利息调整　　6 202.41

　　贷：投资收益　　6 202.41

【例 6-9】　承［例 6-3］，假定远航公司购买债券后采用实际利率法确定持有至到期投资的摊余成本。

为了方便各期的账务处理，可以编制持有至到期投资利息调整借差摊销表，如表 6-2 所示。

表 6-2　利息调整借差摊销表（分期付息）

（实际利率法）　　单位：元

期次（年）	实收利息	投资收益	利息调整贷差摊销	利息调整贷差余额	摊余成本
	(1) = 面值×5%	(2) = 期初(5)×5.64%	(3) = (1) - (2)	(4) = 期初(4) - (3)	(5) = 期初(5) + (3)
2016-01-01				21 500	778 500
2016-12-31	40 000	43 907.4	3 907.40	17 592.60	782 407.4
2017-12-31	40 000	44 127.78	4 127.78	13 464.82	786 535.18
2018-12-31	40 000	44 360.58	4 360.58	9 104.24	790 895.76
2019-12-31	40 000	44 606.52	4 606.52	4 497.72	795 502.28
2020-12-31	40 000	44 497.72 *	4 497.72	0	800 000

* 含尾数调整。

2016 年 12 月 31 日的账务处理如下：

（1）收到利息。

借：银行存款　　40 000

　　贷：投资收益　　40 000

（2）摊销利息调整借差。

借：投资收益　　3 907.40

　　贷：持有至到期投资——利息调整　　3 907.40

同理，第 5 年（2021 年）12 月 31 日的账务处理如下：

(1) 收到利息。

借：银行存款　40 000

　贷：投资收益　40 000

(2) 摊销利息调整借差。

借：投资收益　4 497.72

　贷：持有至到期投资——利息调整　4 497.72

【例6-10】 承［例6-7］，假定远航公司购买债券后采用实际利率法确定持有至到期投资的摊余成本。

为了方便各期的账务处理，可以编制持有至到期投资利息调整贷差摊销表，如表6-3所示。

表6-3 利息调整贷差摊销表（到期一次付息） 单位：元

期次（年）	实收利息	投资收益	利息调整贷差摊销	利息调整贷差余额	摊余成本
	(1)=面值×5%	(2)=期初(5)×6%	(3)=(2)-(1)	(4)=期初(4)-(3)	(5)=期初(5)+(1)+(3)
购买时				52 740	747 260
1	40 000	44 835.60	4 835.60	47 904.40	792 095.60
2	40 000	47 525.74	7 525.74	40 378.66	839 621.34
3	40 000	50 377.28	10 377.28	30 001.38	889 998.62
4	40 000	53 399.92	13 399.92	16 601.46	943 398.54
5	40 000	56 601.46 *	16 601.46	0	1 000 000.00

* 含尾数调整。

W公司2017年12月31日的账务处理如下：

(1) 确认应收利息。

借：持有至到期投资——应计利息　40 000

　贷：投资收益　40 000

(2) 摊销利息调整贷差。

借：持有至到期投资——利息调整　4 835.6

　贷：投资收益　4 835.6

同理，第5年（2021年）12月31日的账务处理如下：

(1) 确认应收利息。

借：持有至到期投资——应收利息　40 000

　贷：投资收益　40 000

(2) 摊销利息调整贷差。

借：持有至到期投资——利息调整　16 601.46

　贷：投资收益　16 601.46

6.1.6 持有至到期投资的到期兑现

持有至到期投资的到期兑现，是指持有至到期投资的期限届满时按面值收回投资及应收未收的利息。如果是一次付息的债券，到期时企业可以收回债券面值和利息；如果是分期付息的债券，到期时企业可以收回债券面值。一般来说，在债券投资到期时，溢价、折价金额已经摊销完毕，不论是按面值购入，还是溢价或折价购入，“持有至到期投资”科目的余额均为债券面值和应计利息。收回债券面值及利息时，应借记“银行存款”科目，贷记“持有至到期投资”科目。

【例6－11】 承［例6－1］，2021年1月1日按面值收回投资时，编制会计分录如下：

借：银行存款 800 000

贷：持有至到期投资——面值 800 000

6.1.7 持有至到期投资的减值

企业应当在资产负债表日对持有至到期投资的账面价值进行检查，有客观证据表明该资产已发生减值的，应当计提减值准备。

持有至到期投资发生减值时，应当将该持有至到期投资的账面价值减记至预计未来现金流量的现值，减记的金额确认为资产减值损失，计入当期损益，借记“资产减值损失”科目，贷记“持有至到期投资减值准备”科目。

预计未来现金流量现值，一般按照该持有至到期投资初始确定的实际利率折现计算。

持有至到期投资确认减值损失后，如有客观证据表明该资产的价值得以恢复，且客观上与确认该损失后发生的事项有关，原确认的减值损失应当予以转回，计入当期损益。但是，该转回后的账面价值不应超过假定不计提减值准备情况下该持有至到期投资在转回日的摊余成本。

总之，持有至到期投资的后续计量包括两个方面的内容：首先要确定其账面余额；然后还要进行减值测试，如果发生减值，要计提减值准备。这就意味着，资产负债表上“持有至到期投资”项目在投资没有发生减值的情况下是按其账面余额计量的，在投资发生减值的情况下是按其可收回金额计量的。

6.2 长期股权投资

6.2.1 长期股权投资概述

1. 长期股权投资的性质

长期股权投资是指通过投出各种资产取得被投资企业股权且不准备随时出售的投资，其主要目的是为了长远利益而影响、控制其在经济业务上相关联的企业。企业进行长期股权投资后，成为被投资企业的股东，有参与被投资企业经营决策的权利。

在确定长期股权投资的日常会计处理和报表列报方法时，应重点考虑投资企业与被投资企业的关系。

2. 投资企业与被投资企业的关系

按照投资企业对被投资企业的影响程度，投资企业与被投资企业的关系可以分为以下几种类型：

（1）控制。控制是指投资企业有权决定被投资企业的财务和经营决策，并能据以从该企业的经营活动中获取利益。一般来说，企业的重大财务和经营决策需要股东大会半数以上表决权资本通过，因此投资企业持有被投资企业半数以上表决权资本，通常认为对被投资企业具有控制权；此外，如果投资企业未持有被投资企业半数以上表决权资本，但能够通过章程、协议、法律等其他方式拥有半数以上表决权，或能够任免董事会多数成员，或在董事会中拥有半数以上投票权等，也视为对被投资企业拥有控制权。拥有控制权的投资企业一般称为母公司；被母公司控制的企业，一般称为子公司。

（2）共同控制。共同控制是指按照合同约定与其他投资者对被投资企业所共有的，一般来说，具有共同控制权的各投资方所持有的表决权资本相同。在这种情况下，被投资企业的重要财务和经营决策只有在分享控制权的投资方一致同意时才能通过。被各投资方共同控制的企业，一般称为投资企业的合营企业。

（3）重大影响。重大影响是指对一个企业的财务和经营决策有参与的权利，但并不能够控制或者与其他方共同控制这些决策的制定。一般来说，投资企业在被投资企业的董事会中派有董事，或能够参与被投资企业的财务和经营决策的制定，对被投资企业形成重大影响。被投资企业如果受到投资企业的重大影响，一般称为投资企业的联营企业。

（4）无重大影响。无重大影响是指投资企业对被投资企业不具有控制和共同控制权，也不具有重大影响。

关于如何依据投资企业与被投资企业的关系确定长期股权投资的日常会计处理和报表列报方法，我国现行会计准则与国际会计准则的规定还存在差异。下面重点介绍我国会计准则的规定。

6.2.2 长期股权投资的取得

企业的长期股权投资，可以分为两大类：一类是企业合并取得的，另一类是非企业合并取得的。企业合并取得的长期股权投资，又分为同一控制下企业合并和非同一控制下企业合并取得的长期股权投资。不同方式取得的长期股权投资，会计处理方法有所不同。

1. 同一控制下企业合并取得的长期股权投资

同一控制下的企业合并，是指参与合并的企业在合并前后均受同一方或相同的多方最终控制，且该控制并非暂时性的。其中：同一方是指母公司或有关主管单位；相同的多方是根据投资者的合同或协议约定的投资各方。暂时性一般是指合并前后均在一年以内，非暂时性是指合并前后均应超过一年。例如，W 公司为 F 公司和 E 公司的母公司，W 公司将其持有 E 公司 56% 的股权转让给 F 公司。转让股权后，F 公司持有 E 公司 56% 的股权，但 F 公司和 E 公司仍由 W 公司所控制。

同一控制下的企业合并，在合并日取得对其他参与合并企业控制权的一方为合并方，参与合并的其他企业为被合并方。合并日是指合并方实际取得对被合并方控制权的日期。

同一控制下的企业合并有以下特点：

第一，是企业集团内部成员之间的合并，参与合并的各方在合并前已经是关联方，表现为母公司与子公司或子公司与子公司之间的合并。

第二，交易作价往往不公允。

第三，会计处理不作为交易处理，而是作为资产和负债在企业集团内部的重新组合处理。

同一控制下的企业合并，合并双方的合并行为不完全是自愿进行和完成的，这种企业合并不属于交易行为，而是参与合并各方资产和负债的重新组合，因此，合并方可以按照被合并方的账面价值进行初始计量。

故其初始投资成本计量应按以下规定进行：

（1）合并方以支付货币资金、转让非现金资产或承担债务等方式取得被合并方的股权，应在合并日按照享有被合并方所有者权益账面价值的份额作为长期股权投资的初始投资成本，借记“长期股权投资——投资成本”科目；按照支付的货币资金或转让非现金资产、承担债务的账面价值，贷记“银行存款”以及相应的资产或负债科目；按照长期股权投资初始投资成本与支付的现金、转让的非现金资产以及所承担债务账面价值之间的差额，调整资本公积（资本或股本溢价），资本公积不足冲减的，调整留存收益，贷记“资本公积”或借记“资本公积”、“盈余公积”、“利润分配”科目。投资企业支付的价款中如果含有已宣告发放但尚未支取的现金股利，应作为债权处理，不计入长期股权投资成本。

合并方为进行企业合并发生的各项直接相关费用，包括为进行企业合并而支付的审计费用、评估费用、法律服务费用等，应当于发生时计入当期损益，借记“管理费用”科目，贷记“银行存款”等科目。

【例6-12】　A公司为B公司和C公司的母公司。2017年1月1日，A公司将其持有C公司70%的股权转让给B公司，双方协商确定的价格为8 000 000元，以货币资金支付；此外，B公司还以货币资金支付审计、评估费20 000元。合并日，C公司所有者权益的账面价值为10 000 000元；B公司资本公积账户余额为1 800 000元。根据以上资料，编制B公司取得长期股权投资的会计分录如下：

B公司初始投资成本＝10 000 000×70%＝7 000 000（元）

借：长期股权投资——投资成本	7 000 000
资本公积	1 000 000
管理费用	20 000
贷：银行存款	8 020 000

（2）合并方以发行股票等方式取得被合并方的股权，应在合并日按照取得被合并方所有者权益账面价值的份额作为长期股权投资的初始投资成本，借记“长期股权投资——投资成本”科目；按照发行股份的面值总额作为股本，贷记“股本”科目；按照长期股权投资初始投资成本与所发行股份面值总额之间的差额，调整资本公积（资本或股本溢价），资本公积不足冲减的，调整留存收益，贷记“资本公积”或借记“资本公积”、“盈余公积”、“利润分配”科目。

合并方发行债券或承担其他债务支付的手续费、佣金等，应当计入所发行债券及其他债务的初始成本。企业合并中发行权益性证券发生的手续费、佣金等费用，应当抵减权益性证券溢价收入，溢价收入不足冲减的，冲减留存收益。

【例6-13】　A公司为B公司和C公司的母公司，持有B公司70%的股权，持有C公司60%的股权。2017年1月1日，B公司以发行每股面值为1元的股票2 000 000股，换取A公司持有的C公司60%的股权，并以银行存款支付发行股票手续费20 000元。合并日，C公司所有者权益的账面价值为12 000 000元。根据以上资料，编制B公司取得长期股权投资的会计分录如下：

B公司初始投资成本＝12 000 000×60%＝7 200 000（元）

借：长期股权投资——投资成本　　7 200 000

贷：股本	2 000 000
银行存款	20 000
资本公积	5 180 000

2. 非同一控制下企业合并取得的长期股权投资

非同一控制下的企业合并，是指参与合并的各方在合并前后不受同一方或相同的多方最终控制。相对于同一控制下的企业合并而言，非同一控制下的企业合并是合并各方自愿进行的交易行为，作为一种公平的交易，应当以公允价值为基础进行计量。该种合并具有以下特点：

第一，它是企业对外的扩张合并，参与合并的各方在合并前不是关联方，因而是非关联企业之间进行的合并。

第二，合并作价以市价为基础，相对公允。

第三，会计处理视为交易，长期股权投资应以公允价值为基础计量。

会计核算应按"购买法"进行。具体步骤如下：

（1）确定购买日。确定购买日即确定长期股权投资入账的时间。总的原则应是取得对被购买方控制权的日期，但这一日期的确定应满足相关的条件。这些条件包括：

第一，购买协议要经股东大会批准。

第二，要办理有关资产的划转手续。

第三，要支付购买价款的绝大部分（大于50%）。

第四，实际获得了控制权等。

（2）确定长期股权投资的初始成本。按所放弃的资产、发生或承担的负债及发行的权益性证券的公允价值计量，付出资产公允价值与账面价值差额计入合并当期损益，发生的相关费用计入长期股权投资的初始成本。

购买方在购买日以支付货币资金的方式取得被购买方的股权，应以支付的货币资金作为初始投资成本，借记"长期股权投资——投资成本"科目，贷记"银行存款"科目。购买方支付的价款中如果含有已宣告发放但尚未支取的现金股利，应作为债权处理，不计入长期股权投资成本。

购买方在购买日以付出货币资金以外的其他资产的方式取得被购买方的股权，付出的资产应按资产处理的方式进行处理，应按照资产的公允价值作为初始投资成本，借记"长期股权投资——投资成本"科目；按照资产的价值，贷记"主营业务收入"、"其他业务收入"、"固定资产清理"、"应交税费——应交增值税"等科目；同时结转付出资产的成本，将其公允价值与账面价值的差额计入当期损益。

购买方以承担负债的方式取得被购买方的股权，应按照负债的公允价值作为初始投资成本，借记"长期股权投资——投资成本"科目，贷记有关负债科目。

购买方以发行股票等方式取得被购买方的股权，应在购买日按照发行股票等的公允价值作为长期股权投资的初始投资成本，借记"长期股权投资——投资成本"科目；按照发行股份的面值总额作为股本，贷记"股本"科目；按照长期股权投资初始投资成本与所发行股份面值总额之间的差额，贷记"资本公积——股本溢价"科目。

购买方为进行长期股权投资发生的各项直接相关费用也应计入长期股权投资成本。

【例6-14】 A公司于2017年1月1日，以货币资金10 000 000元以及一批库存商品、机器设备购入B公司70%股权。库存商品的账面价值为900 000元，未计提存货跌价准备，不含增值税的公允价值为1 000 000元，增值税销项税额为170 000元；机器设备的原始价值为8 000 000元（不含增值税），累计折旧为3 000 000元，不含增值税的公允价值为6 000 000元，增值税销项税额为1 020 000元。此外，A公司还以货币资金支付审计、评估费20 000元。购买日，B公司所有者权益的账面价值为25 000 000元，A公司与B公司不属于关联方。根据以上资料，编制A公司取得长期股权投资的会计分录如下：

A公司初始投资成本＝10 000 000＋1 000 000＋6 000 000＋1 190 000＋20 000

＝18 210 000（元）

① 借：长期股权投资——投资成本　18 190 000

　　管理费用　20 000

　　贷：银行存款　10 020 000

　　　　主营业务收入　1 000 000

　　　　固定资产清理　6 000 000

　　　　应交税费——应交增值税（销项税额）（170 000＋1 020 000）　1 190 000

② 借：主营业务成本　900 000

　　贷：库存商品　900 000

③ 借：固定资产清理　5 000 000

　　累计折旧　3 000 000

　　贷：固定资产　8 000 000

同时

借：固定资产清理　1 000 000

　贷：营业外收入　1 000 000

3. **非企业合并取得的长期股权投资**

非企业合并取得的长期股权投资，其初始投资成本的确定与非同一控制下企业合并取得的长期股权投资成本的确定方法相同。

【例6－15】　A公司于2016年1月1日购入联营企业B公司40%的股权，实际支付价款4 000 000元；购买日，B公司所有者权益账面价值为9 000 000元，公允价值为10 500 000。根据以上资料，编制A公司取得长期股权投资的会计分录如下：

借：长期股权投资——投资成本　4 000 000

　贷：银行存款　4 000 000

6.2.3　长期股权投资核算的成本法

1. **成本法的适用范围**

（1）投资企业能够对被投资企业实施控制的长期股权投资。

（2）投资企业对被投资企业不具有共同控制或重大影响，并且在活跃市场中没有报价、公允价值不能可靠计量的长期股权投资。

2. **成本法下投资成本的后续计量**

采用成本法核算的长期股权投资，应按照初始投资成本计价，一般不予变更，只有在追加或收回投资时才调整长期股权投资的成本。

投资企业在被投资企业宣告发放现金股利时，应作为投资收益处理，借记“应收股利”等科目，贷记“投资收益”科目；收到现金股利时，应借记“银行存款”等科目，贷记“应收股利”科目。如果收到的股利为股票股利，则只调整持股数量，降低每股成本，不作账务处理。

【例6－16】 某企业根据发生的有关长期股权投资业务，编制会计分录如下：

（1）2017年1月17日，购入A公司普通股股票100 000股，占A公司普通股股本的15%，准备长期持有，且对A公司无重大影响，用银行存款实际支付买价1 000 000元，手续费4 000元，共计1 004 000元。采用成本法进行核算。

借：长期股权投资——投资成本　　1 004 000

　　贷：其他货币资金——存出投资款　　1004 000

（2）2017年5月18日，A公司宣告发放现金股利，每股0.6元。

借：应收股利　　60 000

　　贷：投资收益　　60 000

（3）2017年5月28日，收到A公司发放的现金股利60 000元，存入银行。

借：其他货币资金　　60 000

　　贷：应收股利　　60 000

6.2.4 长期股权投资核算的权益法

1. 权益法的适用范围

长期股权投资核算的权益法，是指长期股权投资的账面价值要随着被投资企业的所有者权益变动而相应变动，大体上反映在被投资企业所有者权益中占有的份额。

投资企业对被投资企业具有共同控制或重大影响的长期股权投资，应采用权益法进行核算。在这种情况下，投资企业不编制合并财务报表，但由于在被投资企业中占有较大的份额，按照重要性原则，应对长期股权投资的账面价值进行调整，以客观地反映投资状况。

2. 权益法核算的科目设置

采用权益法进行长期股权投资的核算，可以在“长期股权投资”科目下，设置“投资成本”、“损益调整”、“所有者权益其他变动”等明细科目。权益法下，“长期股权投资”科目的余额，反映全部投资成本。其中，“投资成本”明细科目反映购入股权时在被投资企业按公允价值确定的所有者权益中占有的份额及初始投资成本大于占有份额形成的商誉；“损益调整”明细科目反映购入股权以后随着被投资企业留存收益的增减变动而享有份额的调整数；“所有者权益其他变动”明细科目反映购入股权以后随着被投资企业其他综合收益的增减变动而享有份额的调整数。

3. 权益法下初始投资成本的调整

采用权益法进行长期股权投资的核算，投资企业为了更为客观地反映在被投资企业所有者权益中享有的份额，应将初始投资成本按照被投资企业可辨认净资产公允价值和持股比例进行调整。可辨认净资产的公允价值，是指被投资企业可辨认资产的公允价值减去负债及或有负债公允价值后的余额。

长期股权投资的初始投资成本大于投资时应享有被投资企业可辨认净资产公允价值份额的差额，性质与商誉相同，不调整长期股权投资的初始投资成本，在投资期间也不摊销；长期股权投资的初始投资成本小于投资时应享有被投资企业可辨认净资产公允价值份额的差额，应计入当期损益，同时调整长期股权投资的成本，借记“长期股权投资——投资成本”科目，贷记“营业外收入”科目。

【例6－17】　承［例6－14］，A公司调整初始投资成本与享有B公司可辨认净资产公允价值份额的差额，编制会计分录如下：

A公司应调整投资成本＝4 200 000－4 000 000＝200 000（元）

借：长期股权投资——投资成本　　200 000

　　贷：营业外收入　　200 000

4. 权益法下投资损益的确认

（1）投资收益的确认。企业持有的对联营企业或合营企业的投资，一方面应按照享有被投资企业净利润的份额确认为投资收益；另一方面作为追加投资，借记“长期股权投资——损益调整”科目，贷记“投资收益”科目。

权益法下，由于长期股权投资的初始投资成本已经按照股权取得日被投资企业可辨认净资产的公允价值进行了调整。因此，被投资企业的净利润应以其购买日各项可辨认资产等的公允价值为基础进行调整后加以确定，不应仅按照被投资企业的账面净利润与持股比例计算的结果简单确定。基于重要性原则，通常应考虑的调整因素为：以取得投资时被投资企业固定资产、无形资产的公允价值为基础计提的折旧额或摊销额，投资企业与被投资企业之间购买商品等形成的内部利润，以及减值准备的金额对被投资企业净利润的影响。其他项目如为重要的，也应进行调整。

如果无法合理确定取得投资时被投资企业各项可辨认资产的公允价值，或者投资时被投资企业可辨认资产的公允价值与其账面价值相比，两者之间的差额不具有重要性，也可以按照被投资企业的账面净利润与持股比例计算的结果确认投资收益，但应在附注中说明这一事实，以及无法合理确定被投资企业各项可辨认资产公允价值的原因。

权益法下，如果投资企业与联营企业或合营企业之间发生内部交易，不论是投资企业向联营企业或合营企业销货（即顺流交易）还是联营企业或合营企业向投资企业销货（即逆流交易），其未实现的内部损益中属于投资企业享有的份额，投资企业在确认投资收益时均应予以扣除。在顺流交易的情况下，投资企业已经在个别报表中确认了销售损益，而联营企业或合营企业未实现销售，即损益未能最终实现；但是，联营企业或合营企业未实现的损益中，属于其他股东享有的份额，从投资企业的角度看其损益已经实现，不需要进行抵消处理，因此只是其中属于投资企业享有的份额应在确认投资收益时予以抵消。在逆流交易的情况下，联营企业或合营企业在个别报表中确认了销售损益，而投资企业未实现销售，即损益也未能最终实现；但是，投资企业未实现的损益中，属于其他股东享有的份额，从投资企业的角度看相当于向其他股东购买货物的价值，联营企业或合营企业的销售损益已经实现，不需要进行抵消处理，因此也只是需要将其中属于投资企业享有的份额在确认投资收益时予以抵消。

【例6－18】　A公司于2017年1月1日购入联营企业B公司40%的股权，实际支付价款4 000 000元；购买日，B公司所有者权益账面价值为9 000 000元，公允价值为10 500 000元。根据以上资料，编制A公司取得长期股权投资的会计分录如下：

借：长期股权投资——投资成本　　4 000 000

贷：银行存款　　4 000 000

【例6－19】　承［例6－14］，A公司2016年1月1日取得投资时B公司的固定资产账面价值为3 000 000元，公允价值为4 500 000元，其他可辨认资产的公允价值与账面价值一致。按照固定资产账面价值计提的年折旧额为200 000元，按照公允价值应计提的年折旧额为300 000元。B公司2017年度实现的账面净利润为1 500 000元，不考虑所得税影响，按照被投资企业的账面净利润计算确定的投资收益应为600 000元（1 500 000×40%）；基于投资时固定资产的公允价值调整的净利润为1 400 000元［1 500 000－（300 000－200 000）］，A公司按照持股比例计算确认的当期投资收益应为560 000元（1 400 000×40%）。根据以上资料，编制A公司确认投资收益的分录如下：

借：长期股权投资——损益调整　　560 000

　　贷：投资收益　　560 000

【例6－20】　承［例6－1］，B公司2017年度实现的账面净利润为2 400 000元，当年B公司向A公司销售一件商品，不含增值税的销售价格为3 000 000元，商品销售成本为2 400 000元；A公司将购入的商品确认为管理用固定资产，折旧年限为5年，采用直线法计提折旧，不考虑净残值。其他条件同前。

B公司2017年度基于投资时固定资产的公允价值调整后的净利润为2 300 000元［2 400 000－（300 000－200 000）］；此外，B公司向A公司销售商品视为未实现的利润600 000元（3 000 000－2 400 000），以及A公司计提折旧的影响额120 000元（3 000 000÷5－2 400 000÷5）应予以抵消。因此，A公司按照持股比例计算确认的2017年度投资收益应为728 000元［（2 300 000－600 000＋120 000）×40%］。根据以上资料，编制A公司确认投资收益的分录如下：

借：长期股权投资——损益调整　　728 000

　　贷：投资收益　　728 000

（2）投资损失的确认。如果被投资企业发生亏损，投资企业也应按持股比例确认应分担的损失，借记“投资收益”科目，贷记“长期股权投资——损益调整”科目。被投资企业的净亏损也应以其购买日各项可辨认资产等的公允价值为基础进行调整后加以确定。

由于投资企业承担有限责任，因此投资企业在确认投资损失时，应以长期股权投资的账面价值以及其他实质上构成对被投资企业净投资的长期权益减记至零为限，投资企业负有承担额外损失义务的除外。其他实质上构成对被投资企业净投资的长期权益，通常是指长期性的应收项目，如企业对被投资企业的长期应收款，该款项的清偿没有明确的计划且在可预见的未来期间难以收回的，实质上构成长期权益。企业存在其他实质上构成对被投资企业净投资的长期权益项目以及负有承担额外损失义务的情况下，在确认应分担被投资企业发生的亏损时，应当按照以下顺序进行处理：

首先，冲减长期股权投资的账面价值，同时确认投资损失。

其次，如果长期股权投资的账面价值不足以冲减的，应当以其他实质上构成对被投资单位净投资的长期权益账面价值为限继续确认投资损失。

最后，在进行上述处理后，按照投资合同或协议约定企业仍承担额外义务的，应按预计承担的义务确认预计负债，计入当期投资损失。被投资单位以后期间实现盈利的，扣除未确认的亏损分担额后，应按与上述顺序相反的顺序处理，减计已确认预计负债的账面余额，恢复其他实质上构成对被投资单位净投资的长期权益及长期股权投资的账面价值，同时确认投资收益。

【例 6－21】　甲股份公司持有乙股份公司 30% 的股权，采用权益法进行长期股权投资的核算。2015 年 12 月 31 日，甲公司长期股权投资的账面价值为 1 200 000 元，其中“投资成本”为 1 000 000 元，“损益调整”为 200 000 元；长期应收款账面价值为 300 000 元，属于实质上构成乙公司净投资的长期权益。2015 年度，乙公司发生巨额亏损，以可辨认资产等公允价值为基础调整后的净亏损为 5 300 000 元。2016 年度，乙公司以可辨认资产等公允价值为基础调整后实现的净利润为 700 000 元。2017 年度，乙公司以可辨认资产等公允价值为基础调整后实现的净利润为 2 000 000 元。根据以上资料，编制甲公司调整投资损益的会计分录如下：

① 2015 年年末相关会计处理。

应分担的投资损失 = 5 300 000 × 30% = 1 590 000（元）

未确认的投资损失 = 1 590 000 － 1 500 000 = 90 000（元）

借：投资收益　　1 500 000

　　贷：长期股权投资——乙公司——损益调整　　1 200 000

　　　　长期应收款减值准备　　300 000

2016 年年末：

长期股权投资账面价值：0 元。

长期应收款账面价值：0 元。

② 2017 年度相关会计处理。

应享有的投资收益 = 700 000 × 30% = 210 000（元）

实际确认的投资收益 = 210 000 － 90 000 = 120 000（元）

借：长期应收款——乙公司——超额亏损　　120 000

　　贷：投资收益　　120 000

2017 年年末：

长期股权投资账面价值：0 元。

长期应收款账面价值：120 000 元。

③ 2017 年度相关会计处理。

应享有的投资收益 = 2 000 000 × 30% = 600 000（元）

确认恢复长期应收款减值准备 = 300 000 － 120 000 = 180 000（元）

恢复长期股权投资账面价值 = 600 000 － 180 000 = 420 000（元）

借：长期应收款减值准备　　180 000

　　长期股权投资——损益调整　　420 000

　　贷：投资收益　　600 000

2017 年年末：

长期股权投资账面价值：420 000 元。

长期应收款账面价值：300 000 元。

5. 权益法下被投资企业分派股利的调整

采用权益法进行长期股权投资的核算，被投资企业分派的现金股利应视为投资的收回。

被投资单位宣告分派利润或现金股利时，投资企业也应区分两种情况，即如果被投资单位宣告分派的是投资前实现的净利润，应将分得的利润冲减“长期股权投资——××单位（成本）”科目；如果分派的是投资后实现的净利润，应将分得的利润冲减“长期股权投资——××单位（损益调整）”科目。

投资企业应按照被投资企业宣告分派的现金股利持股比例计算的应分得现金股利，相应减少长期股权投资的账面价值，借记“应收股利”科目，贷记“长期股权投资——成本或损益调整”科目。实际收到分派的现金股利时，借记“银行存款”等科目，贷记“应收股利”科目。收到被投资单位发放的股票股利，投资企业不进行账务处理，但应在备查簿中登记。

6. 权益法下被投资企业所有者权益其他变动的调整

被投资单位发生除净损益以外的其他所有者权益变动时，投资企业也应按持股比例计算应享有或应承担的份额，记入“长期股权投资——××公司”科目，同时记入“其他综合收益——公允价值变动”科目。

采用权益法核算时，投资企业长期股权投资的账面价值，应随着被投资单位所有者权益总额的变动而变动。被投资单位所有者权益总额的变动，除实现的净损益影响外，还包括资本溢价、可供出售金融资产公允价值变动差额等。对这些原因影响的所有者权益总额变动，投资企业也应按持股比例计算应享有份额时，编制如下会计分录：

借：长期股权投资——××公司　　　　×××
　　贷：其他综合收益——公允价值变动　　　　×××

如果被投资企业除净损益以外所有者权益减少，投资企业作相反的处理。

【例6-22】 A公司对B公司的投资占B公司注册资本的30%，按权益法核算该项投资。2015年10月B公司因增发股份产生资本溢价4 000 000元。A公司的会计处理如下：

借：长期股权投资——B公司（所有者权益其他变动）（4 000 000×30%）
　　　　1 200 000
　　贷：其他综合收益——公允价值变动　　　　1 200 000

6.2.5 长期股权投资的处置

企业处置长期股权投资时，应按实际收到的金额，借记“银行存款”等科目，已计提减值准备的，借记“长期股权投资减值准备”科目；按其账面余额，贷记“长期股权投资”科目；按尚未领取的现金股利或利润，贷记“应收股利”科目；按其差额，贷记或借记“投资收益”科目。采用权益法核算的长期股权投资，因被投资企业除净损益以外所有者权益的其他变动而计入其他综合收益——公允价值变动的数额，也应转入当期损益。借记或贷记“其他综合收益——公允价值变动”科目，贷记或借记“投资收益”科目。

6.2.6 长期股权投资成本法与权益法的转换

1. 成本法转换为权益法

（1）投资企业对被投资企业由控制转为共同控制或重大影响。投资企业因减少投资等原因对被投资企业不再具有控制权，但仍存在共同控制或重大影响的，应当将剩余投资改按权益法进行核算。剩余长期股权投资账面价值大于投资时按照持股比例计算应享有被投资企业可辨认净资产公允价值份额的差额，视为商誉，不需要对剩余长期股权投资账面价值进行调整；剩余长期股权投资账面价值小于原投资时按照剩余持股比例计算应享有被投资企业可辨认净资产公允价值份额的差额，应在调整投资长期股权投资账面价值的同时，调整期初盈余公积及未分配利润。对于原投资日至处置日之间被投资企业实现的以公允价值变动损益为基础计量的净利润、分配现金股利和所有者权益的其他变动，投资企业应采用权益法进行调整，在调整长期股权投资账面价值的同时，调整期初盈余公积、未分配利润、当期投资收益和其他综合收益。

【例6-23】 A公司2015年1月1日以银行存款2 100 000元购入B公司60%的股权，属于非同一控制下的企业合并。2015年1月1日B公司可辨认净资产公允价值为3 000 000元（假定可辨认净资产公允价值与账面价值相同）。2017年12月31日，A公司将持有B公司的20%股权出售，收取价款630 000元。B公司2015年实现净利润300 000元，未分配现金股利；2016年实现净利润400 000元，分配现金股利200 000元，资本公积增加150 000元；2017年实现净利润200 000元，分配现金股利300 000元。2017年12月31日B公司可辨认净资产公允价值为3 550 000元（假定可辨认净资产公允价值与账面价值相同）。根据以上资料，编制A公司2017年12月31日与处置长期股权投资相关的会计分录如下：

① 处置投资。

借：银行存款　630 000
　　投资收益　70 000
　　贷：长期股权投资——投资成本（2 100 000÷60%×20%）　700 000

处置投资后，剩余长期股权投资的账面价值为1 400 000元（2 100 000－700 000），投资时按照剩余投资比例计算享有B公司可辨认净资产公允价值的份额为1 200 000元（3 000 000×40%），长期股权投资账面价值大于享有B公司可辨认净资产公允价值的份额200 000元，属于投资商誉，不需要对剩余长期股权投资账面价值进行调整。

② 采用权益法对享有B公司2015年1月1日至2017年12月31日净资产变动份额的调整：

调整盈余公积：（300 000＋400 000－200 000）×40%×10%＝20 000（元）

调整年初未分配利润：（300 000＋400 000－200 000）×40%×90%＝180 000（元）

调整当年投资收益：（200 000－300 000）×40%＝－40 000（元）

调整其他综合收益：150 000×40%＝60 000（元）

借：长期股权投资——损益调整　160 000
　　　　　　　　——所有者权益其他变动　60 000
　　投资收益　40 000
　　贷：盈余公积　20 000
　　　　利润分配——未分配利润　180 000
　　　　其他综合收益　60 000

经过上述调整后，A公司长期股权投资账面价值为1 620 000元（2 100 000－700 000＋160 000＋60 000），其中，享有B公司可辨认净资产公允价值40%的份额为1 420 000元（3 550 000×40%），投资商誉为200 000元。

（2）投资企业对被投资企业由无重大影响转为共同控制或重大影响。投资企业因追加投资等原因能够对被投资企业实施共同控制或重大影响但不构成控制的，也应当改按权益法进行核算。

首先，应将原长期股权投资的初始投资成本与原投资时享有被投资企业可辨认净资产公允价值的份额进行比较，采用权益法进行调整。

其次，对于原投资日至追加投资日之间被投资企业实现的以公允价值变动损益为基础计量的净利润、分配现金股利和所有者权益的其他变动，投资企业应采用权益法进行调整，在调整投资长期股权投资账面价值的同时，调整期初盈余公积、未分配利润、当期投资收益和其他综合收益。

最后，应将追加投资的成本与追加投资日享有被投资企业可辨认净资产公允价值的份额进行比较，也采用权益法进行调整。

应该注意的是，如果原投资成本大于原投资时享有的份额，而追加投资成本小于追加投资时享有的份额，则追加投资成本小于追加投资时享有份额的差额，属于原投资时形成的商誉的减值，其差额应先将原投资时形成的商誉冲减其差额，不足冲减的部分在调整长期股权投资账面价值的同时，计入追加投资当期的营业外收入；反之，如果原投资成本小于原投资时享有的份额，而追加投资成本大于追加投资时享有的份额，则追加投资形成的商誉应先冲减原投资时计入营业外收入的数额，调整期初盈余公积和未分配利润，多余部分确认为追加投资形成的商誉。

【例 6-24】 C 公司 2015 年 1 月 1 日以银行存款 350 000 元购入 B 公司 10% 的股权，对 B 公司不具有重大影响，采用成本法进行核算。2015 年 1 月 1 日 B 公司可辨认净资产公允价值为 3 000 000 元（假定可辨认净资产公允价值与账面价值相同）。2017 年 12 月 31 日，C 公司又以银行存款 630 000 元购入 B 公司 20% 股权。B 公司 2015 年实现净利 300 000 元，未分配现金股利；2016 年实现净利润 400 000 元，分配现金股利 200 000 元，资本公积增加 150 000 元；2017 年实现净利润 200 000 元，分配现金股利 300 000 元。2017 年 12 月 31 日 B 公司可辨认净资产公允价值为 3 550 000 元（假定可辨认净资产公允价值与账面价值相同）。根据以上资料，编制 C 公司 2017 年 12 月 31 日追加投资的会计分录如下：

① 2017 年 12 月 31 日追加投资。

借：长期股权投资——投资成本　　630 000

　　贷：银行存款　　630 000

② 长期股权投资账面价值的调整。

原投资成本 350 000 元，享有 B 公司可辨认净资产公允价值份额 300 000 元，形成投资商誉 50 000 元；追加投资成本 630 000 元，享有 B 公司可辨认净资产公允价值份额 710 000 元（3 550 000 × 20%），差额为 80 000 元。原投资形成的商誉 50 000 元冲减追加投资差额 80 000 元后，尚有差额 30 000 元，计入营业外收入。

借：长期股权投资——投资成本　　30 000

　　贷：营业外收入　　30 000

③ 采用权益法对享有 B 公司 2015 年 1 月 1 日至 2017 年 12 月 31 日净资产变动份额进行调整。

调整盈余公积：(300 000 + 400 000 − 200 000) × 10% × 10% = 5 000（元）

调整年初未分配利润：(300 000 + 400 000 − 200 000) × 10% × 90% = 45 000（元）

调整当年投资收益：（200 000 - 300 000）×10% = -10 000（元）

调整其他综合收益：150 000×10% =15 000（元）

借：长期股权投资——损益调整　　40 000

——所有者权益其他变动　　15 000

投资收益　　10 000

贷：盈余公积　　5 000

利润分配——未分配利润　　45 000

其他综合收益　　15 000

经过上述调整以后，C 公司长期股权投资账面价值为 1 065 000 元（350 000 +630 000 + 30 000 +40 000 +15 000），与享有 B 公司可辨认净资产公允价值 30% 的份额：1065 000 元（3 550 000×30%）一致，不存在投资商誉。

2. 权益法转换为成本法

（1）投资企业对被投资企业由共同控制或重大影响转为无重大影响。投资企业因处置投资等原因对被投资企业不再具有共同控制或重大影响，应改按成本法核算，并以权益法下长期股权投资的账面价值作为按照成本法核算的初始投资成本。处置投资以后，投资企业收取的现金股利如果没有超过处置投资时保留的原采用权益法确认的损益调整的数额，应作为长期股权投资账面价值的收回，不确认投资收益；收取的现金股利超过处置投资时保留的原采用权益法确认的损益调整的数额，确认为投资收益。

【例 6 -25】　甲公司 2016 年 1 月 1 日以银行存款 330 000 元购入乙公司 30% 的股权，对乙公司有重大影响，采用权益法进行核算。2016 年 1 月 1 日乙公司可辨认净资产公允价值为 1 000 000 元（假定可辨认净资产公允价值与账面价值相同）。2017 年 1 月 1 日，甲公司将持有的乙公司 20% 股权出售，收取价款 250 000 元。乙公司 2016 年实现净利润 70 000 元，当年未分配现金股利；2017 年实现净利润 110 000 元，分配当年现金股利 90 000 元。根据以上资料，编制甲公司有关长期股权投资的会计分录如下：

① 2016 年 1 月 1 日取得长期股权投资。

借：长期股权投资——投资成本　　330 000

贷：银行存款　　330 000

甲公司长期股权投资成本 330 000 元大于享有乙公司可辨认净资产公允价值份额 300 000（1 000 000×30%）元，形成投资商誉 30 000 元。

② 2016 年 12 月 31 日采用权益法确认投资收益。

投资收益 =70 000 × 30% =21 000（元）

借：长期股权投资——损益调整　　21 000

贷：投资收益　　21 000

③ 2017 年 1 月 1 日处置长期股权投资。

借：银行存款　　250 000

贷：长期股权投资——投资成本（1 100 000× 20%）　　220 000

——损益调整（70 000× 20%）　　14 000

投资收益　　16 000

甲公司处置投资后，剩余投资占乙公司股权的 10%，账面价值为 117 000 元（330 000 +

21 000 - 220 000 - 14 000)，作为成本法核算的基础，其中，初始投资成本为 110 000 元（1 100 000 × 10%），损益调整为 7 000 元。

④ 2017 年收取现金股利。

收取现金股利 = 90 000 × 10% = 9 000（元）

借：银行存款　　9 000

　　贷：长期股权投资——损益调整　　7 000

　　　　投资收益　　2 000

甲公司 2017 年收取现金股利后，长期股权投资账面价值为 110 000 元，即初始投资成本。

（2）投资企业对被投资企业由共同控制或重大影响转为控制。投资企业因追加投资等原因能够对被投资企业实施控制，也应当改按成本法进行核算。投资方因追加投资等原因能够对非同一控制下的被投资单位实施控制的，在编制个别财务报表时，应当按照原持有的股权投资账面价值加上新增投资成本之和，作为改按成本法核算的初始投资成本。购买日之前持有的股权投资因采用权益法核算而确认的其他综合收益，应当在处置该项投资时采用与被投资单位直接处置相关资产或负债相同的基础进行会计处理。购买日之前持有的股权投资按照《企业会计准则第 22 号——金融工具确认和计量》的有关规定进行会计处理的，原计入其他综合收益的累计公允价值变动应当在改按成本法核算时转入当期损益。在编制合并财务报表时，应当按照《企业会计准则第 33 号——合并财务报表》的有关规定进行会计处理。

【例 6 - 26】 甲公司 2016 年 1 月 1 日以银行存款 330 000 元，购入乙公司 30% 的股权，对乙公司有重大影响，采用权益法进行核算。2016 年 1 月 1 日乙公司可辨认净资产公允价值为 1 000 000 元（假定可辨认净资产公允价值与账面价值相同）。2017 年 1 月 1 日，甲公司以银行存款 340 000 元再次购入乙公司 30% 股权，对乙公司形成控制。乙公司 2016 年实现净利润 70 000 元，当年未分配现金股利润，2017 年 1 月 1 日乙公司可辨认净资产公允价值为 1 070 000 元（假定可辨认净资产公允价值与账面价值相同）。根据以上资料，编制甲公司有关长期股权投资的会计分录如下：

① 2016 年 1 月 1 日取得长期股权投资。

借：长期股权投资——投资成本　　330 000

　　贷：银行存款　　330 000

甲公司长期股权投资成本 330 000 元大于享有乙公司可辨认净资产公允价值份额 300 000 元（1 000 000 × 30%），形成投资商誉 300 000 元。

② 2016 年 12 月 31 日采用权益法确认投资收益。

投资收益 = 70 000 × 30% = 21 000（元）

借：长期股权投资——损益调整　　21 000

　　贷：投资收益　　21 000

③ 2017 年 1 月 1 日追加投资时对原长期股权投资账面价值进行调整。

冲减盈余公积 = 21 000 × 10% = 2 100（元）

冲减年初未分配利润 = 21 000 × 90 % = 18 900（元）

借：盈余公积　　2 100

　　利润分配——未分配利润　　18 900

贷：长期股权投资——损益调整　21 000

经过上述调整后，长期股权投资的账面价值为 330 000 元（330 000 + 21 000 - 21 000），即初次投资的初始投资成本。

④ 2017 年 1 月 1 日转换投资时。

长期股权投资的账面价值为 351 000 元（330 000 + 21 000）。

借：长期股权投资——成本　351 000

贷：长期股权投资——投资成本　330 000

长期股权投资——损益调整　21 000

甲公司追加后初始投资成本 691 000 元大于享有乙公司可辨认净资产公允价值份额 642 000元（1 070 000 × 60%），形成投资商誉 49 000 元。

6.2.7　长期股权投资减值

1. **长期股权投资的可收回金额**

每年年末，企业应对长期股权投资的账面价值进行检查。如果出现减值迹象，应对其可收回金额进行估计。可收回金额应当根据长期股权投资的公允价值减去处置费用后的净额与长期股权投资预计未来现金流量的现值两者之间较高者确定。

2. **长期股权投资减值损失**

如果长期股权投资可收回金额的计量结果表明其可收回金额低于账面价值，说明长期股权投资已经发生减值损失，应当将其账面价值减计至可收回金额，减计的金额确认为资产减值损失，计入当期损益，同时计提相应的资产减值准备。资产减值损失一经确认，在以后会计期间不得转回。计提减值准备的会计分录为：

借：资产减值损失

贷：长期股权投资减值准备

本章小结

本章讲述持有至到期投资和长期股权投资的核算。持有至到期投资是投资者以债权人的身份所进行的、不准备随时变现或提前收回的债权投资，包括长期债券投资和其他长期债权投资。持有至到期投资具有以下特征：①有确定的到期日；②将来回收的金额固定或可确定；③企业有明确意图和能力持有至到期；④有活跃的市场。持有至到期投资属于企业的金融资产，按会计准则规定，该类投资的价值计量分为：

（1）初始投资成本的计量。持有至到期投资应当按取得时的公允价值和相关交易费用之和作为初始确认金额。支付的价款中包含已到期未领取债券利息的，不应当计入初始确认金额，而是单独确认为应收项目。在随后收到这部分利息时，直接冲减应收项目。其中，交易费用金额较小的，可采用重要性原则处理，于发生时一次计入当期损益。

（2）后续计量。持有至到期投资在持有期间应当按照实际利率法确认利息收入，计入持有至到期投资账面价值。实际利率应当在取得持有至到期投资时确定，在随后期间保持不变。资产负债表日，持有至到期投资应当按摊余成本计量。处置持有至到期投资时，应将其差额确认为投资收益。资产负债表日，应按该项投资的成本与预计收回金额孰低进行价值计量。如果成本高于预计可收回金额，意味着该项投资已发生减值，应计提减值准备；如果成本低于预计可收回金额，则仍按成本计量。

企业的长期股权投资，可以分为两大类：一类是企业合并取得的，另一类是非企业合并取得的。企业合并取得的长期股权投资，又分为同一控制下企业合并和非同一控制下企业合并取得的长期股权投资。不同方式取得的长期股权投资，其会计处理方法也有所不同。采用权益法进行长期股权投资的核算，投资企业为了更为客观地反映在被投资企业所有者权益中享有的份额，应将初始投资成本按照被投资企业可辨认净资产公允价值和持股比例进行调整。采用成本法核算的长期股权投资，应按照初始投资成本计价，一般不予变更，只有在追加或收回投资时才调整长期股权投资的成本。每年年末，企业应对长期股权投资的账面价值进行检查。如果出现减值迹象，应对其可收回金额进行估计。可收回金额应当根据长期股权投资的公允价值减去处置费用后的净额与长期股权投资预计未来现金流量的现值两者之间较高者确定。

关键名词

持有至到期投资　实际利率法　摊余成本　长期股权投资　成本法　权益法

即测即评

请扫描二维码，在线测试本章学习效果。

选择题　　判断题

实训题

请扫描二维码，查看实训题题目及答案

实训题

第7章 固定资产

学习目标

（1）掌握：固定资产购置、自行建造的核算；固定资产折旧的核算；固定资产改扩建的核算；固定资产清理的核算。

（2）理解：固定资产修理的核算；固定资产期末计价。

（3）了解：固定资产的性质、分类、计价；取得附有弃置义务固定资产的核算。

问题导入

某公司购入一台设备，该设备是一个综合组成的设备，一共支付500万元，但是它分别由三部分组成，该公司需要单独在固定资产明细账登记各种固定资产，虽然知道这三种资产的公允价值，但不知道这三种资产的具体价值。如果你是该公司的财务人员，你将如何处理？

7.1 固定资产概述

7.1.1 固定资产的核算范围

固定资产是企业生产经营过程中的重要劳动资料。它能够在若干个生产经营周期中发挥作用，并保持其原有的实物形态，但其价值则由于损耗而逐渐减少。这部分减少的价值以折旧的形式，分期转移到产品成本或费用中去，并在销售收入中得到补偿。

1. 固定资产确认的一般标准

一项资产确认为固定资产需要满足两项标准：一是符合固定资产的定义；二是符合确认条件。固定资产的确认条件为：①该固定资产包含的经济利益很可能流入企业；②该固定资产的成本能够可靠计量。

会计实务中，判断固定资产包含的经济利益是否很可能流入企业，主要依据与该固定资产所有权相关的风险和报酬是否转移到了企业。凡是所有权已属企业，无论企业是否收到该固定资产均作为企业的固定资产；反之，如果企业没有取得所有权，即使存放在企业，也不能作为企业的固定资产。有时，企业虽然不能取得固定资产的所有权，但与固定资产所有权相关风险和报酬实质上已经转移给企业，此时，企业能够控制该固定资产所包含的经济利益流入企业。

同时，符合固定资产特征的确认条件的有形资产，应当确认为固定资产，不符合的确认为存货。值得关注的是，新准则取消了固定资产单位价值2 000元的限制，不再给出固定资产具体的价值判断标准。

2. 固定资产确认的特殊规定

固定资产的各组成部分具有不同使用寿命或者以不同方式为企业提供经济利益，使用不同折价率或折旧方法的，应当分别将各组成部分确认为单项固定资产。

实务中，除了生产经营用的房屋、设备、办公设施等常见固定资产外，下列各项若满足固定资产确认条件的，也应作为企业资产核算：①企业以经营租赁方式租入的固定资产发生的改良支出，如满足固定资产确认条件的装修费等；②企业购置计算机硬件所附带的、未单独计价的软件，与所购置的计算机硬件一并作为固定资产；③企业为开发新产品、新技术购置的符合固定资产定义和确认条件的设备。

未作为固定资产管理的工具、器具等，可单独在“周转材料——低值易耗品”科目中核算。

7.1.2 固定资产的分类

企业固定资产的种类繁多，为了正确进行固定资产核算，应按不同标准对固定资产进行分类。

1. 按经济用途分类

按固定资产的经济用途不同，可分为房屋及建筑物、机器设备、运输设备、动力传导设备、工具器具和管理用具。

按固定资产的经济用途分类，可以提供不同用途固定资产的价值信息。企业管理者可以根据这些信息分析企业生产能力与市场需求信息，决定增加或处置某类固定资产，以满足生产经营的需要。

2. 按使用情况分类

按固定资产的使用情况不同，可分为使用中的固定资产、暂时闲置的固定资产和持有待售的固定资产。

（1）使用中的固定资产，是指处在本企业使用过程中的固定资产。包括正在使用或者由于季节性和大修理等原因暂时停止使用的固定资产，企业出租给其他单位使用的和内部替换使用的各种固定资产。

（2）暂时闲置的固定资产，是指企业购建的尚未正式使用的新增固定资产以及因改建、扩建或技术改造等原因暂停使用的固定资产。

（3）持有代售的固定资产，是指不适合本企业需要，准备出售处理的各种固定资产。

按固定资产的使用情况分类，可以分析和考核固定资产的利用程度，有利于提高固定资产的利用率，但这种分类不便于考察固定资产的构成是否合理。

3. 按所有权分类

固定资产按所有权进行分类，可以分为自有固定资产和融资租入固定资产。自有固定资产是指企业拥有所有权的各种固定资产；融资租入固定资产是指企业在租赁期间不拥有所有权但拥有实质控制权的各种固定资产。

4. 按固定资产的经济用途和使用情况综合分类

固定资产的综合分类，就是将固定资产按经济用途和使用情况两种分类标准结合起来，取长补短，以利于固定资产管理和核算的一种分类方法。实际工作中常采用此分类方法。采用这一分类方法，可将固定资产分为以下七类：

（1）生产经营用固定资产，是指直接参加或服务于生产经营过程的在用固定资产。

（2）非生产经营用固定资产，是指正在间接服务于生产经营的各种固定资产。

（3）出租固定资产，是指在经营性租赁方式下出租给外单位使用的机器设备，不含出租的房屋和建筑物。

（4）未使用固定资产。

（5）不需用固定资产。

（6）融资租入固定资产，是指企业以融资租赁方式租入的固定资产，在租赁期内应视同自有固定资产进行管理。

（7）土地，指在1951年和1965年前清产核资时已经估价单独入账的经营用与非经营用的土地。因征地而支付的补偿费，应计入与土地有关的房屋、建筑物的价值内，不单独作为土地价值入账，企业取得的土地使用权不能作为固定资产管理。

企业应当制定适合本企业的固定资产目录、分类方法，每类或每项固定资产的折旧年限、折旧方法，作为固定资产核算的依据。

7.1.3 固定资产的计价

为了正确反映固定资产价值的增减变动，应按一定的标准对固定资产进行计价。固定资产的计价标准一般有以下四种。

1. 原始价值

原始价值也称为原价或原值，是指购建的固定资产在达到可使用状态之前所发生的全部耗费的货币表现。企业采用不同方式购建的固定资产，其原值的构成有所不同。一般来说，企业从外部取得的固定资产，其原值中包括固定资产的买价、运输途中发生的各种包装运杂费以及在使用前发生的各种安装调试费；企业自行建造的固定资产，其原值中包括建造过程中发生的全部耗费。固定资产原值的具体构成，本书将在后面结合取得固定资产的具体方式讲述。

2. 重置价值

重置价值是指企业在当前的条件下，重新购置同样的固定资产所需的全部耗费的货币表现。重置价值的构成内容与原值的构成内容相同。

3. 折余价值

折余价值也称为净值，是指固定资产原值减去已提折旧后的余额。

4. 现值

现值是指固定资产在使用期间以及处置时产生的未来净现金流量的折现值。

7.2 固定资产的取得

7.2.1 固定资产的初始计量

固定资产应当按成本进行初始计量。固定资产的初始成本，亦称为历史成本、原始成本或原价，是指企业购建某项固定资产达到可使用状况前所发生的一切合理、必要的支出。这些支出既有直接发生的，如购置固定资产的价款、运杂费、包装费和安装费等，也有间接发生的，如借款利息、外币借款折算差额以及应分摊的其他间接费用。由于企业固定资产来源的渠道不同，其初始成本（入账价值）的确认分别如下：

（1）外购的固定资产，以购买价款、相关税费使固定资产达到预定可使用状态前所发生的可归属于该项资产的运输费、装卸费、安装费和专业人员服务费等作为入账的价值。

在实际外购中，企业可能以一笔款项购入多项没有单独标价的固定资产，此时，应当按照各项固定资产公允价值的比例对总成本进行分配，分别确定各项固定资产的成本。

（2）自行建造的固定资产，其成本由建造该项资产达到预定可使用状态前所发生的必要支出构成，包括工程用物资成本、人工成本、交纳的相关税费、应予资本化的借款费用以及应分摊的间接费用等。企业为构建固定资产通过出让方式取得土地使用权而支付的土地出让金不计入在建工程成本，应确认为无形资产（土地使用权）。

（3）投资者投入的固定资产，应以投资合同或协议约定的价值作为入账价值，但合同或协议约定价值不公允的除外。

（4）融资租入的固定资产，应以租赁开始日租赁资产公允价值与最低租赁付款额的现值中较低者作为租入资产的入账价值。

（5）在原有固定资产的基础上进行改建、扩建，按原固定资产的账面价值，加上由于改建、扩建而使该项资产达到预定可使用状态前发生的支出，减去改建、扩建过程中发生的变价收入作为入账价值。

（6）债务重组中取得的固定资产，其入账价值的确定将在高级会计中讲述。

（7）非货币性资产交换取得的固定资产，其入账价值的确定将在高级会计中讲述。

（8）接受捐赠的固定资产，按税法规定确定的价值及发生的相关税费确定入账的价值。

（9）盘盈的固定资产，同类或类似固定资产存在活跃市场的，按其重置成本减去估计损耗后的余额，作为入账价值；同类或类似固定资产不存在活跃市场的，按该项固定资产预计未来现金流量现值，作为入账价值。

7.2.2 固定资产取得的会计处理

固定资产的取得，按其来源不同分为：购入的、自行建造的、投资者投入的、租入的、接受捐赠的和盘盈的固定资产等。企业应当根据不同来源分别进行会计处理。

1. 固定资产核算的科目设置

为了反映固定资产的增减变动，应设置“固定资产”、“累计折旧”、“工程物资”和“在建工程”等科目。

（1）“固定资产”科目。

“固定资产”总账科目总括反映固定资产原值的增减变动和结存情况。该科目借方登记增加固定资产的原值，贷方登记减少固定资产的原值，借方余额表示实有固定资产的原值。

（2）“累计折旧”科目。

“累计折旧”科目属于“固定资产”科目的抵减科目。该科目贷方登记计提的固定资产折旧，借方登记减少的固定资产的已提折旧，贷方余额表示全部固定资产已提折旧的累计数。

（3）“工程物资”科目。

“工程物资”科目反映各项工程物资实际成本的增减变动和结存情况，借方登记验收入库的工程物资的实际成本，贷方登记出库的工程物资的实际成本，借方余额表示库存的工程物资的实际成本。“工程物资”科目应按工程物资的品种设置明细账。

（4）“在建工程”科目。

“在建工程”科目反映各项工程的实际成本，借方登记各项工程发生的实际成本，贷方登记已完工程的实际成本，借方余额表示未完工程的实际成本。“在建工程”科目应按工程项目设置明细账。

2. 固定资产的购置

企业购入的固定资产，有些不需要安装即可投入使用，有些则需要安装后才能使用；企业可能采用现购结算方式，也可能采用赊购结算方式。企业应根据不同情况，分别采用不同的核算方法。

（1）购入不需安装的固定资产。

企业购入不需安装的固定资产，原始价值应根据实际支付的买价和包装运杂费计算，借记“固定资产”科目，可以抵扣的增值税进项税额，借记“应交税费——应交增值税（进项税额）”科目，贷记“银行存款”等科目。

企业采用赊购方式购入的固定资产，一般来说，其价格要高于现购价格，这部分差额属于购买日至付款日之间企业应付的利息。这部分利息原则上不应计入固定资产成本，而应作为购买日至付款日之间的利息费用处理。但是，由于赊购的时间一般不长，利息费用不多，因此按照重要性原则，赊购固定资产的价格一般按照其发票价格计算。企业采用赊购方式购入的不需安装的固定资产，应按其发票价格和支付（或应付）的包装运杂费计算，借记“固定资产”、“应交税费——应交增值税（进项税额）”等科目，贷记“应付账款”、“银行存款”等科目。

企业采用赊购方式购入的固定资产如果含有现金折扣，根据前述重要性原则，其价格也应按照发票价格计算（即采用总价法），当实际取得现金折扣时，将其视为提前付款而收取的利息，冲减财务费用。

企业如果一揽子买进若干项可独立使用的固定资产，支付的全部价款应按合理的分配标准，在各项固定资产之间进行分配。

【例7-1】　华联股份有限公司购入不需安装的机器设备一台，用银行存款支付买价20 000元，增值税3 400元，包装费100元，运输费200元，运输费增值税进项税额22元，机器设备投入使用。根据以上资料，编制会计分录如下：

固定资产原始价值＝20 000＋100＋200＝20 300（元）

增值税进项税额＝3 400＋22＝3 422（元）

借：固定资产	20 300	
应交税费——应交增值税（进项税额）	3 422	
贷：银行存款		23 722

（2）购入需要安装的固定资产。

企业购入需要安装的固定资产，在安装过程中发生的实际安装费，应计入固定资产原值。固定资产安装工程可以采用自营安装方式，也可以采用出包安装方式。采用自营安装方式，安装费包括安装工程耗用的材料、人工以及其他支出；采用出包安装方式，安装费为向承包单位支付的安装价款。不论采用何种安装方式，固定资产的全部安装工程成本（包括固定资产买价以及包装运杂费和安装费）均应通过“在建工程”科目进行核算。

企业购入需要安装的固定资产，应根据实际支付的买价、包装运杂费和安装费，借记“在建工程”科目，贷记“银行存款”等科目；安装工程完工后，根据其全部安装工程成本，借记“固定资产”科目，贷记“在建工程”科目。

【例7-2】 华联股份有限公司购入需要安装的机器设备一台，用银行存款支付买价10 000元，增值税额1 700元，包装费200元，运输费100元，运输费增值税进项税额11元；机器设备出包安装，用银行存款支付安装费500元及安装费进项税85元。该机器设备安装完工后交付使用。根据以上资料，编制会计分录如下：

（1）购入固定资产。

固定资产原始价值=10 000+200+100=10 300（元）

增值税进项税额=1 700+11=1 711（元）

借：在建工程　　10 300

　　应交税费——应交增值税（进项税额）　　1 711

　　贷：银行存款　　12 011

（2）支付安装费。

借：在建工程　　500

　　应交税费——应交增值税（进项税额）　　85

　　贷：银行存款　　585

（3）工程完工。

借：固定资产　　10 800

　　贷：在建工程　　10 800

7.2.3 固定资产的自行建造

自行建造的固定资产是指企业利用自己的力量自营建造以及出包给他人建造的固定资产。企业自营建造的固定资产原值，原则上应包括建造期间的全部支出，如直接材料、直接人工、其他与自营建造固定资产相关的支出以及在固定资产达到使用状态前发生的长期负债利息等。企业出包建造的固定资产，以实际支付的全部工程价款以及应负担的长期负债利息等作为原值。企业自行建造的固定资产如房屋及建筑物，则购进货物或接受劳务支付的增值税进项税额不得抵扣，应计入自行建造房屋及建筑物成本。企业不论采用何种方式自行建造固定资产，均应通过“在建工程”科目进行核算。

1. 采用自营方式建造固定资产

企业自营工程耗用的材料物资，一般应单独进行核算。企业购入自营工程所需材料物资时，应根据实际支付的全部价款的买价和应计入工程物资成本的包装运杂费等，借记“工程物资”科目；根据可以抵扣的增值税进项税额，借记“应交税费”科目，贷记“银行存款”等科目。

企业自营工程领用材料物资时，应根据实际成本，借记“在建工程”科目，贷记“工程物资”科目。

企业自营工程领用本企业存货时，应将该存货的实际成本计入自营工程成本，借记“在建工程”科目，贷记“库存商品”科目。

企业自营工程应负担的职工工资和职工福利费等，应借记“在建工程”科目，贷记“应付职工薪酬”科目。

企业的辅助生产经营部门为自营工程提供的水、电、设备安装、运输等产品或劳务，应根据实际成本和应负担的税金，借记“在建工程”科目，贷记“生产成本”科目。

企业自营工程发生的其他支出，应借记“在建工程”科目，贷记“银行存款”等科目。

企业自营建造的固定资产在交付使用前应负担的长期负债利息，应计入自营工程成本，借记“在建工程”科目，贷记“长期借款”等科目。

企业自营工程中发生的报废损失，应计入工程成本；发生的残料收入，应冲减工程成本，借记“原材料”科目，贷记“在建工程”科目。

工程物资盘点时，如发现盘亏，应将盘亏物资的实际成本计入工程成本，借记“在建工程”科目，贷记“工程物资”科目。盘盈的工程物资，作相反的处理。

企业自营建造的固定资产在交付使用时，应根据自营工程的实际成本，借记“固定资产”科目，贷记“在建工程”科目。

已交付使用的固定资产办理竣工结算时，如该项固定资产的实际原值大于原入账价值，应对原入账价值进行调整，借记“固定资产”科目，贷记“在建工程”科目（实际原值小于原入账价值的差额作相反处理）。

所建造的固定资产已达到预定可使用状态，但尚未办理竣工结算的，应当自达到预定可使用状态之日起，根据工程预算、造价或者工程实际成本等，按暂估价值转入固定资产，并按有关计提固定资产折旧的规定，计提固定资产折旧。待办理竣工决算手续后再调整原来的暂估价值，但不需要调整原已计提的折旧额。

【例7－3】　华联股份有限公司根据自营方式建造一条生产流水线，根据发生的经济业务，编制会计分录如下：

（1）购入工程用材料一批，价款200 000元，增值税34 000元，共计234 000元，用银行存款支付，材料入库。

	借方	贷方
借：工程物资	200 000	
应交税费——应交增值税（进项税额）	34 000	
贷：银行存款		234 000

（2）自营工程领用材料200 000元。

	借方	贷方
借：在建工程	200 000	
贷：工程物资		200 000

（3）自营工程应负担的职工薪酬11 400元。

	借方	贷方
借：在建工程	11 400	
贷：应付职工薪酬		11 400

（4）用银行存款支付自营工程应负担的其他支出30 000元。

	借方	贷方
借：在建工程	30 000	
贷：银行存款		30 000

（5）自营工程应负担的长期借款利息9 000元。

	借方	贷方
借：在建工程	9 000	

贷：长期借款　　9 000

（6）自营工程某一部件报废，残料计价200元作为生产废料入库，应收有关责任者赔款1 000元。

借：原材料　　200

其他应收款——有关责任者　　1 000

贷：在建工程　　1 200

（7）该项工程完工交付使用，按实际工程成本249 200元（200 000 + 11 400 + 30 000 + 9 000 - 1 200）结转该项固定资产原值。

借：固定资产　　249 200

贷：在建工程　　249 200

2. 采用出包方式建造固定资产

企业出包建造固定资产工程可分为包工包料建造和包工不包料建造两种方式。包工包料建造即从工程材料的采购、工程的具体施工、工程费用的开支以及工程管理一并包给承包单位。包工不包料，即指企业自行采购材料，而由承建单位负责工程施工。无论采用哪种方式，首先应与承包人签订合同，然后按合同规定预付或按施工进度支付承包工程款，工程完工办理完工结算，补付承包工程款。其预付及补付工程款均通过"在建工程"科目核算。

企业采用出包方式建造固定资产，预付工程价款时，应借记"在建工程"科目，贷记"银行存款"等科目；工程完工补付工程价款时，也应借记"在建工程"科目，贷记"银行存款"等科目；出包工程在竣工结算之前应负担的长期负债利息等，也应计入工程成本，借记"在建工程"科目，贷记"长期借款"等科目。出包工程完工后，应根据工程实际成本，借记"固定资产"科目，贷记"在建工程"科目。

【例7-4】　华联股份有限公司根据出包方式建造房屋发生的经济业务，编制会计分录如下：

（1）用银行存款预付工程款150 000元。

借：在建工程　　150 000

贷：银行存款　　150 000

（2）出包工程应负担长期借款利息20 000元。

借：在建工程　　20 000

贷：长期借款　　20 000

（3）工程完工，用银行存款补付工程款300 000元。

借：在建工程　　300 000

贷：银行存款　　300 000

（4）固定资产交付使用，结转固定资产原值470 000元。

借：固定资产　　470 000

贷：在建工程　　470 000

7.2.4　接受投资的固定资产

企业接受固定资产投资时，应按双方协商确认的价值计价，借记"固定资产"、"应交税费"科目，贷记"实收资本"科目。如果固定资产的价值大于投资方在企业注册资本中占有的份额，其差额应贷记“资本公积”科目。

7.2.5 经营租赁方式租入固定资产

企业经营租赁方式租入固定资产是为了满足生产经营的临时需要的租赁，租入的固定资产所有权仍属出租方，租赁期满，资产要退还给出租人，因此租入的固定资产不能列作企业的资产入账，但应设置“租入固定资产备查簿”登记租入、退还等情况。企业支付的租金应当计入相关资产的成本或当期损益。

【例7-5】 华联股份有限公司2015年1月1日，从A租赁公司采用经营租赁方式租入一台办公设备。租赁期开始日为2015年1月1日，租赁期为3年，租金总额为270 000元，租赁开始日，东岳股份有限公司先预付租金200 000元，第三年末租金为70 000元；租赁期满，A公司收回办公设备。假定东岳股份有限公司在每年年末确认租金费用，不考虑其他相关税费。

华联股份有限公司的会计处理如下：

(1) 2015年1月1日，预付租金。

	借方	贷方
借：预付账款——A租赁公司	200 000	
贷：银行存款		200 000

(2) 2015年12月1日，确定本年租金费用。

	借方	贷方
借：管理费用	90 000	
贷：预付账款——A租赁公司		90 000

确认租金费用时，不能依据各期实际支付的租金金额来确定，而应采用直线法分摊确认。此项租赁租金总额270 000元，按直线法计算，每年应分摊的租金费用为90 000元。

(3) 2016年12月31日，确认本年租金费用。

	借方	贷方
借：管理费用	90 000	
贷：预付账款——A租赁公司		90 000

(4) 2017年12月31日，支付第3期租金并确认本年租金费用。

	借方	贷方
借：管理费用	90 000	
贷：银行存款		70 000
预付账款——A租赁公司		20 000

7.2.6 取得附有弃置义务的固定资产

对于特殊行业的特殊固定资产，在确定其原始价值时，还应考虑弃置费用。弃置费用通常是指根据国家有关规定，企业承担的环境保护、生态恢复等义务而在未来弃置固定资产时预计发生的支出。例如，核电站的核设施，在未来弃置时，为恢复良好环境，企业应对其产生的核辐射等进行治理，预计发生的大额支出即为弃置费用。该项固定资产预计发生的弃置费用应计入固定资产的原始价值，通过折旧方式予以补偿。但是，由于弃置费用的数额一般较大，且支出的时间也较久远，因此，弃置费用应按照取得固定资产时的实际利率进行折现，将其现值计入固定资产的原始价值，借记“固定资产”、“在建工程”等科目，贷记“预计负债”科目。

预计未来将发生的弃置费用与其现值之间的差额，应在固定资产使用期间内，分期确认为财务费用。企业应根据预计负债的账面价值和取得固定资产时的实际利率，确认各期应负担的财务费用，借记“财务费用”科目，贷记“预计负债”科目。

7.3 固定资产折旧

7.3.1 固定资产折旧的性质

固定资产可以多次参加企业的生产经营过程而保持原有实物形态，但在长期的生产经营过程中它们必然会发生损耗，其价值将随损耗而逐渐地、部分地转移到成本费用中去并通过销售取得的收入而得到补偿。

固定资产折旧是指在固定资产使用寿命内，按照确定的方法对应计提折旧额进行的系统分摊。

固定资产的价值随着使用逐渐发生损耗。固定资产损耗分为有形损耗和无形损耗两种。有形损耗是指固定资产在使用过程中由于使用和自然力的影响在使用价值和价值上的损耗；无形损耗是指由于技术进步而引起的固定资产价值上的损耗。固定资产与存货不同，它的价值不是一次转移计入产品成本或费用，而是在长期使用过程中，随着损耗程度，以折旧费项目分期计入产品成本或费用，并通过取得相应的收入而得到补偿。

7.3.2 计提折旧应考虑的因素

企业分期计算提取折旧时，应考虑的因素有固定资产应计提折旧总额和预计使用年限或预计工作总量。

1. 固定资产应计提折旧总额

固定资产应计提折旧总额是指单项固定资产从开始使用至报废清理的全部使用年限内应计提的折旧总额。从理论上讲，某项固定资产应计提折旧总额并不等于该项固定资产原值。这是因为固定资产在报废清理时会取得残值收入，这部分残值收入不需要通过计提折旧的方式予以补偿，应在计提折旧时预先估计，从原值中扣除。此外，固定资产在报废清理时还会发生清理费用，这部分清理费用应视为使用固定资产的必要支出，在计提折旧时应予以考虑，预计清理费用一般从预计残值收入中扣除。预计残值收入减去预计清理费用后的余额，称为预计净残值。某项固定资产的原值减去预计净残值，即为该项固定资产的应计提折旧总额。

在我国，预计净残值一般根据固定资产原值乘以预计净残值率计算。预计净残值率是指预计净残值与固定资产原值的比率。

2. 固定资产预计使用年限

固定资产预计使用年限是指固定资产预计的经济使用年限，应考虑固定资产的有形损耗和无形损耗。

3. 固定资产预计工作总量

固定资产预计工作总量是指固定资产从开始使用至报废清理的全部使用年限内预计完成的工作总量。固定资产预计工作总量由各企业根据本企业各项固定资产的具体情况自行确定。

以上三项因素中，固定资产应计提折旧总额是不论采用何种计提折旧的方法均应考虑的因素。如果企业按时间计提折旧，还应考虑固定资产预计使用年限；如果按完成的工作量计提折旧，则还应考虑固定资产预计工作总量。

7.3.3 固定资产折旧的计算方法

常用的固定资产折旧计算方法可以分为两类：直线法和加速折旧法。

1. **直线法**

直线法是指按照时间或完成的工作量平均计提折旧的方法，主要包括平均年限法和工作量法。

（1）平均年限法。平均年限法是指按照固定资产的预计使用年限平均计提折旧的方法，其累计折旧额为使用时间的线性函数。采用这种方法，假定固定资产的服务潜力随着时间的推移而逐渐递减，其效能与固定资产的新旧程度无关。因此，固定资产的应计提折旧总额可以均匀摊配于预计使用年限内的各个会计期间。其计算公式为

$$年折旧额=\frac{\begin{matrix}固定资\\产原值\end{matrix}-\left(\begin{matrix}预计残\\值收入\end{matrix}-\begin{matrix}预计清\\理费用\end{matrix}\right)}{预计使用年限}=\frac{固定资产应计提折旧总额}{预计使用年限}$$

$$月折旧额=\frac{年折旧额}{12}$$

上述公式为固定资产折旧平均年限法的一般原理。在实际工作中，固定资产折旧额一般根据固定资产原值乘以折旧率计算。在平均年限法下，固定资产折旧率是固定资产折旧额与固定资产原值的比率，其计算公式为

$$年折旧率=\frac{1-预计净残值率}{预计使用年限}$$

$$月折旧额=固定资产原值\times月折旧率$$

$$月折旧率=\frac{年折旧率}{12}$$

【例7-6】 华联股份有限公司某项固定资产原值为700 000元，预计净残值率为4%，预计使用年限为10年。其个别折旧率和月折旧额计算如下：

$$该项固定资产年折旧率=\frac{1-4\%}{10}=9.6\%$$

$$该项固定资产月折旧率=\frac{9.6\%}{12}=0.8\%$$

$$该项固定资产月折旧额=700\ 000\times0.8\%=5\ 600$$

（2）工作量法。工作量法是指按照固定资产预计完成的工作总量平均计提折旧的方法，其累计折旧额为完成工作量的线性函数。采用这种方法，假定固定资产的服务潜力随着完成工作量的增加而逐渐递减，其效能与固定资产的新旧程度无关。因此，固定资产的应计提折旧总额可以均匀摊配于预计的每一单位工作量。采用工作量法计提折旧，也应首先确定固定资产应计提折旧总额；然后根据固定资产应计提折旧总额和预计完成的工作总量，确定单位工作量折旧额；最后根据单位工作量折旧额和某月实际完成的工作量，就可以计算出该月折

旧额。计算公式如下：

$$\text{某项固定资产单位工作量折旧额}=\frac{\text{该项固定资产应计提折旧总额}}{\text{该项固定资产预计完成的工作总量}}$$

$$\text{某项固定资产月折旧额}=\text{该项固定资产单位工作量折旧额}\times\text{该项固定资产该月实际完成的工作总量}$$

不同的固定资产，其工作量有不同的表现形式。对于运输设备来说，其工作量表现为运输里程；对于机器设备来说，其工作量表现为机器工时和机器台班。

【例7-7】　华联股份有限公司有运输汽车一辆，原值为300 000元，预计净残值率为4%，预计行驶总里程为800 000公里。该汽车采用工作量法计提折旧。某月该汽车行驶6 000公里。该汽车的单位工作量折旧额和该月折旧额计算如下：

$$\text{单位工作量折旧额}=\frac{300\ 000\times(1-4\%)}{800\ 000}=0.36\ (\text{元/公里})$$

该月折旧额 $=0.36\times6\ 000=2\ 160$（元）

这种方法弥补了年限平均法只重使用时间、不考虑使用强度的缺点，以固定资产工作量为基础计提折旧，使折旧额的多少同固定资产的使用程度相联系，符合收入与费用配比原则，能充分反映出固定资产有形损耗对固定资产折旧的影响。但这种方法不能充分反映无形损耗对固定资产折旧额的影响，并且要精确预计固定资产在其使用期间的工作总量有一定难度。因此，工作量法一般适用于价值较高的大型精密机床以及运输设备等固定资产的折旧计算。这些固定资产的价值较高，各月的工作量一般不很均衡，采用平均年限法计提折旧，会使各月成本费用的负担不够合理。

2. 加速折旧法

加速折旧法也称为递减费用法，是指在固定资产使用初期计提折旧较多而在后期计提折旧较少，从而相对加速折旧的方法。采用加速折旧法，各年的折旧额呈递减趋势。加速折旧法一般只采用个别折旧方式。为了简化折旧计算工作，月折旧额一般按年折旧额除以12计算。如果某项固定资产开始计提折旧的时间不是年初（1月份），则该年度各月的折旧额以及下一年度前几个月的折旧额（即开始计提折旧1年之内各月的折旧额），均按年折旧额的月平均数计算。较常用的加速折旧法有双倍余额递减法和年数总和法两种。

（1）双倍余额递减法。双倍余额递减法是指在不考虑固定资产净残值的情况下，根据每期期初固定资产账面净值和双倍直线法折旧率计算折旧的一种方法。其计算公式如下：

$$\text{双倍直线折旧率}=\frac{2}{\text{预计使用年限}}\times100\%$$

$$\text{固定资产月折旧额}=\frac{\text{固定资产年折旧额}}{12}$$

$$\text{固定资产年折旧额}=\text{固定资产期初净值}\times\text{双倍直线折旧率}$$

按照双倍余额递减法计算的折旧额是逐年递减的。由于折旧率计算中不考虑净残值，在应用这种方法时必须注意不能使固定资产的账面净值降低到它的预计净残值之下，因此采用双倍余额递减法计算折旧时，应当在其折旧年限到期前两年内，将其净值扣除预计净残值后的净额平均摊销。

【例7－8】　华联股份有限公司某项固定资产原值为60 000元，预计净残值为2 000元，预计使用年限为5年。该项固定资产采用双倍余额递减法计提折旧。年折旧率及各年折旧额计算如表7－1所示。

表7－1　固定资产折旧计算表

（双倍余额递减法）　　单位：元

年份	期初净值	年折旧率	年折旧额	累计折旧	期末净值
1	60 000	40%	24 000	24 000	36 000
2	36 000	40%	14 400	38 400	21 600
3	21 600	40%	8 640	47 040	12 960
4	12 960	—	5 480	52 520	7 480
5	7 480	—	5 480	58 000	2 000

从表7－1中可以看出，该项固定资产第4年如果仍按双倍余额递减法计提折旧，年折旧额应为5 184元（12 960×40%）；如果改按平均年限法计提折旧，年折旧额应为5 480元[（12 960－2 000）÷2]。由于该项固定资产第4年按双倍余额递减法计提的折旧额小于按平均年限法计提的折旧额，因此从第4年开始，该项固定资产改按平均年限法计提折旧。

我国企业会计准则规定，采用双倍余额递减法计提折旧，应在预计使用年限的最后两年改按平均年限法计提折旧。

（2）年数总和法。年数总和法是指按固定资产应计提折旧总额和某年尚可使用年数占各年尚可使用年数总和的比重（即年折旧率）计提折旧的方法。其计算公式如下：

年折旧率＝尚可使用年限÷预计使用年限之和×100%

年折旧额＝（固定资产原值－预计净残值）×年折旧率

月折旧额＝年折旧额÷12

【例7－9】　华联股份有限公司某项固定资产原值为60 000元，预计净残值为3 000元，预计使用年限为5年。该项固定资产按年数总和法计提折旧。该项固定资产的年数总和为：

年数总和＝5＋4＋3＋2＋1＝15

各年折旧率和折旧额计算如表7－2所示。

表7－2　固定资产折旧计算表

（年数总和法）　　单位：元

年份	应计提折旧总额	尚可使用年限	年折旧率	年折旧额	累计折旧
1	57 000	5	5/15	19 000	19 000
2	57 000	4	4/15	15 200	34 200
3	57 000	3	3/15	11 400	45 600
4	57 000	2	2/15	7 600	53 200
5	57 000	1	1/15	3 800	57 000

与年限平均法和工作量法相比，采用加速折旧法，并不改变固定资产折旧年限，也不改变固定资产的折旧总额，只改变了固定资产折旧在各年的分布情况，其各年分布呈逐年递减的趋势。采用加速折旧法的优点主要体现在以下几个方面：

① 符合配比原则。固定资产在全新时效用较高，要做到收入与费用恰当配比，其前期的折旧费用理应较多。

② 均衡各期使用成本。由于固定资产的使用成本包括折旧费和维修费，随着固定资产的使用逐年陈旧，其维修费会逐年递增。为使各年负担的固定资产使用成本较为均衡，其折旧费必须逐年递减。

③ 考虑固定资产的无形损耗。因技术进步产生的无形损耗，使得固定资产的大部分价值应在较短期限内收回。

④ 减轻了企业前几年的所得税负担。由于早期多提折旧，后期少提折旧，表现在会计账上的收益就相应减少，从而使企业延迟纳税。如果税法许可，等于政府提供若干年变相的无息贷款，加速折旧使企业获得了财务收益，体现了谨慎性要求的运用。

企业在计提折旧时，可以根据具体情况，选择各种折旧计算方法。但是，需要指出的是，按照可比性原则，某种折旧方法一经选定，不应随意改变，以保证会计核算方法的前后期一致，便于进行比较分析。如果企业根据具体情况的变化决定改变折旧方法，其变更时间一般应为年初，以保持年度内折旧方法的一致，并将变更理由及折旧方法改变后对损益的影响在会计报表附注中予以揭示。

7.3.4 固定资产折旧的计提范围与时间

确定固定资产的折旧范围与时间，一是应从空间范围上确定哪些固定资产应当提取折旧，哪些不应当提取折旧；二是应从时间范围上确定应提取折旧的固定资产，什么时间开始提取折旧，什么时间停止提取折旧。

1. 固定资产折旧的计提范围

除以下情况外，企业应对所有固定资产计提折旧：① 已提足折旧仍继续使用的固定资产；② 按照规定单独估价作为固定资产入账的土地。指清产核资时已经估价单独入账的经营用与非经营用的土地。需要注意的是，以融资租赁方式租入的固定资产和以经营租赁方式租出的固定资产，应当计提折旧；以融资租赁方式租出的固定资产和以经营租赁方式租入的固定资产，不应当计提折旧。

已达到预定可使用状态的固定资产，尚未办理竣工决算的，应当按照估计价值确认为固定资产，并计提折旧；待办理了竣工决算手续后，再按实际成本调整原来的暂估价值，但不需要调整原已计提的折旧额。

融资租入的固定资产，应当采用与自有应计提折旧固定资产相一致的折旧政策。能够合理确定租赁期届满时将会取得租赁资产所有权的，应当在租赁资产尚可使用年限内计提折旧；无法合理确定租赁期届满时能够取得租赁资产所有权的，应当在租赁期与租赁资产尚可使用年限两者中选择较短者计提折旧。

处于更新改造过程而停止使用的固定资产，符合固定资产确认条件的，应当转入在建工程，停止计提折旧，待更新改造项目达到预定可使用状态转为固定资产后，再按重新确定的折旧方法和该项固定资产尚可使用年限计提折旧；不符合固定资产确认条件的，不应转入在建工程，照提折旧。

固定资产提足折旧后，不管能否继续使用，均不再计提折旧；提前报废的固定资产，也不再补提折旧。所谓提足折旧，是指已经提足该项固定资产的应计折旧额。

2. 固定资产计提折旧的时间

企业一般应当按月计提固定资产折旧，当月增加的固定资产，当月不提折旧，从下月起计提折旧；当月减少的固定资产，当月照提折旧，从下月起停止计提折旧。

7.3.5　固定资产折旧业务的核算

为了进行计提折旧的总分类核算，企业应按月根据固定资产计提折旧的范围和采用的折旧计算方法，按月计提固定资产折旧。计提固定资产折旧时，由于当月增加的固定资产，当月不提折旧，而当月减少的固定资产，当月照提折旧，所以在会计核算中，为简化计算提取折旧的手续，各月计提折旧，一般在上月基础上调整计算。

$$\begin{matrix}\text{本月应提}\\\text{折旧额}\end{matrix}=\begin{matrix}\text{上月计提}\\\text{折旧额}\end{matrix}+\begin{matrix}\text{上月增加固定资产}\\\text{应提折旧额}\end{matrix}-\begin{matrix}\text{上月减少固定资产}\\\text{应提折旧额}\end{matrix}$$

企业提取的折旧应根据固定资产的使用部门及用途分别计入相关资产的成本或当期费用，其中：生产部门使用的固定资产所计提的折旧计入“制造费用”科目；管理部门使用的固定资产所计提折旧计入“管理费用”科目；销售部门使用的固定资产所计提折旧计入“销售费用”科目；出租固定资产所计提折旧计入“其他业务成本”科目，同时应贷记“累计折旧”科目。为了减少会计核算的工作量，“累计折旧”账户只进行总分类核算，不进行明细分类核算，要查明某项固定资产的已提折旧时，可以根据固定资产卡片所记载的原价、折旧率和折旧年限等资料进行计算。

为了进行计提折旧的总分类核算，企业应按月根据固定资产计提折旧的范围和采用的折旧计算方法，分类编制固定资产折旧计算表。固定资产折旧计算表应反映各个使用单位各类固定资产当月应计提的折旧额，如表7－3所示。

表7－3　固定资产折旧计算表

2015年11月30日　　　　单位：元

使用部门	固定资产类别	上月折旧额	上月增加固定资产		上月减少固定资产		本月折旧额
			原价	折旧额	原价	折旧额	
基本生产车间	厂房	7 100					7 100
	机器设备	41 000	40 000	200	30 000	900	40 300
	其他	900					900
	小计	49 000	40 000	200	30 000	900	48 300
企业管理部门	房屋建筑物	1 200					1 200
	运输工具	1 500					1 500
	小计	2 700					2 700
出租设备	机器设备	420					420
合计		52 120	40 000	200	30 000	900	51 420

根据表 7-3 编制如下分录：

借：制造费用　　48 300
　　管理费用　　2 700
　　其他业务成本　　420
　　贷：累计折旧　　51 420

7.4 固定资产的后续支出

固定资产的后续支出是指固定资产使用过程中发生的更新或改造支出、修理费用等。企业的固定资产在投入使用后，为了适应新技术发展的需要，或者为维护或提高固定资产的使用效能，往往需要对固定资产进行维护、改建、扩建或者改良。

后续支出的处理原则为：与固定资产有关的更新或改造的后续支出，符合固定资产确认条件的，应当计入固定资产成本，同时将被替换部分的账面价值扣除；与固定资产有关的修理费用等后续支出，不符合固定资产确认条件的，应当计入当期损益。

7.4.1 固定资产的修理

固定资产在长期使用过程中，由于自然损耗或使用磨损等原因，往往发生部分零部件的损坏。为了保证固定资产的正常运转及使用，企业需要对固定资产进行必要的修理。

1. 固定资产修理的特点

固定资产修理的主要目的是恢复其使用价值。一般来说，固定资产的各个零部件，按其作用和结构的复杂程度，分别标明了复杂系数。固定资产的修理，按每次修理的零部件的复杂系数分类，可以分为日常修理和大修理两类。日常修理也称为中小修理，一般是指每次修理的零部件的复杂系数之和在规定的复杂系数以下的修理；大修理一般是指每次修理的零部件的复杂系数之和在规定的复杂系数以上的修理。不同的固定资产对划分日常修理和大修理的复杂系数的规定有所不同。

日常修理的特点是：修理范围小，成本支出少，修理次数多，间隔时间短。但是，需要指出的是，日常修理的间隔时间短，不一定意味着其受益期限短。这是因为日常修理的范围小，这次修理这一部分，下次修理另一部分，每次修理的零部件不一定是同一零部件，对于某一零部件来说，修理后的受益期也可能较长。

大修理的特点是：修理范围大，成本支出多，修理次数少，间隔时间长。但是也需要指出，大修理的成本支出多，是指某项固定资产的大修理成本支出相对每次日常修理成本支出而言较多，其支出数额在企业全部成本费用中的比重则不一定较大。

2. 固定资产修理的核算方法

固定资产日常修理和大修理虽然各有特点，但界限的划分比较困难。因为有些固定资产并未标明各个零部件的复杂系数；有些虽标明了复杂系数，但各个零部件的修理程度又不一致。此外，固定资产修理间隔时间长短与受益期限的关系不很明确，成本支出数额多少又是相对而言。因此在实际工作中，日常修理和大修理往往一并核算，将实际发生的修理成本支出，计入产品成本或定期损益，按用途进行分配，借记“制造费用”、“管理费用”、“销售费用”和“其他业务成本”等科目；按支付的增值税进项税额，借记“应交税费——应交增值税（进项税额）”科目；按发生的全部价款，贷记“银行存款”等科目。

【例7-10】　华联股份有限公司对某办公楼进行修理，修理过程中领用原材料一批，价值15 000元，应付维修人员薪酬为3 000元。编制会计分录如下：

借：管理费用　　18 000
　贷：原材料　　15 000
　　应付职工薪酬——工资　　3 000

7.4.2　固定资产的改扩建

1. 固定资产改扩建的特点

固定资产的改扩建是指对原有固定资产进行的改良和扩充。固定资产改良（即改建）是指为了提高固定资产的质量而采取的措施，如以自动装置代替非自动装置等。固定资产扩充（即扩建）是指为了提高固定资产的生产能力而采取的措施，如房屋增加楼层等。由于固定资产改扩建后，可以使固定资产的质量有所提高，或在实物量上有所增加，因而其原值也会有所增加。固定资产改扩建后，有些会延长使用年限从而增加生产能力，有些则仅仅会提高产品质量或增加生产能力而不延长使用年限。

2. 固定资产改扩建的核算

企业在固定资产进行改扩建的期间，由于停止使用，工期又比较长，因而应在改扩建之前，将其账面价值转作在建工程，借记“在建工程”、“累计折旧”、“固定资产减值准备”科目，贷记“固定资产”科目。

固定资产改扩建工程支出的核算与自建工程支出的核算方法相同，应通过“在建工程”科目核算。固定资产改扩建过程中拆除的原有部件，其残值计价回收时，应冲减改扩建工程支出，借记“原材料”等科目，贷记“在建工程”科目。固定资产改扩建工程完工后，应将改扩建工程的全部成本转为改扩建后的固定资产原值，借记“固定资产”科目，贷记“在建工程”科目。

固定资产改扩建后，应对改扩建后各期的固定资产折旧额进行调整。

【例7-11】　华联股份有限公司改建机器设备一台，改建前的原值为100 000元，预计使用年限为10年，预计净残值为5 000元，已使用8年，采用平均年限法以个别折旧方式计提折旧；该项机器设备采用出包方式进行改建，用银行存款支付改建工程款30 000元，支付增值税5 100元；改建机器设备拆除部件的残值计价2 000元入库；工程完工后，延长使用年限2年，预计净残值提高到6 000元。根据以上资料，编制会计分录如下：

（1）将改建前的固定资产原值及累计折旧注销，将其净值转作在建工程。

原值＝100 000（元）

$$累计折旧＝（100\ 000-5\ 000）\times\frac{8}{10}＝76\ 000（元）$$

净值＝100 000－76 000＝24 000（元）

借：在建工程　　24 000
　　累计折旧　　76 000
　贷：固定资产　　100 000

（2）用银行存款支付改建工程款30 000元，支付增值税5 100元。

借：在建工程　　30 000

　　应交税费——应交增值税（进项税额）　　5 100

　　贷：银行存款　　35 100

（3）拆除部件的残料计价2 000元入库。

借：原材料　　2 000

　　贷：在建工程　　2 000

（4）改建工程完工，全部工程成本52 000元（24 000 + 30 000 − 2 000）计入固定资产原值。

借：固定资产　　52 000

　　贷：在建工程　　52 000

（5）改建后第9～12年的各年折旧额计算。

$$改建后的年折旧额 = \frac{12\ 000 - 6\ 000}{4} = 1\ 500（元）$$

7.4.3 固定资产的装修

企业对固定资产进行装修，如果装修的受益期限与固定资产整体的受益期限不同，则其装修支出在满足固定资产确认条件的情况下，应单独作为一类固定资产进行核算，单独计提折旧。

【例7－12】 华联有限公司购入一栋房屋，支付价款60 000 000元。购入后对房屋进行装修，支付装修费1 000 000元，装修完成后该房屋交付使用。

（1）购入固定资产。

借：在建工程——房屋　　6 000 000

　　贷：银行存款　　6 000 000

（2）支付装修费。

借：在建工程——装修　　1 000 000

　　贷：银行存款　　1 000 000

（3）房屋交付使用。

借：固定资产——房屋　　6 000 000

　　　　　　——装修　　1 000 000

　　贷：在建工程——房屋　　6 000 000

　　　　　　　　——装修　　1 000 000

7.5 固定资产的处置

7.5.1 固定资产终止确认的条件

固定资产处置包括固定资产出售、转让、报废或毁损、捐赠、对外投资、非货币性交换、债务重组等。企业会计准则规定，固定资产满足下列条件之一的，应当予以终止确认：

（1）该固定资产处于处置状态。

（2）该固定资产预期通过使用或处置不能产生经济利益。

7.5.2 固定资产处置的会计处理

为了反映企业因出售、报废、毁损等原因而减少固定资产的账面价值、清理费支出、变价收入和其他收入的取得以及清理净损益的情况，应设置“固定资产清理”科目。该科目借方登记清理过程中发生的各项费用，包括转入清理过程的固定资产账面价值、清理过程中发生的清理费用以及销售不动产等应交纳的税金；贷方登记清理过程中发生的各项收入，包括转让收入、残料收入以及应向保险公司或有关责任者收取的赔款等。该科目贷方发生额大于借方发生额的差额，为清理过程中发生的净收益，应作为营业外收入从该科目借方转出；反之，则为清理过程中发生的净损失，应作为营业外支出从该科目的贷方转出。经过上述结转后，该科目应无余额。

1. 固定资产的出售

（1）出售固定资产账面价值的计算与结转。

企业的固定资产出售时，首先应计算其账面价值。固定资产账面价值应根据固定资产原值减去累计折旧和固定资产减值准备计算。由于累计折旧可以不进行明细核算，因而固定资产明细账中可能不能提供累计折旧及账面价值资料。为此，计算固定资产账面价值，主要是计算其累计折旧。

固定资产累计折旧应根据采用的不同折旧方法和已折旧年限计算。

【例7-13】 某项固定资产的原值为10 000元，预计净残值为400元，预计使用年限为10年，采用平均年限法计提折旧。该项固定资产2015年1月31日投入使用，2018年8月31日停止使用并出售。根据以上资料，计算该项固定资产出售时的累计折旧及净值。

$$月折旧额=\frac{10\ 000-400}{10\times 12}=80（元）$$

已提折旧月数=11（2015年，因1月份开始使用和当月不提折旧）+12（2016年）
+12（2017年）+8（2018年，8月份停止使用当月照提折旧）
=43（月）

累计折旧=80×43=3 440（元）

净值=10 000-3 440=6 560（元）

企业出售固定资产后，其原值和累计折旧应予以注销（如已计提固定资产减值准备，则计提的减值准备也应一并注销），账面价值转入“固定资产清理”科目。结转出售固定资产账面价值、累计折旧和固定资产减值准备时，应按其账面价值借记“固定资产清理”科目，按累计折旧借记“累计折旧”科目，按已提固定资产减值准备，借记“固定资产减值准备”科目，按原值贷记“固定资产”科目。

（2）出售固定资产的清理费用。

企业出售的固定资产，有些不发生清理费用，有些则需要拆除，会发生清理费用。在固定资产清理过程中，应按实际发生的清理费用，借记“固定资产清理”科目，贷记“银行存款”等科目。

（3）出售固定资产的收入。

企业出售固定资产实际收取的价款和增值税额，应借记“银行存款”等科目，贷记

“固定资产清理”、“应交税费——应交增值税（销项税额）”科目。

（4）结转出售不动产等应缴纳的税费。

企业出售不动产后，应按收入的一定比例计算交纳营业税、城市维护建设税和教育费附加等，借记“固定资产清理”科目，贷记“应交税费”科目。

（5）结转出售固定资产的净损益。

企业出售固定资产的收入大于固定资产净值、清理费用与应交税费之和的差额，为清理净收益，借记“固定资产清理”科目，贷记“营业外收入”科目；出售固定资产的收入小于固定资产账面价值、清理费用与应交税费之和的差额，为清理净损失，借记“营业外支出”科目，贷记“固定资产清理”科目。经过上述结转后，“固定资产清理”科目没有余额。

【例 7－14】　某项机器设备出售，原值为 50 000 元，累计折旧为 25 000 元，已提固定资产减值准备 5 000 元，清理过程中用现金支付清理费用 1 000 元，取得出售价款 22 000 元，增值税额 1 320 元，存入银行。根据以上资料，编制会计分录如下：

（1）注销机器设备原值和累计折旧。

	借方	贷方
借：固定资产清理	20 000	
累计折旧	25 000	
固定资产减值准备	5 000	
贷：固定资产		50 000

（2）支付清理费用。

	借方	贷方
借：固定资产清理	1 000	
贷：库存现金		1 000

（3）收取价款和增值税额。

	借方	贷方
借：银行存款	23 320	
贷：固定资产清理		22 000
应交税费——应交增值税（销项税额）		1 320

（4）结转机器设备清理净损益。

机器设备清理净收益＝22 000－20 000－1 000＝1 000（元）

	借方	贷方
借：固定资产清理	1 000	
贷：营业外收入——处置固定资产利得		1 000

2. 固定资产的报废

固定资产报废有正常报废和非正常报废两种情况。正常报废是由于使用期限已满不再继续使用而形成的正常报废；非正常报废是由于对折旧年限估计不准确或非正常原因造成的提前报废，如确定预计使用年限时未考虑无形损耗而在技术进步时必须淘汰的固定资产，以及由于管理不善或自然灾害造成的固定资产毁损等。固定资产报废必须经过严格的审批手续，在报经批准后，组织清理。其会计处理同出售固定资产基本相同。固定资产毁损是指由于自然灾害或责任事故而造成的固定资产毁坏和损失。发现毁损时，必须查明原因，明确责任，并办理相应的手续。

正常报废的固定资产已提足折旧，其账面价值应为预计净残值。但由于实际净残值与预计净残值可能有所不同，因而在清理过程中也可能发生净损益。这部分净损益也应计入营业外收入或营业外支出。正常报废固定资产的核算方法，与出售固定资产的核算方法相同。

提前报废的固定资产未提足折旧，为了简化核算工作，未提足的折旧也不再补提，而是在计算清理净损益时一并考虑。此外，毁损的固定资产根据其毁损原因，有可能收回一部分赔偿款，如自然灾害造成的毁损有可能取得保险公司的赔款，管理不善造成的毁损有可能取得有关责任者的赔款。企业取得的赔款也视为清理过程中的一项收入，借记“其他应收款”等科目，贷记“固定资产清理”科目，在计算清理净损益时也应一并考虑。

【例7-15】 企业一台A生产设备因使用期满而报废。该设备原值500 000元，已提折旧480 000元。在清理过程中，用银行存款支付清理费用18 000元，报废设备一部分残料16 000元作为残料入库，另一部分变卖8 500元存入银行。有关会计分录如下：

（1）转入清理。

	借方	贷方
借：固定资产清理——A设备	20 000	
累计折旧	480 000	
贷：固定资产——生产经营用固定资产		500 000

（2）支付清理费用。

	借方	贷方
借：固定资产清理——A设备	18 000	
贷：银行存款		18 000

（3）残料入库和收到的变卖收入。

	借方	贷方
借：原材料	16 000	
银行存款	8 500	
贷：固定资产清理——A设备		24 500

（4）报经批准，结转清理净损失。

	借方	贷方
借：营业外支出——处置固定资产损失	13 500	
贷：固定资产清理——A设备		13 500

【例7-16】 企业有一台在用C生产设备，因自然灾害而损坏。原值200 000元，已提折旧90 000元。该设备未计提减值准备。用银行存款支付清理费用10 250元，保险赔款88 000元和残料收入9 560元已收存银行。编制有关会计分录如下：

（1）注销设备原值和已提折旧值。

	借方	贷方
借：固定资产清理——C设备	110 000	
累计折旧	90 000	
贷：固定资产——生产经营用固定资产		200 000

（2）支付清理费用。

	借方	贷方
借：固定资产清理——C设备	10 250	
贷：银行存款		10 250

（3）收到保险赔款和残料收入。

	借方	贷方
借：银行存款	97 560	
贷：固定资产清理——C设备		97 560

（4）结转清理净损益。

	借方	贷方
借：营业外支出——处置固定资产损失	22 690	
贷：固定资产清理——C设备		22 690

7.6 固定资产的期末计价及报表列示

7.6.1 固定资产的减值迹象

每年年末，企业应对固定资产的账面价值进行检查。如果出现下列情况之一，表明该固定资产已出现减值迹象，应对固定资产的可收回金额进行估计：

（1）固定资产的市价当期大幅度下跌，其跌幅明显高于因时间的推移或者正常使用而预计的下跌。

（2）企业经营所处的经济、技术或者法律等环境以及固定资产所处的市场在当期或者将在近期发生重大变化，从而对企业产生不利影响。

（3）市场利率或者其他市场投资报酬率在当期已经提高，从而影响企业计算固定资产预计未来现金流量现值的折现率，导致固定资产可收回金额大幅度降低。

（4）有证据表明固定资产已经陈旧过时。

（5）固定资产已经或者将被闲置、终止使用或者计划提前处置。

（6）企业内部报告的证据表明固定资产的经济绩效已经低于或者将低于预期，如固定资产所创造的净现金流量或者实现的营业利润（或者亏损）远远低于（或者高于）预计金额等。

（7）其他表明固定资产可能已经发生减值的迹象。

7.6.2 固定资产可收回金额的计量

固定资产可收回金额应当根据固定资产的公允价值减去处置费用后的净额与固定资产预计未来现金流量的现值两者之间较高者确定。

固定资产的公允价值，应当根据公平交易中销售协议价格确定。不存在销售协议但存在资产活跃市场的，应当按照该固定资产的市场价格确定。固定资产的市场价格通常应当根据资产的买方出价确定。在不存在销售协议和固定资产活跃市场的情况下，应当以可获取的最佳信息为基础，估计固定资产的公允价值。

企业按照上述规定仍然无法可靠估计固定资产的公允价值减去处置费用后的净额的，应当以该固定资产预计未来现金流量的现值作为其可收回金额。

7.6.3 固定资产减值损失的确定

固定资产可收回金额的计量结果表明，固定资产可收回金额低于其账面价值的，应当将固定资产的账面价值减计至可收回金额，借记“资产减值损失”科目，贷记“固定资产减值准备”科目。固定资产减值损失确认后，减值固定资产的折旧费用应当在未来期间作相应调整，以使该固定资产在剩余使用寿命内，系统地分摊调整后的固定资产账面价值。固定资产减值损失一经确认，在以后会计期间不得转回。

【例7－17】 企业2015年1月31日购入一台机器设备，原值为200 000元，预计净残值为8 000元，预计使用年限为5年，采用平均年限法计提折旧。2016年12月31日，该机器设备发生减值，公允价值减去处置费用后的金额为100 000元，未来现金流量的现值为110 000元。计提减值准备后，该机器设备的剩余使用年限预计为2年，预计净残值为2 000元。

（1）计算该机器设备2015年1月至2016年12月的累计折旧。

累计折旧 = 3 200 ×（11 + 12）= 73 600（元）

（2）计算该机器设备2016年12月31日的净值。

200 000 − 73 600 = 126 400（元）

（3）计提减值准备。可收回金额为公允价值减去处置费用后的金额与未来现金流量的现值两者中较高者，即110 000元。

126 400 − 110 000 = 16 400（元）

借：资产减值损失　　16 400

　　贷：固定资产减值准备　　16 400

（4）2017年1月起的月折旧额。

$$\frac{110\ 000 - 2\ 000}{12 \times 2} = 4\ 500（元）$$

7.6.4 报表列示

（1）“固定资产”项目。在资产负债表中，“固定资产”项目反映全部固定资产的账面价值，即以原始价值扣除累计折旧和固定资产减值准备后的净额列示。

（2）“在建工程”项目。在资产负债表中，“在建工程”项目反映全部在建工程的账面价值，即以在建工程的账面余额扣除在建工程减值准备后的净额列示。

（3）“工程物资”项目。在资产负债表中，“工程物资”项目反映全部工程物资的账面价值，即以工程物资的账面余额扣除工程物资减值准备后的净额列示。

（4）“固定资产清理”项目。在资产负债表中，“固定资产清理”项目反映尚未清理完毕的固定资产净额，以“固定资产清理”科目的余额直接列示。年度资产负债表日，应将尚未清理完毕的全部清理完毕，一般没有余额。

本章小结

本章主要讲述固定资产的核算，固定资产应当按成本进行初始计量。固定资产的初始成本，亦称为历史成本、原始成本或原价，是指企业购建某项固定资产达到可使用状况前所发生的一切合理、必要的支出。这些支出既有直接发生的，如购置固定资产的价款、运杂费、包装费和安装费等，也有间接发生的，如借款利息、外币借款折算差额以及应分摊的其他间接费用。由于企业固定资产来源的渠道不同，其成本构成也不相同。固定资产折旧是指在固定资产使用寿命内，按照确定的方法对应计提折旧额进行的系统分摊。折旧方法主要有直线法和加速折旧法。每年年末，企业应对固定资产的账面价值进行检查。如果出现表明该固定资产已出现减值迹象，应对固定资产的可收回金额进行估计。固定资产可收回金额应当根据固定资产的公允价值减去处置费用后的净额与固定资产预计未来现金流量的现值两者之间较高者确定。

关键名词

固定资产　在建工程　固定资产折旧　固定资产的后续支出　固定资产的处置　固定资产的期末计价

即测即评

请扫描二维码，在线测试本章学习效果。

选择题　　　判断题

实训题

请扫描二维码，查看实训题题目及答案

实训题

第 8 章
无形资产和投资性房地产

学习目标

（1）掌握：购入、自行研究开发无形资产的核算；无形资产摊销的核算；无形资产出租的核算；无形资产处置的核算；投资性房地产出租收入的核算、后续计量的核算及转换的核算。

（2）理解：无形资产减值的核算。

（3）了解：无形资产的性质、分类；投资性房地产的性质。

问题导入

（1）某房地产公司开发的房地产住房，部分出租、部分自用，按照会计制度和会计准则的规定应该怎么核算？

（2）某单位的一项无形资产因技术进步原因已经失去了价值，但在企业的账簿中依然存在，但是它已经无法给企业带来经济利益，不符合资产的定义，这该如何处理？

8.1 无形资产

8.1.1 无形资产的概念及其基本特征

无形资产是指企业拥有或者控制的没有实物形态的可辨认非货币性资产。相对于其他资产，无形资产具有以下特征。

1. 无形资产不具有实物形态

无形资产通常表现为某种权利、某项技术或是某种获取超额利润的综合能力，它们不具有实物形态，看不见，摸不着。比如，土地使用权、非专利技术等。企业的有形资产，例如固定资产虽然也能为企业带来经济利益，但其为企业带来经济利益的方式与无形资产不同，固定资产是通过实物价值的磨损和转移来为企业带来未来经济利益，而无形资产很大程度上是通过自身所具有的技术等优势为企业带来未来经济利益，不具有实物形态是无形资产区别于其他资产的特征之一。

虽然某些无形资产的存在有赖于实物载体。比如，计算机软件需要存储在介质中，但这并不改变无形资产本身不具实物形态的特性。在确定一项包含无形和有形要素的资产是属于固定资产，还是属于无形资产时，需要通过判断来加以确定，通常以哪个要素更重要作为判断的依据。例如，计算机控制的机械工具没有特定计算机软件就不能运行时，则说明该软件是构成相关硬件不可缺少的组成部分，则该软件应作为固定资产处理；如果计算机软件不是相关硬件不可缺少的组成部分，则该软件应作为无形资产核算。无论是否存在实物载体，只要将一项资产归类为无形资产，则不具有实物形态仍然是无形资产的特征之一。

2. 无形资产具有可辨认性

要作为无形资产核算，该资产必须是能够区别于其他资产可单独辨认的。企业合并中取得的商誉代表了购买方从不能单独辨认并独立确认的资产中获得预期未来经济利益而付出的代价。这些未来经济利益可能产生于取得的可辨认资产之间的协同作用，也可能产生于购买者在企业合并中准备支付的、但不符合在财务报表上确认条件的资产。在计量上，商誉是企业合并成本大于合并中取得的各项可辨认资产、负债公允价值份额的差额，代表企业未来现金流量大于每一单项资产产生未来现金流量的合计金额，其存在无法与企业自身区分开来。由于不具有可辨认性，虽然商誉也是没有实物形态的非货币性资产，但不构成无形资产。

符合以下条件之一的，则认为其具有可辨认性：

（1）能够从企业中分离或者划分出来，并能单独用于出售或转让等，而不需要同时处置在同一获利活动中的其他资产，则说明无形资产可以辨认。某些情况下无形资产可能需要与有关的合同一起用于出售转让等，这种情况下也视为可辨认无形资产。

（2）产生于合同性权利或其他法定权利，无论这些权利是否可以从企业或其他权利和义务中转移或者分离。如一方通过与另一方签订特许权合同而获得的特许使用权，通过法律程序申请获得的商标权、专利权等。

值得注意的是：客户关系、人力资源等，由于企业无法控制其带来的未来经济利益，不符合无形资产的定义，不应确认为无形资产；内部产生的品牌、报刊名、客户名单和实质上类似项目的支出不能与整个业务开始成本区分开来，这类项目也不应确认为无形资产。

3. 无形资产属于非货币性资产

非货币性资产是指企业持有的货币资金和将以固定或可确定的金额收取的资产以外的其他资产。无形资产由于没有发达的交易市场，一般不容易转化成现金，在持有过程中为企业带来未来经济利益的情况不确定，不属于以固定或可确定的金额收取的资产，属于非货币性资产。

8.1.2 无形资产的分类

无形资产按照不同的标准，可以分为不同的类别。

1. 按经济内容分类

无形资产按其反映的经济内容，可以分为专利权、非专利技术、商标权、著作权、特许权和土地使用权。

（1）专利权。专利权是指国家专利主管机关依法授予发明创造专利申请人，对其发明创造在法定期限内所享有的专有权利，包括发明专利权、实用新型专利权和外观设计专利权。

（2）非专利技术。非专利技术，也称专有技术。它是指不为外界所知、在生产经营活动中已采用了的、不享有法律保护的、可以带来经济效益的各种技术、诀窍。非专利技术一般包括工业专有技术、商业贸易专有技术、管理专有技术等。

（3）商标权。商标是用来辨认特定的商品或劳务的标记。商标权指专门在某类指定的商品或产品上使用特定的名称或图案的权利。

（4）著作权。著作权又称版权，指作者对其创作的文学、科学和艺术作品依法享有的某些特殊权利。著作权包括作品署名权、发表权、修改权和保护作品完整权，还包括复制权、发行权、出租权、展览权、表演权、放映权、广播权、信息网络传播权、摄制权、改编权、翻译权、汇编权以及应当由著作权人享有的其他权利。

（5）特许权。特许权又称经营特许权、专营权，指企业在某一地区经营或销售某种特定商品的权利或是一家企业接受另一家企业使用其商标、商号、技术秘密等的权利。通常有两种形式，一种是由政府机构授权，准许企业使用或在一定地区享有经营某种业务的特权，如水、电、邮电通信等专营权、烟草专卖权等；另一种指企业间依照签订的合同，有限期或无限期使用另一家企业的某些权利，如连锁店分店使用总店的名称等。

（6）土地使用权。土地使用权，指国家准许某企业在一定期间内对国有土地享有开发、利用、经营的权利。根据我国《土地管理法》的规定，我国土地实行公有制，任何单位和个人不得侵占、买卖或者以其他形式非法转让。企业取得土地使用权的方式大致有以下几种：行政划拨取得、外购取得及投资者投资取得。

2. 按取得方式的不同分类

无形资产按取得方式不同可分为外部取得无形资产和内部自创无形资产两大类。其中，外部取得无形资产又可以细分为外购无形资产、通过非货币性交易换入无形资产、投资者投入无形资产、通过债务重组取得无形资产、接受捐赠取得无形资产等；内部自创无形资产指企业自行研究与开发取得无形资产。

3. 按预计受益期分类

无形资产按照预计的受益期，可以分为：

（1）受益期确定的无形资产。该类无形资产是指在有关法律中规定有最长有效期限的无形资产，如专利权、商标权、著作权、土地使用权和特许权等。这些无形资产，在法律规定的有效期限内受法律保护；有效期满时，如果企业未继续办理有关手续，将不再受法律保护。

（2）受益期不确定的无形资产。该类无形资产是指法律没有规定有效期限，其受益期限难以预先正确估计的无形资产，如非专利技术等。这些无形资产的受益期限取决于技术进步的快慢以及技术保密工作的好坏等因素，当新的可替代技术成果出现时，旧的非专利技术自然贬值；当非专利技术不再是秘密时，它就变得毫无价值。

8.1.3　无形资产的确认

无形资产的确认是指将符合无形资产确认条件的项目，作为企业的无形资产加以记录并列入企业资产负债表的过程。某个项目作为无形资产予以确认，应当在符合定义的前提下，同时符合以下两个条件。

1. 与该无形资产有关的经济利益很可能流入企业

资产最基本的特征是产生的经济利益预期很可能流入企业。对无形资产的确认来说，如果某一无形资产产生的经济利益预期不能流入企业，就不能确认为企业的无形资产；如果某一无形资产产生的经济利益很可能流入企业，并同时满足无形资产确认的其他条件，那么，企业应将其确认为无形资产。

通常情况下，无形资产产生的未来经济利益可能包括在销售商品、提供劳务的收入中，或者企业使用该项无形资产而减少或节约的成本中，或体现在获得的其他利益中。在实务工作中，要确定无形资产产生的经济利益是否很可能流入企业，应当对无形资产在预计使用寿命内可能存在的各种经济因素作出合理估计，并且应当有明确的证据支持。在进行这种判断时，需要考虑相关的因素，比如，企业是否有足够的人力资源、高素质的管理队伍、相关的硬件设备、相关的原材料等来配合无形资产为企业创造经济利益。当然，最为重要的是应关注外界因素的影响，比如是否存在相关的新技术、新产品冲击与无形资产相关的技术或利用其生产的产品的市场等。总之，在判断无形资产产生的经济利益是否很可能流入企业时，企业管理部门应对无形资产在预计使用年限内存在的各种因素作出稳健的估计。

2. 该资产的成本能够可靠地计量

成本能够可靠地计量是资产确认的一项基本条件。对于无形资产来说，这个条件显得十分重要，它体现了谨慎原则的要求。例如，企业自创品牌、报刊名等符合无形资产的定义，但自创过程中发生的支出却难以计量，也无法确定哪笔支出是专为创立品牌、报刊名而发生的，因而不能作为企业的无形资产予以确认。又例如，企业拥有的一些高技术人才，即使这些人才与企业签订了劳务合同，在合同规定的期限内不能为其他企业服务，但是这些人才的知识水平和能力大小难以辨认，为获取这些能力所发生的支出又无法确定，因此不能作为企业的无形资产入账。

8.1.4 无形资产的取得

无形资产通常是按实际成本计量，即以取得无形资产并使之达到预定用途而发生的全部支出作为无形资产的成本。对于不同来源取得的无形资产，其成本构成不尽相同。

1. 外购的无形资产成本

外购的无形资产，其成本包括购买价款、相关税费以及直接归属于使该项资产达到预定用途所发生的其他支出。其中，直接归属于使该项资产达到预定用途所发生的其他支出包括使无形资产达到预定用途所发生的专业服务费用、测试无形资产是否能够正常发挥作用的费用等，但不包括为引入新产品进行宣传发生的广告费、管理费用及其他间接费用，也不包括在无形资产已经达到预定用途以后发生的费用。

无形资产达到预定用途后所发生的支出，不构成无形资产的成本。例如，在形成预定经济规模之前发生的初始运作损失，以及在无形资产达到预定用途之前发生的其他经营活动的支出，如果该经营活动并非是与无形资产达到预定用途必不可少的，则有关经营活动的损益应于发生时计入当期损益，而不构成无形资产的成本。

购买无形资产的价款超过正常信用条件延期支付（如付款期在3年以上），实际上具有融资性质的，无形资产的成本为购买价款的现值，现值与应付价款之间的差额作为未确认融资费用，在付款期间内按实际利率法确认为利息费用。这是因为，企业在发生这项业务的过程中，实际上可以区分为两项业务：一项业务是购买无形资产；另一项业务实质上是向销售方借款。因此，所支付的货款必须考虑货币的时间价值，根据无形资产准则的规定，要采用现值计价的模式，无形资产的成本为购买价款的现值。

对于一揽子购入的无形资产，其成本通常应按该无形资产和其他资产的公允价值相对比例确定。比如，甲股份有限公司从乙公司购入一项专利权和相关设备，价格及相关费用共计

3 000 000 元。其中，专利权可以单独辨认，但与其相关设备的价格没有分别标明。在这种情况下，应考虑该专利权和相关设备的公允价值的相对比例来分配实际支付的 3 000 000 元价款。假设该专利权和相关设备公允价值的相对比例为 5∶1，同时不考虑其他相关税费，那么专利权的成本应为 2 500 000 元，而相关设备的成本应为 500 000 元。采用公允价值相对比例来确定与其他资产一同购入的无形资产的成本，须以该无形资产的相对价值是否较大为前提。如果相对价值较小，则无须单独核算，可以计入其他资产的成本，视为其他资产的组成部分核算；反之，则需要单独核算。比如，只是作为电脑必不可少的附件随机购入的、金额相对较小的软件，就不必单独核算；但如果是连同一组电脑购入、金额也相对较大（甚至占主要部分）的管理系统软件，则应单独核算。

【例 8－1】　企业购入一项商标权，发票价格为 288 000 元，款项已通过银行转账付讫。其会计分录为：

	借方	贷方
借：无形资产——商标权	288 000	
贷：银行存款		288 000

【例 8－2】　某 A 上市公司 2016 年 1 月 8 日从 B 公司购买一项商标权，由于 A 公司资金周转比较紧张，经与 B 公司协商采用分期付款方式支付款项。合同规定，该项商标权总计 6 000 000 元，每年年末付款 2 000 000 元，三年付清。假定银行同期贷款利率为 10%。为了简化核算，假定不考虑其他有关税费，其有关计算如下：

无形资产现值 $=2\ 000\ 000\times(1+10\%)^{-1}+2\ 000\ 000\times(1-10\%)^{-2}+2\ 000\ 000\times(1+10\%)^{-3}=4\ 973\ 800$（元）

未确认融资费用 $=6\ 000\ 000-4\ 973\ 800=1\ 026\ 200$（元）

第一年应确认的融资费用 $=4\ 973\ 800\times10\%=497\ 380$（元）

第二年应确认的融资费用 $=(4\ 973\ 800-2\ 000\ 000-497\ 380)\times10\%=347\ 118$（元）

第三年应确认的融资费用 $=1\ 026\ 200-497\ 380-347\ 118=181\ 702$（元）

A 公司账务处理如下：

	借方	贷方
借：无形资产——商标权	4 973 800	
未确认融资费用	1 026 200	
贷：长期应付款		6 000 000

第一年年底付款时：

	借方	贷方
借：长期应付款	2 000 000	
贷：银行存款		2 000 000
借：财务费用	497 380	
贷：未确认融资费用		497 380

第二年年底付款时：

	借方	贷方
借：长期应付款	2 000 000	
贷：银行存款		2 000 000
借：财务费用	347 118	
贷：未确认融资费用		347 118

第三年年底付款时：

	借方	贷方
借：长期应付款	2 000 000	

贷：银行存款　　2 000 000

借：财务费用　　181 702

贷：未确认融资费用　　181 702

2. **投资者投入的无形资产**

投资者投入无形资产的成本，应当按照投资合同或协议约定的价值确定，但合同或协议约定价值不公允的除外。在投资合同或协议约定价值不公允的情况下，应按无形资产的公允价值入账，所确认初始成本与实收资本或股本之间的差额调整资本公积，具体来说，投资者投入的无形资产，应按投资各方确认的价值，借记“无形资产”科目，贷记“实收资本”或“股本”、“资本公积”等科目。

【例8-3】　甲股份有限公司的注册资本为1 000 000元。2016年6月15日，甲股份有限公司接受乙公司以专利权进行投资。该专利权的账面价值为420 000元，双方经协商确认的价值为440 000元，占甲股份有限公司注册资本的18%。假定不考虑其他相关税费，甲股份有限公司的会计处理如下：

借：无形资产　　440 000

贷：股本——乙公司　　180 000

资本公积——投本溢价　　260 000

3. **通过非货币性资产交换和债务重组取得的无形资产成本**

通过非货币性资产交换和债务重组取得的无形资产，其成本的确定及具体处理将在高级会计教材中讲述。

4. **土地使用权的处理**

企业取得的土地使用权通常应确认为无形资产。土地使用权用于自行开发建造厂房等地上建筑物时，土地使用权的账面价值不与地上建筑物合并计算其成本，而仍作为无形资产进行核算，土地使用权与地上建筑物分别进行摊销和提取折旧。但下列情况除外：

（1）房地产开发企业取得的土地使用权用于建造对外出售的房屋建筑物，相关的土地使用权应当计入所建造的房屋建筑物成本。

（2）企业外购的房屋建筑物，实际支付的价款中包括土地以及建筑物的价值，则应当对支付的价款按照合理的方法（如公允价值）在土地和地上建筑物之间进行分配；如果确实无法在地上建筑物与土地使用权之间进行合理分配的，应当全部作为固定资产核算。

企业改变土地使用权的用途，将其作为用于出租或增值目的时，应将其转为投资性房地产。

5. **自行研究开发的无形资产**

（1）研究阶段和开发阶段的划分。对于企业自行进行的研究开发项目，无形资产准则要求区分研究阶段与开发阶段两个部分分别进行核算。其中，研究阶段是指为获取新的技术和知识等进行的一些基础性工作，如收集资料、市场调查，并进行一些探索性活动，为进一步的开发活动做准备。

研究阶段的特点如下：

① 计划性。研究阶段是建立在有计划的调查基础上，即研发项目已经董事会或者相关管理层的批准，并着手收集相关资料、进行市场调查等。例如，某药品公司为研究开发某药品，经董事会或者相关管理层的批准，有计划地收集相关资料、进行市场调查、比较市场中

相关药品的药性、效用等活动。

② 探索性。研究阶段基本上是探索性的，为进一步的开发活动进行资料及相关方面的准备，在这一阶段不会形成阶段性成果。

从研究活动的特点看，其研究是否能在未来形成成果，即通过开发后是否会形成无形资产均有很大的不确定性，企业也无法证明其研究活动一定能够形成带来未来经济利益的无形资产，因此，研究阶段的有关支出在发生时应当费用化计入当期损益。

开发阶段是指在进行商业性生产或使用前，将研究成果或其他知识应用于某项计划或设计，以生产出新的或具有实质性改进的材料、装置、产品等。开发活动的例子包括：生产前或使用前的原型和模型的设计、建造和测试；含新技术的工具、夹具、模具和冲模的设计；不具有商业性生产经济规模的试生产设施的设计、建造和运营；新的或经改造的材料、设备、产品、工序、系统或服务所选定的替代品的设计、建造和测试等。

开发阶段的特点如下：

① 具有针对性。开发阶段是建立在研究阶段基础上，因而，对项目的开发具有针对性。

② 形成成果的可能性较大 。进入开发阶段的研发项目往往形成成果的可能性较大。

由于开发阶段相对于研究阶段更进一步，且很大程度上形成一项新产品或新技术的基本条件已经具备，此时如果企业能够证明满足无形资产的定义及相关确认条件，则所发生的开发支出可资本化，确认为无形资产的成本。

（2）开发阶段有关支出资本化的条件。在开发阶段，判断可以将有关支出资本化计入无形资产成本的条件包括：

第一，完成该无形资产以使其能够使用或出售在技术上具有可行性。判断无形资产的开发在技术上是否具有可行性，应当以目前阶段的成果为基础，并提供相关证据和材料，证明企业进行开发所需的技术条件等已经具备，不存在技术上的障碍或其他不确定性。比如，企业已经完成了全部计划、设计和测试活动，这些活动是使资产能够达到设计规划书中的功能、特征和技术所必需的活动或经过专家鉴定等。

第二，具有完成该无形资产并使用或出售的意图。开发某项产品或专利技术产品等，通常是根据管理当局决定该项研发活动的目的或者意图所决定，即研发项目形成成果以后，是为出售，还是为自己使用并从使用中获得经济利益，应当依管理当局的意图而定。因此，企业的管理当局应能够说明其持有拟开发无形资产的目的，并具有完成该项无形资产开发并使其能够使用或出售的可能性。

第三，无形资产产生经济利益的方式，包括能够证明运用该无形资产生产的产品存在市场或无形资产自身存在市场，无形资产将在内部使用的，应当证明其有用性。无形资产的确认，其基本条件是能够为企业带来未来经济利益。就其能够为企业带来未来经济利益的方式而言，如果有关的无形资产在形成以后，主要是用于形成新产品或新工艺的，企业应对运用该无形资产生产的产品市场情况进行估计，应能够证明所生产的产品存在市场，能够带来经济利益的流入；如果有关的无形资产开发以后主要是用于对外出售的，则企业应能够证明市场上存在对该类无形资产的需求，开发以后存在外在的市场可以出售并带来经济利益的流入；如果无形资产开发以后不是用于生产产品，也不是用于对外出售，而是在企业内部使用的，则企业应能够证明在企业内部使用时对企业的有用性。

第四，有足够的技术、财务资源和其他资源支持，以完成该无形资产的开发，并有能力使用或出售该无形资产。这一条件主要包括：①完成该项无形资产开发具有技术上的可靠性。开发的无形资产并使其形成成果在技术上的可靠性是继续开发活动的关键。因此，必须有确凿证据证明企业继续开发该项无形资产有足够的技术支持和技术能力。②财务资源和其他资源支持。财务和其他资源支持是能够完成该项无形资产开发的经济基础，因此，企业必须能够说明为完成该项无形资产的开发所需的财务和其他资源，是否能够足以支持完成该项无形资产的开发。③能够证明企业在开发过程中所需的技术、财务和其他资源，以及企业获得这些资源的相关计划等。如在企业自有资金不足以提供支持的情况下，是否存在外部其他方面的资金支持，如银行等借款机构愿意为该无形资产的开发提供所需资金的声明等来证实。④有能力使用或出售该无形资产以取得收益。

第五，归属于该无形资产开发阶段的支出能够可靠地计量。企业对于研究开发活动发生的支出应单独核算，如发生的研究开发人员的工资、材料费等，在企业同时从事多项研究开发活动的情况下，所发生的支出同时用于支持多项研究开发活动的，应按照一定的标准在各项研究开发活动之间进行分配，无法明确分配的，应予费用化计入当期损益，不计入开发活动的成本。

（3）内部开发的无形资产的计量。内部开发活动形成的无形资产，其成本由可直接归属于该资产的创造、生产并使该资产能够以管理层预定的方式运作的所有必要支出组成。可直接归属于该资产的成本包括：开发该无形资产时耗费的材料、劳务成本、注册费、在开发该无形资产过程中使用的其他专利权和特许权的摊销以及按照《企业会计准则第 17 号——借款费用》的规定资本化的利息支出，以及为使该无形资产达到预定用途前所发生的其他费用。在开发无形资产过程中发生的除上述可直接归属于无形资产开发活动的其他销售费用、管理费用等间接费用、无形资产达到预定用途前发生的可辨认的无效和初始运作损失、为运行该无形资产发生的培训支出等不构成无形资产的开发成本。

值得说明的是，内部开发无形资产的成本仅包括在满足资本化条件的时点至无形资产达到预定用途前发生的支出总和，对于同一项无形资产在开发过程中达到资本化条件之前已经费用化计入损益的支出不再进行调整。

（4）内部研究开发费用的账务处理。

① 无形资产准则规定，企业研究阶段的支出全部费用化，计入当期损益（管理费用）；开发阶段的支出符合条件的才能资本化，不符合资本化条件的计入当期损益（管理费用）。如果确实无法区分研究阶段的支出和开发阶段的支出，应将其所发生的研发支出全部费用化，计入当期损益。

② 企业自行开发无形资产发生的研发支出，未满足资本化条件的，借记“研发支出——费用化支出”科目，满足资本化条件的，借记“研发支出——资本化支出”科目，贷记“原材料”、“银行存款”、“应付职工薪酬”等科目。

③ 企业购买正在进行中的研究开发项目，应按确定的金额，借记“研发支出——资本化支出”科目，贷记“银行存款”等科目。以后发生的研发支出，应当比照上述②的规定进行处理。

④ 研究开发项目达到预定用途形成无形资产的，应按“研发支出——资本化支出”科目的余额，借记“无形资产”科目，贷记“研发支出——资本化支出”科目。

【例 8－4】　某企业自行研究开发一项新产品专利技术，在研究开发过程中发生材料费

40 000 000 元、人工工资 10 000 000 元，以及其他费用 30 000 000 元，总计 80 000 000 元，其中，符合资本化条件的支出为 50 000 000 元，期末，该专利技术已经达到预定用途。

相关费用发生时：

借：研发支出——费用化支出	30 000 000	
——资本化支出	50 000 000	
贷：原材料		40 000 000
应付职工薪酬		10 000 000
银行存款		30 000 000

期末：

借：管理费用	30 000 000	
无形资产	50 000 000	
贷：研发支出——费用化支出		30 000 000
——资本化支出		50 000 000

8.1.5 无形资产的摊销

无形资产初始确认和计量后，在其后使用该项无形资产期间内应以成本减去累计摊销额和累计减值损失后的余额计量。要确定无形资产在使用过程中的累计摊销额，基础是估计其使用寿命，只有使用寿命有限的无形资产才需要在估计的使用寿命内采用系统合理的方法进行摊销，对于使用寿命不确定的无形资产则不需要摊销。

1. 无形资产使用寿命的确定

企业应当于取得无形资产时分析判断其使用寿命。无形资产的使用寿命如为有限的，应当估计该使用寿命的年限或者构成使用寿命的产量等类似计量单位数量；无法预见无形资产为企业带来未来经济利益期限的，应当视为使用寿命不确定的无形资产。

（1）估计无形资产使用寿命应考虑的因素。

无形资产的后续计量是以其使用寿命为基础的。使用寿命有限的无形资产需要摊销，而对于使用寿命不确定的无形资产则不需要摊销。无形资产的使用寿命包括法定寿命和经济寿命两个方面，有些无形资产的使用寿命受法律、规章或合同的限制，称为法定寿命。如我国法律规定发明专利权有效期为 20 年，商标权的有效期为 10 年。有些无形资产如永久性特许经营权、非专利技术等的寿命则不受法律或合同的限制。经济寿命是指无形资产可以为企业带来经济利益的年限。由于受技术进步、市场竞争等因素的影响，无形资产的经济寿命往往短于法定寿命。因此，在估计无形资产的使用寿命时，应当综合考虑各方面相关因素的影响，合理确定无形资产的使用寿命。通常应考虑以下因素：该资产通常的产品寿命周期，以及可获得的类似资产使用寿命的信息；技术、工艺等方面的现实情况及对未来发展的估计；以该资产生产的产品或服务的市场需求情况；现在或潜在的竞争者预期采取的行动；为维持该资产产生未来经济利益的能力预期的维护支出及企业预计支付有关支出的能力；对该资产的控制期限，对该资产使用的法律或类似限制，如特许使用期间、租赁期间等；与企业持有的其他资产使用寿命的关联性等。

（2）无形资产使用寿命的确定。

源自合同性权利或其他法定权利取得的无形资产，其使用寿命不应超过合同性权利或其他法定权利的期限。如果合同性权利或其他法定权利能够在到期时因续约等延续，当有证据表明企业续约不需要付出重大成本时，续约期才能够包括在使用寿命的估计中。例如，下列情况下，一般说明企业无须付出重大成本即可延续合同性权利或其他法定权利：有证据表明合同性权利或法定权利将被重新延续，如果在延续之前需要第三方同意，则还需有第三方将会同意的证据；有证据表明为获得重新延续所必需的所有条件将被满足，以及企业为延续持有无形资产付出的成本相对于预期从重新延续中流入企业的未来经济利益相比不具有重要性。如果企业在延续无形资产持有期间时付出的成本与预期流入企业的未来经济利益相比具有重要性，则从本质上来看是企业获得了一项新的无形资产。

没有明确的合同或法律规定的无形资产，企业应当综合各方面情况，如聘请相关专家进行论证或与同行业的情况进行比较以及企业的历史经验等，来确定无形资产为企业带来未来经济利益的期限，如果经过这些努力确实无法合理确定无形资产为企业带来经济利益期限，再将其作为使用寿命不确定的无形资产。

（3）无形资产使用寿命的复核。

企业至少应当于每年年度终了，对无形资产的使用寿命进行复核，如果有证据表明无形资产的使用寿命不同于以前的估计，由于合同的续约或无形资产应用条件的改善，延长了无形资产的使用寿命，对于使用寿命有限的无形资产应改变其摊销年限，并按照《企业会计准则第 28 号——会计政策、会计估计变更和差错更正》进行处理。

对于使用寿命不确定的无形资产，如果有证据表明其使用寿命是有限的，应当按照会计估计变更处理，并按照无形资产准则中关于使用寿命有限无形资产的处理原则进行处理。

（4）估计无形资产使用寿命举例。

① 企业以支付土地出让金方式取得一块土地 50 年的使用权，如果企业准备持续持有，在 50 年期间内没有计划出售，该项土地使用权预期为企业带来未来经济利益的期间为 50 年。

② 企业取得一项专利技术，法律保护期间为 20 年，企业预计运用该专利生产的产品在未来 15 年内会为企业带来经济利益。就该项专利技术，第三方向企业承诺在 5 年内以其取得之日公允价值的 60% 购买该专利权，从企业管理层目前的持有计划来看，准备在 5 年内将其出售给第三方。该专利技术应在企业持有其 5 年内摊销，残值为该专利在取得之日公允价值的 60%。

③ 企业通过公开拍卖取得一项出租车运营许可，按照所在地规定，以现有出租运营许可为限，不再授予新的运营许可，而且在旧的出租车报废以后，其运营许可可用于新的出租车。企业估计在有限的未来，其将持续经营出租车行业。对于该运营许可，其为企业带来未来经济利益的期限从目前情况看无法可靠估计，应视为使用寿命不确定的无形资产。

2. 使用寿命有限的无形资产的摊销

使用寿命有限的无形资产，应在其预计的使用寿命内采用系统合理的方法对应摊销金额进行摊销。其中应摊销金额是指无形资产的成本扣除残值后的金额。

（1）摊销期和摊销方法。

无形资产的摊销期自其可供使用时（即其达到预定用途）开始至终止确认时止。当月增加的无形资产，当月开始摊销；当月减少的无形资产，当月不再摊销。

在无形资产的使用寿命内系统地分摊其应摊销金额，存在多种方法。这些方法包括直线法、生产总量法等。对某项无形资产摊销所使用的方法应依据从资产中获取的预期未来经济利益的预计消耗方式来选择，并一致地运用于不同会计期间，例如，受技术陈旧因素影响较大的专利权和专有技术等无形资产，可采用类似固定资产加速折旧的方法进行摊销；有特定产量限制的特许经营权或专利权，应采用产量法进行摊销。

无形资产的摊销一般应计入当期损益，但如果某项无形资产是专门用于生产某种产品的，其所包含的经济利益是通过转入到所生产的产品中体现的，无形资产的摊销费用应构成产品成本的一部分。

（2）残值的确定。

无形资产的残值一般为零，除非有第三方承诺在无形资产使用寿命结束时愿意以一定的价格购买该项无形资产，或者存在活跃的市场，通过市场可以得到无形资产使用寿命结束时的残值信息，并且从目前情况看，在无形资产使用寿命结束时，该市场还可能存在的情况下，可以预计无形资产的残值。

无形资产的残值意味着在其经济寿命结束之前企业预计将会处置该无形资产，并且从该处置中取得利益。估计无形资产的残值应以资产处置时的可收回金额为基础，此时的可收回金额是指在预计出售日，出售一项使用寿命已满且处于类似使用状况下，同类无形资产预计的处置价格（扣除相关税费）。残值确定以后，在持有无形资产的期间，至少应于每年年末进行复核，预计其残值与原估计金额不同的，应按照会计估计变更进行处理。如果无形资产的残值重新估计以后高于其账面价值的，无形资产不再摊销，直至残值降至低于账面价值时再恢复摊销。

【例8－5】 某股份有限公司从外单位购得一项商标权，支付价款30 000 000元，款项已支付，该商标权的使用寿命为10年，不考虑残值的因素，以直线法摊销预期实现经济利益的方式。账务处理如下：

借：无形资产——商标权	30 000 000	
贷：银行存款		30 000 000
借：管理费用（30 000 000÷10）	3 000 000	
贷：累计摊销		3 000 000

3. **使用寿命不确定的无形资产**

根据可获得的情况判断，有确凿证据表明无法合理估计其使用寿命的无形资产，才能作为使用寿命不确定的无形资产，不能随意判断使用寿命不确定的无形资产。按照无形资产准则规定，对于使用寿命不确定的无形资产，在持有期间内不需要摊销，如果期末重新复核后仍为不确定的，则应当在每个会计期间进行减值测试。按照《企业会计准则第8号——资产减值》的规定，需要计提减值准备的，相应计提有关的减值准备。其相关的账务处理为：借记“资产减值损失”科目，贷记“无形资产减值准备”科目。

8.1.6 无形资产的处置

无形资产的处置，主要是指无形资产出售、对外出租、对外捐赠，或者是无法为企业带来未来经济利益时，应予转销并终止确认。

1. **无形资产的出售**

企业将无形资产出售，表明企业放弃无形资产的所有权。无形资产准则规定，企业出售无形资产时，应将所取得的价款与该无形资产账面价值的差额计入当期损益。

企业出售无形资产不属于《企业会计准则第14号——收入》的规范范围，但处置收入的确认时点应比照收入准则中的有关原则进行判断。

出售无形资产时，应按实际收到的金额，借记“银行存款”等科目；按已摊销的累计摊销额，借记“累计摊销”科目，原已计提减值准备的，借记“无形资产减值准备”科目；按应支付的相关税费，贷记“应交税费”等科目；按其账面余额，贷记“无形资产”科目；按其差额，贷记“营业外收入——处置非流动资产利得”科目或借记“营业外支出——处置非流动资产损失”科目。

【例8-6】 甲企业为增值税一般纳税人，出售一项商标权，所得的不含税价款为1 200 000元，根据《关于全面推开营业税改增值税试点的通知》（财税［2016］36号），应缴纳的增值税为72 000元（适用增值税率为6%，不考虑其他税费）。该商标权成本为3 000 000元，出售时已摊销金额为1 800 000元，已计提的减值准备为300 000元。

甲企业的账务处理为：

借：银行存款	1 272 000	
累计折旧	1 800 000	
无形资产减值准备——商标权	300 000	
贷：无形资产——商标权		3 000 000
应交税费——应交增值税（销项税额）		72 000
营业外收入——处置非流动资产利得		300 000

2. **无形资产的出租**

企业将所拥有的无形资产的使用权让渡给他人，并收取租金，在满足收入准则规定的确认标准的情况下，应确认相关的收入及成本。

出租无形资产时，取得的租金收入，借记“银行存款”等科目，贷记“其他业务收入”等科目；摊销出租无形资产的成本时，借记“其他业务成本”科目，贷记“累计摊销”科目。

【例8-7】 某企业将一项专利技术出租给另外一个企业使用，该专利技术账面余额为5 000 000元，摊销期限为10年。出租合同规定，承租方每销售一件用该专利生产的产品，必须付给出租方10元专利技术使用费。假定承租方当年销售该产品10万件。出租方的账务处理如下：

借：银行存款	1 060 000	
贷：其他业务收入		1 000 000
应交税费——应交增值税（销项税额）		60 000
借：其他业务成本	500 000	
贷：累计摊销		500 000

3. **无形资产的报废**

如果无形资产预期不能为企业带来未来经济利益，不符合无形资产的定义，应将其转销。如该无形资产已被其他新技术所替代，不能为企业带来经济利益；再如无形资产不再受到法律保护，且不能给企业带来经济利益等。例如甲企业的某项无形资产法律保护期限已过，用其生产的产品没有市场，则说明该无形资产无法为企业带来未来经济利益，应予转销。

无形资产预期不能为企业带来经济利益的，应按已摊销的累计摊销额，借记“累计摊销”科目；原已计提减值准备的，借记“无形资产减值准备”科目；按其账面余额，贷记“无形资产”科目，按其差额，借记“营业外支出”科目。

【例8-8】 某企业的某项专利技术，其账面余额为6 000 000元，摊销期限为10年，采用直线法进行摊销，已摊销了5年，假定该项专利权的残值为0，计提的减值准备为1 600 000元，今年用其生产的产品没有市场，应予转销。假定不考虑其他相关因素，其账务处理如下：

借：累计摊销	3 000 000	
无形资产减值准备	1 600 000	
营业外支出——处置无形资产损失	1 400 000	
贷：无形资产——专利权		6 000 000

8.1.7 无形资产的披露

企业应当按照无形资产的类别在附注中披露与无形资产有关的下列信息：

(1) 无形资产的期初和期末账面余额、累计摊销额及累计减值准备金额。

(2) 使用寿命有限的无形资产，其使用寿命的估计情况及判断无形资产使用寿命的依据，如按照合同规定、法律规定或是其他方面的情况；使用寿命不确定的无形资产，无法合理估计其使用寿命的原因。

(3) 无形资产摊销方法。

(4) 作为抵押的无形资产账面价值、当期摊销额等情况。

(5) 当期进行研究开发项目发生的研究开发支出总额，并说明其中费用化计入当期损益的金额及资本化计入无形资产成本的金额。

(6) 无形资产增减变动情况。

8.2 投资性房地产

8.2.1 投资性房地产概述

1. 投资性房地产的概念及特征

房地产是土地和房屋及其权属的总称。在我国，土地归国家或集体所有，企业只能取得土地使用权。因此，房地产中的土地是指土地使用权，房屋是指土地上的房屋等建筑物。

投资性房地产是指为赚取租金或资本增值或者两者兼有而持有的房地产。作为投资性房地产应具备以下特征：

(1) 持有投资性房地产的目的是为赚取租金或资本增值，或两者兼有。投资性房地产业务是一种经营性活动，其实质是属于一种让渡资产使用权行为。产生的现金流量在很大程度上独立于企业的其他资产，因此，会计核算应将其与自用房地产区分。

(2) 能够单独计量和出售。企业的房地产不同部分用途不同时，只要能单独计量和出售，就应当分别确认固定资产（或无形资产、存货）和投资性房地产。

2. 投资性房地产的范围

根据投资性房地产准则的规定，投资性房地产的范围限定为已出租的土地使用权、持有并准备增值后转让的土地使用权、已出租的建筑物。

（1）已出租的土地使用权。

已出租的土地使用权，是指企业通过出让或转让方式取得的、以经营租赁方式出租的土地使用权。企业计划用于出租但尚未出租的土地使用权，不属于此类。对于以经营租赁方式租入土地使用权再转租其他单位的，不能确认为投资性房地产。

（2）持有并准备增值后转让的土地使用权。

持有并准备增值后转让的土地使用权，是指企业通过出让或转让方式取得的、准备增值后转让的土地使用权。

超过国家规定期限未动工开发建设的建设用地属于闲置土地，不属于持有并准备增值的土地使用权。

（3）已出租的建筑物。

已出租的建筑物是指企业拥有产权并以经营租赁方式出租的房屋建筑物。企业计划用于出租但尚未出租的建筑物，不属于此类。

企业在判断和确认已出租的建筑物时，应注意以下几点：

① 已出租的建筑物是指企业拥有产权的建筑物。企业以经营租赁方式租入再转租的建筑物不属于投资性房地产。

② 已出租的建筑物是企业已经与其他单位签订了租赁协议，约定以经营租赁方式出租的建筑物，自租赁协议规定的租赁开始日起，经营租出的建筑物才属于已出租的建筑物，确认为投资性房地产。

③ 企业将建筑物出租，按租赁协议向承租人提供的相关辅助服务在整个协议中不重大的，应当将该建筑物确认为投资性房地产。

3. 不属于投资性房地产的项目

（1）自用房地产。

自用房地产是指为生产商品、提供劳务或者经营管理而持有的房地产。自用房地产的特征在于服务于企业自身的生产经营，其价值会随着房地产的使用而逐渐转移到企业的产品或服务中去。

（2）作为存货的房地产。

作为存货的房地产通常是指房地产开发企业在正常经营过程中销售的或为销售而正在开发的商品房和土地。这部分房地产属于房地产开发企业的存货，其生产、销售构成企业的主营业务活动，产生的现金流量也与企业的其他资产有关。因此，具有存货性质的房地产不属于投资性房地产。

4. 投资性房地产的确认和初始计量

(1) 投资性房地产的确认。

将某个项目确认为投资性房地产，首先应当符合投资性房地产的概念，其次要同时满足投资性房地产的两个确认条件：

① 与该投资性房地产相关的经济利益很可能流入企业。

② 该投资性房地产的成本能够可靠计量。

（2）投资性房地产的初始计量。

投资性房地产应当按成本进行初始计量。由于投资性房地产的来源渠道不同，其价值构成的内容也有所差别。其初始计量应根据来源的不同分别确定。

以下以外购、自行建造的投资性房地产的初始计量予以说明：

① 外购的投资性房地产。对于企业外购的房地产，只有在购入的同时对外出租或用于资本增值，才能称之为外购的投资性房地产。其成本包括购买价款、相关税费和可直接归属于该资产的其他支出。

企业购入房地产，自用一段时间以后用于出租或用于资本增值的，应当先将外购的房地产确认为固定资产或无形资产，自租赁开始日或明确用于资本增值之日起，再将固定资产或无形资产转换为投资性房地产。

② 自行建造的投资性房地产。自行建造（或开发）的房地产，只有在自行建造或开发活动完成的同时开始对外出租或用于资本增值，才能将自行建造的房地产确认为投资性房地产。其成本由建造该房地产达到预定可使用状态前发生的必要支出构成。

企业自行建造的房地产达到预定可使用状态后一段时间才对外出租或用于资本增值的，应当先将自行建造的房地产确认为固定资产、无形资产或存货，自租赁开始日或用于资本增值之日起，再将固定资产、无形资产或存货转换为投资性房地产。

5. 投资性房地产的后续计量

企业在资产负债表日对投资性房地产的后续计量模式有两种：成本模式和公允价值模式。

企业通常应当采用成本模式对投资性房地产进行计量。若只有采用公允价值模式计量才能够提供更可靠、更相关的信息且满足公允价值计量条件时，才可以采用公允价值模式计量。计量模式已经确定，不得随意变更。

成本模式转为公允价值模式，应当作为会计政策变更，采用追溯调整法进行会计处理。已采用公允价值模式计量的投资性房地产不得从公允价值模式转为成本模式。

（1）投资性房地产成本模式。

在资产负债表日，企业应当采用成本模式对投资性房地产进行后续计量。在成本模式下，应当按照固定资产和无形资产的有关规定，计提折旧或进行摊销，存在减值现象的，还应当按照资产减值的有关规定进行处理。

对于投资性房地产中的建筑物而言，其计提折旧与固定资产完全一致。具体来说，计提投资性房地产折旧时，借记“其他业务成本”科目，贷记“投资性房地产累计折旧”科目。

对于投资性房地产中的土地使用权而言，其摊销政策与无形资产完全一致。摊销投资性房地产时，借记“其他业务成本”科目，贷记“投资性房地产累计摊销”科目。

投资性房地产若存在减值迹象，应进行减值测试。计提减值准备时，借记“资产减值损失”科目，贷记“投资性房地产减值准备”科目。

（2）投资性房地产的公允价值模式。

① 采用公允价值计量模式的条件。只有采用公允价值计量才能提供更可靠、更相关的信息，且有确凿证据表明投资性房地产的公允价值能够可靠取得的，企业可以对投资性房地产采用公允价值进行后续计量，但应当同时满足下列条件：

第一，投资性房地产所在地有活跃的房地产交易市场。该条件意味着投资性房地产可以在房地产交易市场中直接交易，所在地通常是指投资性房地产所在的城市。对于大中城市，应当具体化为其所在的地区。活跃的交易市场是指同时具有下列特征的市场：市场内交易对象具有同质性；可随时找到自愿交易的买方或卖方；市场价格信息是公开的。

第二，企业能够从房地产交易市场上取得同类或类似房地产的市场价格及其他相关信息，从而对投资性房地产的公允价值作出合理的估计。同类或类似的房地产，对于建筑物而言，是指所处的地理位置和地理环境相同、性质相同、结构类型相同或相近、新旧程度相同或相近、可使用状况相同或相近的建筑物；对于土地使用权而言，是指同一城区、同一位置区域、所处地理环境相同或相近、可使用状况相同或相近的土地。

② 采用公允价值模式进行后续计量的会计处理。采用公允价值模式进行后续计量的投资性房地产，应当遵循以下会计处理：

外购或自行建造的投资性房地产达到预定可使用状态时，按实际成本，借记“投资性房地产（成本）”科目，贷记“银行存款”、“在建工程”等科目。

企业应当以资产负债表日投资性房地产的公允价值为基础调整其账面价值，公允价值与原账面价值之间的差额计入当期损益。资产负债表日投资性房地产的公允价值高于原账面价值的差额，借记“投资性房地产（公允价值变动）”科目，贷记“公允价值变动损益”科目；公允价值低于原账面价值的差额，作相反的会计分录。

8.2.2 投资性房地产的会计处理

1. 采用成本模式计量的投资性房地产

成本模式的会计处理比较简单，主要内容有：投资性房地产的初始计量；投资性房地产的后续计量；投资性房地产的转换及处置。所涉及的会计科目有“投资性房地产”、“投资性房地产累计折旧”、“投资性房地产减值准备”、“投资性房地产累计摊销”。

（1）投资性房地产的初始计量。

采用成本模式计量的投资性房地产，属于外购的，其入账成本包括购买价款、相关税费和可直接归属于该资产的其他支出。属于自行建造的，其入账成本由建造该项房地产达到预定可使用状态前发生的必要支出构成，包括土地开发费、建设成本、应予以资本化的借款费用、支付的其他费用和分摊的间接费用等。

【例8-9】 2016年2月，甲企业计划购入一栋写字楼用于对外出租。当月与乙企业签订协议，双方约定甲方购入之日即移交给乙企业租用，租期3年。5月初，甲企业以15 800 000元购入写字楼并移交给乙企业。

甲企业的账务处理如下：

借：投资性房地产——写字楼　　15 800 000

　　贷：银行存款　　15 800 000

【例8-10】 2016年5月，南方有限责任公司从邻近单位购入一块土地使用权，并建筑厂房用于对外仓储。土地使用权成本5 000 000元，厂房建造总成本为8 300 000元。工程完工后一并交付承租人使用。

南方公司账务处理如下：

借：投资性房地产——厂房　　8 300 000

　　贷：在建工程　　8 300 000

借：投资性房地产——已出租土地使用权 5 000 000
　　贷：无形资产——土地使用权 5 000 000

（2）投资性房地产的后续计量。

成本模式计量的投资性房地产，应比照固定资产或无形资产计提折旧或进行摊销；有减值迹象的应进行减值测试，并计提减值准备。

【例8-11】 甲企业于2015年年底将竣工的厂房出租给乙企业，该厂房预计可使用30年，租期为10年，每年租金180 000元，按月支付。厂房建造总成本为3 600 000元，按年限法计提折旧，不考虑净残值。2016年年底，该厂房预计可收回金额为3 200 000元。

甲企业账务处理如下：

① 计提折旧：每月3 600 000÷30÷12=10 000（元）

借：其他业务成本 10 000
　　贷：投资性房地产累计折旧 10 000

② 每月租金。

借：银行存款 16 650
　　贷：其他业务收入 15 000
　　　　应交税费——应交增值税（销项税额） 1 650

③ 年末计提减值准备。

借：资产减值损失 280 000
　　贷：投资性房地产减值准备 280 000

（3）非投资性房地产转换为投资性房地产。

房地产的转换，实质是因为房地产用途发生改变而对房地产进行的重新分类。企业必须有确凿证据表明房地产用途发生改变，才能将投资性房地产转换为非投资性房地产或者将非投资性房地产转换为投资性房地产。包括：作为存货的房地产改为出租；自用建筑物或土地使用权停止自用改为出租；自用土地使用权停止自用，改用于资本增值；投资性房地产改为自用。

① 作为存货的房地产转换为投资性房地产。作为存货的房地产转换为投资性房地产，通常指房地产开发企业将其持有的开发产品以经营租赁的方式出租，存货相应地转换为投资性房地产。在这种情况下，租赁期开始日就是转换日。

转换时企业应当按该项存货在转换日的账面价值，借记“投资性房地产”科目、“存货跌价准备”科目，按账面余额，贷记“开发产品”等科目。

【例8-12】 甲房地产开发公司于2016年3月和乙企业达成并签订租赁协议，甲公司将开发的一栋写字楼租赁给乙企业。租赁日，该房产账面成本为3 100 000元，已计提减值500 000元。

甲企业账务处理如下：

借：投资性房地产——写字楼 2 600 000
　　存货跌价准备 500 000
　　贷：开发产品 3 100 000

② 自用房地产转换为投资性房地产。企业将自用建筑物或土地使用权转换为投资性房地产时，应当按该建筑物或土地使用权在转换日的原价、累计折旧、减值准备等分别转入

“投资性房地产”、“投资性房地产减值准备”、“投资性房地产累计折旧（摊销）”科目。按账面余额，借记“投资性房地产”科目，贷记“固定资产”、“无形资产”科目，按计提的折旧额或摊销额，借记“累计折旧”、“累计摊销”科目，贷记“投资性房地产累计折旧（摊销）”科目，原已计提减值准备的，借记“无形资产减值准备”、“固定资产减值准备”科目，贷记“投资性房地产减值准备”科目。

【例 8－13】 甲企业将原自用厂房改为出租。租赁日，该厂房原值 1 200 000 元，折旧 360 000 元，已计提减值准备 140 000 元。甲企业账务处理如下：

借：投资性房地产　　1 200 000
　　累计折旧　　360 000
　　固定资产减值准备　　140 000
　贷：固定资产　　1 200 000
　　　投资性房地产累计折旧　　360 000
　　　投资性房地产减值准备　　140 000

（4）投资性房地产转换为自用房地产。

企业将投资性房地产转换为自用房地产时，应按该项投资性房地产在转换日的账面余额、累计折旧、减值准备，分别转入“固定资产”、“累计折旧”、“固定资产减值准备”等科目。按投资性房地产的账面余额，借记“固定资产”或“无形资产”科目，贷记“投资性房地产”科目，按计提的折旧额或摊销额，借记“投资性房地产累计折旧（摊销）”科目，贷记“累计折旧”、“累计摊销”科目，已计提减值准备的，借记“投资性房地产减值准备”科目，贷记“无形资产减值准备”、“固定资产减值准备”科目。

【例 8－14】 2016 年 4 月，甲企业收回出租的厂房，用于本单位经营。转换日，该投资性房地产账面成本 30 000 000 元，折旧 11 000 000 元，减值准备 3 000 000 元。

甲企业账务处理如下：

借：固定资产　　30 000 000
　　投资性房地产减值准备　　3 000 000
　　投资性房地产累计折旧　　11 000 000
　贷：投资性房地产　　30 000 000
　　　固定资产减值准备　　3 000 000
　　　累计折旧　　11 000 000

（5）投资性房地产的处置。

企业可以通过对外出售或转让方式处置投资性房地产，取得收益。处置采用成本模式计量的投资性房地产时，应当按实际收到的金额，借记“银行存款”等科目，贷记“其他业务收入”科目，按该项投资性房地产的账面价值借记“其他业务成本”科目，按其账面余额，贷记“投资性房地产”科目，按照已计提的折旧额或摊销额，借记“投资性房地产累计折旧（摊销）”科目，原已计提减值的，借记“投资性房地产减值准备”科目。

【例 8－15】 甲企业将出租的厂房出售。账面原值 1 800 000 元，已提折旧 370 000 元，出售收入 1 700 000 元。

甲企业账务处理如下：

借：银行存款　　1 887 000

贷：其他业务收入　　1 700 000
　　应交税费——应交增值税（销项税额）　　187 000
借：其他业务成本　　1 430 000
　　投资性房地产累计折旧　　370 000
　　贷：投资性房地产　　1 800 000

2. 采用公允价值模式计量的投资性房地产

采用公允价值模式计量的投资性房地产，其初始计量与成本计量模式是相同的，均按取得时的成本入账。在后续计量时，公允价值计量模式须按投资性房地产在资产负债表日的公允价值，对投资性房地产账面价值进行调整。

（1）投资性房地产的后续计量。

【例8－16】 甲企业某项房地产采用公允价值计量。2015年12月31日，该项投资性房地产的公允价值为7 600 000元，账面价值为5 200 000元。

甲企业账务处理如下：

借：投资性房地产　　2 400 000
　　贷：其他综合收益——公允价值变动　　2 400 000

（2）投资性房地产转换为非投资性房地产。

采用公允价值模式计量的投资性房地产转换为自用房地产时，应当以其转换当日的公允值作为自用房地产的账面价值。公允价值与原账面价值的差额作为其他综合收益——公允价值变动，计入当期损益。转换日，按该项投资性房地产的公允价值，借记“固定资产”或“无形资产”科目；按该房地产的账面成本，贷记“投资性房地产（成本）”科目；按该投资性房地产的累计公允价值变动，贷记或借记“投资性房地产（公允价值变动）”科目；按转换日该项投资性房地产的公允价值和其账面净值的差额，贷记或借记“其他综合收益——公允价值变动”科目。

【例8－17】 甲企业对某项房地产采用公允价值计量，本月10日企业将其转为自用房地产。转换日，该房地产的公允价值为1 350 000元。其账面价值为1 320 000元，其中成本为1 050 000元，公允价值变动为增值270 000元。

甲企业账务处理如下：

借：固定资产　　1 350 000
　　贷：投资性房地产（成本）　　1 050 000
　　　　投资性房地产（公允价值变动）　　270 000
　　　　其他综合收益——公允价值变动　　30 000

（3）非投资性房地产转换为投资性房地产。

① 作为存货的房地产转换为公允价值计量的投资性房地产。应于转换日按该项房地产在转换日的公允价值，借记“投资性房地产（成本）”科目；原已计提减值的，借记“存货跌价准备”科目，按账面余额贷记“开发产品”科目。同时，转换日的公允价值小于账面价值的，按差额借记“公允价值变动损益”科目；转换日的公允价值大于账面价值的，按其差额，贷记“其他综合收益”科目，待该项投资性房地产处置时，因转换计入其他综合收益的部分应转入当期的损益

【例8－18】 甲企业2016年2月将2015年开发的商品房用于出租。出租日，其公允价值为350 000元，账面成本为260 000元。2016年6月月底，公允价值为480 000元，8月

中旬，甲企业将该房产出售，收入510 000元。

甲企业账务处理如下：

2016年2月：

借：投资性房地产（成本） 350 000

　　贷：开发产品 260 000

　　　　其他综合收益——公允价值变动 90 000

2016年6月末：

借：投资性房地产（公允价值变动） 130 000

　　贷：其他综合收益——公允价值变动 130 000

2016年8月：

借：银行存款 566 100

　　贷：其他业务收入 510 000

　　　　应交税费——应交增值税（销项税额） 56 100

借：其他业务成本 480 000

　　贷：投资性房地产（成本） 350 000

　　　　投资性房地产（公允价值变动） 130 000

同时，将转换时记入"其他综合收益"的部分转入"其他业务收入"：

借：其他综合收益 210 000

　　贷：其他业务收入 210 000

② 自用土地使用权或建筑物转换为公允价值计量的投资性房地产。企业将自用土地使用权或建筑物转换为公允价值计量的投资性房地产时，应当按该项土地使用权或建筑物在转换日的公允价值，借记"投资性房地产（成本）"科目，按其账面价值，贷记"无形资产"或"固定资产"科目，按已提折旧额或已提摊销额，借记"累计折旧"或"累计摊销"科目；按已提减值准备，借记"固定资产减值准备"、"无形资产减值准备"科目。同时；转换日的公允价值小于账面价值的，按其差额，借记"公允价值变动损益"科目；转换日的公允价值大于账面价值的，按其差额，贷记"其他综合收益"科目。待该项投资性房地产处置时，因转换计入其他综合收益的部分应转入当期损益。

【例8-19】 2016年6月，甲公司决定将自用建筑物作为投资性房地产，并采用公允价值模式核算。当日，该自用建筑物的账面原值为6 700 000元，已提折旧300 000元，已提减值准备210 000元。当日其公允价值为5 600 000元。

甲企业账务处理如下：

借：投资性房地产（成本） 5 600 000

　　累计折旧 300 000

　　固定资产减值准备 210 000

　　公允价值变动损益 590 000

　　贷：固定资产 6 700 000

（4）投资性房地产的处置。

企业在处置采用公允价值模式计量的投资性房地产时，应当按收到的款项，借记"银行存款"等科目；贷记"其他业务收入"科目，按投资性房地产的账面余额，借记"其他业务成本"科目；贷记"投资性房地产（成本）"科目，贷记或借记"投资性房地产（公允价值变动)”科目；按照出售过程中发生的相关税费，贷记“应交税费”科目。同时，按该投资性房地产的公允价值变动，借记或贷记“公允价值变动损益”科目，贷记或借记“其他业务收入”科目；按该项投资性房地产在转换日计入其他综合收益的金额，借记“其他综合收益”科目，贷记“其他业务收入”科目。

【例8-20】 2016年6月，甲企业将公允价值计量的房地产出售，通过银行收到价款2 900 000元。当日，该房产账面成本2 100 000元，公允价值变动为增值400 000元。

甲企业账务处理如下：

① 取得出售收入。

	借方	贷方
借：银行存款	3 219 000	
贷：其他业务收入		2 900 000
应交税费——应交增值税（销项税额）		319 000

② 结转出售成本。

	借方	贷方
借：其他业务成本	2 500 000	
贷：投资性房地产（成本）		2 100 000
投资性房地产（公允价值变动）		400 000

同时：

	借方	贷方
借：其他综合收益	400 000	
贷：其他业务收入		400 000

8.2.3 投资性房地产后续计量模式的变更及信息披露

为保证会计信息的可比性，企业对投资性房地产的计量模式，一经确定，不得随意变更。只有在房地产市场比较成熟、能够满足公允价值模式条件的情况下，才允许企业对投资性房地产从成本模式计量变更为公允价值模式计量。但是，同一企业只能采用一种模式对所有投资性房地产进行后续计量，不得同时采用两种计量模式。

已采用公允价值模式计量的投资性房地产，不得从公允价值模式转为成本模式。

成本模式转为公允价值模式，应当作为会计政策变更，采用追溯调整法进行会计处理，将转换时公允价值与账面价值的差额，调整期初留存收益。

具体会计处理如下：企业应当按照转换当日投资性房地产的公允价值，借记“投资性房地产（成本）”科目；按照已计提的折旧额或摊销额，借记“投资性房地产累计折旧”、“投资性房地产累计摊销”等科目；按已计提的投资性房地产减值准备，借记“投资性房地产减值准备”科目；按照投资性房地产变更前的账面原值，贷记“投资性房地产”科目；按照投资性房地产公允价值与其账面价值之间的差额贷记或借记“利润分配——未分配利润”、“盈余公积”等科目。

【例8-21】 2015年12月31日甲企业根据市场变化，决定将某投资性房地产由成本模式改为公允价值模式，该投资性房地产账面原值为3 000 000元，已计提折旧800 000元，已计提减值准备200 000元。当日该投资性房地产公允价值1 900 000元。不考虑其他因素，该公司按10%提取盈余公积。

甲企业账务处理如下：

	借方
借：投资性房地产（成本）	1 900 000
投资性房地产累计折旧	800 000

投资性房地产减值准备	200 000	
盈余公积	10 000	
利润分配——未分配利润	90 000	
贷：投资性房地产		3 000 000

8.3 其他资产

其他资产是指除流动资产、长期投资、固定资产、无形资产等以外的资产，主要包括长期待摊费用和其他资产。

8.3.1 长期待摊费用

长期待摊费用是指企业已经支出，但根据权责发生制原则，应由本期和以后各期分期负担的摊销期在一年以上（不含一年）的各项费用，主要包括开办费、租入固定资产的改良支出以及摊销期限在一年以上的其他待摊费用。应由本期负担的借款利息、租金等，不得作为长期待摊费用处理。长期待摊费用应当单独核算，在费用项目的受益期内按期平均摊销。

1. 开办费

开办费是指企业筹建期间所发生的不应计入有关资产成本的各项费用。开办费的内容包括：筹备期间工作人员的工资、办公费、差旅费、培训费、印刷费、银行借款利息、律师费、注册登记费以及其他不能计入固定资产价值的借款费用等，应当在开始生产经营的当月，一次计入开始生产经营当月损益。发生开办费时，借记“长期待摊费用”科目，贷记“银行存款”等有关科目；摊销时，借记“管理费用”科目，贷记“长期待摊费用”科目。现举例说明如下：

【例 8－22】 A 公司在筹建期间共发生注册费、人员培训、差旅费等 580 000 元，6 个月后开始投入生产经营。其会计处理为：

（1）平时陆续支付有关开办费时：

借：长期待摊费用——开办费	580 000	
贷：银行存款等		580 000

（2）生产经营当月摊销时：

借：管理费用	580 000	
贷：长期待摊费用——开办费		580 000

2. 租入固定资产的改良支出

租入固定资产的改良支出是指能增加租入固定资产的效用或延长使用寿命的改装、翻新、改建等支出。租入固定资产的所有权不属于租入企业，承租人只获得在租赁有效期限内对改良工程的使用权利，因此，其对租入固定资产进行改良工程所发生的支出，应作为长期待摊费用处理。租入固定资产改良支出，应在租赁期限与租赁资产尚可使用年限两者孰短的期限内平均摊销。企业发生改良支出时，借记“长期待摊费用”科目，贷记有关科目；摊销时，借记“管理费用”、“制造费用”、“销售费用”等科目，贷记“长期待摊费用”科目。现举例说明如下：

【例 8－23】 B 公司对经营租入的某生产设备进行改良，以银行存款等支付改良工程款共计 36 000 元，租赁期为 2 年，其会计处理为：

（1）以银行存款支付改良工程款时：

借：长期待摊费用——租入固定资产改良支出　　36 000

　　贷：银行存款等　　36 000

（2）在租赁期内每月摊销时：

每月摊销额 36 000 ÷ 2 ÷ 12 = 1 500（元）

借：制造费用　　1 500

　　贷：长期待摊费用——租入固定资产改良支出　　1 500

3. 其他长期待摊费用

其他长期待摊费用是指上述各项之外的长期待摊费用，应当在受益期限内平均摊销。

如果长期待摊费用项目不能使以后会计期间受益，应当将尚未摊销的该项目的摊余价值全部转入当期损益。

8.3.2　其他资产

1. 其他资产的内容

其他资产是指除流动资产、长期投资、固定资产、无形资产、长期待摊费用等以外的资产。主要包括特种储备物资、银行冻结存款、冻结物资和诉讼中的财产等。

（1）特种储备物资是指具有专门用途，但是不参加企业生产经营周转的，经国家批准在正常经营范围以外而储备的特种物资。

（2）银行冻结存款是指被银行冻结（一般为法院通知）停止动用的银行存款。

（3）冻结物资是指由于某些原因，被冻结（一般为法院通知）不能正常处置的资产。

（4）诉讼中的财产是指由于发生产权（或经济）纠纷，进入司法程序后被法院认定为涉及诉讼，但尚未判定所有权归属的资产，企业对这部分财产物资不得转移、隐藏和毁损。

其他资产的主要特点是：一般不参加企业的正常生产经营周转，因而其价值不需要进行摊销（施工企业的临时设施除外）；它的报废清理与固定资产的报废清理处理相同。

2. 其他资产的会计处理

其他资产并不是所有企业都具有的，只有一些特殊的企业由于特殊的情况才会发生相关的业务，一般企业很少发生，所以我国企业会计准则中没有对其他资产的核算设置统一的会计科目，企业可以根据实际需要增设相关的会计科目，如“特种储备物资”、“特种储备资金”、“银行冻结存款”、“冻结物资”、“诉讼中的财产”、“临时设施”等科目。以上科目除“特种储备资金”外，其他都是核算其他资产的资产类科目，该类科目的借方登记其他资产的形成，贷方登记其他资产的减少或转销，借方余额表示企业其他资产的期末实有额。

本章小结

本章主要讲述无形资产、投资性房地产和其他资产。无形资产的取得、摊销和处置，投资性房地产的取得、转换和处置，后续计量模式的变更等。为保证会计信息的可比性，企业对投资性房地产的计量模式，一经确定不得随意变更。只有在房地产市场比较成熟、能够满足公允价值模式条件的情况下，才允许企业对投资性房地产从成本模式计量变更为公允价值模式计量。但是，同一企业只能采用一种模式对所有投资性房地产进行后续计量，不得同时采用两种计量模式。

▲ 关键名词

无形资产　研发支出　无形资产摊销　无形资产处置及披露　投资性房地产
投资性房地产计量模式　投资性房地产的变更　其他资产

即测即评

请扫描二维码，在线测试本章学习效果。

选择题　　判断题

实训题

请扫描二维码，查看实训题题目及答案

实训题

第9章
流动负债

学习目标

（1）掌握：应付职工薪酬的核算；应交税费的核算。

（2）理解：短期借款的核算；应付票据的核算；应付账款的核算及其他应付款的核算。

（3）了解：流动负债的概念。

问题导入

某公司想用本公司生产的高压锅作为福利发放给本公司职工，问该公司是否确认销售收入？若职工工资超出扣除标准，是否缴纳个人所得税？另外，公司为高管每人租赁一套高级住房，这部分租金是否算作对高管的福利？如果算公司又该如何进行会计核算？

9.1 流动负债概述

9.1.1 流动负债的概念

负债是指过去的交易或事项形成的现时义务，该义务的履行预期会导致企业经济利益的流出。由负债的定义来看，负债是企业承担的现时义务，在未来清偿债务时，必须以牺牲自己的利益去偿还，例如用现金偿还，以实物资产形式偿还等。

企业的负债，按其偿还时间的长短，可以分为流动负债和长期负债。

流动负债是指将在一年以内（含一年）或超过一年的一个营业周期内偿还的负债。具体包括短期借款、应付票据、应付账款、交易性金融负债、预收账款、应付职工薪酬、应付股利、应付利息、应交税费、预计负债、其他应付款及一年以内到期的长期负债等。长期负债是指偿还期超过一年或超过一年的一个营业周期以上的负债。具体包括长期借款、应付债券、长期应付款、专项应付款等。

9.1.2 流动负债的特点

（1）偿还期限短。这是流动负债的最大特点，流动负债要求在1年以内以及超过1年的一个经营周期内必须偿还。

（2）以流动资产或新的负债偿还。流动负债到期必须用企业的资产、提供的劳务或者举借新的负债来偿还。

（3）举借流动负债的目的，一般是为了满足生产经营资金周转的需要。

（4）流动负债的金额较小。流动负债中的各项负债项目的金额与长期负债相比，数额较小。

9.1.3 流动负债的分类

流动负债可以按照不同的标准进行分类。

1. 按偿还金额是否确定分类

（1）应付金额确定的流动负债。这类流动负债是指根据合同、契约或法律规定，到期日应付金额确定的负债，如应付票据、应付账款、短期借款等。

（2）应付金额视经营情况而定的流动负债。这类流动负债是指债务的金额必须等到一个会计期末，根据企业的经营情况或经营结果才能确定的流动负债，如应付股利、应付职工薪酬、应交税费等。

（3）应付金额需要估计的流动负债。这类流动负债是指到期支付的金额和具体到期日都无法确定，企业需根据以往经验预先估计的负债，如预计可能会败诉的诉讼索赔、售后实行“三包”的服务费等可能产生的负债。

2. 按偿付手段分类

（1）用货币资产偿还的流动负债。这类流动负债到期时须以库存现金、银行存款、其他货币性资产支付，如短期借款、应付账款、应交税费、应付职工薪酬等。

（2）用商品或劳务偿还的流动负债。这类流动负债到期时，企业需要用商品或劳务来抵偿，如预收账款等。

3. 按产生原因分类

（1）融资形成的流动负债，如从银行或其他金融机构借入的短期借款。

（2）结算过程中形成的流动负债，如应付账款、应付票据等。

（3）生产经营过程中形成的流动负债，如应交税费、应付职工薪酬、预计负债等。

（4）利润分配过程中形成的流动负债，如应付股利等。

9.1.4 流动负债的计量

由于负债是企业现时存在、需要在未来偿付的一种经济责任，因此，从理论上讲，为保证会计信息的质量，对所有负债的计价，都应考虑货币的时间价值，即应当以未来偿付债务时现金流量的现值进行计价。但由于流动负债一般时间较短，到期偿付的价值和现值相差不大，所以我国企业会计准则中规定流动负债应按实际发生额计价入账，对于负债已经发生而数额需要预计的，应当合理预计，待实际数额确定时再进行调整。

9.2 短期借款

9.2.1 短期借款的定义

短期借款是指企业向银行或其他金融机构借入的偿还期在一年以内（含一年）的借款。短期借款一般都是为了维护企业日常生产经营活动所需资金而借入或为了抵偿某项债务而借入的。根据《企业会计准则第22号——金融工具确认和计量》规定，应该属于以公允价值计量且变动计入当期损益的金融负债。

9.2.2 短期借款的内容

1. 临时借款

临时借款是指企业由于临时性、季节性等原因借入的款项。

2. 生产经营周转借款

生产经营周转借款是指企业为了满足当年生产经营活动中资金的需要而取得的款项。

3. 票据贴现借款

票据贴现借款指持有商业汇票的企业，在流动资金发生困难时，向银行申请取得票据贴现的借款。

4. 结算借款

结算借款是指企业在采用托收承付结算方式进行销售情况下，在发出商品后委托银行收款时至收款银行通知购买单位承付货款之前，为解决结算资产占用的资金的需要，以托收承付结算凭证为保证向银行申请取得的借款。

9.2.3 短期借款利息的计算

资产负债表日，应按实际利率计算确定短期借款利息，实际利率是指将金融资产或金融负债在预期存续期间或适用的更短期间的未来现金流量，折现为该金融资产或金融负债当前账面价值所使用利率。若实际利率与合同约定的名义利率相差不大，也可以采用合同约定的名义利率计算确定利息费用。

用公式表现为

$$借款利息 = 借款本金 \times 借款利率 \times 借款期限$$

短期借款利息的结算支付办法分三类：①按月计算并支付；②按月计算，预先计入当期损益，按期与银行办理结算；③在借款到期时与本金一起归还。

9.2.4 短期借款的会计核算

1. 短期借款核算设置的主要账户

为了反映和监督短期借款的借入偿还，应设置“短期借款”科目进行总分类核算，贷方登记取得借款金额，借方登记偿还借款金额，余额一般在贷方，反映企业尚未偿还的短期借款。该科目可按借款种类、债权人和币种进行明细核算。

2. 短期借款核算的账务处理

短期借款的会计处理主要涉及三个方面的内容：取得短期借款时的处理、短期借款利息的处理和归还短期借款的处理。

（1）取得借款时的处理。

企业借入各种借款时借记“银行存款”科目，贷记“短期借款”科目。

（2）短期借款利息的处理。

① 如果短期借款的利息是按月计算付息，或利息在借款到期时连同本金一起支付且金额不大的，可在支付时直接记入当期损益，借记“财务费用”科目，贷记“银行存款”科目。

② 如果借款利息按季支付，或到期与本金一起支付且数额较大，应按月预先计入当期损益。计提每月利息时，借记“财务费用”科目，贷记“应付利息”科目。实际支付时，按已计提而未付的利息金额，借记“应付利息”科目；借贷方差额记入“财务费用”科目，按实际支付的金额，贷记“银行存款”科目。

(3) 归还短期借款的处理。

归还短期借款时，借记“短期借款”科目，贷记“银行存款”科目。

【例9-1】 某企业9月1日向银行借入3个月借款60 000元，假设实际年利率6%，利息金额较小，到期与本金一起归还。编制会计分录如下：

① 取得借款时：

借：银行存款	60 000	
贷：短期借款		60 000

② 借款到期，归还本金及支付利息时：

利息 = 60 000 × 6% ÷ 12 × 3 = 900（元）

借：短期借款	60 000	
财务费用	900	
贷：银行存款		60 900

【例9-2】 某企业1月1日向银行借入6个月借款200 000元，假设实际年利率6%，利息按月计算，到期与本金一起归还。编制会计分录如下：

① 借入时：

借：银行存款	200 000	
贷：短期借款		200 000

② 1~5月按月计算利息时：

每月利息 = 200 000 × 6% ÷ 12 = 1 000（元）

借：财务费用	1 000	
贷：应付利息		1 000

③ 到期归还本金及利息时：

借：短期借款	200 000	
应付利息	5 000	
财务费用	1 000	
贷：银行存款		206 000

9.3 应付票据与应付账款

9.3.1 应付票据

应付票据是由出票人出票，承兑人承诺在指定日期无条件支付确定金额给收款人或持票人的商业汇票。应付票据是一种期票，是延期付款的证明，有承诺付款的票据作为凭证。由于我国商业汇票的付款期限最长不超过6个月，所以应付票据属于流动负债。应付票据按承兑人不同分为商业承兑汇票和银行承兑汇票。在商业承兑汇票方式下，承兑人应为付款人，承兑人对这种债务在一定时期内支付的承诺，作为企业的一项负债；在银行承兑汇票方式下，商业汇票由在承兑银行开立存款账户的存款人签发，由银行承兑。由银行承兑的银行承兑汇票，对付款人来说，不会因为银行承兑而使该项负债消失，它只是由银行为收款方按期收回债权提供了一个可靠的信用保证。所以，签发的银行承兑汇票同样是企业的一项负债。

为了核算和监督企业应付票据的签发和到期承兑情况，企业应当设置“应付票据”总分类账户，进行总分类核算。该账户贷方登记企业签发承兑的商业汇票面值及带息商业汇票在期末计提的应付未付利息，借方登记到期的商业汇票的面值及利息，余额在贷方表示企业尚未到期的商业汇票的面值和利息。

在我国实务中，一般按票据的面值记账。具体核算时，按商业汇票是否带息又分为带息商业汇票和不带息商业汇票。

1. **带息商业汇票**

带息商业汇票开出时按面值计价，方法同不带息商业汇票。它通常应在期末对尚未到期的商业汇票计提利息，借记“财务费用”科目，贷记“应付票据”科目。到期时应支付的金额包括本息数，按应付票据的账面价值借记“应付票据”科目，按尚未计提利息借记“财务费用”科目，按支付的本息数贷记“银行存款”科目。应付票据到期，如公司无力支付票款，按应付票据的账面价值转入“应付账款”科目，转入后，期末不再计提利息。

【例9－3】 某企业采用实际成本法核算原材料。企业2015年11月1日采购材料一批，增值税专用发票上注明买价100 000元，增值税17 000元，签发一张面值117 000元的3个月带息银行承兑汇票，年利率6%，材料已验收入库，银行扣付相关手续费50元。根据上述资料，编制会计分录如下：

（1）支付相关手续费时：

借：财务费用　　50

　　贷：银行存款　　50

（2）签发汇票时：

借：原材料　　100 000

　　应交税费——应交增值税（进项税额）　　17 000

　　贷：应付票据　　117 000

（3）2015年11月、12月计提利息时：

每月利息＝117 000×6%÷12＝585（元）

借：财务费用　　585

　　贷：应付票据　　585

（4）2016年1月底票据到期，支付面值及利息时：

借：应付票据　　118 170

　　财务费用　　585

　　贷：银行存款　　118 755

（5）如果本例中的银行承兑汇票到期，企业无力支付时：

借：应付票据　　118170

　　财务费用　　585

　　贷：短期借款　　118 755

按日支付的万分之五的利息记入“财务费用”科目。

2. **不带息商业汇票**

不带息商业汇票按面值计价，其面值就是票据到期时的应付金额。

【例9-4】 某企业采用实际成本法核算原材料。9月1日采购材料一批，增值税专用发票上注明买价500 000元，增值税85 000元，签发一张面值585 000元的不带息商业承兑汇票，期限3个月，材料已验收入库。根据上述资料，编制会计分录如下：

(1) 签发商业汇票时：

借：原材料	500 000	
应交税费——应交增值税（进项税额）	85 000	
贷：应付票据		585 000

(2) 票据到期，企业如期付款时：

借：应付票据	585 000	
贷：银行存款		585 000

开出并承兑的商业承兑汇票到期如果不能如期支付，应在票据到期时，将“应付票据”账面价值转入“应付账款”科目，待协商后再进行处理。如果重新签发新的票据以清偿原应付票据的，再从“应付账款”科目转入“应付票据”科目。开出并承兑的如果是银行承兑汇票，到期企业无力支付时，承兑银行应无条件付款，同时对出票人尚未支付的汇票作为逾期贷款处理，借记“应付票据”科目，贷记“短期借款”科目，并将按日支付万分之五的利息记入当期财务费用。

企业应当设置“应付票据备查簿”，详细登记每一商业汇票的种类、号数和出票日期、到期日、票面余额、交易合同号和收款人姓名或单位名称以及付款日期和金额等资料。应付票据到期结清时，应当在备查簿内逐笔注销。

9.3.2 应付账款

应付账款是指企业因购买材料、商品或接受劳务供应等而发生的债务。它主要是因为买卖双方在购销活动中由于取得物资与支付货款在时间上不一致而产生的。

1. **应付账款的确认**

应付账款的入账时间应以与购买物资所有权相关的风险和报酬已经转移或劳务已经接受为标志。但在实际工作中，应区别情况对待：

(1) 在物资发票同时到达的情况下，一般应在物资验收入库后，按发票账单金额登记入账。

(2) 在货物已经验收入库，但物资发票尚未同时到达的情况下，平时可暂不入账，至期末如果仍未收到有关发票账单，为了完整真实地反映企业的资产和负债，则应当对该笔已经成立的负债在期末估价入账，反映在资产负债表上，下月初再用红字冲销。

2. **应付账款的计量**

应付账款一般按发票账单上注明的实际发生额入账。存在购货折扣情况下，应区别情况处理：如存在商业折扣，按已扣除商业折扣后的发票金额入账；如存在现金折扣，按照规定采用总价法处理，即应付账款按不扣除折扣的金额入账，若企业能在规定的时间内提前支付应付款项，则将享受的现金折扣冲减“财务费用”。

3. 应付账款的账务处理

为了核算和监督企业应付账款的发生和收回情况，企业应设置“应付账款”总分类账户。该账户属负债类账户，借方登记企业偿还的应付账款，贷方登记发生的应付账款，余额一般在贷方，表示尚未偿还的应付账款。该账户一般按供应单位设明细账。

【例9-5】　甲企业采用实际成本法核算原材料。企业当日采购材料一批，价款10 000元，增值税1 700元，款项未支付，材料已经验收入库。假设对方给出2/10、1/20、N/30的现金折扣条件。根据上述资料，编制会计分录如下：

（1）材料采购入库时：

	借方	贷方
借：原材料	10 000	
应交税费——应交增值税（进项税额）	1 700	
贷：应付账款		11 700

（2）如果10天内付款：

	借方	贷方
借：应付账款	11 700	
贷：银行存款		11 500
财务费用		200

（3）如果20天内付款：

	借方	贷方
借：应付账款	11 700	
贷：银行存款		11 600
财务费用		100

（4）如果超过20天付款：

	借方	贷方
借：应付账款	11 700	
贷：银行存款		11 700

应付账款一般在短期内支付，有些由于债权单位撤销或其他原因而无法支付的应付账款，应计入“营业外收入”。假设上例中的应付账款因对方单位撤销无法支付该笔款项，则编制会计分录如下：

	借方	贷方
借：应付账款	11 700	
贷：营业外收入		11 700

9.4　应付职工薪酬的核算

9.4.1　职工薪酬的含义及内容

1. 职工薪酬的含义

职工薪酬是指企业为获得职工提供的服务而给予各种形式的报酬以及其他相关支出，包括职工在职期间和离职后提供给职工的全部货币性薪酬和非货币性福利。企业提供给职工配偶、子女或其他被赡养人的福利等，也属于职工薪酬。

其中，职工是指与企业订立劳动合同的所有人员，含全职、兼职和临时职工；也包括虽未与企业订立正式劳动合同但由企业正式任命的人员，如董事会成员、监事会成员和内部审计委员会成员等。在企业的计划和控制下，虽未与企业订立正式劳动合同或未由其正式任命，但为企业提供与职工类似服务的人员，如劳务用工合同人员，也视同企业职工。

2. 职工薪酬的内容

（1）短期薪酬。

短期薪酬，是指企业在职工提供相关服务的年度报告期间结束后十二个月内需要全部予以支付的职工薪酬，因解除与职工的劳动关系给予的补偿除外。短期薪酬具体包括：

① 职工工资、奖金、津贴和补贴，是指按照构成工资总额的计时工资，计件工资、支付给职工的超额劳动报酬和增收节支的劳动报酬、为补偿职工特殊或额外的劳动消耗和因其他特殊原因支付给职工的津贴，以及为保证职工工资水平不受物价影响支付给职工的物价补贴等。其中，企业按照短期奖金计划向职工发放的奖金属于短期薪酬，按照长期奖金计划向职工发放的奖金属于其他长期职工福利。

② 职工福利费，是指企业向职工提供的生活困难补助、丧葬补助费、抚恤费、职工异地安家费、防暑降温费等职工福利支出。

③ 医疗保险费、工伤保险费和生育保险费等社会保险费，是指企业按照国家规定的基准和比例计算，向社会保险经办机构缴纳的医疗保险费、工伤保险费和生育保险费。

④ 住房公积金，是指企业按照国家规定的基准和比例计算，向住房公积金管理机构缴存的住房公积金。

⑤ 工会经费和职工教育经费，是指企业为了改善职工文化生活、为职工学习先进技术和提高文化水平和业务素质，用于开展工会活动和职工教育及职业技能培训等相关支出。

⑥ 短期带薪缺勤，是指职工虽然缺勤但企业仍向其支付报酬的安排，包括年休假、病假、婚假、产假、丧假、探亲假等。长期带薪缺勤属于其他长期职工福利。

⑦ 短期利润分享计划，是指因职工提供服务而与职工达成的基于利润或其他经营成果提供薪酬的协议。长期利润分享计划属于其他长期职工福利。

⑧ 其他短期薪酬，是指除上述薪酬以外的其他为获得职工提供的服务而给予的短期薪酬。

（2）离职后福利。

离职后福利，是指企业为获得职工提供的服务而在职工退休或与企业解除劳动关系后，提供的各种形式的报酬和福利，短期薪酬和辞退福利除外。企业应当将离职后福利计划分类为设定提存计划和设定受益计划。离职后福利计划，是指企业与职工就离职后福利达成的协议，或者企业为向职工提供离职后福利制定的规章或办法等。其中，设定提存计划，是指向独立的基金缴存固定费用后，企业不再承担进一步支付义务的离职后福利计划；设定受益计划，是指除设定提存计划以外的离职后福利计划。

（3）辞退福利。

辞退福利，是指企业在职工劳动合同到期之前解除与职工的劳动关系，或者为鼓励职工自愿接受裁减而给予职工的补偿。

（4）其他长期职工福利。

其他长期职工福利，是指除短期薪酬、离职后福利、辞退福利之外所有的职工薪酬，包括长期带薪缺勤、长期残疾福利、长期利润分享计划等。

9.4.2　职工薪酬的确认和计量原则

1. **职工薪酬的确认原则**

职工薪酬准则规定，企业应当在职工为其提供服务的会计期间，将应付的职工薪酬确认为负债，除因解除与职工的劳动关系给予的补偿外，应当根据职工提供服务的受益对象，分下列情况处理：

（1）应由生产产品、提供劳务负担的职工薪酬，计入产品成本或劳务成本。但非正常消耗的直接生产人员和直接提供劳务人员的职工薪酬，应当在发生时确认为当期损益。

（2）应由在建工程、无形资产负担的职工薪酬，计入固定资产或无形资产成本。

（3）上述两项之外的其他职工薪酬，计入当期损益。

2. **职工薪酬的计量**

对于货币性薪酬，在确定应付职工薪酬和应当计入成本费用的职工薪酬金额时，企业应当区分两种情况：

（1）具有明确计提标准的货币性薪酬。对于国务院有关部门、省、自治区、直辖市人民政府或经批准的企业年金计划规定了计提基础和计提比例的职工薪酬项目，企业应当按照规定的计提标准，计量企业承担的职工薪酬义务和计入成本费用的职工薪酬。其中：①“五险一金”，即医疗保险费、养老保险费、失业保险费、工伤保险费、生育保险费和住房公积金。企业应当按照国务院、所在地政府或企业年金计划规定的标准，计量应付职工薪酬义务和应相应计入成本费用的薪酬金额。②工会经费和职工教育经费。企业应当按照财务规则等相关规定，分别按照职工工资总额的2%和1.5%的计提标准，计量应付职工薪酬（工会经费、职工教育经费）义务金额和应相应计入成本费用的薪酬金额；从业人员技术要求高、培训任务重、经济效益好的企业，可根据国家相关规定，按照职工工资总额的2.5%计提应计入成本费用的职工教育经费。按照明确标准计算确定应承担的职工薪酬义务后，再根据受益对象计入相关资产的成本或当期费用。

（2）没有明确计提标准的货币性薪酬。对于国家（包括省、自治区、直辖市人民政府）相关法律法规没有明确规定计提基础和计提比例的职工薪酬，企业应当根据历史经验数据和自身实际情况，计算确定应付职工薪酬金额和应计入成本费用的薪酬金额。

9.4.3　工资、奖金、津贴和补贴的一般核算

企业支付给职工的各种薪酬应通过设置“应付职工薪酬”科目核算。该科目按照“工资”“职工福利”“社会保险费”“住房公积金”“工会经费”“职工教育经费”“非货币性福利”“辞退福利”“股份支付”等应付职工薪酬项目进行明细核算。

1. **工资总额的确定**

（1）工资总额的组成内容。

工资总额是企业在一定时期内按规定应支付给职工的劳动报酬总额。其组成内容包括：

① 计时工资它是指按计时工资标准和实际工作时间支付给职工的劳动报酬。

② 计件工资它是指按照工人完成的合格品数量和计件单价计算并支付的工资。

③ 奖金它是指企业为了鼓励职工的生产积极性，更好地完成生产任务而给予职工的奖励。其实质是给予职工超额劳动的报酬，如生产奖、节约奖、安全奖等。

④ 津贴和补贴它是指按照国家规定，为了补偿职工额外的或特殊的劳动消耗，或为了保障职工的生活水平不受特殊条件的影响而发给职工的津贴和补贴，如夜班津贴、野外津贴、高空津贴、住房补贴等。

⑤ 加班加点工资：指按规定支付给职工在节假日和规定的工作时间以外工作的工资。

⑥ 特殊情况下支付的工资：指按照国家法律、法规、政策规定，因病、工伤、产假、婚丧假、定期休假、探亲假、停工学习、执行国家或社会义务等原因而按计时工资标准或一定比例支付给职工的工资。

(2) 工资总额不包括的内容。

① 根据国务院有关规定颁发的创造发明奖、自然科学奖、科学技术进步奖、合理化建议奖、技术改进奖及支付给运动员、教练员的奖金。

② 有关劳动保险、职工福利方面的各项费用（如职工生活困难补助、探亲路费等）。

③ 有关退休、离休、离职职工待遇的各项支出。

④ 劳动保护的各项支出（如劳保服、劳保手套等）。

⑤ 出差伙食补助、误餐补助、调动工作的旅费和安置费。

⑥ 为职工交纳的养老保险、医疗保险、失业保险、工伤保险费、生育保险费和住房公积金等。

⑦ 计划生育独生子女补贴等。

2. 工资核算的原始依据

工资核算的原始依据常见的包括工资卡、考勤记录、产量记录等。

(1) 工资卡。

工资卡是反映单位职工到职、离职、内部调动、职务变动、工资等级、工资标准与各种津贴变动等基本情况的一种卡片。工资卡由劳动工资部门统一管理，按人设置，每人一卡，并按车间、部门归类保管。财会部门根据劳动工资部门通知，起发和停发工资，当职工调离或退休后，工资卡应予以注销，另行保管。

(2) 考勤记录。

考勤记录是登记职工出勤情况和缺勤情况的记录，是计时工资制度下计算职工工资的重要原始依据，考勤记录一般由各车间、班组和部门的负责人或考勤员逐日登记，定期汇总并经单位负责人审查同意后，交财会部门据以计算应付工资。

(3) 产量记录。

产量记录是记录每个工人或生产小组在出勤时间内完成产品产量、质量和生产所耗工时的原始记录，是计量计件工资的依据。

除了上述常见的原始依据外，还有一些其他原始凭证，如扣款通知单、反映停工时间和停工原因的停工单位及废品通知单等，都是工资核算的原始依据。

3. 工资的计算

(1) 计时工资制下应付工资的计算。

计时工资是工资结算的基本形式，是指按规定的工资标准、工资等级，根据每个职工的出勤时间计算的工资。它的计算方法包括月薪制和日薪制两种。

一般情况下，企业固定职工的计时工资实行“月薪制”，临时职工的计时工资大多采用“日薪制”。

（1）月薪制。月薪制又称“扣缺勤法”。在月薪制下，不论当月日历天数是多少，只要职工出满勤就可拿固定的月标准工资。如果有缺勤，则按规定从月标准工资中扣除缺勤工资。计算公式如下：

月应付计时工资 = 月标准工资 + 奖金 + 津贴和补贴 + 加班加点工资 − 缺勤应扣工资

缺勤应扣工资 = 缺勤天数 × 日标准工资 × 应扣比例

日标准工资 = 月标准工资 ÷ 月工作日数

公式中月标准工资来自于工资卡记录，奖金、津贴、加班加点工资根据有关通知单计算。日标准工资由两种方法确定：

第一种按30天算。这种方法将双休、法定节假日也视为出勤计算工资，如遇节假日和双休日请假视为缺勤照扣工资。

第二种按21天算。这种方法假设每个月平均工作日为21天（即全年365天减去104天双休日和11个法定节假日后除以12个月得出的月平均工作日），这种方法下双休日和法定节假日不算工资，因此，如遇双休节假日请假则不扣工资。对于缺勤应扣工资比例，根据国家的劳动法规等，应区别对待：旷工、因私事请假100%扣除；因工负伤、探亲假、婚丧假、产假等不扣工资；对病假缺勤则视病假期限和工龄长短等而定。

【例9－6】 职工刘磊月标准工资为840元，本月因私请事假4天（其中1天为法定节假日），病假4天（其中两天为双休），病假扣发比例为20%。本月应得奖金200元，各种津贴和补贴120元。刘磊本月应得工资的计算如下：

① 月工作日数按30天计算：

日标准工资 = 840 ÷ 30 = 28（元）

缺勤应扣工资 = 4 × 28 + 4 × 28 × 20% = 134.40（元）

月应付计时工资 = 840 − 134.40 = 705.6（元）

月应发工资 = 705.6 + 200 + 120 = 1 025.6（元）

② 月工作日数按21天计算：

日标准工资 = 840 ÷ 21 = 40（元）

缺勤应扣工资 = 3 × 40 + 2 × 40 × 20% = 136（元）

月应付计时工资 = 840 − 136 = 704（元）

月应发工资 = 704 + 200 + 120 = 1 024（元）

（2）日薪制。日薪制又称“出勤工资累计法”。该方法是按职工月实际出勤天数和日标准工资计算应付职工工资的方法。对于职工的病假，按有关规定比例计发一定的工资。计算公式如下：

月应发工资 = 职工月实际出勤天数 × 日标准工资 + 奖金 + 津贴和补贴
+ 加班加点工资 + 病假应得工资

病假应得工资 = 日标准工资 × 病假天数 × 应发比例

【例9－7】 仍以［例9－6］为例，假设本月日历天数30天，其中8天双休日，1天法定节假日，根据考勤记录，刘磊实际出勤天数16天。刘磊本月应得工资的计算如下：

① 月工作日数按30天算：

日标准工资 = 840 ÷ 30 = 28（元）

月应付计时工资 =（16 +6） ×28 +4 ×28 ×（1 -20%） =705.60（元）

月应发工资 =705.60 +200 +120 =1 025.60（元）

② 月工作日数按21 天算：

日标准工资 =840 ÷21 =40（元）

月应付计时工资 =16 ×40 +2 ×40 ×（1 -20%） =704（元）

月应发工资 =704 +200 +120 =1 024（元）

（2）计件工资制下应付工资的计算。

计件工资是根据当月产量记录中的数量和规定的计件单价计算的工资。产品数量包括合格产品数量以及生产过程中因材料不合格而造成的废品（料废）数量。对于因工人生产过失而造成的废品（工废），则不计付工资。

具体计算方法分为个人计件工资的计算和集体计件工资的计算两种。

个人计件工资的计算公式为

应付个人计件工资 =∑［（合格品数量 +料废品） ×计件单价］

或应付个人计件工资 =∑［（合格品数量 +料废品） ×定额工时 ×小时工资率］

【例9 -8】 某厂职工李伟本月加工甲零件300 件，计件单价3 元，验收时发现料废品4 件，工废品6 件。则：

应付计件工资 =（300 -6） ×3 =882（元）

集体计件工资的计算具体分两个步骤：①计算出集体（班、组）计件工资总额，方法同个人计件工资的计算；②将集体计件工资总额在小组成员之间按每人的工资标准和该月实际工作时间的比例进行综合分配。

【例9 -9】 某生产班组由3 人组成，共同完成一项产品加工任务，本月全组共得计件工资3 562.50 元，小组各成员应得计件工资计算如表9 -1 所示。

表9 -1 计件工资分配表

姓名	实际工作小时	小时工资率	计时工资	分配率	应得计件工资
	(1)	(2)	(3)	(4)	(5) =(3) ×(4)
甲	200	4	800		1 200
乙	150	4.5	675		1 012.50
丙	180	5	900		1 350
合计	530		2 375	1.5	3 562.50

注：分配率 =3 562.50 ÷2 375 =1.5。

采用计件工资计算工资同计时工资一样，应付职工工资中还应包括加班加点工资、各种补贴、津贴、病假工资等。

（3）实际应付职工工资。

根据上面方法计算出应付工资后，扣除应由职工个人承担的各种代扣代垫款项，就是实发工资。用公式表示为

应付工资 =应付计时工资（应付计件工资） +奖金 +津贴和补贴

+加班加点工资 +其他工资

实发工资 = 应付工资 - 各种代扣代垫款

4. **工资结算凭证的编制**

实际工作中，企业与职工进行工资结算，是通过编制“工资结算表”进行的。“工资结算表”一般分车间、部门按每个职工进行编制，每月一次。在编制过程中，要根据职工的考勤记录、工资卡及代扣款等资料，分别计算应付工资、代扣款项、实发工资等。工资结算单一般一式三份，一份由劳动工资部门存查，一份按职工裁成工资条，连同工资一起发放给职工以便核对，一份在发放时由职工签章后，交财会部门作为工资核算的原始依据。

为了总括反映企业的工资结算和支付情况，财会部门应根据各车间、部门的“工资结算表”编制“工资结算汇总表”，并据以记账。“工资结算汇总表”的一般格式如表9-2所示。

表9-2 工资结算汇总

2016年5月　　单位：元

车间或部门		计时工资	计件工资	奖金	津贴补贴	缺勤扣款	应付工资	代扣款		实发工资
								水电费	保险费	
第一车间	生产	100 000	20 000	8 000	2 000	2 200	127 800	3 000	2 000	122 800
	管理	60 000		4 000	1 000	1 200	63 800	2 000	1 000	60 800
第二车间	生产	120 000	10 000	6 000	5 000	2 000	139 000	4 000	3 000	132 000
	管理	50 000		3 000	2 000	1 000	54 000	1 000	1 200	51 800
厂部管理		20 000		3 000	2 000		25 000	2 000	1 400	21 600
医务福利		5 000		2 000	1 000		8 000	1 000	1 100	5 900
专设销售机构		6 000		4 000	3 000		13 000	3 000	2 000	8 000
合计		36 100	30 000	30 000	15 000	6 400	430 600	16 000	11 700	402 900

5. **工资分配的核算**

（1）账户设置。

为总括反映工资的结算和分配情况，企业应当设置“应付职工薪酬——工资”科目核算。企业包括在工资总额内的各种工资、奖金、津贴等，不论是否在当月支付，都应通过该账户核算。该账户属负债类，贷方反映应付职工工资总额，借方反映实际支付给职工的工资和结转的从应付工资中扣除的代扣代垫款项，余额在贷方表示应付未付工资。企业应当根据实际情况，按职工类别、工资总额的组成情况设置“应付工资明细账”，进行明细核算。

（2）工资分配的账务处理。

月终，企业应根据工资发生的部门和用途进行工资分配。其中，基本生产车间从事生产的生产工人工资计入“生产成本——基本生产成本”科目；辅助生产车间从事生产的生产人员工资计入“生产成本——辅助生产成本”科目；各生产车间管理人员的工资计入“制造费用”科目；厂部行政人员工资、病假6个月以上人员工资、离退休人员工资计入“管理费用”科目；专设销售机构人员工资计入“销售费用”科目；自营在建工程人员工资计入“在建工程”科目；医疗福利部门人员的工资冲减“应付职工薪酬——职工福利”科目等。

【例9-10】 企业根据表9-2中的工资结算汇总表进行5月份的工资分配，编制会计分录如下：

借：生产成本——基本生产成本（一车间）　127 800
　　　　　　——基本生产成本（二车间）　139 000
　　制造费用——一车间　63 800
　　　　　　——二车间　54 000
　　管理费用　25 000
　　应付职工薪酬——职工福利　8 000
　　销售费用　13 000
　　贷：应付职工薪酬——工资　430 600

6. 工资结算的账务处理

工资结算一般包括提取现金、发放工资、结转代扣代垫款项等。企业根据工资结算汇总表中的实发金额向银行提取现金时，借记“库存现金”科目，贷记“银行存款”科目；实际发放时，借记“应付职工薪酬”，贷记“库存现金”账户，对于“工资结算汇总表”中的各种代垫款项（如水电费、代垫职工药费等）原已计入“其他应收款”科目，故扣回时借记“应付职工薪酬”科目，贷记“其他应收款”科目；结转的各种代扣款项因最终要支付出去，故借记“应付职工薪酬”科目，贷记“其他应付款”科目；若为代扣个人所得税，借记“应付职工薪酬”科目，贷记“应交税费——应交个人所得税”科目；实际缴纳个人所得税时，借记“应交税费——应交个人所得税”科目，贷记“库存现金”、“银行存款”等。

【例9-11】　根据表9-2得知，企业实发工资为402 900元，企业从银行提取现金，准备发放工资。编制会计分录如下：

借：库存现金　402 900
　　贷：银行存款　402 900

(1) 以现金发放工资时：

借：应付职工薪酬——工资　402 900
　　贷：库存现金　402 900

(2) 如果直接通过银行将工资转至相关职工储蓄户，则应编制会计分录如下：

借：应付职工薪酬——工资　402 900
　　贷：银行存款　402 900

(3) 结转代垫水电费16 000元，代扣保险费11 700元：

借：应付职工薪酬——工资　27 700
　　贷：其他应收款　16 000
　　　　其他应付款　11 700

9.4.4 国家规定了计提标准的职工薪酬及职工福利费的核算

1. 国家规定了计提标准的职工薪酬

对于国家规定了计提基础和计提比例的医疗保险费、工伤保险费、生育保险费等社会保险费和住房公积金，以及按规定提取的工会经费和职工教育经费，企业应当在职工为其提供服务的会计期间，根据规定的计提基础和计提比例计算确定相应的职工薪酬金额，并确认相关负债，按照受益对象计入当期损益或相关资产成本，借记“生产成本”、“制造费用”、

“管理费用”等科目，贷记“应付职工薪酬”科目。

【例9-12】 甲企业根据相关规定，分别按照职工工资总额的2%和1.5%的计提标准计提工会经费和职工教育经费。7月份生产工人的工资总额是480 000元，车间管理人员的工资总额是105 000元，行政管理人员的工资总额是90 600元，销售人员的工资总额是17 400元。应确认的应付职工薪酬 = (480 000 + 105 000 + 90 600 + 17 400) × (2% + 1.5%) = 24 255（元），其中，工会经费为13 860元、职工教育经费为10 395元。

甲企业应编制如下会计分录：

借：生产成本——基本生产成本　　16 800
　　制造费用　　3 675
　　管理费用　　3 171
　　销售费用　　609
　　贷：应付职工薪酬——工会经费　　13 860
　　　　　　　　　　——工会经费　　10 395

【例9-13】 12月，丙企业根据国家规定的计提标准，计算应向社会保险经办机构缴纳职工基本医疗保险费共计97 020元，其中，应计入基本生产车间生产成本的金额为67 200元，应计入制造费用的金额为14 700元，应计入管理费用的金额为15 120元。丙企业应编制如下会计分录：

借：生产成本——基本生产成本　　67 200
　　制造费用　　14 700
　　管理费用　　15 120
　　贷：应付职工薪酬——社会保险费——基本医疗保险　　97 020

2. 职工福利费

职工福利费是企业按工资总额的一定比例，从成本、费用中提取的准备用于企业职工福利方面的资金。它主要是用于职工医疗卫生、职工生活困难补助、医务经费、职工因工受伤外地治疗的路费等一种流动负债。

为了反映企业福利费的计提和使用情况，企业应在“应付职工薪酬”科目下设“职工福利”明细科目进行核算。当职工福利费实际发生时根据实际发生额计入当期损益或相关资产成本，借记“生产成本”、“制造费用”、“管理费用”、“销售费用”等科目，贷记“应付职工薪酬——职工福利费”科目。

【例9-14】 乙企业下设一所职工食堂，每月根据在岗职工数量及岗位分布情况、相关历史经验数据等计算需要补贴食堂的金额，从而确定企业每期因补贴职工食堂需要承担的福利费金额。9月，企业在岗职工共计200人，其中管理部门30人，生产车间170人，企业的历史经验数据表明，每个职工每月需补贴食堂150元，企业应编制如下会计分录：

借：生产成本　　25 500
　　管理费用　　4 500
　　贷：应付职工薪酬——职工福利费　　30 000

本例中，乙企业应当计提的职工福利费 = 150 × 200 = 30 000（元）

【例9-15】 承［例9-14］，10月，乙企业支付30 000元补贴给食堂。乙企业应编制如下会计分录：

借：应付职工薪酬——职工福利费 30 000
　　贷：银行存款 30 000

9.4.5 短期带薪缺勤职工薪酬的核算

对于职工带薪缺勤，企业应当根据其性质及职工享有的权利，分为累积带薪缺勤和非累积带薪缺勤两类。企业应当对累积带薪缺勤和非累积带薪缺勤分别进行会计处理。如果带薪缺勤属于长期带薪缺勤的，企业应当作为其他长期职工福利处理。

（1）累积带薪缺勤，是指带薪权利可以结转下期的带薪缺勤，本期尚未用完的带薪缺勤权利可以在未来期间使用。企业应当在职工提供了服务从而增加了其未来享有的带薪缺勤权利时，确认与累积带薪缺勤相关的职工薪酬，并以累积未行使权利而增加的预期支付金额计量。确认累积带薪缺勤时，借记"管理费用"等科目，贷记"应付职工薪酬——带薪缺勤——短期带薪缺勤——累积带薪缺勤"科目。

【例9-16】丁企业共有2 000名职工，从某年1月1日起，该企业实行累积带薪缺勤制度。该制度规定，每个职工每年可享受5个工作日带薪年休假，未使用的年休假只能向后结转一个公历年度，超过1年未使用的权利作废，在职工离开企业时也无权获得现金支付；职工休年假时，首先使用当年可享受的权利，再从上年结转的带薪年休假中扣除。

某年12月31日，丁企业预计次年有1 900名职工将享受不超过5天的带薪年休假，剩余100名职工每人将平均享受6天半年休假，假定这100名职工全部为总部各部门经理，该企业平均每名职工每个工作日工资为300元。某年12月31日，丁企业应编制如下会计分录：

借：管理费用 45 000
　　贷：应付职工薪酬——带薪缺勤——短期带薪缺勤——累积带薪缺勤 45 000

丁企业在某年12月31应当预计由于职工累积未使用的带薪年休假权利而导致的预期支付的金额，即相当于150天（100×1.5天）的年休假工资金额45 000（150×300）元。

（2）非累积带薪缺勤，是指带薪权利不能结转下期的带薪缺勤，本期尚未用完的带薪缺勤权利将予以取消，并且职工离开企业时也无权获得现金支付。我国企业职工休婚假、产假、丧假、探亲假、病假期间的工资通常属于非累积带薪缺勤。由于职工提供服务本身不能增加其能够享受的福利金额，企业在职工未缺勤时不应当计提相关费用和负债。为此，企业应当在职工实际发生缺勤的会计期间确认与非累积带薪缺勤相关的职工薪酬。

企业确认职工享有的与非累积带薪缺勤权利相关的薪酬，视同职工出勤确认的当期损益或相关资产成本。通常情况下，与非累积带薪缺勤相关的职工薪酬已经包括在企业每期向职工发放的工资等薪酬中，因此，不必额外作相应的账务处理。

9.4.6 非货币性薪酬的核算

企业向职工提供的非货币性薪酬，应当区别情况处理。

1. 以自产产品或外购商品发放给职工作为福利

企业以其生产的产品作为非货币性福利提供给职工的，应当按照该产品的公允价值和相关税费，计量应计入成本费用的职工薪酬金额，并确认为主营业务收入，其销售成本的结转和相关税费的处理，与正常商品销售相同。以外购商品作为非货币性福利提供给职工的，应当按照该商品的公允价值和相关税费，计量应计入成本费用的职工薪酬金额。

需要注意的是，在以自产产品或外购商品发放给职工作为福利的情况下，企业在进行账务处理时，应当通过“应付职工薪酬”科目归集当期应计入成本费用的非货币性薪酬金额，以确定完整准确的企业人工成本金额。

【例9－17】　乙公司是一家生产彩电的企业，共有职工200名，2016年2月，公司以其生产的成本为10 000元的液晶彩电和外购的每台不含税价格为1 000元的电暖气作为春节福利发放给公司每名职工。该型号液晶彩电的售价为每台14 000元，乙公司适用的增值税率为17%；乙公司以银行存款支付了购买电暖气的价款和增值税进项税额，并开具了增值税专用发票，增值税率为17%。假定200名职工中170名为直接参加生产的职工，30名为总部管理人员。

分析：企业以自己生产的产品作为福利发放给职工，应计入成本费用的职工薪酬金额以公允价值计量，计入主营业务收入，产品按照成本结转，但要根据相关税收规定，视同销售计算增值税销项税额。外购商品发放给职工作为福利，应当将交纳的增值税进项税额计入成本费用。

彩电的售价总额＝14 000×170＋14 000×30＝2 380 000＋420 000＝2 800 000（元）

彩电的增值税销项税额＝170×14 000×17%＋30×14 000×17%

＝404 600＋71 400＝476 000（元）

公司决定发放非货币性福利时，应作如下账务处理：

借：生产成本	2 784 600	
管理费用	491 400	
贷：应付职工薪酬——非货币性福利		3 276 000
借：应付职工薪酬——非货币性福利	3 276 000	
贷：主营业务收入		2 800 000
应交税费——应交增值税（销项税额）		476 000

实际发放彩电时，应作如下账务处理：

借：主营业务成本	2 000 000	
贷：库存商品		2 000 000

电暖气的售价总额＝170×1 000＋30×1 000＝170 000＋30 000＝200 000（元）

电暖气的进项税额＝170×1 000×17%＋30×1 000×17%＝28 900＋5 100＝34 000（元）

公司决定发放非货币性福利时，应作如下账务处理：

借：生产成本	198 900	
管理费用	35 100	
贷：应付职工薪酬——非货币性福利		234 000

购买电暖气时，公司应作如下账务处理：

借：应付职工薪酬——非货币性福利	234 000	
贷：银行存款		234 000

2. 将拥有的房屋等资产无偿提供给职工使用或租赁住房等资产供职工无偿使用

企业将拥有的房屋等资产无偿提供给职工使用的，应当根据受益对象，将住房每期应计提的折旧计入相关资产成本或当期损益，同时确认应付职工薪酬。租赁住房等资产供职工无

偿使用的，应当根据受益对象，将每期应付的租金计入相关资产成本或当期损益，并确认应付职工薪酬。难以认定受益对象的，直接计入当期损益，并确认应付职工薪酬。

【例9－18】 丙公司为总部各部门经理级别以上职工提供汽车免费使用，同时为副总裁以上高级管理人员每人租赁一套住房。该公司总部共有部门经理以上职工50名，每人提供一辆桑塔纳汽车免费使用，假定每辆桑塔纳汽车每月计提折旧1 000元；该公司共有副总裁以上高级管理人员10名，公司为其每人租赁一套月租金为8 000元的公寓。

该公司每月应作如下账务处理：

借：管理费用	130 000	
贷：应付职工薪酬——非货币性福利		130 000
借：应付职工薪酬——非货币性福利	130 000	
贷：累计折旧		50 000
其他应付款		80 000

3. **向职工提供企业支付了补贴的商品或服务**

企业有时以低于企业取得资产或服务成本的价格向职工提供资产或服务，比如以低于成本的价格向职工出售住房、以低于企业支付的价格向职工提供医疗保健服务。以提供包含补贴的住房为例，企业在出售住房等资产时，应当将出售价款与成本的差额（即相当于企业补贴的金额）分别情况处理：

（1）如果出售住房的合同或协议中规定了职工在购得住房后至少应当提供服务的年限，企业应当将该项差额作为长期待摊费用处理，并在合同或协议规定的服务年限内平均摊销，根据受益对象分别计入相关资产成本或当期损益。

（2）如果出售住房的合同或协议中未规定职工在购得住房后必须服务的年限，企业应当将该项差额直接计入出售住房当期损益，因为在这种情况下，该项差额相当于是对职工过去提供服务成本的一种补偿，不以职工的未来服务为前提，因此，应当立即确认为当期损益。

企业应当注意将以补贴后价格向职工提供商品或服务的非货币性福利，与企业直接向职工提供购房补贴、购车补贴等区分开来，后者属于货币性补贴，与其他货币性薪酬如工资一样，应当在职工提供服务的会计期间，按照企业各期预计补贴金额，确认企业应承担的薪酬义务，并根据受益对象计入相关资产的成本或当期损益。

【例9－19】 2016年5月，乙公司购买了100套全新的公寓拟以优惠价格向职工出售，该公司共有100名职工，其中80名为直接生产人员，20名为公司总部管理人员。乙公司拟向直接生产人员出售的住房平均每套购买价为100万元，向职工出售的价格为每套80万元；拟向管理人员出售的住房平均每套购买价为180万元，向职工出售的价格为每套150万元。假定该100名职工均在2016年度中陆续购买了公司出售的住房，售房协议规定，职工在取得住房后必须在公司服务15年。

公司出售住房时应作如下账务处理：

借：银行存款	94 000 000	
长期待摊费用	22 000 000	
贷：固定资产		116 000 000

出售住房后的每年，公司应当按照直线法在15年内摊销长期待摊费用，并作如下账务

处理：

借：生产成本 1 066 667

管理费用 400 000

贷：应付职工薪酬——非货币性福利 1 466 667

借：应付职工薪酬——非货币性福利 1 466 667

贷：长期待摊费用 1 466 667

9.4.7 “设定提存计划”的核算

对于设定提存计划，企业应当根据在资产负债表日为换取职工在会计期间提供的服务而应向单独主体缴存的提存金，确认为应付职工薪酬负债，并计入当期损益或相关资产成本，借记“生产成本”、“制造费用”、“管理费用”、“销售费用”等科目，贷记“应付职工薪酬——设定提存计划”科目。

【例9-20】 甲企业根据所在地政府规定，按照职工工资总额的12%计提基本养老保险费，缴存当地社会保险经办机构。2016年7月份，甲企业缴存的基本养老保险费，应计入生产成本的金额为57 600元，应计入制造费用的金额为12 600元，应计入管理费用的金额为10 872元，应计入销售费用的金额为2 088元。

甲企业应编制如下会计分录：

借：生产成本——基本生产成本 57 600

制造费用 12 600

管理费用 10 872

销售费用 2 088

贷：应付职工薪酬——设定提存计划——基本养老保险费 83 160

9.4.8 辞退福利的核算

1. 辞退福利的概念

辞退福利是指在职工劳动合同尚未到期前，企业决定解除与职工的劳动关系而给予的补偿，或在职工劳动合同尚未到期前，为鼓励职工自愿接受裁减而给予的补偿。辞退福利通常采取解除劳动关系时一次性支付补偿的方式，也有通过提高退休后养老金或其他离职后福利标准的方式，或者将职工薪酬的工资部分支付到辞退后未来某一期末。

2. 辞退福利的确认

企业在职工劳动合同到期之前解除与职工的劳动关系，或者为了鼓励职工自愿接受裁减而提出给予补偿的建议，同时满足下列条件的，应当确认辞退福利，同时计入管理费用：

（1）企业已经制订正式的解除劳动关系计划（辞退计划），并即将实施。正式计划是指已经董事会或类似机构批准。实质性辞退工作一般应当在一年内实施完毕，但因付款程序推迟到一年后付款的，视同符合确认条件。

（2）企业不能单方面撤回解除劳动关系计划或自愿裁减建议。职工虽然没有与企业解除劳动合同，但未来不再为企业带来经济利益，企业承诺提供实质上具有辞退福利性质的经济补偿，比照辞退福利处理。

3. **辞退福利的计量**

企业应当根据准则和《企业会计准则第 13 号——或有事项》的规定，严格按照辞退计划条款的规定，合理预计并确认辞退福利产生的应付职工薪酬。

（1）对于职工没有选择权的辞退计划，应当根据辞退计划条款规定的拟解除劳动关系的职工数量、每一职位的辞退补偿标准等，计提应付职工薪酬。

（2）对于自愿接受裁减的建议，应当预计将会接受裁减建议的职工数量，根据预计的职工数量和每一职位的辞退补偿标准等，按照《企业会计准则第 13 号——或有事项》规定，计提应付职工薪酬。

符合本准则规定的应付职工薪酬确认条件，实质性辞退工作在一年内完成，但付款时间超过一年的辞退福利，企业应当选择恰当的折现率，以折现后的金额计量应付职工薪酬。

4. **辞退福利的账务处理**

企业因解除劳动关系给予职工的补偿时，应当按照预计的负债金额借记“管理费用”科目，贷记“应付职工薪酬——辞退福利”科目。实际支付辞退福利时，应当按照支付的金额借记“应付职工薪酬——辞退福利”科目，贷记“银行存款”、“库存现金”等科目。

9.5 应交税费的核算

企业在一定时期内取得的营业收入和实现的利润，应按照规定向国家缴纳各种税费。这些应交纳的税费，应当按照权责发生制原则预提计入相关科目，在未交纳之前暂时停留在企业，形成一项负债。

为了总括反映各种税金的缴纳情况，企业应设置“应交税费”总分类账户。该账户属负债类，贷方登记企业按规定应交的各种税金，借方反映企业实际交纳的各种税金和应抵扣的税金，余额一般在贷方，表示企业应交的税金，如为借方则表示多交或尚未抵扣的税金。“应交税费”账户按税种设明细账进行明细分类核算。

9.5.1 应交增值税的核算

1. **增值税的计税规定和计算方法**

（1）增值税概述。

增值税是对货物或应税劳务新增部分价值征收的一种流转税，也是一种价外税。按照增值税暂行条例规定，企业购入货物或接受应税劳务支付的增值税（即进项税额）可以从销售货物或提供劳务应交纳的增值税（即销项税额）中抵扣。

（2）增值税的抵扣。

一般纳税企业购入货物或接受劳务必须具备以下凭证，其进项税额才能抵扣：

① 增值税专用发票。购货方应以增值税专用发票上注明的购入货物已支付的税额作为扣税依据。

② 完税凭证。企业进口物资应交纳增值税，其缴纳的增值税以从海关取得的完税凭证上注明的增值税作为扣税依据。

③ 购进免税农副产品，按买价和 13% 的扣除率计算进项税额，并按买价扣除进项税额后的金额作为购进农副产品的成本。

④ 企业外购存货以及在生产经营过程中支付运输费用的，按照运输费用结算单据上注明的运输费用金额和11%的扣除率计算进项税额。

⑤ 企业接受投资或接受捐赠取得物资按专用发票上注明的增值税计入进项税额进行抵扣。

在会计上，如果企业不能取得上述扣税凭证或属于小规模纳税企业，则已支付的增值税不能抵扣，只能计入资产的采购成本。

（3）增值税的计算。

增值税的纳税人按经营规模及会计核算的健全程度，可分为一般纳税人和小规模纳税人。

一般纳税企业指年应税销售额超过小规模纳税人标准的企业。该类企业购入货物或接受应税劳务支付的增值税（即进项税额），可以从销售货物或提供劳务按规定收取的增值税（即销项税额）中抵扣，其当期应缴纳的增值税公式为

$$应交增值税 = 当期销项税额 - 当期进项税额$$

$$当期销项税额 = 当期销售应税商品或劳务的收入 \times 适用税率$$

当期销售收入指的是不含税的销售收入，劳务收入指加工、修理、修配的收入。如开的只是普通发票，则应将含税销售收入变为不含税销售收入再计税。其计算公式为

$$不含税销售收入 = 含税销售收入 \div （1 + 适用税率）$$

小规模纳税企业是指年销售额在规定标准以下，并且会计机构不健全的增值税纳税人。具体标准为：新细则第二十八条规定："条例第十一条所称小规模纳税人的标准为：（一）从事货物生产或者提供应税劳务的纳税人，以及以从事货物生产或者提供应税劳务为主，并兼营货物批发或者零售的纳税人，年应征增值税销售额在50万元以下（含本数，下同）的；（二）除本条第一款第（一）项规定以外的纳税人，年应税销售额在80万元以下的。本条第一款所称以从事货物生产或者提供应税劳务为主，是指纳税人的年货物生产或者提供应税劳务的销售额占年应税销售额的比重在50%以上。"其计算公式为

$$应纳额税 = 销售额 \times 征收率$$

小规模纳税企业适用的征收率为3%。

2. 账户设置

（1）一般纳税企业。

为了核算企业应交增值税的发生、抵扣、交纳、退税及转出情况，一般纳税企业应在"应交税费"总分类科目下设"应交增值税"、"未交增值税"两明细科目。"应交增值税"下又设"进项税额"、"已交税金"、"销项税额"、"进项税额转出"、"出口退税"、"出口抵减内销产品应纳税额"、"转出多交增值税"、"转出未交增值税"、"减免税款"等三级明细科目。"应交增值税"明细科目借方反映企业购进货物时的"进项税额"、"已交税金"、"转出未交增值税"、"减免税款"、"出口抵减内销产品应纳税额"五个明细科目；贷方反映"销项税额"、"出口退税"、"进项税额转出"、"转出多交增值税"四个明细科目。余额在贷方表示本月未交增值税，余额在借方表示本月多交增值税。

月份终了，按规定应将"应交税费——应交增值税"明细科目的余额转入"应交税费

——未交增值税”明细科目。

“未交增值税”明细账户反映的是企业本月应交未交或多交的增值税。其中借方登记转入的本月多交的增值税，贷方登记转入的本月应交而未交的增值税。期末余额在借方表示多交的增值税，在贷方表示应交而未交的增值税。

（2）小规模纳税企业。

小规模纳税企业只需设置“应交增值税”明细科目。

3. 账务处理

（1）一般纳税企业一般购销业务的账务处理。

如果是国内采购的物资，则根据取得的增值税专用发票上注明的买价和增值税金额，借记“原材料”科目，借记“应交税费——应交增值税（进项税额）”科目，贷记“银行存款”、“应付账款”等科目。如果是进口物资，则根据海关的完税凭证上注明的增值税进行相同处理。

销售物资或提供应税劳务时，应借记“应收账款”、“银行存款”等科目，贷记“主营业务收入”科目，按增值税贷记“应交税费——应交增值税（销项税额）”科目。

【例9－21】 某一般纳税企业采用实际成本法核算原材料，当日采购材料一批，买价70 000元，增值税11 900元，材料已入库，交付一张面值为81 900元的不带息商业承兑汇票一张。编制会计分录如下：

借：原材料	70 000
应交税费——应交增值税（进项税额）	11 900
贷：应付票据	81 900

【例9－22】 该企业当月销售商品一批，销货发票注明价款120 000元，增值税20 400元，款已存入银行。编制会计分录如下：

借：银行存款	140 400
贷：主营业务收入	120 000
应交税费——应交增值税（销项税额）	20 400

注意：企业购入的货物用于非增值税应税项目，其所支付的增值税计入购入货物的成本。

（2）一般纳税企业购入免税产品（农副产品、废旧图书）的账务处理。

按照增值税暂行条例规定，对农业生产者销售的自产农业产品、古旧图书等部分项目免征增值税。企业销售免征增值税项目的货物，不能开具增值税专用发票，只能开具普通发票。所以，企业购入的免税项目一般不能抵税，但税法规定对于购入的免税农产品可按买价的13%计算进项税额，准予从销项税额中扣除。在会计核算上的均按买价扣除进项税后的金额作为该产品的成本。

【例9－23】 某企业收购免税农副产品一批，用于产品生产，收购价为20 000元，农产品已入库，价款已用存款支付（假设无代扣代交的农林特产税）。编制会计分录如下：

可抵扣增值税 = 20 000 × 13% = 2 600（元）

借：原材料	17 400
应交税费——应交增值税（进项税额）	2 600
贷：银行存款	20 000

（3）一般纳税企业接受投资和捐赠转入存货的账务处理。

企业接受捐赠或投资，能取得增值税专用发票的按专用发票上注明的增值税额抵扣进项税额，按确认的价值或增值税票上的买价确认资产价值。

【例9－24】 某企业接受A单位投入材料一批，增值税专用发票上注明价款40 000元，增值税6 800元，材料入库。其编制会计分录如下：

借：原材料	40 000	
应交税费——应交增值税（进项税额）	6 800	
贷：实收资本		46 800

【例9－25】 某企业接受B单位捐赠材料一批，增值税专用发票上注明价款20 000元，增值税3 400元，已验收入库。编制会计分录如下：

借：原材料	20 000	
应交税费——应交增值税（进项税额）	3 400	
贷：营业外收入		23 400

（4）一般纳税企业视同销售的财务处理。

单位或个体经营者的下列行为，视同销售货物：

① 将货物交付他人代销。

② 销售代销货物。

③ 设有两个以上机构并实行统一核算的纳税人，将其货物从一个机构移送其他机构用于销售，但相关机构设在同一县（市）的除外。

④ 将自产或委托加工的货物用于非应税项目。

⑤ 将自产、委托加工的货物用于集体福利或个人消费。

⑥ 将自产、委托加工或者购进的货物分配给股东或投资者。

⑦ 将自产、委托加工或购买的货物作为投资，提供给其他单位或个体经营者。

⑧ 将自产、委托加工或购买的货物无偿赠送其他单位或个人。

上述8种行为应该确定为视同销售的行为，均要征收增值税。

（5）不予抵扣项目的账务处理。

下列项目的进项税额不得从销项税额中抵扣：

① 用于非增值税应税项目、免征增值税项目、集体福利或者个人消费的购进货物或者应税劳务。

② 非正常损失的购进货物及相关的应税劳务。

③ 非正常损失的在产品、产成品所耗用的购进货物或者应税劳务。

④ 国务院财政、税务主管部门规定的纳税人自用消费品。

⑤ 本条第①项至第④项规定的货物的运输费用和销售免税货物的运输费用。

对于这些按规定不予抵扣的进项税额，应采用不同的账务处理方法。如购入的货物直接用于非应税项目、免税项目或直接用于福利设施建设，则其增值税发票上的增值税直接计入购入货物的成本，不予抵扣；如果购入时不能确定其进项税额是否可抵扣，则先计入“应交税费——应交增值税（进项税额）”，以后用于不能抵扣项目时再通过借记“应交税费——应交增值税（进项税额转出）”科目，贷记有关“在建工程”、“应付职工薪酬——非货币性福利”科目。

【例9－26】 某公司购入材料一批，增值税票上注明价款 3 000 000 元，增值税额为 510 000 元，材料已入库，款项未付（假设采用实际成本法）。编制会计分录如下：

① 购入时：

借：原材料　3 000 000

　　应交税费——应交增值税（进项税额）　510 000

　贷：应付账款　3 510 000

② 自建房屋领用原材料，则编制会计分录如下：

借：在建工程　3 510 000

　贷：原材料　3 000 000

　　　应交税费——应交增值税（进项税额转出）　510 000

（6）一般纳税企业出口退税的账务处理。

增值税暂行条例规定：企业出口货物实行零税率。自营或委托外贸企业代理出口自产货物的生产性企业实行“免、抵、退”办法。其中：免，指生产企业出口自产货物销售环节增值税；抵，指生产企业出口自产货物所耗的原材料、零部件、燃料、动力等所含应退的进项税额，抵消内销货物的应纳税额；退，指生产企业出口的自产货物在当月内应抵消的进项税额大于应纳税额时，对未抵扣完的部分由税务机关予以退税。

实行“免、抵、退”的一般纳税企业，采购材料时及内销商品时的分录同前。出口销售时，借记“应收账款”科目，贷记“主营业务收入”科目；当发生出口业务时，由于退税率小于国内采购时17%的税率，将不能免抵退的税额，借记“主营业务成本”科目，贷记“应交税费——应交增值税（进项税额转出）”科目。可以免抵退的进项税额，先抵内销应交增值税，借记“应交税费——应交增值税（出口抵减内销产品应纳税额）”科目，贷记“应交税费——应交增值税（出口退税）”科目。如果应抵退的税额大于应纳税额而未全部抵减，则借记“其他应收款”科目，贷记“应交税费——应交增值税（出口退税）”科目；实际收到退税时，借记“银行存款”科目，贷记“其他应收款”科目。

【例9－27】 企业 11 月份根据发生的有关出口退税业务，编制会计分录如下：

① 出口丙产品 2 件，价款折合人民币 20 000 元，尚未收到。

借：应收账款　20 000

　贷：主营业务收入　20 000

② 出口丙产品 2 件所耗原材料为 10 000 元，进项税额为 1 700 元，申报退税后，应退回税款 900 元，允许企业抵减内销产品销项税额。

借：其他应收款　900

　贷：应交税费——应缴增值税（出口退税）　900

③ 出口丙产品所耗原材料未退回的进项税额 800 元（1 700－900），计入销售成本。

借：主营业务成本　800

　贷：应交税费——应缴增值税（进项税额转出）　800

（7）减免税款的账务处理。

减免税款是税务部门根据国家有关税收政策，减少或免征企业应交税费。企业在收到税务相关减免增值税通知时，借记“应交税费——应交增值税（减免税款）”科目，贷记“营业外收入”科目。

（8）随同商品出售单独计价包装物，出租、出借包装物没收的押金收入应交增值税的账务处理。

【例9－28】　企业销售随商品出售单独计价包装物一批，售价2 000元，增值税340元，款未收，成本1 200元。编制会计分录如下：

①销售时：

借：应收账款　　2 340

　　贷：其他业务收入　　2 000

　　　　应交税费——应交增值税（销项税额）　　340

②结转成本时：

借：其他业务成本　　1 200

　　贷：包装物　　1 200

【例9－29】　A单位未能如期退还所借包装物，没收其押金4 000元。编制会计分录如下：

借：其他应付款　　4 000

　　贷：其他业务收入　　3 418.80

　　　　应交税费——应交增值税（销项税额）　　581.20

（9）小规模纳税企业的账务处理。

小规模纳税企业购入存货支付的增值税，不论是否取得增值税专用发票，均不能抵扣，而应计入物资的采购成本，其销售产品的销售收入为含税收入，故在计算应交增值税时，要将含税收入折算为不含税收入再计算。计算公式为

$$不含税销售额=含税销售额\div（1+征税率）$$

【例9－30】　某企业被核定为小规模纳税企业，本期购入材料一批，价款350 000元，支付增值税59 500元，已验收入库，货款未付。该公司本期销售商品含税价为800 000元，货款已收。编制会计分录如下：

①购入商品时：

借：原材料　　409 500

　　贷：应付账款　　409 500

②销售商品时：

不含税销售收入＝800 000÷（1＋3%）＝776 699（元）

应交增值税＝776 699×3%＝23 301（元）

借：银行存款　　800 000

　　贷：主营业务收入　　776 699

　　　　应交税费——应交增值税　　23 301

（10）转出多交增值税和未交增值税的账务处理。

企业在月份终了，当月上缴当月的增值税时，借记“应交税费——应交增值税（已交税金）”科目，贷记“银行存款”科目；当月交纳以前月份增值税时，借记“应交税费——未交增值税”科目，贷记“银行存款”科目；如本月有应交未交的增值税，借记“应交税费——应交增值税（转出未交增值税）”科目，贷记“应交税费——未交增值税”科目；如

本月有多交增值税则借记“应交税费——未交增值税”科目，贷记“应交税费——应交增值税（转出多交增值税）”科目。

应交增值税 = 销项税额 - （进项税额 - 进项税额转出 - 出口退税）
- 出口抵减内销产品应纳税额

月末未交增值税 = 月初未交增值税 - 当月补交增值税 + 当月未交增值税

【例 9 - 31】 某企业用存款交纳当月的增值税 100 000 元，月终尚未交纳的增值税为 400 000 元。编制会计分录如下：

① 交纳当月的增值税时：

	借方	贷方
借：应交税费——应交增值税（已交税金）	100 000	
贷：银行存款		100 000

② 结转尚未交纳的增值税：

	借方	贷方
借：应交税费——应交增值税（转出未交增值税）	400 000	
贷：应交税费——未交增值税		400 000

9.5.2 应交消费税的核算

消费税是对生产、委托加工及进口应税消费品（主要指烟、酒、饮料、高档次及高能耗的消费品）征收的一种税。在我国，国家对货物在普遍征收增值税的基础上，选择部分消费品再征收消费税，目的是为了调节消费结构，正确引导消费方向。

消费税的计算有从价定率和从量定额两种方法。从价定率是指根据销售额（不含增值税）乘以消费税税率计算应纳税额；从量定额是根据计税数量乘以单位税额计算应纳消费税额。

1. 账户设置

为了总括核算和监督企业应交消费税的发生、交纳等情况，企业应在“应交税费”总账科目下设置“应交消费税”明细科目进行核算。该账户贷方反映应交纳的消费税，借方登记实际交纳的消费税，期末贷方余额反映尚未交纳的消费税，期末借方余额反映多交或待扣的消费税。

2. 账务处理

（1）产品销售的账务处理。

企业将生产的产品直接对外销售时其应缴纳的消费税，通过“营业税金及附加”账户核算。企业按规定应交纳消费税时，借记“营业税金及附加”科目，贷记“应交税费——应交消费税”科目。

【例 9 - 32】某企业本期销售应税消费品一批，价款 1 500 000 元，增值税额 255 000 元，收到对方银行承兑汇票一张，金额 1 755 000 元，消费税率为 10%。商品已经发出，符合收入确认条件。编制会计分录如下：

	借方	贷方
借：应收票据	1 755 000	
贷：主营业务收入		1 500 000
应交税费——应交增值税（销项税额）		255 000
借：营业税金及附加（1 500 000 × 10%）	150 000	

贷：应交税费——应交消费税 150 000

实际交纳时：

借：应交税费——应交消费税 150 000

贷：银行存款 150 000

随同应税消费品出售单独计价的包装物，出租出借包装物没收的押金收入应交的消费税，借记“营业税金及附加”科目，贷记“应交税费——应交消费税”科目。

（2）将应税消费品用于在建工程、对外投资、职工福利、捐赠等应交消费税的账务处理。

企业将应税消费品用于在建工程、对外投资、捐赠、招待客人时，应交的消费税应计入相关成本或费用中。分别借记“在建工程”、“长期股权投资”、“营业外支出”、“管理费用”等科目，贷记“应交税费——应交消费税”科目。而作为职工福利发给职工应税消费品的参见本章“应付职工薪酬”的核算。

（3）委托加工应税消费品的账务处理。

委托加工物资如果是应税消费品，则支付给受托方的消费税应分情况处理：如果委托加工物资收回后直接出售，则支付的消费税计入“委托加工物资”成本；如委托加工物资收回后用于连续再生产的，则支付的消费税按规定可以抵扣，计入“应交税费——应交消费税”的借方。

（4）进出口应税消费品的账务处理。

需要交纳消费税的进口货物，应交的消费税计入采购货物的成本，借记“固定资产”、“材料采购”等科目，贷记“银行存款”等科目。

免征消费税的出口商品视情况而定：属生产企业直接出口应税消费品的，按规定直接免征消费税，可以不计算消费税；如委托外贸企业出口应税消费品的消费税，则在计算消费税时，先借记“应收账款”等科目，贷记“应交税费——应交消费税”科目，收到退回的消费税时，再借记“银行存款”科目，贷记“应收账款”科目。

9.5.3 其他应交税费的核算

1. 城市维护建设税

城市维护建设税（简称城建税）是国家对交纳增值税、消费税、营业税的单位和个人，以其实际交纳的增值税、营业税、消费税为计税依据征收的一种附加税。计算公式为

应纳税额 = （企业当期实际交纳的营业税 + 增值税 + 消费税） × 适用税率

企业应当设置“应交税费——应交城市维护建设税”科目进行核算。结转城建税时，按其产生的原因，借记“营业税金及附加”、“固定资产清理”等科目，贷记“应交税费——应交城市维护建设税”科目；实际交纳时，借记“应交税费——应交城市维护建设税”科目，贷记“银行存款”科目。

2. 资源税

资源税是对我国境内从事原油、天然气、煤炭、金属矿产品和其他矿产品开发以及生产盐的单位和个人征收的一种税。采用从价定率和从量定额的办法，分别以应税产品的销售额乘以纳税人具体适用的比例税率或者以应税产品的销售数量乘以纳税人具体适用的定额税率

计算。纳税人开采或者生产不同税目应税产品的，应当分别核算不同税目应税产品的销售额或者销售数量；未分别核算或者不能准确提供不同税目应税产品的销售额或者销售数量的，从高适用税率。

通过设置“应交税费——应交资源税”科目进行核算。企业按规定销售应税产品时，计算的资源税借记“营业税金及附加”科目，贷记“应交税费——应交资源税”科目；自产、自用和领用应税消费品时，借记“生产成本”科目，贷记“应交税费——应交资源税”科目。

3. 土地增值税

土地增值税是对在我国境内从事房地产开发、转让国有土地使用权并取得收入的企业征收的一种税。通过设置“应交税费——应交土地增值税”科目进行核算。主营和兼营房地产开发的企业应交土地增值税，借记“营业税金及附加”科目；转让国有土地使用权及其地上建筑物原在“固定资产”或“在建工程”核算的，借记“固定资产清理”科目，贷方对应的都是“应交税费——应交土地增值税”科目。实际交纳土地增值税时，借记“应交税费——应交土地增值税”科目，贷记“银行存款”等科目；退回多交税时，则分录相反。

4. 车辆购置税

车辆购置税按支付给销售者的全部价款（不含增值税）作为计税依据，进口车辆按关税完税价加关税及消费税为计税依据。该税金在发生时直接通过银行存款支付，借记“固定资产”科目，贷记“银行存款”科目，无须经过“应交税费”科目核算。

5. 房产税、土地使用税、车船使用税

房产税是国家把在城市、县城等的房产作为征收对象，向房产所有者就其房产的价值或出租房产的租金收入征收的一种税。房产税一般按房屋原值一次性扣减10% ~30%后的余额计算交纳。没有房产原值作为依据的，由房产所在地税务机关参考同类房产核定，房产出租的，以房产租金收入为房产税的计税依据。

土地使用税是对城市、县城等单位和个人实际占用土地所征收的一种税。该税按照纳税人实际占用土地的面积计算征收，根据土地所在地域的不同，适用不同的税率。

车船使用税是对在我国境内拥有并且使用车船的单位或个人，按车船的种类、使用性质实行定额征收的一种税。

企业按规定计算房产税、土地使用税、车船使用税时，均借记“管理费用”科目，贷记“应交税费——应交房产税”等科目。实际交纳时，借记“应交税费——应交房产税”等科目，贷记“银行存款”科目。

6. 所得税

企业根据当期的利润总额，应按规定交纳企业所得税。企业所得税在“应交税费”科目下设“应交所得税”明细科目核算。企业当期计算的所得税作为一项费用，在计算净利润前予以扣除。企业按照一定方法计提的所得税，应借记“所得税费用”科目，贷记“应交税费——所得税”科目。具体会计处理方法见第十四章。

值得说明的是，按照规定实行所得税先征后返的企业，应当在实际收到返还的所得税时，冲减当期所得税费用。

对于工资薪金所得个人应纳所得税，一般由企业代扣代缴，通过“应交税费——应交个人所得税”科目核算。

7. **教育费附加**

教育费附加是国家为了发展我国的教育事业，提高人们的文化素质而征收的一种费用。按照企业实际交纳的营业税、增值税、消费税的一定比例计算交纳。会计核算时，通过设置“应交税费——应交教育费附加”科目进行核算。按其产生的不同原因，借记“营业税金及附加”、“固定资产清理”科目，贷记“应交税费——应交教育费附加”科目。

8. **矿产资源补偿费**

矿产资源补偿费是对在中华人民共和国境内或其他管辖海域开采矿产资源而征收的一项费用。矿产资源补偿费按照矿产品销售收入的一定比例征收，由采矿权人交纳。具体处理分两种情况：如果企业销售矿产品和对矿产品自行加工的，定期交纳矿产资源补偿费，计入“管理费用”科目，借记“管理费用”科目，贷记“应交税费——矿产资源补偿费”科目；收购未交纳矿产资源补偿费矿产品的企业，在收购时支付的矿产资源补偿费，借记“材料采购”等科目，贷记“应交税费——矿产资源补偿”科目。实际交纳时，借记“应交税费——矿产资源补偿费”科目，贷记“银行存款”科目。

9. **印花税**

印花税是对书立、领受合同等凭证行为征收的一种税。实行纳税人自行计算应税额，并一次购买贴足印花税票的交纳方法。应纳税凭证有购销、加工承揽、建设工程承包、财产租赁、货物运输、仓储保管、借款、财产保险、技术合同、产权转移书据、营业账簿、权利、许可执照等。纳税人应当按照应纳税凭证的性质，分别按比例税率或按件定额计算应交纳税额。

由于企业交纳印花税，是由纳税人根据规定自行计算应纳税额以购买并一次性贴足印花税票的方法交纳税款。即一般情况下，企业需要预先购买印花税票，待实际发生应税行为时，再根据应纳税凭证的性质，分别按比例税率或按件定额计算应纳税额。将已购买的印花税票粘贴在应纳税凭证上，并在每枚税票的骑缝处盖戳注销或者划销，办理完税手续。企业交纳印花税，不会发生应付未付税金，所以企业在交纳时无须经过“应交税费”科目，而是直接借记“管理费用”科目，贷记“银行存款”科目。

10. **耕地占用税**

耕地占用税是国家为了利用土地资源，加强土地管理，保护农用耕田而征收的一种税。耕地占用税按实际占用的耕地面积计算，按规定税额一次征收。企业交纳的耕地占用税不通过“应交税费”科目核算。企业按规定计算交纳耕地占用税时，借记“在建工程”科目，贷记“银行存款”科目。

9.6　其他应付及预收款项

9.6.1　其他应付款

1. **其他应付款的内容**

其他应付款是指与企业的购销业务没有直接联系的应付暂收款。它的内容包括；应付经营租入固定资产的租金、包装物的租金、存入保证金及其他应付暂收款项。

2. **账务处理**

为了核算和监督上述款项的增减，企业通过设置“其他应付款”总分类账户进行总分类核算。该账户属负债类，借方登记企业偿还的各项应付款，贷方登记企业发生的各项应付暂收款项，余额在贷方，表示企业应付暂收的款项。企业应当按照应付及暂收款项的类别或单位及个人设置明细账进行明细核算。当企业发生各项应付暂收款时，借记“银行存款”、“制造费用”等科目，贷记“其他应付款”科目。实际支付或归还时，借记“其他应付款”科目，贷记“银行存款”等科目。

【例 9-33】 企业出租包装物一批，收取押金 1 200 元，存入银行。编制会计分录如下：

(1) 收取押金时：

借：银行存款	1 200	
贷：其他应付款——存入保证金		1 200

(2) 包装物如期退回时，退回押金：

借：其他应付款——存出保证金	1 200	
贷：银行存款		1 200

9.6.2 预收账款

1. 预收账款的含义

预收账款是买卖双方按协议商定，由销货方预先收取购货方一部分货款形成的一种负债。这项负债需要企业在收款后 1 年或一个营业用期内以交付产品或提供劳务来偿还。

2. 预收账款的核算

预收账款的核算应视情况而定，企业可以设置“预收账款”总分类账户对预收账款进行核算和监督。该账户属负债类账户，借方登记企业实际发出商品的价税款和退回多收的货款，贷方记企业预收的购货款及收到的补付货款，余额一般在贷方，表示已预收尚未结清的款项，如在借方，则表示应收的债权。该账户一般按购货单位设明细账。

【例 9-34】 某一般纳税企业预收东方公司购货款 200 000 元存入银行。编制会计分录如下：

借：银行存款	200 000	
贷：预收账款——东方公司		200 000

假设 10 天后发货并开具增值税专用发票，价款 200 000 元，增值税额 34 000 元，不足款尚未收到。则：

借：预收账款——东方公司	234 000	
贷：主营业务收入		200 000
应交税费——应交增值税（销项税额）		34 000

日后收到补付款时：

借：银行存款	34 000	
贷：预收账款——东方公司		34 000

【例 9-35】 如上述企业预收购货款为 300 000 元，存入银行。则编制会计分录如下：

借：银行存款	300 000	
贷：预收账款——东方公司		300 000

假设 10 天后发货并开具增值税专用发票，价款 200 000 元，增值税额 34 000 元，多付

款当即通过银行退回。则编制会计分录如下：

借：预收账款　　234 000
　　贷：主营业务收入　　200 000
　　　　应交税费——应交增值税（销项税额）　　34 000

同时：

借：预收账款　　66 000
　　贷：银行存款　　66 000

预收业务不多的企业，可以不设“预收账款”科目而并入“应收账款”科目核算，但期末编制的资产负债表项目必须分开填列。

本章小结

本章介绍了流动负债各项目的管理。重要内容包括：

（1）短期银行借款。短期银行借款是指公司根据合同向商业银行以及非银行金融机构借入的期限在一年以内的借款。本章介绍了短期银行借款的种类、程序，和短期借款决策时要考虑的因素以及银行短期借款的优缺点。

（2）商业信用。商业信用是指商品交易中以延期付款或预收货款进行购销活动而形成的公司之间的借贷关系。它是公司之间由于商品和货币在时间和空间上分离而形成的直接信用行为。其表现形式有应付账款、应付票据和预收货款，其中应付账款是典型的商业信用的表现形式。本章讲授了商业信用的概念、商业信用条件、商业信用的控制和利用商业信用筹资的优缺点等。

（3）短期融资券。短期融资券又称商业票据，短期债券是大型工商企业或金融企业为筹措短期资金而发行的无担保短期本票。发行短期融资券是企业筹集短期资金的重要方式。本章讲授了短期融资券的特点、国内外利用情况、发行短期融资券的程序以及短期融资券的优缺点。

关键名词

流动负债　短期借款　应付票据　应付账款　应付职工薪酬　应交税费
其他应付及预收账款

即测即评

请扫描二维码，在线测试本章学习效果。

选择题　　判断题

第 10 章
长期负债

学习目标

（1）掌握：长期借款、应付债券的账务处理；借款费用的处理原则与方法。

（2）理解：长期应付款的核算。

（3）了解：长期负债的主要内容；长期负债的概念及特点。

问题导入

某公司装备兴建一大型项目，该项目需投资 8 000 万元，而公司目前仅有 3 000 万元货币资金。公司于上年年末总资产为 37 500 万元，资产负债率为 35%，在公司股权结构中，A、B 公司占有的持股比例分别为 51%、49%。请你站在公司控股股东的立场考虑一下，该项目可从哪些渠道去筹得其余资金？

10.1 长期负债概述

10.1.1 长期负债的概念及特点

长期负债是指偿还期在一年或超过一年的一个营业周期以上的负债，包括长期借款、应付债券、长期应付款和专项应付款。

企业的长期负债与流动负债相比，除具有负债的特征外，还具有以下特点：

1. 偿还期限较长

长期负债的偿还期为一年或超过一年的一个营业周期以上。因此，对于企业剩余债务期限不足一年的长期负债在资产负债表中应将其列为流动负债。

2. 举债金额较大

企业举借长期负债，一般都是用于购建固定资产，扩大经营规模，因此，所需金额较大。

3. 借款费用较高

由于长期负债金额较大，期限较长，利率较高，因此，其利息费用较高。它是企业的一项长期固定支出，财务风险较大。

4. 偿还方式灵活

长期负债可采用分期偿还本息的方式，也可采用分期付息到期还本的方式，还可以采用到期一次还本付息的方式。而流动负债通常都是到期一次偿还本息。

10.1.2 举借长期负债的意义

企业要扩展经营规模，就需要增加长期耐用的各种固定资产，如购买大型机械设备、增建或扩建厂房、购置地产等，均需要大量资金，而这些仅仅靠企业所拥有的经营资金通常是无法满足的。若等待企业积累的留存收益，则可能丧失企业发展的有利时机。企业筹措这方面的资金，主要有两种方式：一是通过投资者投入新的资本；二是通过各种方式举借长期负债。举借长期负债比增加投资者投入资本筹措资金更为有利，其主要表现在以下几方面：

（1）举借长期负债有利于保持原有投资者（或股东）控制企业的权力，不会影响投资者（或股东）控制企业的权力，不会影响投资者原有的投资比例或股权结构。作为股份有限公司，举借长期负债不会稀释企业普通股的每股盈余，也就不会导致股价下跌；而增发股票往往会改变原有股权结构，削弱老股东的控股权，除非老股东按其拥有的股权比例认购新股。

（2）举借长期负债的成本通常较低。债权人不参与企业的经营决策，不参与企业的利润分配，他们只按固定的利率获取利息；而投资者参与企业的经营决策，承担企业经营风险，他们所要求的投资报酬率必然要大于债权人。因此，举借长期负债的成本与增资的成本相比通常会低一些。

（3）举借长期负债具有节税的功效。举借长期负债的利息（资本化的除外）一般作为一项费用直接计入当期损益，成为所得税前的一个扣减项目，减少纳税所得，从而减少应交所得税；而分派投资者的利润或股东的股利只能在税后利润中支付，不能减少所得税负担。

当然，举债经营也有其不足之处。如果企业经营不善，市场情况恶化，投资报酬率低于长期负债的资金成本率时，这笔固定的利息就会成为企业财务上的沉重负担，而且企业必须为偿还到期债务做好财务安排，它会影响到企业财务运作上的灵活性。长期负债一般都有明确的到期日，如果企业因资金周转困难无法及时偿还本金，支付利息，债权人的要求权则可能迫使企业破产清算。因此，举借长期债务是企业的一项重要的财务决策，企业应适度负债，以避免负债经营带来的财务风险。

10.1.3 长期负债的分类

1. 按筹措方式分类

长期负债按其筹措方式不同可分为：长期借款、应付债券和长期应付款。

（1）长期借款。它是指企业向银行或其他金融机构借入的期限在一年以上（不含一年）的各种借款。

（2）应付债券。它是指企业发行还款期在一年以上的债券而形成的一种债务。企业债券是企业为筹集资金而发行的一种借款性质的书面凭证。

（3）长期应付款。它是指企业除长期借款、应付债券以外的其他各种长期应付款项，主要有采取补偿贸易方式引进国外设备应付款及融资租入固定资产应付租赁费。

除此以外，企业发生的长期负债还有专项应付款。它是指企业接受国家拨入的具有专门用途如专项用于技术改造、技术研究等的拨款，以及从其他来源取得的款项。

2. 按偿还方式分类

长期负债按其偿还方式不同可分为：定期偿还的长期负债和分期偿还的长期负债。

（1）定期偿还的长期负债。是指到期日一次偿还本金的长期负债，企业债券通常采用这种方式。

（2）分期偿还的长期负债。是指到期日之前分期偿还本金的长期负债，应付融资租入固定资产租赁费常采用这种方式。

10.2 借款费用

10.2.1 借款费用的概念和内容

借款费用是指企业因借款而发生的利息及其相关成本，它是企业借入资金所付出的代价，包括筹资成本和资金使用成本，主要有借款利息、折价或者溢价的摊销和辅助费用（包括借款手续费、债券发行期间冻结资金产生的利息收入）及因外币借款而发生的汇兑差额等。具体内容如下。

1. 因借款而发生的利息

因借款而发生的利息，包括企业向银行或其他金融机构等借入资金发生的利息、发行债券发生的利息以及承担带息债务应计的利息等。

2. 因借款而发生的折价或溢价摊销

因借款而发生的折价或溢价主要是发行债券发生的折价或溢价。企业在每一会计期间计提利息的同时，应将发生的折价或溢价在存续期间进行分期摊销。折价或溢价的摊销实质上是对借款利息的调整，因而构成了借款费用的组成部分。

3. 因借款而发生的辅助费用

因借款而发生的辅助费用，是指企业在借款过程中发生的诸如手续费、佣金、印刷费、承诺费等费用。由于这些是因安排借款而发生的，也是为借入资金所付出的代价，因此也属于借款费用的组成部分。

4. 因外币借款而发生的汇兑差额

因外币借款而发生的汇兑差额，是指由于汇率变动而对外币借款本金和利息的记账本位币金额产生的影响金额。由于这部分汇兑差额是与外币借款直接相联系的，因而也构成借款费用的组成部分。

10.2.2 借款费用的确认

借款费用的确认主要解决的是将每期所发生的借款费用予以资本化，计入相关资产的成本，还是将每期发生的借款费用予以费用化，直接计入当期损益的问题。借款费用确认的基本原则是：企业发生的借款费用可直接归属于符合资本化条件的资产构建或生产的，应当予以资本化，计入相关资产的成本；其他借款费用应当在发生时根据其发生额确认为费用，计入当期损益。

1. 借款费用资本化的范围

（1）借款费用应予资本化的资产范围。

借款费用应予资本化的资产范围是指符合资本化条件的资产，即需要经过相当长时间的购建或者生产活动才能达到预定可使用或者可销售状态的固定资产、投资性房地产和存货等资产。建造合同成本、无形资产的开发支出等在符合条件的情况下，也可以认定为符合资本化条件的资产。其中，“相当长时间”应当是指资产的构建或生产所必需的时间通常为 1 年以上（含 1 年）。

在实务中，如果由于人为或故意等非正常因素导致资产的构建或者生产时间相当长的，该资产不属于符合资本化条件的资产。

（2）借款费用应予资本化的借款范围。

企业会计准则规定，借款费用应予以资本化的借款范围包括专门借款和一般借款。专门借款是指为购建或者生产符合资本化条件的资产而专门借入的款项。专门借款通常应当有明确的用途，并通常应当具有标明该用途的借款合同。如为购建固定资产而发生的借款，为投资性房地产而发生的借款，为建造船舶、大型设备而发生的借款。一般借款是指专门借款之外的借款，相对于专门借款而言，一般借款在借入时，其用途通常没有特指用于符合资本化条件的资产的构建或生产。

借款费用应予资本化的借款范围既包括专门借款，也可包括一般借款。其中，对于一般借款，只有在构建或生产某项符合资本化条件的资产占用了一般借款时，才应将与该部分一般借款相关的借款费用资本化；否则，所发生的借款费用应计入当期损益。

2. 借款费用资本化期间的确定

只有发生在资本化期间内的有关借款费用才允许资本化，借款费用资本化期间是指从借款费用开始资本化的时点到停止资本化时点的期间，但不包括借款费用暂停资本化的期间。

（1）借款费用开始资本化的时点。

借款费用允许开始资本化必须同时满足三个条件，即资产支出已经发生，借款费用已经发生，为使资产达到预定可使用状态或者可销售状态所必要的构建或者生产活动已经开始。

① 资产支出已经发生。这里的资产支出只包括企业为购置或建造固定资产而以支付现金、转移非现金资产或者承担带息债务形式发生的支出。具体包括：

第一，支付现金，是指用货币资金支付固定资产的购建支出。例如，企业用现金、银行存款或其他货币资金购买工程用材料，支付建造工程职工工资，向承包方支付工程进度款等。

第二，转移非现金资产，是指企业将自己的非现金资产直接服务于固定资产的建造或安装。例如，企业用自己生产的产品（如水泥、钢材等）用于工程建造，用自己生产的产品向其他企业换取固定资产建造所需工程物资。

第三，承担带息债务，是指因购买工程用材料等而承担的带息应付款项（如带息应付票据）。企业以赊购方式向供货单位购买工程用物资，由此产生的债务可能带息，也可能不带息。如果是不带息债务，就不应计入资产支出，因为在债务偿付之前不需承担利息，企业不会因这部分未偿付债务而承担借款费用。例如，企业在购建固定资产时向供应商赊货（其债务为不带息），购建固定资产所形成的应付工资、应付福利费等情况，尽管它们都构成在建工程成本，但由于它们没有占用借款资金，所以不能将其包括在这里所指的“资产支出”范围内。而对于带息债务则不同，企业要为这笔债务付出代价，承担利息，它与企业用银行借款支付资产支出的性质一样，所以企业为购建固定资产而承担的带息债务应当作为资产支出，用以计算应予资本化的借款费用数额。例如，某企业于 2016 年 5 月 8 日购入一批工程用物资，开出一张 50 万元的带息银行承兑汇票，期限 6 个月，票面利率 8%。对于该事项，尽管应付票据当月未偿付，但在当月计算予以资本化借款费用金额时，应将其作为资产支出。

② 借款费用已经发生。借款费用已经发生，是指企业已经发生了因购建或者生产符合资本化条件的资产而专门借入款项的借款费用，或者占用了一般借款的借款费用。例如，某企业于 2016 年 3 月 1 日为建造厂房从银行借入 20 000 000 元，年利率 6%，当日开始计息，2016 年 3 月 1 日则应当作为借款费用发生日。

③ 为使资产达到预定可使用或可销售状态所必要的购建或生产活动已经开始。为使资产达到预定可使用或可销售状态所必要的购建或生产活动已经开始，是指符合资本化条件的资产的实体建造或者生产活动已经开始，例如，主体设备的安装、厂房的开工建造等。

企业只有在上述三个条件同时满足的情况下，有关借款费用才可以开始资本化；只要其中一个条件没有满足，借款费用就不能资本化，而应计入当期损益。

（2）借款费用暂停资本化。

在符合资本化条件的资产的购建或生产过程中发生非正常中断并且中断时间连续超过 3 个月（含 3 个月）的，则应当暂停借款费用的资本化。中断的原因必须是非正常中断，属于正常中断的相关借款费用仍可资本化。

非正常中断，通常是由于企业管理决策上的原因或不可预见的原因所导致的中断。例如，企业因与施工方发生了质量纠纷，或者工程、生产用料没有及时供应，或者资金周转发生了困难，或者施工、生产发生了安全事故，或者发生了与构建、生产有关的劳动纠纷等原因，导致资产的构建或者生产活动发生中断，均属于非正常中断。

非正常中断和正常中断显著不同。正常中断通常仅限于构建或者生产符合资本化条件的资产达到预定可使用或可销售状态所必要的程序，或者事先可预见的不可抗力因素导致的中断。例如，某些工程建造到一定阶段后必须暂停下来，进行工程质量或者安全检查，检查通过后方能继续下一步的建造工作，对于这类中断，是工程在施工前就可预见的，而且是工程建造必须经过的程序，属于正常中断，借款费用仍应继续资本化。又如，某企业在建造厂房期间，恰逢连绵雨季，工程施工不得不中断，待雨季过后再继续施工。由于该地区出现连绵雨季是正常情况，因此，在这种由于可预见雨季而耽搁施工的持续期间内，借款费用资本化应继续进行。

（3）借款费用停止资本化。

借款费用停止资本化的一般原则是当购建或生产符合资本化条件的资产达到预定可使用或可销售状态时，应当停止其借款费用资本化，以后发生的借款费用计入当期损益。

达到预定可使用或可销售状态是指购建或生产符合资本化条件的资产已达到购买方或建造方预定的可使用状态或可以销售的状态，具体可从以下几方面进行判断：

① 符合资本化条件的资产的实体建造（包括安装）工作已经全部完成或实质上已经全部完成。

② 所购建或生产符合资本化条件的资产已经达到设计或合同要求，或与设计或合同要求相符或基本相符，即使有极个别地方与设计或合同要求不相符，也不足以影响其正常使用或者销售。

③ 继续发生在所购建或生产符合资本化条件的资产上的支出金额很少或者几乎不再发生。

所购建或生产的符合资本化条件的资产需要试生产或试运行的，在试生产结果表明资产能够正常运行或者能够正常生产出合格产品时，或者试运行结果表明能够正常运转或营业时，应当认为该资产已经达到预定可使用或者可销售的状态。

在购建或生产符合资本化条件的资产的过程中，如果所购建或生产的符合资本化条件的资产分别建造、分别完工，企业应当遵循实质重于形式的原则，区别不同情况来界定借款费用停止资本化的时点。

如果所购建或生产符合资本化条件的资产的各部分分别完工且每一部分在其他部分继续建造或生产过程中可以独立使用或可对外销售的，且为使该部分资产达到预定可使用或可销售状态所必要的构建或者生产活动实质上已完成，则应当停止与该部分资产相关的借款费用的资本化。

如果所购建或生产符合资本化条件的资产分别完工，但必须在资产总体完成后才能投入使用或者可对外销售的，应当在该资产整体完工时停止借款费用的资本化。例如，在建造一个涉及数项工程的钢铁厂，其单项工程都是根据各道冶炼工序设计建造，只有每项工程建造完工后，整个钢铁厂才能正常运转，因而每一单项工程完工后其借款费用不能停止资本化，须等到数项工程全部完工达到预定可使用状态时，借款费用才能停止资本化。

【例10－1】　甲公司为建造一座办公楼于2016年1月1日借入5 000 000元借款，借期2年，同日开工兴建。2月1日支付工程款2 000 000元；5月1日至8月31日工程因纠纷停工；9月1日重新开始，于2017年6月30日达到预定可使用状态。则：资本化起点为2016年2月1日，终点为2017年6月30日，暂停资本化期间为5、6、7、8共4个月；实际资本化时间为2、3、4、9、10、11、12加2017年的6个月共13个月。

10.2.3　借款费用的计量

1. 借款利息资本化金额的确定

在资本化期间内，每一会计期间的利息（包括折价或溢价的摊销）资本化金额，应当按照下列规定确定：

（1）为购建或者生产符合资本化条件的资产而借入专门借款的，应当以专门借款当期实际发生的利息费用，减去将尚未动用的借款资金存入银行取得的利息收入或进行暂时性投资取得的投资收益后的金额确定。

（2）为购建或者生产符合资本化条件的资产而占用了一般借款的，企业应当根据累计资产支出超过专门借款部分的资产支出加权平均数乘以所占用一般借款的资本化率，计算确定一般借款应予资本化的利息金额。资本化率应当根据一般借款加权平均利率计算确定。即企业占用一般借款构建或者生产符合资本化条件的资产时，一般借款的借款费用的资本化金额的确定应当与资产的支出相挂钩。其计算公式如下：

一般借款利息费用资本化金额＝累计资产支出超过专门借款部分的资产支出加权平均数×所占用一般借款的资本化率

资产累计支出加权平均数＝∑（超过专门借款部分的每笔资产支出金额×每笔资产占用的天数÷会计期间涵盖的天数）

资本化率＝一般借款当期实际发生的利息之和÷一般借款本金加权平均数×100%

一般借款本金加权平均数＝∑（所占用每笔一般借款本金×每笔一般借款实际占用的天数÷会计期间涵盖的天数）

上述公式中“每笔资产支出占用的天数”是指发生在资产上的支出所应承担借款费用的时间长度。“会计期间涵盖的天数”是指计算应予资本化的借款费用金额的会计期间的长度。

企业如果只借入一笔一般借款，资本化率即为该项一般借款的利率；如果借入了一笔以上的一般借款，则资本化率即为多笔一般借款的加权平均利率。

【例 10－2】 ABC 公司于 2016 年 1 月 1 日正式动工兴建一幢厂房，工期预计为 1 年零 6 个月。工程采用出包方式，分别于 2016 年 1 月 1 日、2016 年 7 月 1 日和 2017 年 1 月 1 日支付工程进度款。

ABC 公司为建造厂房于 2016 年 1 月 1 日专门借款 30 000 000 元，借款期限为 3 年，年利率为 5%。另外，在 2016 年 7 月 1 日又专门借款 60 000 000 元，借款期限为 5 年，年利率为 6%，借款利息按年支付（如无特别说明，本章例题中名义利率与实际利率相同）。

ABC 公司将闲置借款资金用于固定收益债券短期投资，该短期投资月收益率为 0.5%。

厂房于 2017 年 6 月 30 日完工，达到预定可使用状态。

ABC 公司为建造该厂房的支出金额如表 10－1 所示。

表 10－1 支出金额

单位：元

日期	每期资产支出金额	累计资产支出金额	闲置借款资金用于短期投资金额
2016 年 1 月 1 日	15 000 000	15 000 000	15 000 000
2016 年 7 月 1 日	35 000 000	50 000 000	40 000 000
2017 年 1 月 1 日	35 000 000	85 000 000	5 000 000
总计	85 000 000	—	60 000 000

由于 ABC 公司使用了专门借款建造厂房，而且厂房建造支出没有超过专门借款金额，因此，公司于 2016 年、2017 年建造厂房应予资本化的利息金额计算如下：

（1）确定借款费用资本化期间为 2016 年 1 月 1 日到 2017 年 6 月 30 日。

（2）计算在资本化期间内专门借款实际发生的利息金额：

2016 年专门借款发生的利息金额＝30 000 000×5%＋60 000 000×6%×6/12＝3 300 000（元）

2017 年 1 月 1 日至 6 月 30 日专门借款发生的利息金额＝30 000 000×5%×6/12＋60 000 000×6%×6/12＝2 550 000（元）

（3）计算在资本化期间内利用闲置的专门借款资金进行短期投资的收益：

2016 年短期投资收益＝15 000 000×0.5%×6＋40 000 000×0.5%×6＝1 650 000（元）

2017 年 1 月 1 日至 6 月 30 日短期投资收益＝5 000 000×0.5%×6＝150 000（元）

（4）由于在资本化期间内，专门借款利息费用的资本化金额应当以其实际发生的利息费用减去将闲置的借款资金进行短期投资取得的投资收益后的金额确定，因此：

公司 2016 年的利息资本化金额＝3 300 000－1 650 000＝1 650 000（元）

公司 2017 年的利息资本化金额＝2 550 000－150 000＝2 400 000（元）

（5）有关账务处理如下：

① 2016 年 12 月 31 日：

借：在建工程——××厂房	1 650 000	
应收利息（或银行存款）	1 650 000	
贷：应付利息——××银行		3 300 000

② 2017 年 6 月 30 日：

借：在建工程——××厂房　　2 400 000

　应收利息（或银行存款）　　150 000

　贷：应付利息——××银行　　2 550 000

【例 10－3】 沿用［例 10－2］的资料，假定 ABC 公司建造厂房没有专门借款，占用的都是一般借款。

ABC 公司为建造厂房占用的一般借款有两笔，具体如下：

（1）向 A 银行长期贷款 20 000 000 元，期限为 2015 年 12 月 1 日至 2018 年 12 月 1 日，年利率为 6%，按年支付利息。

（2）发行公司债券 1 亿元，于 2015 年 1 月 1 日发行，期限为 5 年，年利率为 8%，按年支付利息。

假定这两笔一般借款除了用于厂房建设外，没有用于其他符合资本化条件的资产的购建或者生产活动。

假定全年按 360 天计算，其他资料沿用［例 10－2］。

鉴于 ABC 公司建造厂房没有占用专门借款，而占用了一般借款，因此，公司应当首先计算所占用一般借款的加权平均利率作为资本化率，然后计算建造厂房的累计资产支出加权平均数，将其与资本化率相乘，计算求得当期应予资本化的借款利息金额。具体如下：

（1）计算所占用一般借款资本化率：

一般借款资本化率（年）＝(20 000 000 ×6% ＋100 000 000 ×8%）÷（20 000 000 ＋100 000 000）×100% ＝7.67%

（2）计算累计资产支出加权平均数：

2016 年累计资产支出加权平均数＝15 000 000×360÷360＋35 000 000×180÷360 ＝32 500 000（元）

2017 年累计资产支出加权平均数＝85 000 000×180÷360＝42 500 000（元）

（3）计算每期利息资本化金额：

2016 年为建造厂房的利息资本化金额＝32 500 000×7.67%＝2 492 750（元）

2016 年实际发生的一般借款利息费用＝20 000 000×6%＋100 000 000×8% ＝9 200 000（元）

2017 年为建造厂房的利息资本化金额＝42 500 000×7.67%＝3 259 750（元）

2017 年 1 月 1 日至 6 月 30 日实际发生的一般借款利息费用＝20 000 000×6%×180÷360＋100 000 000×8%×180÷360＝4 600 000（元）

上述计算的利息资本化金额没有超过两笔一般借款实际发生的利息费用，可以资本化。

（4）根据上述计算结果，财务处理如下：

① 2016 年 12 月 31 日：

借：在建工程——厂房　　2 492 750

　财务费用　　6 707 250

　贷：应付利息——××银行　　9 200 000

② 2017 年 6 月 30 日：

借：在建工程——厂房　　3 259 750

财务费用　　　　　　　　　　　　　　　　1 340 250

　贷：应付利息——××银行　　　　　　　　　　　4 600 000

2. **辅助费用资本化金额的确定**

专门借款发生的辅助费用，在所购建或者生产的符合资本化条件的资产达到预定可使用或可销售状态之前发生的，应当在发生时予以资本化，计入符合资本化条件的资产的成本；在所购建或者生产的符合资本化条件的资产达到预定可使用或可销售状态之后发生的，应当于发生时根据其发生额确认为费用，计入当期损益。上述资本化或计入当期损益的辅助费用的发生额，是指根据《企业会计准则第 22 号——金融工具确认和计量》，按照实际利率法所确认的金融负债交易费用对每期利息费用的调整额。借款实际利率与合同利率差异较小的，也可以采用合同利率计算确定利息费用。一般借款发生的辅助费用，也应当按照上述原则确定其发生额。考虑到借款负债费用与金融负债交易费用是一致的，其会计处理相同。

10.3 长期借款

10.3.1 长期借款的概念和种类

长期借款是指企业向银行或其他金融机构借入的期限在一年以上（不含一年）的各种借款。长期借款具有借款数额大、借款期限长等特点，它一般用于企业固定资产购建和扩大企业经营规模等需要。

企业的长期借款可以按照不同的标志进行分类。其主要分类标志及种类有：

（1）长期借款按借款用途可分为：基建借款和专项借款。基建借款是指新建、改建、扩建企业用于固定资产等有关支出的借款；专项借款是指小型技改借款、出口工业品生产借款、大修理借款、更新改造借款、国内配套设备借款。

（2）长期借款按借款的条件可分为：抵押借款、信用借款和担保借款。抵押借款是指以企业的动产和不动产作为抵押，以保证按期还款而取得的借款；信用借款是指不以特定的财产抵押作保证，仅凭企业的良好信誉而取得的借款；担保借款是指企业通过其他具有法人资格单位的担保而取得的借款。

（3）长期借款按其偿还方式可分为：定期偿还借款和分期偿还借款。定期偿还借款是指到期日一次还清的借款；分期偿还借款是指按规定分若干次偿还的借款，包括分期付息到期还本和分期还本付息两种情况。

（4）长期借款按借款的币种可分为：人民币借款和外币借款。

10.3.2 长期借款的核算

为了总括反映长期借款的取得、应计利息和归还本息情况，企业应设置“长期借款”账户核算。该账户属负债类，核算企业向银行或其他金融机构借入的期限在一年以上（不含一年）的各项借款。期末余额在贷方，反映企业尚未偿还的长期借款的摊余成本。该账户应当按照贷款单位和贷款种类，分“本金”、“利息调整”、“应计利息”等进行明细核算。

企业借入长期借款，应按实际收到的现金净额，借记“银行存款”科目，贷记“长期借款——本金”科目；按其差额，借记“长期借款——利息调整”科目。

资产负债表日，应按摊余成本和实际利率计算确定的长期借款的利息费用，借记“在建工程”、“制造费用”、“财务费用”、“研发支出”等科目；按合同约定的名义利率计算确定的应付利息金额，贷记“长期借款——应计利息”（对于一次还本付息的长期借款）或“应付利息”科目；按其差额，贷记“长期借款——利息调整”科目。实际利率与合同约定的名义利率差异很小的，也可以采用合同约定的名义利率计算确定利息费用。

归还长期借款本金时，借记“长期借款——本金”科目，按应转销的利息调整金额，贷记或借记“长期借款——利息调整”、贷记“长期借款——应计利息”科目，按实际归还的款项，贷记“银行存款”科目，差额借记“在建工程”、“制造费用”、“财务费用”、“研发支出”等科目。

企业与贷款人进行债务重组，应当比照“应付账款”科目的相关规定进行处理。

长期借款的本金、利息以及外币借款折算差额，均通过“长期借款”账户核算，这与短期借款不同，“短期借款”账户只核算借款的本金，利息在支付时直接作财务费用处理。

【例10-4】 甲公司为扩大生产规模兴建厂房一栋，经审批，于2016年1月1日从银行取得3年期借款10 000 000元，年利率8%，每年年底支付借款利息，到期一次还本。取得借款同时工程开工并支付工程款4 000 000元，2017年12月1日支付工程款4 600 000元，2017年年底工程如期竣工。假设借款存入银行，每月月利率为0.05%。根据上述资料，进行如下会计处理：

（1）2016年1月1日取得借款时：

借：银行存款	10 000 000	
贷：长期借款——本金		10 000 000

（2）2016年1月1日支付工程价款4 000 000元时（假设为出包工程）：

借：在建工程	4 000 000	
贷：银行存款		4 000 000

（3）2016年12月31日：

专门借款年度应付利息 = 10 000 000 × 8% = 800 000（元）

该年度专门借款利息资本化的金额 = 10 000 000 × 8% −（10 000 000 − 4 000 000）× 0.05% × 12 = 764 000（元）

借：在建工程	764 000	
财务费用	36 000	
贷：银行存款		800 000

（4）2017年12月31日：

专门借款年度应付利息 = 10 000 000 × 8% = 800 000（元）

该年度专门借款利息资本化的金额 = 10 000 000 × 8% −（10 000 000 − 4 000 000）× 0.05% × 11 −（10 000 000 − 4 000 000 − 4 600 000）× 0.05% × 1 = 766 300（元）

借：在建工程	766 300	
财务费用	33 700	
贷：银行存款		800 000

（5）2011 年年终时，工程完工，经结算，支付工程款 4 600 000 元：

借：在建工程　　4 600 000

　　贷：银行存款　　4 600 000

（6）厂房竣工交付使用：

借：固定资产　　10 130 300

　　贷：在建工程　　10 130 300

（7）2018 年 12 月 31 日计算并支付本年应付利息为 800 000 元：

借：财务费用　　800 000

　　贷：银行存款　　800 000

（8）到期偿还借款本金为 10 000 000 元：

借：长期借款　　10 000 000

　　贷：银行存款　　10 000 000

10.4 应付债券

10.4.1 应付债券概述

1. 应付债券的性质和种类

债券是指企业依照法定程序对外发行，约定在一定日期还本付息的有价证券。它是企业筹集长期使用资金的一种主要形式，与其他长期负债筹资方式相比，发行债券的突出优点在于筹资对象广、市场大。但是，这种筹资方式成本高、风险大、限制条件多，有其不利的一面。

债券按不同的标准有多种分类，常见的分类有：

（1）按发行方式划分。可分为记名企业债券和无记名企业债券。前者应记录债券持有者的姓名，后者无须记录持有者的姓名。

（2）按有无担保划分。可分为有担保企业债券和无担保企业债券。有担保企业债券以某种特定财产作为执行债券协议的保证而发行。按抵押资产的不同，又可分为不动产抵押债券、动产抵押债券、证券担保债券、设备信托债券和其他担保债券。

（3）按偿还方式划分。可分为定期偿还债券和分期偿还企业债券。前者指在同一个到期日全部清偿的企业债券；后者指分期分批偿还本金的企业债券。

2. 应付债券发行的条件和构成内容

应付债券的发行应委托有一定信誉的金融机构即信托人进行，由其监督执行。企业债券发行的程序如下：①发行债券议案经企业决策机构或董事会决定；②须经职代会或股东会批准；③企业应经合格的资信评级机构进行评级；④报经中央银行或其分支机构批准；⑤印制确定金额的债券；⑥选择发行代理机构、签代发协议；⑦公开发行债券。

根据《中华人民共和国公司法》规定，股份有限公司、国有独资公司和两个以上的国有企业或者其他两个以上的国有投资主体投资设立的有限责任公司，有资格发行公司债券。发行公司债券必须符合以下条件：

（1）股份有限公司的净资产不低于 30 000 000 元，有限责任公司的净资产不低于

60 000 000元。

（2）累计债券总额不超过企业净资产额的40%。

（3）最近3年平均可分配利润足以支付公司债券1年的利息。

（4）筹集的资金投向符合国家产业政策。

（5）债券的利率不得超过国务院限定的利率水平。

（6）国务院规定的其他条件。

发行公司债券筹集的资金，必须用于审批机关批准的用途，不得用于弥补亏损和非生产性支出。凡有下列情形之一的不得再次发行公司债券：

（1）前一次发行的公司债券尚未募足的。

（2）对已发行的公司债券或其债务有违约或延期支付本息的事实，且仍处于继续的状态的。

企业债券必须记载以下几方面内容：①发行债券企业的名称、地址；②债券的票面额及票面利率；③还本付息的期限和方式；④发行债券的日期和编号；⑤发行企业的印鉴和法定代表人的签字；⑥审批机关文号、日期。因此，应付债券主要由债券的面值、价格、偿还期限、利率等内容组成。

面值又称票面金额、本金或到期金额，是债券上规定举债人到期日所应支付的本金额。

债券的利率有两种：一是票面利率，是债券发行时规定的并载于票面上的固定利率，是应付利息的年利率，不论债券期内银行利率怎样变动，债券发行人都按此利率支付利息，所以也称为名义利率；二是实际利率，是指债券实际发行日金融市场的利率，也称市场利率。

债券的发行价格是指债券发行时，实际收取的款项。债券的发行价格受多种因素的影响，如证券市场上的供求关系、相对的风险程度、市场条件和宏观经济状况等，但主要因素有债券的面值、期限、利率以及利息的偿付方式。债券的发行价格理论上就是债券应支付的本息按发行时的市场利率折算的现值，也就是到期偿还面值以市场利率计算的现值，以及债券按票面利率计算的各期应付利息以市场利率计算的现值之和。其计算公式为

$$\text{债券发行价格} = \text{未来本金偿还额现值} + \text{各期利息现值}$$

$$\text{未来本金偿还额现值} = \text{债券面值} \times \text{复利现值系数}$$

$$\text{各期利息的现值} = \text{每期应支付的利息} \times \text{年金复利现值系数}$$

【例10-5】　某企业2017年1月发行5年期债券一批，面值100 000元，年利率10%。

若发行时市场利率为8%，已知$n=5$，$i=8$的复利现值系数为0.681，年金复利现值系数为3.993，则该债券的：

发行价格 = 1 000 000 × 0.681 + 100 000 × 3.993 = 1 080 300（元）

若发行时市场利率为12%，已知$n=5$，$i=12$的复利现值系数为0.567，年金复利现值系数为3.605，则该债券的：

发行价格 = 1 000 000 × 0.567 + 100 000 × 3.605 = 927 500（元）

由此可见，债券的发行价格主要取决于债券发行时的市场利率。由于企业发行时市场利率可能高于、低于或等于票面利率，相应地债券发行也可能有高于、低于或等于债券面值三种发行价格。具体为：

（1）面值发行。当企业债券的票面利率与发行时的市场利率相同时，债券的发行价格

等于债券面值，企业债券按面值发行，即平价发行。

（2）溢价发行。当企业债券的票面利率高于发行时的市场利率时，债券的发行价格就会高于债券面值，企业债券按溢价发行。债券发行价格高于债券面值的差额称为债券溢价。债券的溢价发行，意味着企业每期要按高于市场利率的票面利率支付债券利息，债券发行企业因溢价多得的收入，实质上是在债券到期前对各期多付利息的一种补偿，是对债券利息费用的一种调整。因而，不能将债券溢价视为发行时的收益，而应在还款期限内的各个付息期，逐期冲减利息费用，即债券的溢价摊销。

（3）折价发行。当企业债券的票面利率低于发行时的市场利率时，债券的发行价格就会低于债券面值，企业债券按折价发行，债券发行价格低于债券面值的差额称为债券折价。债券的折价发行，意味着企业每期要按低于市场利率的票面利率支付债券利息，债券发行企业因折价少得的收入，实质上是预先付给债券购买者的利息，它可以从以后各期少付利息中获得补偿，因而，同样是对债券利息费用的一种调整。折价也应在还款期限内的各个付息期，逐期转为利息费用，即债券的折价摊销。

10.4.2 应付债券的核算

企业发行的期限超过一年的债券属于长期负债。为反映和监督长期应付债券的结算情况，企业应设置“应付债券”科目核算。“应付债券”科目下设“面值”、“利息调整”、“应计利息”进行明细分类核算。其中，“面值”账户反映债券发行和偿还的本金；“利息调整”反映发生和摊销的债券溢折价等，它是“面值”的备抵附加调整账户；“应计利息”科目反映发生和支付的利息。但如果企业发行的一次还本、分次付息债券，应通过“应付利息”科目，用来核算企业在每个计息日计提但尚未支付的债券利息。

此外，企业应当设置“企业债券备查簿”，详细登记每一企业债券的票面金额、债券票面利率、还本付息期限与方式、发行总额、发行日期和编号、委托代售单位、转换股份等资料。企业债券到期结清时，应当在备查簿内逐笔注销。

1. 债券发行的核算

企业发行债券时，如果发行费用大于发行期间冻结资金所产生的利息收入，按发行费用减去发行期间冻结资金所产生的利息收入后的差额，根据发行债券所筹集资金的用途，分别计入财务费用或相关资产成本。如果发行费用小于发行期间冻结资金所产生的利息收入，按发行期间冻结资金所产生的利息收入减去发行费用后的差额，视同发行债券的溢价收入，在债券存续期间于计提利息时摊销，分别计入财务费用或相关资产成本。

无论是按面值发行，还是溢价发行或折价发行，均按债券面值记入“应付债券——面值”科目，实际收到的款项与面值的差额，记入“应付债券——利息调整”科目。企业发行债券时，按实际收到的款项，借记“银行存款”等科目，按债券票面价值，贷记“应付债券——面值”科目，按实际收到的款项与票面价值之间的差额，贷记或借记“应付债券——利息调整”科目。

【例10-6】 甲公司于2016年1月1日发行5年期公司债券1 000 000元，用于补充生产经营的不足，票面年利率为10%，公司发行债券时市场利率等于票面利率，公司按面值发行债券。该公司债券委托银行发行，银行按面值的4%计算手续费，从发行款中扣除，债券每年计息一次，到期归还本息。公司发行债券收到发行款时，编制会计分录如下：

借：银行存款　　960 000
　　财务费用　　40 000
　　贷：应付债券——面值　　1 000 000

【例 10－7】 若上例中其他条件不变，甲公司发行债券时市场利率为 8% 时，则该公司债券按溢价发行，通过计算确定债券的发行价格为 1 080 300 元。公司发行债券收到发行款时，会计分录如下：

借：银行存款　　1 040 300
　　财务费用　　40 000
　　贷：应付债券——债券面值　　1 000 000
　　　　　　　　——利息调整　　80 300

【例 10－8】 若上例中其他条件不变，甲公司发行债券时市场利率为 12% 时，则该公司债券按折价发行，通过计算确定债券的发行价格为 927 500 元。公司发行债券收到发行款时，会计分录如下：

借：银行存款　　887 500
　　财务费用　　40 000
　　应付债券——利息调整　　72 500
　　贷：应付债券——债券面值　　1 000 000

2. 债券的利息及溢（折）价摊销的核算

利息调整应在债券存续期间内采用实际利率法进行摊销。实际利率法是指按照应付债券的实际利率计算其摊余成本及各期利息费用的方法；实际利率是指将应付债券在债券存续期间的未来现金流量，折现为该债券当前账面价值所使用的利率。

资产负债表日，对于分期付息、一次还本的债券，企业应按应付债券的摊余成本和实际利率计算确定的债券利息费用，借记“在建工程”、“制造费用”、“财务费用”等科目，按票面利率计算确定的应付未付利息，贷记“应付利息”科目，按其差额，借记或贷记“应付债券——利息调整”科目。

对于一次还本付息的债券，应于资产负债表日按摊余成本和实际利率计算确定的债券利息费用，借记“在建工程”、“制造费用”、“财务费用”等科目，按票面利率计算确定的应付未付利息，贷记“应付债券——应计利息”科目，按其差额，借记或贷记“应付债券——利息调整”科目。

实际利率与票面利率差异很小的，也可以采用合同约定的名义利率计算确定利息费用。

【例 10－9】 资料见［例 10－6］、［例 10－7］，当公司溢价发行债券，公司按实际利率法摊销债券溢价时，债券各期计息及溢价摊销如表 10－2 所示。

表 10－2 债券计息及溢价摊销表（实际利率法）　　单位：元

计息日期	应计利息	利息费用	债券溢价摊销额	尚未摊销溢价数	债券摊余成本
（1）	（2）＝面值×10%	（3）＝（6）×8%	（4）＝（2）－（3）	期末（5）＝期初（5）－（4）	期末（6）＝期初（6）－（4）
2016. 01. 01				80 300	1 080 300
2016. 12. 31	100 000	86 424	13 576	66 724	1 066 724

（续表）

计息日期	应计利息	利息费用	债券溢价摊销额	尚未摊销溢价数	债券摊余成本
(1)	(2) = 面值×10%	(3) = (6)×8%	(4) = (2)-(3)	期末 (5) = 期初 (5)-(4)	期末 (6) = 期初 (6)-(4)
2017. 12. 31	100 000	85 338	14 662	52 062	1 052 062
2018. 12. 31	100 000	84 165	15 835	36 227	1 036 227
2019. 12. 31	100 000	82 898	17 102	19 125	1 019 125
2020. 12. 31	100 000	80 875（注）	19 125		1 000 000
合计	500 000		80 300		

注：按照上述公式计算的金额应为81 530元（1 019 125×8%），与80 875元相差655元，这是由于计算时的小数点造成的，应在最后一年调整，因此，最后一年的利息费用80 875元应为债券的应计利息100 000元减去尚未摊销的溢价19 125元计算得出。

根据上述计算结果，每年年末计息及摊销溢价时编制如下会计分录：

（1）2016年12月31日：

借：财务费用　　86 424
　　应付债券——利息调整　　13 576
　　贷：应付债券——应计利息　　100 000

（2）2017年12月31日：

借：财务费用　　85 338
　　应付债券——利息调整　　14 662
　　贷：应付债券——应计利息　　100 000

（3）2018年12月31日：

借：财务费用　　84 165
　　应付债券——利息调整　　15 835
　　贷：应付债券——应计利息　　100 000

（4）2019年12月31日：

借：财务费用　　82 898
　　应付债券——利息调整　　17 102
　　贷：应付债券——应计利息　　100 000

（5）2020年12月31日：

借：财务费用　　80 875
　　应付债券——利息调整　　19 125
　　贷：应付债券——应计利息　　100 000

3. 债券偿还的核算

长期债券票面载有到期日，届时应按发行时所列条件清偿债券本息，从而解除公司对债权人的义务。债券的清偿主要有到期清偿和提前清偿两种方式。

（1）债券的到期清偿。

公司的应付债券到期清偿时，无论是以面值发行，还是以溢价或折价发行，其最终的账面价值均等于债券面值，因为在债券的整个存续期间，溢价或折价都摊销完毕。如果公司到期一次还本付息的，应在偿还时，借记“应付债券——面值”、“应付债券——应计利息”科目，贷记“银行存款”科目；如果公司债券是分次付息，到期还本的，在每期支付利息时，借记“应付利息”科目，贷记“银行存款”科目；到期偿还本金及最后一期利息时，借记“应付债券——面值”和“在建工程”、“财务费用”科目，贷记“银行存款”科目。按其差额借记或贷记“应付债券——利息调整”科目。

【例10－10】　根据［例10－9］资料，该公司于2020年1月1日清偿全部债券本息，收回全部债券时，编制会计分录如下：

借：应付债券——面值	1 000 000
——应计利息	500 000
贷：银行存款	1 500 000

（2）债券的提前清偿。

企业出于理财和其他经营目的，可能会在债券到期之前提前进行清偿。提前清偿一般有两种途径：一是提前从证券市场买回本公司发行的债券；二是向债券持有人赎回债券。企业提前赎回或购回债券时，若提前清偿日不是规定的付息日，必须将上次付息至提前清偿日止的利息付清，并在注销债券面值的同时，注销相关的未摊销溢价或折价。提前清偿的收兑价与债券账面价值的差额作为债券收兑损益，列作财务费用。

10.4.3　可转换公司债券的核算

1. 可转换公司债券的性质

可转换公司债券是发行人依照法定程序发行、在一定期间内依据约定的条件可以转换成股份的公司债券，可转换债券具有债券、股票的双重性质，未转换前是债券，转换后是股票。债券持有者在转换期间内行使转换权利，将债券转换为股份的，则债券持有者成为企业的股东，享受股东的权利；债券持有者在转换期间内未行使转换权利，未将债券转换为股份的，则债券持有者作为债权人，有权要求企业清偿债券本息。我国发行的可转换公司债券采取记名式无纸化发行方式，债券最短期限为1年，最长期限为6年。

2. 可转换公司债券的会计处理

企业发行的可转换公司债券，既含有负债成分又含有权益成分，根据《企业会计准则第37号——金融工具列报》的规定，应当在初始确认时将负债和权益成分进行分拆，分别进行处理。企业在进行分拆时，应当先确定负债成分的公允价值并以此作为其初始确认金额，确认为应付债券；再按照该可转换公司债券整体的发行价格扣除负债成分初始确认金额后的金额确定权益成分的初始确认金额，确认为资本公积。负债成分的公允价值是合同规定的未来现金流量按一定利率折现的现值。其中，利率根据市场上具有可比信用等级并在相同条件下提供几乎相同现金流量，但不具有转换权的工具的适用利率确定。发行该可转换公司债券发生的交易费用，应当在负债成分和权益成分之间按照其初始确认金额的相对比例进行分摊。企业发行可转换公司债券的有关账务处理如下：

企业发行的可转换公司债券作为长期负债，在“应付债券”科目中设置“可转换公司债券”明细科目进行核算。发行可转换公司债券时，应按实际收到的金额，借记“银行存款”等科目；应按该项可转换公司债券包含的负债成分的面值，贷记“应付债券——可转换公司债券（面值）”；按权益成分的公允价值，贷记“其他权益工具——可转换公司债券”科目，按其差额，借记或贷记“应付债券——可转换公司债券（利息调整）”科目。

可转换公司债券在转换为股票之前，其所包含的负债成分，应当比照一般公司债券规定进行处理。

可转换债券转换为股份时，按债券的账面价值结转，不确认转换损益。企业应按可转换公司债券的面值，借记“应付债券——可转换公司债券（债券面值）”科目；按未摊销的溢价或折价，借记（或贷记）“应付债券——可转换公司债券（利息调整）”科目；按已提的利息，借记“应付债券——可转换公司债券（应计利息）”科目；按权益成分的金额，借记“其他权益工具——可转换公司债券”科目，按股票面值和转换的股数计算的股票面值总额，贷记“股本”科目；按实际支付的不可转换股份的部分，贷记“库存现金”、“银行存款”科目；按全部借贷之差，贷记“资本公积——股本溢价”科目。

【例 10－11】 甲上市公司经批准于 2017 年 1 月 1 日按每份面值 100 元发行了 1 000 000 份 5 年期一次还本付息的可转换债券，共计 100 000 000 元，款项已收存银行，债券票面年利率为 6%，债券发行 1 年后可转换为甲上市公司普通股股票，转股时每份债券可转 10 股，股票面值为每股 1 元。假定 2017 年 1 月 1 日债券持有人将持有的可转换债券全部转换为甲上市公司普通股股票。甲上市公司发行可转换公司债券时二级市场上与之类似的没有转换权的债券市场利率为 9%。该可转换公司债券发生的利息费用不符合资本化条件。

甲上市公司有关该可转换公司债券的账务处理如下：

(1) 2017 年 1 月 1 日，发行可转换公司债券时。

首先，确定可转换公司债券负债成分的公允价值：

100 000 000 ×（P/S，9%，5）+100 000 000 ×6% ×5 ×（P/S，9%，5）

=100 000 000 ×0.649 9 +100 000 000 ×6% ×5 ×0.649 9

=84 487 000（元）

可转换公司债券权益成分的公允价值为：

100 000 000 − 84 487 000 =15 513 000（元）

借：银行存款　　100 000 000

　　应付债券——可转换公司债券——利息调整　　15 513 000

　贷：应付债券——可转换公司债券——面值　　100 000 000

　　　其他权益工具——可转换公司债券　　15 513 000

(2) 2017 年 12 月 31 日，确认利息费用时。

应计入财务费用的利息 =84 487 000 ×9% =7 603 830（元）

当期应付未付的利息费用 =100 000 000 ×6% =6 000 000（元）

借：财务费用　　7 603 830

　贷：应付债券——可转换公司债券——应付利息　　6 000 000

　　　　　　　　　　　　　　　　　——利息调整　　1 603 830

(3) 2018 年 1 月 1 日，债券持有人行使转换权时。

债券持有人在当期付息前转换股票，应按债券面值和应计利息之和除以 10，计算转换的股份数。

转换的股份数 =（100 000 000 +6 000 000）÷ 10 =10 600 000（股）

借：应付债券——可转换公司债券——面值	100 000 000
——应计利息	6 000 000
其他权益工具——可转换公司债券	15 513 000
贷：股本	10 600 000
应付债券——可转换公司债券——利息调整	13 909 170
资本公积——股本溢价	97 003 830

企业发行附有赎回选择权的可转换公司债券，其在赎回日可能支付的利息补偿金，即债券约定赎回期届满日应当支付的利息减去应付债券票面利息的差额，应当在债券发行日至债券约定赎回届满日期间计提应付利息，计提的应付利息分别计入相关资产成本或财务费用。

10.5 长期应付款

10.5.1 长期应付款的概念及内容

长期应付款是指企业除长期借款和长期应付债券以外的一些其他长期性负债，主要包括应付补偿贸易引进设备款、应付融资租入固定资产租赁费和以分期付款方式购入固定资产和无形资产发生的应付账款等。在一般情况下，它们都是使用资产在前，款项支付在后，而且期限较长，从而构成了企业的一项长期负债。

长期应付款除具有长期负债的负债数额大、偿还期限长等一般特点外，还具有以下两个特点：①具有分期付款性质，如融资租入固定资产应付款是在整个租赁期分期偿还的，应付补偿贸易引进设备款也是在合同规定的期限内逐期偿还的；②长期应付款的计价经常涉及外币与本位币（人民币）比价的变动，如引进国外设备的价款是通过汇率将外币折算为本位币计算的，而还款时汇率的变动则会影响到还款时本位币的数额。

10.5.2 长期应付款的核算

为了反映和监督各种长期应付款的结算情况，企业应设置“长期应付款”账户，并按其种类设置明细账户。

1. 应付补偿贸易引进设备款的核算

补偿贸易是一种以信贷为基础的贸易方式，是指企业从国外引进设备，然后用该设备生产的产品归还设备价款，即双方商定，卖方向买方提供机器设备、专有技术等，买方在投产后，以一定数量的产品和其他双方商定的商品分期计价偿还，偿还期限最长可达7年。补偿的方式主要有：直接产品补偿、非直接产品补偿和劳务补偿等，其中直接产品补偿是最常见的方式。国家为了鼓励企业开展补偿贸易，规定开展补偿贸易的企业补偿期内免交引进设备所生产的产品的流转税。出口商品除不交纳增值税外，还应退还已支付的增值税的进项税额、消费税等。应付引进设备款是企业依据其与外商签订的来料加工、来料装配和中小型补偿贸易合同而引进国外设备所发生的长期应付款项。它包括从国外引进的设备、随同设备一起进口的工具和零配件等价款，以及国外运杂费等外币金额按规定折合率折合本位币的金额，不包括引进设备时的进口关税、国内运杂费、安装费等以人民币支付的费用。企业引进的设备安装完成投产后，按合同规定的还款方式，用应收的加工装配收入和出口产品收入归还。因此，采取补偿贸易方式引进设备，一般情况下，设备的引进和偿还设备价款是没有现金流入和流出的。

2. 应付融资租入固定资产租赁费

应付融资租赁款是指企业采用融资租赁方式租入固定资产所需支付的最低租赁付款额。其有关核算方法在高级财务会计中介绍。

本章小结

本章主要讲述长期负债的核算，长期负债主要有长期借款、应付债券、长期应付款等具体内容。借款费用的确认主要解决的是将每期所发生的借款费用予以资本化，计入相关资产的成本，还是将每期发生的借款费用予以费用化，直接计入当期损益的问题。借款费用确认的基本原则是：企业发生的借款费用可直接归属于符合资本化条件的资产构建或生产的，应当予以资本化，计入相关资产的成本；其他借款费用应当在发生时根据其发生额确认为费用，计入当期损益。

关键名词

长期负债　借款费用　长期借款　应付债券　可转换公司债券　长期应付款

即测即评

请扫描二维码，在线测试本章学习效果。

选择题　　判断题

实训题

请扫描二维码，查看实训题题目及答案

实训题

第 11 章
所有者权益

学习目标

（1）掌握：所有者权益的确认；投入资本的核算；留存收益的核算。

（2）理解：股利分派及股票分割。

（3）了解：企业组织形式。

问题导入

A 和 B 各出资 100 万元投资筹建甲公司，经营一年后，企业发展良好。C 也想投资甲公司，他只想出资 100 万元，占投资的三分之一。A 不同意，A 认为 C 应该多出一部分才可以；B 认为 C 出资 100 万和当初的投资相同，应该可以。试问如果你是甲公司的财务经理，你的意见是什么？

11.1 所有者权益概述

11.1.1 企业组织形式

我国的市场经济已形成多种经济成分并存的格局，在市场经济中，企业是主体，虽然企业所有制性质不同，但与所有者权益会计密切相关的不是企业所有制的性质，而是企业的组织形式。所有者权益会计，要解决不同企业的所有者对企业应承担的风险及其享有的利益。国际同行的做法是按企业资产经营的法律责任，把企业划分为非公司型企业和公司型企业。

1. **非公司型企业**

（1）独资型企业。

独资型企业也称私人独资企业，它是企业最简单、最原始的组织形式。企业的全部资产归出资者一人所有，企业的经营也由出资者个人承担，因此，企业的所有权与经营权是统一的。独资企业不具有法人资格，企业的所有者对企业的债务负有无限的清偿责任。这种类型的企业，一般规模比较小，资金来源有限，适用于生产条件和生产过程比较简单、财产经营规模比较小的生产经营活动，具有较大的局限性。

（2）合伙型企业。

合伙型企业是两个或两个以上的合伙人按照协议共同出资，共同承担企业经营风险，并且对企业债务承担连带责任的企业。其最大的特点是合伙人对债务承担无限连带责任，一旦发生债务，债权人可以向任何一个合伙人请求清偿全部债务。企业的事务通常由合伙人共同决定，然后再委托一个或部分合伙人执行。合伙企业由于吸收了其他私人的投资，为扩大企业生产经营规模提供了一定的条件，因而是一种比私人独资企业先进的企业组织形式，但是合伙企业也有很大的局限性，主要是权利分散、决策缓慢、筹资也比较困难，并且由于合伙企业也不具有法人资格，合伙人对企业的债务要负无限责任，风险也比较大。

2. 公司型企业

公司是依据一定的法律程序申请登记设立，并以盈利为目的的具有法人资格的经济组织。它有自己独立的财产，独立地承担经济责任，同时享有相应的民事权利。公司具有法人资格，这是区别于非法人企业，如独资企业和合伙企业的一个重要标志。法人是具有民事权利能力和民事行为能力，依法独立享有民事权利和承担民事义务的组织。因此，它必须具有独立的法人财产，自主经营、自负盈亏。公司是随着资本主义制度的发展，伴随着资本集中的过程而兴起的。这种企业组织形式比较适合规模比较大的生产经营企业。

《中华人民共和国公司法》（以下简称《公司法》）规定："公司是指依照本法在中国境内设立的有限责任公司和股份有限公司。"可见，公司是以责任形式设立的，而不是以所有制或以行政隶属关系来建立的，公司包含多种经济成分，容纳多种来源的投资，不同的所有者都可以采用公司形式。我国《公司法》将公司分为有限责任公司和股份有限公司。

（1）有限责任公司。

有限责任公司是指由一定数量的股东共同出资组成，股东仅就自己的出资额对公司的债务承担有限责任的公司。有限责任公司的股东不限于自然人，也可以是法人和政府（但其股东的数量有最高上限，有限责任公司的股东应在五十个以下）。有限责任公司对公司的资本不分为等额股份，不对外公开募集股份，不能发行股票。股东以其出资比例，享受公司权力，承担公司义务。公司股东以其出资额承担有限责任，并享受相应权益。公司股份的转让有严格的限制，如需转让，应在其股东同意的条件下方可进行。

按我国《公司法》的规定，可以设立一人有限责任公司。一人有限责任公司是指只有一个自然人股东或者一个法人股东的有限责任公司。一个自然人只能投资设立一个一人有限责任公司，该一人有限责任公司不能投资设立新的一人有限责任公司。一人有限责任公司应当在公司登记中注明自然人独资或者法人独资，并在公司营业执照中载明。一人有限责任公司的股东不能证明公司财产独立于股东自己的财产的，应当对公司债务承担连带责任。

按我国《公司法》的规定，可以设立国有独资公司。国有独资公司是指国家单独出资、由国务院或者地方人民政府授权本级人民政府国有资产监督管理机构履行出资人职责的有限责任公司。国有独资公司不设股东会，由国有资产监督管理机构行使股东会职权。国有独资公司应设董事会，董事每届任期不得超过3年，董事会成员中应当由公司职工代表；应设监事会且成员不得少于5人，其中职工代表的比例不得低于1/3，具体比例由公司章程规定。

（2）股份有限公司。

股份有限公司是指由一定数量的股东共同出资组成，股东仅就自己的出资额对公司的债务承担有限责任的公司。它与有限责任公司的主要区别就是：公司的资本总额平分为金额相等的股份，并通过公开发现股票向社会筹集资金。同时，公司的股份可以自由转让，股票可以在社会上公开交易、转让，但不能退股。股份有限公司彻底实现了所有权与经营权的分离。因此，股份有限公司具有筹资便利、风险分散、资本充分的流动性等优点。由于股份有限公司资本雄厚、实力强大，所以，在发达国家整个国民经济中占统治地位。它适合从事较大规模的生产经营活动。

不同的企业组织形式，对资产和负债的会计处理并无重大影响，但涉及所有者权益方面的会计处理却不大一样。公司组织尤其是股份有限公司，已是当今世界上采用最广泛的企业组织形式，它具有独资企业和合伙企业所不具备的生命力和优越性，在资本结构和筹资方式上更具有灵活性。因此，我们选择股份有限公司的股东权益作为重点论述，其他稍加提及。

11.1.2　所有者权益的含义及来源构成

1. 所有者权益的含义

关于所有者权益的含义，虽有各种不同的说法，但共识要多于分歧。国际会计准则委员会在其《关于编报财务报表的框架》中，将所有者权益表述为："所有者权益是指企业的资产中扣除企业全部负债后的剩余权益。"美国财务会计准则委员会在其发布的《财务报表要素》中，将所有者权益表述为："所有者权益（或将资产）是某个主体的资产减去负债后的剩余权益。"上述这两个含义侧重于从定量方面来对所有者权益进行界定，说明了所有者权益的量化办法，即"所有者权益 = 资产总计 - 负债总计"。

我国《企业会计准则——基本准则》规定："所有者权益是指企业资产扣除负债后，由所有者享有的剩余权益。"公司的所有者权益又称股东权益。所有者权益是所有者对企业资产的剩余索取权，它是企业资产中扣除债权人权益后应由所有者享有的部分，既能反映所有者投入资本的保值增值情况，又能体现保护债权人权益的理念。

所有者对企业的经营活动承担最终的风险，与此同时，也享有最终的权益。如果企业在经营中获利，所有者权益将随之增长；反之，所有者权益将随之缩减。任何企业的所有者权益都是由企业的投资者投入资本及其增值所构成的。

所有者权益与负债虽然都是权益，共同构成企业的资金来源，但所有者权益是投资者享有的对投入资本及其运用所产生盈余（或亏损）的权利；负债是在经营或其他活动中所发生的债务，是债权人要求企业清偿的权利。所有者享有参与收益分配、参与经营管理等多项权利，但对企业资产的要求权在顺序上置于债权人之后，即只享有对剩余资产的要求权；债权人享有到期收回本金及利息的权利，在企业清算时，有优先获取资产赔偿的要求权，但没有经营决策的参与权和收益分配权。在企业持续经营的情况下，所有者权益一般不存在抽回的问题，即不存在约定的偿还日期，因而是企业的一项可以长期使用的资金，只有在企业清算时才予以退还；负债必须于一定时期后偿还。为了保证债权人的利益不受侵害，法律规定债权人对企业资产的要求权优先于投资者，因此债权人又称第一要求权；投资者具有对剩余财产的要求权，故又称剩余权益。

所有者能够获得多少收益，须视企业的盈利水平及经营政策而定，风险较大；债权人获取的利息一般按一定利率计算，并且是预先可以确定的固定数额，无论盈亏，企业都要按期付息，风险相对较小。

2. 所有者权益的来源构成

我国《企业会计准则》规定：所有者权益的来源包括所有者投入的资本、直接计入所有者权益的利得和损失、留存收益等，通常由实收资本（股本）、资本公积、盈余公积和未分配利润构成。

（1）所有者投入的资本是指所有者投入企业的资本部分，它既包括构成企业注册资本或者股本部分的金额，也包括投入资本超过注册资本或者股本部分的金额，即资本溢价或者股本溢价。

（2）直接计入所有者权益的利得和损失，是指不应计入当期损益、会导致所有者权益发生增加变动的、与所有者投入资本或者向所有者分配利润无关的利得或损失。其中，利得是指由企业非日常活动所形成的、会导致所有者权益增加的、与所有者投资资本无关的经济利益的流入，其内容包括直接计入所有者权益的利得和直接计入当期利润的利得。损失是指由企业非日常活动所形成的、会导致所有者权益减少的、与所有者分配利润无关的经济利益的流出，其内容包括直接计入所有者权益的损失和直接计入当期利润的损失。直接计入所有者权益的利得和损失主要包括可供出售金融资产的公允价值变动额等。

（3）留存收益是企业历年实现的净利润留存于企业的部分，主要包括累计计提的盈余公积和未分配利润。

从会计上说，界定所有者权益来源构成的目的之一，是让股东和债权人知道，公司付给股东的款项是利润的分配还是投入资本的返还。只有当期的税后利润和前期的未分配利润才可用于股利分派。企业的利润分配有限度，既是法律的约束，也反映了公司持续经营的愿望。这种分类的另一个目的在于让股东用累计利润来判断管理人员的称职程度。许多股东一般不直接参与公司的经营管理，他们将公司管理人员视为投入资本的经管责任者，将累计利润与投入资本相比较即可评价其经营管理的成绩。

11.1.3 所有者权益的确认

所有者权益体现的是所有者在企业中的剩余权益，因此，所有者权益的确认主要依赖于其他会计要素，尤其是资产和负债的确认；所有者权益金额的确定也主要取决于资产和负债的计量。例如，企业接受投资者投入的资产，在该资产符合企业资产确认条件时，就相应地符合了所有者权益的确认条件；当该资产的价值能够可靠计量时，所有者权益的金额也就可以确定。

11.2 投入资本

11.2.1 投入资本概述

1. 投入资本的含义

投入资本是投资人提供给公司的资本，它是由实收资本（或股本）和资本公积两部分构成。投资者设立企业首先必须投入资本，实收资本（或股本）是投资人投入资本形成法定资本的价值。所有者向企业投入的资本，在一般情况下无限偿还，可供企业长期周转使用。实收资本（或股本）的构成比例，通常是确定所有者在企业所有者权益中所占的份额和参与企业财务经营决策的基础，也是企业进行利润分配或股利分配的依据，同时还是企业清算时确定所有者对净资产的要求权的依据。《公司法》规定，公司注册资本应为在工商行政管理机关登记的实收资本总额。根据这一规定，公司的实收资本（或股本）即为注册资本。

2. 关于注册资本的主要法律规定

（1）有限责任公司的注册资本为在公司登记机关登记的全部股东认缴的出资额。股东可以用货币出资，也可以用实物、知识产权、土地使用权等用货币估价并可以依法转让的非货币财产作价出资，但是法律、行政法规规定不得作为出资的财产除外。对作为出资的非货币财产应当评估作价，核实财产，不得高估或者低估作价。股东应当按期足额缴纳公司章程中规定的各自所认缴的出资额。股东以货币出资的，应当将货币出资足额存入有限责任公司在银行开设的账户；以非货币财产出资的，应当依法办理其财产权的转移手续。

股东不能按照前款规定缴纳出资的，除应向公司足额缴纳外，还应当向已足额缴纳出资的股东承担违约责任。

（2）股份有限公司采取发起设立方式设立的，注册资本为在公司登记机关登记的全体发起人认购的股本总额。在发起人认购的股份缴足前，不得向他人募集股份。发起人应当书面认足公司章程规定其认购的股份，并按照公司章程规定缴纳出资。以非货币财产出资的，应当依法办理其财产权的转移手续；发起人不依照前款规定缴纳出资的，应当按照发起人协议承担违约责任；发起人认足公司章程规定的出资后，应当选举董事会和监事会，由董事会向公司登记机关报送公司章程以及法律、行政法规规定的其他文件，申请设立登记。

股份有限公司采取募集方式设立的，注册资本为在公司登记机关登记的实收股本总额。法律、行政法规以及国务院决定对股份有限公司注册资本实缴、注册资本最低限额另有规定的，从其规定。发起人认购的股份不得少于公司股份总数的35%，但是法律、行政法规另有规定的，从其规定。

11.2.2 投入资本的会计处理

1. 一般企业投入资本

一般企业是指除股份有限公司以外的企业，如国有企业、有限责任公司等。投资者投入资本的形式可以有多种，如投资者可以用现金投资，也可以用实物资产投资，还可以用无形资产投资，其投入资本通过“实收资本”账户进行会计处理。

企业收到投资时，一般应作如下会计处理：收到投资人投入的现金，应在实际收到或者存入企业开户银行时，按实际收到的金额，借记“库存现金”、“银行存款”科目；以实物资产投资的，应在办理实物产权转移手续时，借记有关资产科目；以无形资产投资的，应按照合同、协议或公司章程规定移交有关凭证时，借记“无形资产”科目，按投入资本在注册资本或股本中所占份额，贷记“实收资本”科目，按其差额，贷记“资本公积——资本溢价”。

【例11-1】 某公司原来由三个投资者组成，每位投资者各投资100万元，共计实收资本300万元。经营一年后，有另外一位投资者欲加入该公司，并希望占有25%的股份，经协商该公司将注册资本增加到400万元。但该投资者不能仅投资100万元就能占25%的股份，假定其缴纳140万元。在这种情况下，只能将100万元作为实收资本入账，超过部分作为资本溢价，计入“资本公积”账户，其账务处理如下：

借：银行存款	1 400 000	
贷：实收资本		1 000 000
资本公积——资本溢价		400 000

【例11-2】 某公司接受A企业以其所拥有的专利权作为出资，双方协议价值（公允价值）为320万元，该专利权在注册资本中所占的份额为300万元，已办妥相关手续，其账

务处理如下：

借：无形资产　3 200 000

　贷：实收资本　3 000 000

　　资本公积——资本溢价　200 000

2. **股份有限公司投入资本**

股份有限公司与其他企业相比较，最显著的特点就是将企业的全部资本划分为等额股份，并通过发行股票的方式来筹集资本。股份有限公司股票发行的会计核算主要通过“股本”账户进行，仅核算公司发行股票的面值或设定价值部分。在“股本”账户下，按股票种类及股东名称设置明细账。

（1）股票的认购。

公司发行股票，一般需要经过股东认购、实收股款、发行股票等阶段，这些阶段往往间隔一段时间。股东认购股票，只是一种承诺，尚未与公司发生财务关系，所以可以设账反映，也可以不设账反映。股东认购时要填写认购书，办妥认购手续后，由代收股款的银行按照公司同银行签订的代收股款的协议代收和保存股款。一般情况下，不收齐全部的认购款，不换发股票。在账务处理上，要反映认股人应履行的交款义务和公司在未来收款的权利。如需设账反映时，通常设置“应收认股款”和“已认股本”两个过渡账户，记录认购和实收股款的全过程。

在认购股款办妥后，应借记“应收认股款”账户，在未换发股票前，应贷记“已认股本”账户。“应收认股款”除短期无法收取的外，应列为公司的流动资产项目。“已认股本”是所有者权益项目，是股本账户的一个过渡性质的账户。收到认股款后贷记“应收认股款”账户。收齐全部认股款换发股票时，借记“已认股本”账户，并贷记“股本”账户。

【例11－3】某公司核定普通股本4 000万元，共计4 000万股，每股面值1元，认购价格为每股8元。2×15年3月1日共被认股4 000万股。2×15年3月12日、3月18日和4月2日分别收到认购人交来的股款19 200万元、9 600万元和3 200万元。假定交款日全部交清认股款，并对股东换发（换发股票其实质是发行股票）普通股股票2 400万股、1200万股和400万股。

根据上述经济业务，其账务处理如下：

（1）2×15年3月1日：

借：应收认股款——普通股　320 000 000

　贷：已认股本——普通股　40 000 000

　　已认资本公积金——股本溢价　280 000 000

（2）2×15年3月12日：

借：银行存款　192 000 000

　贷：应收认股款——普通股　192 000 000

借：已认股本——普通股　24 000 000

　已认资本公积金——资本溢价　168 000 000

　贷：股本——普通股　24 000 000

　　资本公积——股本溢价　168 000 000

(3) 2×15 年 3 月 18 日：

借：银行存款　96 000 000

　　贷：应收认股款——普通股　96 000 000

借：已认股本——普通股　12 000 000

　　已认资本公积金——资本溢价　84 000 000

　　贷：股本——普通股　12 000 000

　　　　资本公积——股本溢价　84 000 000

(4) 2×15 年 4 月 2 日：

借：银行存款　32 000 000

　　贷：应收认股款——普通股　32 000 000

借：已认股本——普通股　4 000 000

　　已认资本公积金——资本溢价　28 000 000

　　贷：股本——普通股　4 000 000

　　　　资本公积——股本溢价　28 000 000

到规定期末，认股股东如违约不能履行付款协议，即应收认股款若尚未收回，可以没收部分已交股款、发还剩余已交股款，并另行招认或者发给部分股票。此时，应冲销“已认股本”和“应收认股款”等账户。

我国《公司法》规定，发行的股份超过招股说明书规定的截止期限尚未募足的，或者发行的股份股款交足后，发起人在30天内未召开创立大会的，认股人可以按所交股款并加计银行同期存款利息，要求发起人返还。

(2) 股票的发行。

股票的发行价格受发行时资本市场的需求和投资人对公司获利能力估计的影响，公司发行股票的价格往往与股票的面值不一致。按照我国《公司法》规定，同次发行的股票，每股的发行条件和价格应当相同，任何单位或者个人所认购的股份，每股应当支付相同价格。股票的发行价格，可以按票面金额，也可以超过票面金额，但不能低于票面金额。因此，我国目前仅允许股票溢价、等价发行，不能折价发行。

在发行时，记入“股本”账户的金额必须按照股票的票面金额入账。超过部分作为股票溢价，记入“资本公积——股本溢价”账户。

【例 11-4】　某公司发行每股面值为 1 元的普通股 1 000 万股，每股面值 1 元。

(1) 假定均按面值发行（未考虑手续费），则收到股款时的账务处理。

借：银行存款　10 000 000

　　贷：股本——普通股　10 000 000

(2) 假定溢价发行（未考虑手续费），若上述普通股每股按 1.2 元的价格发行，则收到股款时的账务处理。

借：银行存款　12 000 000

　　贷：股本——普通股　10 000 000

　　　　资本公积——股本溢价　2 000 000

除了所有者投入形成实收资本或股本外，企业将资本公积转为实收资本或股本，以及将盈余公积转为实收资本或股本、股份有限公司发放股票股利、可转换公司债券持有人行使转换权利等，会使实收资本或股本增加；企业由于资本过剩或发生重大亏损，会使实收资本或股本减少。

3. **资本公积**

资本公积是企业收到投资者超出其在企业注册资本（或股本）中所占份额的投资，以及直接计入所有者权益的利得和损失。除前述投入资本中包括的资本溢价或股本溢价产生的资本公积外，其他业务也会产生资本公积。如直接计入所有者权益的利得和损失，以及采用权益法核算的长期股权投资、以权益结算的股份支付、存货或自用的房地产核算方法的转换、可供出售金融资产公允价值的变动等所涉及的其他资本公积项目。企业应设置“资本公积”账户，并分别按“资本（或股本）溢价”和“其他资本公积”设置两个明细账户。

（1）资本（或股本）溢价。

① 资本溢价。有限责任公司的出资者依其出资份额对企业经营决策享有表决权，依其所认缴的出资额对企业承担有限责任。在企业创立时，出资者认缴的出资额全部记入“实收资本”科目。在企业重组并有新的投资者加入时，为了维护原有投资者的权益，新加入的投资者的出资额并不一定全部作为实收资本处理。这是因为在企业正常经营过程中投入的资金虽然与企业创立时投入的资金在数量上一致，但其获利能力却不一致。企业创立时，要经过筹建、试生产经营、为产品寻找市场、开辟市场等过程，从投入资金到取得投资回报，中间需要许多时间，并且这种投资具有风险性，在这个过程中资本利润率很低。而企业进行正常生产经营后，在正常情况下，资本利润率要高于企业初创阶段。而这高于初创阶段的资本利润率是初创时必要的垫支资本带来的，企业创办者为此付出了代价。因此，相同数量的投资，由于出资时间不同，其对企业的影响程度不同，由此而带给投资者的权利也不同，往往早期出资带给投资者的权利要大于后期出资带给投资者的权利。所以，新加入的投资者要付出大于原有投资者的出资额，才能取得与投资者相同的投资比例。另外，不仅原投资者原有投资从质量上发生了变化，就是从数量上也可能发生变化，这是因为企业经营过程中实现利润的一部分留在企业，形成留存收益，而留存收益也属于投资者权益，但其未转入实收资本。新加入的投资者如与原投资者共享这部分留存收益，也要求其付出大于原有投资者的出资额，才能取得与原有投资者相同的投资比例。投资者投入的资本中按其投资比例计算的出资额部分，应记入“实收资本”科目，大于部分应记入“资本公积”科目，如【例 11 - 1】的会计处理。

② 股本溢价。股份有限公司是以发行股票的方式筹集股本，股票是企业签发的证明股东按其所持股份享有权利和承担义务的书面证明。由于股东按其所持企业股份享有权利和承担义务，为了反映和便于计算各股东所持股份占企业全部股本的比例，企业的股本总额应按股票的面值与股份总数的乘积计算。国家规定，实收股本总额应与注册资本相等。因此，为提供企业股本总额及其构成和注册资本等信息，在采用与股票面值相同的价格发行股票的情况下，企业发行股票取得的收入，应全部记入“股本”科目，在采用溢价发行股票的情况下，企业发行股票取得的收入，相当于股票面值的部分记入“股本”科目，超出股票面值的溢价收入记入“资本公积——股本溢价”科目。这里需要注意，委托证券商代理发行股票而支付的手续费、佣金等，应从溢价发行收入中扣除，企业应按扣除手续费、佣金后的数额记入“资本公积——股本溢价”科目。

此外，同一控制下控股合并形成的长期股权投资，也会产生资本或股本溢价。因为同一控制下控股合并形成的长期股权投资，在合并日按取得被合并方所有者权益账面价值的份额，借记“长期股权投资”科目，按支付的合并对价的账面价值，贷记有关资产科目或借记有关负债科目，按其差额，贷记“资本公积——资本溢价（或股本溢价）”；为借方差额的，借记“资本公积——资本溢价（或股本溢价）”。如果借记时，“资本公积——资本溢价（或股本溢价）”不足冲减的，借记“盈余公积”、“利润分配——未分配利润”科目。

【例 11－5】 华联实业股份有限公司和 B 公司同为明星公司所控制的两个子公司。根据华联实业股份有限公司和 B 公司达成的合并协议，2×15 年 3 月 15 日，华联实业股份有限公司以增发的股票作为合并对价，取得 B 公司 90% 的股权。华联实业股份有限公司增发面值 1 元的普通股股票 2 000 万股，支付手续费及佣金等发行费用 64 万元。2×15 年 3 月 15 日，华联实业股份有限公司实际取得对 B 公司的控制权，当日 B 公司所有者权益账面价值总额为 4 000 万元。华联实业股份有限公司在合并日的账务处理如下：

① 确认初始投资成本。

	借方	贷方
借：长期股权投资——B 公司	36 000 000	
贷：股本		20 000 000
资本公积——股本溢价		16 000 000

② 支付发行股票的手续费及佣金费用。

	借方	贷方
借：资本公积——股本溢价	640 000	
贷：银行存款		640 000

（2）其他资本公积。

其他资本公积是指除资本（或股本）溢价项目以外所形成的资本公积，其中主要包括直接计入所有者权益的利得和损失。直接计入所有者权益的利得和损失主要由以下交易或事项引起：

① 采用权益法核算的长期股权投资。长期股权投资采用权益法核算的，在持股比例不变的情况下，被投资单位除净损益以外的所有者权益的其他变动，企业按持股比例计算应享有的份额，计入其他资本公积。处置采用权益法核算的长期股权投资时，还应结转原记入资本公积的相关金额，借记或贷记“资本公积——其他资本公积”科目，贷记或借记“投资收益”科目。

② 可供出售金融资产公允价值的变动。可供出售金融资产公允价值的利得和损失，借记或贷记“可供出售金融资产——公允价值变动”科目，贷记或借记“资本公积——其他资本公积”科目。

③ 投资性房地产的转换差额。自用房地产（或存货）转换为采用公允价值模式计量的投资性房地产时，转换日的公允价值小于原账面价值的，其差额计入当期损益。转换日的公允价值大于原账面价值的，其差额作为其他资本公积，计入所有者权益。

④ 权益结算的股份支付。股份支付是指企业为获取职工和其他方提供服务而授予权益工具或承担以权益工具为基础确定的负债的交易。企业授予职工期权、认股权证等衍生工具或其他权益工具，对职工进行激励或补偿，以换取职工提供的服务。企业以权益结算的股份支付换取职工或其他方提供服务的，应按照确定的金额计入其他资本公积。

11.3 留存收益

11.3.1 留存收益的性质及构成

1. 留存收益的性质

留存收益是股东权益的一个重要项目，是企业历年剩余的净收益累积而成的资本。因此留存收益也可称为累积收益。虽然留存收益与投资者投入的资本属性一致，即均为股东权益，但与投入资本不同的是，投入资本是由所有者从外部投入公司的，它构成了公司股东权益的基本部分，而留存收益不是由投资者从外部投入的，而是依靠公司经营所得的盈利累积而形成的。

留存收益既然是股东权益，股东便有权决定如何使用，按照公司章程或其他有关规定，公司可将留存收益在股东间进行分配，作为公司股东的投资所得；也可以为了某些特殊用途和目的，而将其中一部分留在公司不予分配。可见，留存收益会因经营获取收益而赠送，又因分给投资者而减少。留存收益的反面为亏损，公司经营如果入不敷出，就意味着亏损。发生经营亏损将减少留存收益。

对留存收益有较大影响的是股利分配。公司将会因分派股利而大幅度减少留存收益。因此，公司必须有足够的留存收益才能分配股利。但这并不意味着只要有足够多的留存收益就能进行股利分配。公司往往会因特别目的或法令规定而限制留存收益，不作股利分配，留存收益的这种限制，一般称为“拨定”。在我国实务中，为了约束企业过量分配，有关法规均规定企业必须留有一定积累，如提取盈余公积，以利于企业持续经营、维护债权人利益。留存收益可分为两部分：已拨定的留存收益与未拨定的留存收益。

2. 留存收益的构成

留存收益由盈余公积和未分配利润构成。盈余公积包括法定盈余公积、任意盈余公积，它们属于已拨定的留存收益，而未分配利润属于未拨定的留存收益。

（1）盈余公积。

① 法定盈余公积。

法定盈余公积是指企业按规定从净利润中提取的积累资金。法定意味着提取时由国家法规强制规定。企业必须提取法定盈余公积，目的是确保企业不断积累资本，固本培元，自我壮大实力。我国《公司法》规定，公司制企业的法定盈余公积按照税后利润的10%提取，法定盈余公积累计额已达注册资本的50%时可以不再提取。

② 任意盈余公积。

任意盈余公积是公司出于实际需要或采取审慎经营策略，从税后利润中提取的一部分留用利润。任意是出于自愿，而非外力强制，但也非随心所欲。如果公司有优先股，必须在支付了优先股股利之后，才可提取任意盈余公积。由于任意盈余公积是企业自愿拨定的留存利益，其数额也视实际情况而定。

企业提取任意盈余公积的原因是多样的，如可能需要偿还一笔长期负债，也可能是为了控制本期股利的分派不至于过高等。可见，任意盈余公积，一经拨定就不能再供本期发放股利之用，所以提取任意盈余公积本身，就是压低当年股利的一种手段，是企业管理当局对发放股利施加的限制。

法定盈余公积和任意盈余公积的区别就在于各自计提的依据不同。前者以国家的法律或行政规章为依据提取，后者则由企业自行决定提取。

（2）未分配利润。

未分配利润是企业留待以后年度进行分配的结存利润，也是企业股东权益的组成部分。相对于股东权益的其他部分来讲，企业对于未分配利润的使用分配有较大的自主权。从数量上来讲，未分配利润是期初未分配利润，加上本期实现的净利润，减去提取的各种盈余公积和分配利润后的余额。未分配利润有两层含义：一是留待以后年度处理的利润；二是未指出特定用途的利润。

11.3.2　留存收益的会计处理

1. 盈余公积的会计处理

为了反映盈余公积的形成及使用情况，企业应设置“盈余公积”科目，并按其种类设置明细账，分别进行明细核算。

企业提取盈余公积时，借记“利润分配”科目，贷记“盈余公积”（法定盈余公积、任意盈余公积）科目。企业用提取的盈余公积转增资本，应当按照批准的转增资本的数额，借记“盈余公积”，贷记“实收资本”或“股本”科目。企业将盈余公积转增股本时，应当按照转增股本前的股本结构比例，将盈余公积转增股本的数额记入“股本”科目下各股东的明细账，相应增加各股东对企业的股本投资。

【例11－6】　华联实业股份有限公司2×14年实现净利润4 000 000元。公司董事会于2×15年3月31日提出公司当年利润分配方案，拟对当年实现的净利润进行分配。董事会提请批准的利润分配方案如表11－1所示。

华联实业股份有限公司应根据董事会提出的利润分配方案进行账务处理，即应编制会计分录如下：

借：利润分配——提取法定盈余公积　　400 000
　　　　　　——提取任意盈余公积　　600 000
　贷：盈余公积——法定盈余公积　　　　400 000
　　　　　　　——任意盈余公积　　　　600 000

表11－1　利润分配方案　　单位：元

项　　目	提请批准的方案
提取法定盈余公积	400 000
提取任意盈余公积	600 000
分配现金股利	2 400 000
合计	3 400 000

值得说明的是，按规定对董事会或类似机构通过的利润分配方案中拟分配的现金股利或利润，暂不作账务处理，但应在附注中披露。董事会或类似机构通过的利润分配方案已经获得股东大会或类似机构审计批准后，企业方可按应支付的现金股利或利润，借记“利润分

配”科目，贷记“应付股利”科目；实际支付现金股利或利润时，借记“应付股利”科目，贷记“银行存款”等科目。

2. **未分配利润的会计处理**

企业未分配利润的核算是通过“利润分配——未分配利润”科目进行的，具体来说，是通过“利润分配”科目之下的“未分配利润”明细科目进行核算的。企业在生产经营过程中取得的收入和发生的费用，最终通过“本年利润”科目进行归集，计算出当年盈利或亏损，然后转入“利润分配——未分配利润”科目进行分配，结存于“利润分配——未分配利润”科目的贷方余额，则为未分配利润；如为借方余额，则为未弥补亏损。年度终了，再将“利润分配”科目下的其他明细科目（如提取法定盈余公积、提取任意盈余公积、应付现金股利或利润、转作股本的股利、盈余公积补亏等）的余额，转入“未分配利润”明细科目。结转后，“未分配利润”明细科目的贷方余额，就是未分配利润的数额；如出现借方余额，则表示为弥补亏损的数额。

3. **弥补亏损的会计处理**

企业在生产经营过程中既可能发生盈利，也有可能出现亏损。企业在当年发生亏损的情况下，与实现利润的情况相同，应当将本年发生的亏损自“本年利润”科目转入“利润分配——未分配利润”科目，借记“利润分配——未分配利润”科目，贷记“本年利润”科目，结转后“利润分配”科目的借方余额，即为未弥补亏损的数额。然后通过“利润分配”科目核算有关亏损的弥补情况。

企业发生的亏损可以以次年实现的税前利润弥补。在以次年实现的税前利润弥补以前年度亏损的情况下，企业当年实现的利润自“本年利润”科目转入“利润分配——未分配利润”科目，将本年实现的利润结转到“利润分配——未分配利润”科目的贷方后，其贷方发生额与“利润分配——未分配利润”的借方余额自然抵补。因此，以当年实现净利润弥补以前年度结转的未弥补亏损时，不需要进行专门的账务处理。

由于未弥补亏损形成的时间长短不同等原因，以前年度未弥补亏损有的可以以当年实现的税前利润弥补，有的则要用税后利润弥补。无论是以税前利润还是以税后利润弥补亏损，其会计处理方法相同，所不同的只是两者计算交纳所得税时的处理方法不同而已。在以税前利润弥补亏损的情况下，其弥补的数额可以抵减当期企业应纳税所得额，而以税后利润弥补的数额，则不能作为纳税所得的扣除处理。

【例 11 - 7】 华联实业股份有限公司 2×09 年发生亏损 96 万元。本例中该公司适用的所得税税率为 25%，本例不考虑由未弥补亏损确认的递延所得税资产。在年度终了时，企业应当结转本年发生的亏损，即编制如下会计分录：

借：利润分配——未分配利润　　960 000

　　贷：本年利润　　960 000

假设 2×10 年至 2×14 年，华联实业股份有限公司每年均实现利润 16 万元。按照现行规定，企业在发生亏损以后的 5 年内可以以税前利润弥补亏损。华联实业有限公司在 2×10 年至 2×14 年均可在税前弥补亏损。此时，华联实业股份有限公司在 2×10 年至 2×14 年每年年度终了时，均应编制如下会计分录：

借：本年利润　　160 000

　　贷：利润分配——未分配利润　　160 000

2×10 年至2×14 年各年度终了，按照上述会计处理的结果，2×14 年“利润分配——未分配利润”账户期末余额为借方余额16 万元，即2×15 年年初未弥补亏损16 万元。假设华联实业股份有限公司2×15 年实现税前利润32 万元，按现行规定，该公司只能用税后利润弥补以前年度亏损。在2×15 年度终了时，华联实业股份有限公司首先应当按照当年实现的税前利润计算交纳当年应负担的所得税，然后再将当期扣除计算交纳的所得税后的净利润，转入“利润分配”账户。华联实业股份有限公司在2×15 年度计算交纳所得税时，其应纳税所得额为32 万元，当年应纳的所得税为8 万元（32×25%）。此时，该公司应编制如下会计分录：

（1）计算应纳所得税。

借：所得税费用　　　　80 000

　　贷：应交税费——应交所得税　　　　80 000

借：本年利润　　　　80 000

　　贷：所得税费用　　　　80 000

（2）结转本年利润，弥补以前年度未弥补亏损。

借：本年利润　　　　240 000

　　贷：利润分配——未分配利润　　　　240 000

（3）根据上述处理的结果，该公司2×15 年“利润分配——未分配利润”科目的期末贷方余额为8 万元（－16＋24）。

本例如考虑由未弥补亏损而确认递延所得税时，应按《企业会计准则第18 号——所得税》的规定处理，即企业对于能够结转以后年度的可抵扣亏损和税款抵减，应当以很可能获得用来抵扣可抵扣亏损和税款抵减的未来应纳税所得额为限，确认相应的递延所得税资产；如果未来应纳税所得额预计不足以抵扣或抵减时，出于谨慎性信息质量要求的考虑，不能确认递延所得税资产。

11.3.3　股利分派

公司型企业的股东享有分配股利权。股利是指公司型企业依据公司章程规定发放给股东的投资报酬，其实质是公司财富中属于股东收益盈余的一部分。一个公司型企业只有经营获利具有留存收益余额时才可分派股利。《公司法》规定，税后利润提取了法定盈余公积之后，余下部分应先发放优先股股利，然后依董事会决定提取任意盈余公积，再余下的部分可向普通股股东分派普通股股利。在未付清优先股股利之前，公司不得发放普通股股利。

1. **股利分派限制**

股利是否发放及以何种形式发放，虽然公司管理当局可以作出决定，但在实务中还必须考虑一些有关限制因素，这些限制因素通常有以下几个方面：

（1）法律上的制约。

任何公司总是在一定的法律环境条件下从事经营活动，在通常情况下，法律会直接制约公司的股利分配政策。这种制约表现为：不弥补亏损、不提取法定盈余公积、无偿债能力等均不得分派股利。这就要求公司不能因支付股利而减少资本总额，要维护法定资本的完整。按照这一要求，股利一般依据公司本期的净收益来分派。然而，如果公司本期经营有亏损，出于维护公司形象的考虑，公司可以运用以前年度的留存收益分派股利，但必须在先弥补完亏损后进行，而且仍要保留一定数额的留存收益，特别是不能因发放股利而使股东权益降到核定的股本金额以下，如果这样，债权人的利益便失去了应有的保障。

（2）现金支付能力的制约。

留存收益通常以各种实物资产形式存在，而不是以现金的形式所持有。公司若要发放现金股利，就会受其现金支付能力的制约。一般来说，公司现金越多，资产流动性越大，它支付股利的能力也就越强。事实上，大部分公司由于将大量的资金用于购置固定资产，扩大经营规模，普遍存在资产流动性较差的现象。这类公司为了保持应付各种意外情况的能力，往往采取少发现金股利的策略，这必然使得股利分配受到限制。

（3）与优先股股东的契约。

有时在发行优先股股票的条款中规定，公司要定期或不定期地收回优先股股票，并且在派发普通股股利时还规定若干限制，以便有必要的资金收回优先股股票。这类限制的用意在于防止营运资本的削弱，以保护优先股股东和债权人的利益。

（4）董事会自行限制。

公司董事会为使股利发放具有连续性和稳定性，也可能是由于替在损失做事先的准备等种种原因，自行作出了限制发放股利的决定。

（5）股东要求与税收政策的制约。

对公司股东而言，他们投资于公司的目的是为了获取经济利益。而这种经济利益可以来自于公司的股利，也可来自于其出售股票的权益。高税率的股东可能希望少发股利而多留一些利润在公司，以便股票的价值提高而使其市价上升，低税率的股东则可能希望有较高的股利发放比率。这时，这类公司的股利政策可能是高低两者折中的产物。

此外，国家的税收政策会影响股东的收益，从而引起股东对公司股利分配政策的选择。通常国家按照不同的产业结构政策，或者鼓励企业扩大留存收益用于再投资，或者抑制企业的留存收益，促使企业扩大现金股利分配，相应的税收政策便是对分给股东个人的股利征收个人所得税，留于企业的留存收益则免于征税。但对留存收益过大的企业，也可能征收不合理留利税，防止少数股东利用操纵股利分配达到逃避个人所得税的目的。

2. 股利分派的有关日期

（1）宣告日。宣告日是指董事会宣告分派股利的日期，它表明向股东支付股利的义务在这一天成立，也是公司在会计上应登记有关股利负债的日期。

（2）股权登记日。股权登记日是指公司宣告股利后所定下的在该日截止过户登记的日期，也称为停止过户日，其意义是：只有在该日公司股东名册所记载的股东有权享有股利，而在该日以后取得股票的股东则无权获取股利。因此，这一日又可称为除息日。在该日以后取得的股票由于不能享受股利，则称为除息股；反之，在该日之前取得的股票由于可以分配股利，故称为含息股。

（3）分派日。分派日也称付息日，是指实际支付股利的日期。通常是在股权登记截止后的若干天开始支付股利。

3. 股利的种类

（1）现金股利。

现金股利是指以现金方式分配给股东的股利。通常情况下，公司在决定是否分配现金股利时，应考虑以下因素：是否有足够的现金；是否有董事会的决定。派发现金股利，一方面会减少留存收益，另一方面会减少现金。派发股利后，会减少股东权益的总额。由于现金股利一经宣布，就成为公司对股东的偿付责任。因此，要及时在“应付股利”账户上反映。

【例11－8】　华联实业股份有限公司某年度经股东大会审议，通过向全体股东每股派发0.6元的现金股利分配方案。华联实业股份有限公司总股本为4 000万股。

宣告派发现金股利时：

借：利润分配——应付现金股利或利润	24 000 000	
贷：应付股利		24 000 000

（2）财产股利。

财产股利是指以现金资产以外的资产形式向股东派发的股利。最为常见的财产股利是以其持有的有价证券代替现金发给股东。公司虽有留存收益，但无现金可供分配股利，这时可以发放财产股利。这种财产股利在进行会计处理时，应以股利宣告日的公允市价作为入账基准，而不能以实际支付日为基准。这样确定的理由是因为用作股利分配的资产，在宣告之日起便已有了指定用途，公司不能因其市价的上下波动而受益或受损。

【例11－9】　华联实业股份有限公司某年度经股东大会审议，将为交易目的而持有的ABC公司的股票向股东派发1 000万元的财务股利。用于派发财产股利的ABC公司股票的账面价值为950万元，股利宣告日的市价为1 000万元。

（1）宣告派发股利。

借：交易性金融资产	500 000	
贷：投资收益		500 000
借：利润分配——应付财产股利	10 000 000	
贷：应付股利		10 000 000

（2）派发财产股利。

借：应付股利	10 000 000	
贷：交易性金融资产		10 000 000

（3）负债股利。

负债股利是指公司用债券、应付票据等证券来发放的股利。有时公司已宣告了现金股利，但在股利发放期间，临时出现现金不足而难以支付。在这种特定情况下，可向股东开出短期应付票据等，在约定的日期付款。这种股利实际上是负债股利，公司应于派发时，将应付股利转为应付票据。发放负债股利，一方面会相应地减少留存收益，另一方面会相应地增加负债。

【例11－10】　华联实业股份有限公司某年度经股东大会审议，决定派发300万元的负债股利，并于股利发放日签发了期限为6个月、票面利率为6%的应付票据。

（1）宣告派发负债股利。

借：利润分配——应付负债股利	3 000 000	
贷：应付股利		3 000 000

（2）派发负债股利。

借：应付股利	3 000 000	
贷：应付票据		3 000 000

（3）票据到期支付票据本息。

借：应付票据	3 000 000	

财务费用　　90 000

贷：银行存款　　3 090 000

（4）股票股利。

股票股利是指公司用增发股票的方式发放的股利，俗称“红股”。公司宣告和分发股票股利，既不影响公司的资产和负债，也不影响股东权益总额。它只是股东权益内部各项目之间发生的增减变动，即减少留存收益项目，增加股本项目。至于获取股票股利的股东，其所持股票数量虽有所增加，但在公司中所占股东权益的份额不会发生任何变化。

公司发放股票股利的原因可能有：①当公司需要现金以扩展业务时，为了保留现金，发放股票股利既不减少公司现金，又能使股东分享收益。②发放股票股利有利于股票流通。③为了避免股东被课征所得税。股票股利在大多数国家并不认为是一种所得，因此股东可免缴个人所得税。

分配股票股利对股东是否有利，取决于公司的投资机会及经营效率。如果公司将留存收益用于再投资，其投资报酬率低于股东以现金股利用于其他投资所得的报酬率，则公司分配股票股利对股东较为不利；反之，若公司的投资报酬率较股东自行投资的报酬率高，则股票股利较现金股利对股东有利。

股票股利的会计处理，其主要的会计问题是如何计价，是决定应把多少金额转作股本，按面值转还是按市价转。有人主张按面值转，认为符合实际成本会计原则；有人主张按市价转，因为股票可以流通，随时可以抛售变现。股票股利在股东看来就好比无偿配股，基于这种考虑，在会计实务中一般都按其面值从留存收益转入“股本”。

【例 11－11】　华联实业股份有限公司 2×15 年度经股东大会审议，通过向股东每 10 股派发 3 股股票股利的分配方案。华联公司总股本 4 000 万股，每股面值 1 元。宣告派发股利当日每股市价 2.8 元。

（1）假定按股票面值将留存收益转入“股本”账户。

① 宣告发放股票股利。

派发的股票股利总数 =4 000×3÷10=1 200（万股）

用于派发股票股利的留存收益 =1 200×1=1 200（万元）

借：利润分配——转作股本的股利　　12 000 000

贷：待发股票股利　　12 000 000

② 实际派发股票股利。

借：待发股票股利　　12 000 000

贷：股本　　12 000 000

在会计实务中，经股东大会或类似机构决议，分配给股东的股票股利，应在办理增资手续后，直接按股票面值借记“利润分配——转作股本的股利”科目，贷记“股本”科目。

（2）假定按股票市价将留存收益转入“股本”和“资本公积”账户。

① 宣告发放股票股利。

派发的股票股利总数 =4 000×3÷10=1 200（万股）

用于派发股票股利的留存收益 =1 200×2.8=3 360（万元）

借：利润分配——转作股本的股利　　33 600 000

贷：待发股票股利　　12 000 000

资本公积——股本溢价　　21 600 000

② 实际派发股票股利。

借：待发股票股利　　12 000 000

　　贷：股本　　12 000 000

（5）清算股利。

清算股利是指公司在无留存收益的情况下，以现金或公司其他资产形式分配的股利。清算股利不是真正的股利，其实质是资本的返回。从股东的角度看，如果公司所分配的股利大于其投资后公司所获取的收益，其超过部分也可归属于清算股利。公司分配清算股利时，其会计分录为：借记“股本”科目，贷记“资产”科目。

11.3.4　股票分割

1. 股票分割的含义及性质

股票分割是指公司型企业征得董事会和股东的认可后，将一张较大面值的股票拆成几张较小面值的股票，因此股票分割又称股票拆细。当股票的价格达到了相当高的水平时，往往会影响流通，如每股面值为100元的股票市价1 800元，购买1 000股股票就需要1 800 000元，这样的股票因转手困难、交易呆滞，自然就不受投资者欢迎，从而抑制了小额投资人的投资热情。在此前提下，公司为降低其股票市价，将股票加以分割，降低其面值，增加股数，从而降低了每股市价，刺激了小额投资者的入市欲望。

我国采用无票流通方式，股票分割不需要办理任何法律手续，因而董事会作出决定即可。通常是证券公司接到公司通知后，在各股东账户上进行分割，表面其分割后的股数，然后股东就可按新的股数进行交易。

股票分割时，虽然股票股数增加面值变小，但股本的面值总额及其他股东权益并不因此而发生任何增减变化，故不必作任何会计处理。

2. 股票分割与股票股利

股票分割与股票股利，都不会使股东权益总额发生任何变动，变动的仅仅是股份总数，但两者还是存在明显的差别。其表现在：股票分割不影响公司的留存收益及股本总额，仅使每股面值减少；而股票股利将使股本总额扩大，公司留存收益减少但每股面值不变。从两者对市场的影响来看，股票分割导致股票的市价大幅下降，若是小额的股票股利则对股票市价影响较小。

此外，对于因前期损益调整项目而调整留存收益时，这类项目不列入利润表，而是直接调整留存收益期初余额。公司除分派股利外，还可能存在引起前期损益调整的情况。按规定，企业年度财务报表报出后，如果由于以前年度记账差错等原因导致多计或少计利润，但以前年度的账目已经结清，不能再调整以前年度的利润的。会计核算时则不再调整以前年度以及相关所得税的调整，并将其余额转入“利润分配——未分配利润”科目，而且也不再调整以前年度财务报表，仅调整本年度财务报表相关项目的年初数。

本章小结

本章主要讲述所有者权益的内容，企业组织形式及所有者权益的含义构成，所有者权益的确认，投入资本的核算，留存收益的性质、构成及会计核算，股票分割和股票分派。

关键名词

所有者权益　投入资本　资本公积　留存收益　股利分派　股票分割

即测即评

请扫描二维码，在线测试本章学习效果。

选择题　　判断题

第 12 章
收入、费用和利润

学习目标

（1）掌握：收入的确认条件及会计核算；劳务收入的核算；建造合同收入的核算；利润的核算；所得税费用的核算；净利润的核算和利润分配。

（2）理解：收入的概念及期间费用的核算；理解净利润的形成。

（3）了解：费用的概念；所得税的概述。

问题导入

（1）为什么强调收入、费用是日常活动中形成的？

（2）商品所有权上的风险和报酬是什么？

（3）甲公司向乙公司销售一批商品，商品已经发出，乙公司已经预付部分货款，剩余货款由乙公司开出一张商业承兑汇票，销售发票账单已交付乙公司。乙公司收到商品后，发现商品质量没有达到合同约定的要求，立即根据合同有关条款与甲公司交涉，要求在价格上给予一定折让，否则要求退货。双方没有就此达成一致意见，甲公司也未采取任何补救措施。请问甲公司的销售收入是否成立？

12.1 收　　入

12.1.1　收入概述

1. 收入的含义和特点

收入是形成企业利润的主要来源，是构成会计报表的一大基本要素，在市场经济条件下，越来越受到企业和投资者等众多信息作用者的重视。我国《企业会计准则第 14 号——收入》中收入是指企业在日常活动中形成的、会导致所有者权益增加的、与所有者投入资本无关的经济利益的总流入。收入一般具有以下特点：

（1）收入从企业的日常活动中产生，而不是从偶发的交易或事项中产生，这里的日常活动，是指企业为完成其经营目标而从事的经常性活动以及与之相关的其他活动。比如，工业企业制造并销售产品、商业企业销售商品、保险公司签发保单、咨询公司提供咨询服务、软件企业为客户开发软件、安装公司提供安装服务、商业银行对外贷款、租赁公司出租资产等，均属于企业为完成其经营目标所从事的经常性活动，由此产生的经济利益的总流入构成收入；企业转让无形资产使用权、出售原材料、对外投资（收取的利息、现金股利）等，属于与经常性活动相关的活动，由此产生的经济利益的总流入也构成收入；企业处置固定资产、无形资产等活动，不是企业为完成其经营目标所从事的经常性活动，也不属于与经常性活动相关的活动，由此产生的经济利益的总流入不构成收入，应当确认为营业外收入。

（2）收入可能表现为企业资产的增加，也可能表现为企业负债的减少，或者两者兼而有之，如银行存款、应收账款等资产会随收入的实现而增加；而预收账款等负债也会随收入的实现而减少，如果销售商品的货款中部分抵偿债务，部分收取现金，则两者兼而有之。

（3）收入能导致企业所有者权益的增加。如上所述，无论收入能增加资产还是减少负债或两者兼而有之，在“资产 - 负债 = 所有者权益”的公式中都会表现出所有者权益的增加，这表明收入是导致所有者权益增加的因素。但收入扣除导致所有者权益减少因素的相关成本费用后，其净额则可能增加所有者权益，也可能减少所有者权益。这里仅指收入是作为所有者权益的增加因素，而不是指配比后净额对所有者权益的最终影响。

（4）收入只包括本企业经济利益的流入。收入不包括为第三方或客户代收的款项，如增值税等。经济利益是指直接或间接地流入企业的现金或现金等价物，收入中要求属本企业日常活动形成从而能流入本企业的部分，企业的代收款项，虽一方面能增加企业的资产，但一方面又增加企业的负债，并不导致所有者权益的增加，因此，不能将其作为企业的收入来核算。

2. **收入的分类**

为了有利于分析利润形成的原因，了解利润的来源情况，有必要对收入进行分类。收入可根据不同标准进行不同的分类。

（1）按收入的性质分。

按收入的性质分，可分为商品销售收入、提供劳务收入和让渡资产使用权收入等。

商品销售收入是企业收入的基本内容，如工业企业销售自行生产的产品，商品流通企业销售商品等。此外，企业销售的其他存货，如原材料、包装物等也应视同商品销售，但此类商品销售在企业经营中一般处于相对次要的地位。而企业以商品进行投资、捐赠及自用等，会计上不作为销售处理。

提供劳务收入是服务性企业收入的基本内容，包括旅游、运输、饮食、广告、理发、照相、洗涤、咨询、代理培训、产品安装等收入，还有一些特殊形式的收入，如入场费收入、申请入会费和会员费收入、特许权费收入等。

让渡资产使用权收入主要有利息收入、使用费收入、现金股利收入及资产租金收入等。利息收入是指因他人使用本企业现金而收取的利息，主要指金融企业存、贷款形成的利息收入及同业之间发生往来形成的利息收入；使用费收入是指因他人使用本企业的无形资产，如商标权、专利权、版权等应由企业收取的费用；现金股利收入是从被投资单位分得的现金股利；资产租金收入是指因他人使用本企业的固定资产取得的租金收入。

（2）按企业经营业务的主次分。

按企业经营业务的主次分，可分为主营业务收入和其他业务收入。

主营业务收入和其他业务收入的划分标准，一般应按营业执照上注明的主营业务范围和兼营业务范围来确定。营业执照上注明的主营业务取得的收入即为主营业务收入；营业执照上注明兼营业务所取得的收入一般为其他业务收入，但在实际经营中，如果营业执照上注明的兼营业务量较大，且为经常性发生的收入，也可归为主营业务收入。主营业务收入一般占企业营业收入的绝大部分，对企业的经济效益产生较大的影响，工业企业的其他业务收入主要包括出租固定资产、出租无形资产、出租包装物和商品、销售材料等实现的收入以及采用成本模式计量的投资性房地产取得的租金收入，在营业收入中，其他业务收入一般所占比重较小。

12.1.2　销售商品收入的核算

1. 销售商品收入的确认与计量

商品包括企业为销售而生产的产品和为转售而购进的商品，如工业企业生产的产品、商业企业购进的商品等，企业销售的其他存货，如原材料、包装物等，也视同企业的商品。收入准则规定，销售商品收入同时满足下列条件的，才能予以确认。

（1）企业已将商品所有权上的主要风险和报酬转移给购货方。

企业已将商品所有权上的主要风险和报酬转移给购货方，是指与商品所有权有关的主要风险和报酬同时转移给了购货方。其中，与商品所有权有关的风险，是指商品可能发生减值或毁损等形成的损失；与商品所有权有关的报酬，是指商品价值增值或通过使用商品等形成的经济利益。

判断企业是否已将商品所有权上的主要风险和报酬转移给购货方，应当关注交易的实质而不是形式，同时考虑所有权凭证的转移或实物的交付。如果与商品所有权有关的任何损失均不需要销货方承担，与商品所有权有关的任何经济利益也不归销货方所有，就意味着商品所有权上的主要风险和报酬转移给了购货方。

① 通常情况下，转移商品所有权凭证或交付实物后，商品所有权上的所有风险和报酬随之转移，如大多数商品零售、预收款销售商品、订货销售商品等。

② 某些情况下，转移商品所有权凭证或交付实物后，商品所有权上的主要风险和报酬随之转移，企业只保留商品所有权上的次要风险和报酬，如交款提货方式销售商品、视同买断方式委托代销商品等。在这种情形下，应当视同商品所有权上的所有风险和报酬已经转移给购货方。

③ 某些情况下，转移商品所有权凭证或交付实物后，商品所有权上的主要风险和报酬并未随之转移。

一是，企业销售的商品在质量、品种、规格等方面不符合合同或协议要求，又未根据正常的保证条款予以弥补，因而仍负有责任。例如，甲公司向乙公司销售一批商品，商品已经发出，乙公司已经预付部分货款，剩余货款由乙公司开出一张商业承兑汇票，销售发票账单已交付乙公司。乙公司收到商品后，发现商品质量没有达到合同约定的要求，立即根据合同有关条款与甲公司交涉，要求在价格上给予一定折让，否则要求退货。双方没有就此达成一致意见，甲公司也未采取任何补救措施。尽管商品已经发出，并将发票账单交付买方，同时收到部分货款，但是由于双方在商品质量的弥补方面未达成一致意见，说明购买方尚未正式接受商品，商品可能被退回。因此，商品所有权上的主要风险和报酬仍保留在甲公司，没有随商品所有权凭证的转移或实物的交付而转移，不能确认收入。

二是，企业销售商品的收入是否能够取得，取决于代销方是否已将商品销售出去。例如，甲公司采用支付手续费方式委托乙公司代销商品。这种代销的特点是乙公司只是一个代理商，甲公司将商品发出后，所有权并未转移给乙公司，所有权上的风险和报酬仍在甲公司，与乙公司无关，只有当乙公司将商品售出后，商品所有权上的风险和报酬才转移出甲公司。因此，在这种代销情况下，甲公司应在乙公司售出商品，并取得乙公司提供的代销清单时确认收入。

三是，企业尚未完成售出商品的安装或检验工作，且安装或检验工作是销售合同或协议的重要组成部分。例如，甲公司向乙公司销售一部电梯，电梯已经运抵乙公司，发票账单已经交付，同时收到部分货款。合同约定，甲公司应负责该电梯的安装工作，在安装工作结束并经乙公司验收合格后，乙公司应立即支付剩余货款。电梯安装调试工作通常是电梯销售合同的重要组成部分，在安装过程中可能会发生一些不确定因素，影响电梯销售收入的实现。因此，电梯实物的交付并不表明商品所有权上的主要风险和报酬随之转移，不能确认收入。

四是，销售合同或协议中规定了买方由于特定原因有权退货的条款，且企业又不能确定退货的可能性。例如，甲公司为推销一种新产品，承诺凡购买新产品的客户均有一个月的试用期，在试用期内如果对产品使用效果不满意，甲公司无条件给予退货。这种新产品已交付买方，货款已收讫。甲公司虽然已将产品售出，并已收到货款。但是由于是新产品，甲公司无法估计退货的可能性，这表明产品所有权上的主要风险和报酬并未随实物的交付而发生转移，不能确认收入。

（2）企业既没有保留通常与所有权相联系的继续管理权，也没有对已售出的商品实施有效控制。

通常情况下，企业售出商品后不再保留与商品所有权相联系的继续管理权，也不再对售出商品实施有效控制，商品所有权上的主要风险和报酬已经转移给购货方，应在发出商品时确认收入。

例如，甲公司属于房地产开发商。甲公司将住宅小区销售给客户后，接受客户委托代售住宅小区商品房并管理住宅小区物业。甲公司接受客户委托代售住宅小区商品房并管理住宅小区物业，是与住宅小区销售无关的另一项提供劳务的交易。甲公司虽然仍对住宅小区进行管理，但这种管理与住宅小区的所有权无关，因为住宅小区的所有权属于客户。

（3）收入的金额能够可靠地计量。

收入的金额能够可靠地计量，是指收入的金额能够合理地估计。如果收入的金额不能够合理估计，就无法确认收入。企业在销售商品时，商品销售价格通常已经确定。但是，由于销售商品过程中某些不确定因素的影响，也有可能存在商品销售价格发生变动的情况。在这种情况下，新的商品销售价格未确定前通常不应确认销售商品收入。企业通常应按从购货方已收或应收的合同或协议价款确定收入金额；合同或协议价款延期收取具有融资性质时，企业应按应收的合同或协议价款的公允价值确定收入金额；已收或应收的价款不公允的，企业应按公允的交易价格确定收入金额。

（4）相关的经济利益很可能流入企业。

相关的经济利益很可能流入企业，是指销售商品价款收回的可能性大于不能收回的可能性，即销售商品价款收回的可能性超过50%。企业在确定销售商品价款收回的可能性时，应当结合以前和买方交往的直接经验、政府有关政策、其他方面取得信息等因素进行分析。企业销售的商品符合合同或协议要求，已将发票账单交付买方，买方承诺付款，通常表明满足本确认条件（相关的经济利益很可能流入企业）。

如果企业判断销售商品收入满足确认条件确认了一笔应收债权，以后由于购货方资金周转困难无法收回该债权时，不应调整原确认的收入，而应对该债权计提坏账准备、确认坏账损失。如果企业根据以前与买方交往的直接经验判断买方信誉较差，或销售时得知买方在另一项交易中发生了巨额亏损，资金周转十分困难；或在出口商品时不能肯定进口企业所在国政府是否允许将款项汇出等，就可能会出现与销售商品相关的经济利益不能流入企业的情况，不应确认收入。

（5）相关的已发生或将发生的成本能够可靠地计量。

通常情况下，销售商品相关的已发生或将发生的成本能够合理地估计，如库存商品的成本、商品运输费用等。如果库存商品是本企业生产的，其生产成本能够可靠计量；如果是外购的，购买成本能够可靠计量。有时，销售商品相关的已发生或将发生的成本不能够合理地估计，此时企业不应确认收入，已收到的价款应确认为负债。

例如，甲公司与乙公司签订协议，约定甲公司生产并向乙公司销售一台大型设备。限于自身生产能力不足，甲公司委托丙公司生产该大型设备的一个主要部件。甲公司与丙公司签订的协议约定，丙公司生产该主要部件发生的成本经甲公司认定后，其金额的108%即为甲公司应支付给丙公司的款项。假定甲公司本身负责的部件生产任务和丙公司负责的部件生产任务均已完成，并由甲公司组装后运抵乙公司，乙公司验收合格后及时支付了货款。但是，丙公司尚未将由其负责的部件相关的成本资料交付甲公司认定。

本例中，虽然甲公司已将大型设备交付乙公司，且已收到货款。但是，甲公司为该大型设备发生的相关成本因丙公司相关资料未送达而不能可靠地计量，也不能合理估计。因此，甲公司收到货款时不应确认为收入。

如果甲公司为该大型设备发生的相关成本因丙公司相关资料未送达而不能可靠地计量，但是甲公司基于以往经验能够合理估计出该大型设备的成本，仍应认为满足本确认条件。

2. 销售商品收入的计量

销售商品收入的计量，是指收入的入账价值的确定。收入准则规定：“企业应当按照从购货方已收或应收的合同或协议价款确定商品销售收入金额，已收或应收的合同或协议价款显失公允的除外。”某些情况下，合同或协议明确规定销售商品需要延期收取价款，如分期收款销售商品，实质上具有融资性质的，应当按照应收的合同或协议价款的现值确定其公允价值，应收的合同或协议价款与其公允价值之间的差额，应当在合同或协议期间内，按照应收款项的摊余成本和实际利率计算确定的金额进行摊销，冲减财务费用，

企业销售商品有时也会遇到现金折扣、商业折扣、销售折让等问题，应当根据不同的情况分别进行处理。

3. 销售商品收入的账务处理

为了总括地反映企业营业收入的实现情况，企业应设置“主营业务收入”和“其他业务收入”科目。

“主营业务收入”科目核算企业销售商品、提供劳务等主营业务的收入。该科目的贷方登记企业出售商品、自制半成品、提供劳务等取得的收入，借方登记发生的销售退回或销售折让，贷方余额为销售净收入。期末应将销售净收入转入“本年利润”科目，结转后“主营业务收入”科目无余额。该科目应按商品或劳务种类设置明细账。

“其他业务收入”科目核算企业根据收入准则确认的除主营业务以外的其他经营活动实现的收入，企业实现的其他业务收入，应按实际发生额借记“现金”、“银行存款”等科目，

贷记本科目。期末应将本科目余额转入“本年利润”科目，结转后本科目无余额，该科目应按其他业务的种类设置明细账。

企业应相应设置“主营业务成本”和“其他业务成本”科目，用于核算为取得收入所发生的相关成本费用。

“主营业务成本”科目用来核算企业根据收入准则确认销售商品、提供劳务等主营业务收入时应结转的成本。该科目的借方登记销售的商品、提供劳务等的成本，期末将本科目余额转入“本年利润”科目，结转后本科目无余额。

“其他业务成本”科目核算企业除主营业务活动以外的其他经营活动所发生的支出，包括销售材料的成本、出租固定资产的累计折旧、出租无形资产的累计摊销、出租包装物的成本或摊销额、采用成本模式计量的投资房地产的累计折旧或累计摊销等，企业主营业务活动以外的其他经营活动发生的相关税费，在“营业税金及附加”科目核算。企业发生其他业务支出时，借记本科目，贷记“原材料”、“周转材料”、“累计折旧”、“累计摊销”、“应付职工薪酬”等科目。期末应将本科目余额转入“本年利润”科目，结转后本科目无余额。本科目应按其他业务的种类设置明细账。

1. 销售商品收入的账务处理

确认销售商品收入时，企业应按已收或应收的合同或协议价款，加上应收取的增值税额，借记“银行存款”、“应收账款”，“应收票据”等科目，按确定的收入金额，贷记“主营业务收入”、“其他业务收入”等科目，按应收取的增值税额，贷记“应交税费——应交增值税（销项税额）”科目；同时或在资产负债表日，按应交纳的消费税、资源税、城市维护建设税、教育费附加等税费金额，借记“营业税金及附加”科目，贷记“应交税费——应交消费税（应交资源税、应交城市维护建设税等）”科目。

【例 12－1】 甲公司向乙公司销售产品 100 件，每件售价 500 元（不含增值税），每件单位成本 300 元，开出增值税专用发票，增值税率为 17%，并以银行存款代垫运杂费 1 000 元，已向银行办妥托收手续。甲公司应进行会计处理如下：

（1）登记已经实现的主营业务收入：

借：应收账款	59 500	
贷：主营业务收入		50 000
应交税费——应交增值税（销项税额）		8 500
银行存款		1 000

（2）结转主营业务成本：

借：主营业务成本	30 000	
贷：库存商品		30 000

2. 销售商品涉及商业折扣、现金折扣、销售折让的处理

（1）商业折扣是指企业为促进商品销售而在商品标价上给予的价格扣除。企业销售商品涉及商业折扣的，应当按照扣除商业折扣后的金额确定销售商品收入金额。

（2）现金折扣是指债权人为鼓励债务人在规定的期限内付款而向债务人提供的债务扣除。企业销售商品涉及现金折扣的，应当按照扣除现金折扣前的金额确定销售商品收入金额。现金折扣在实际发生时计入财务费用。

（3）销售折让是指企业因售出商品的质量不合格等原因而在售价上给予的减让。对于销售折让，企业应根据不同情况分别进行处理：

① 已确认收入的售出商品发生销售折让的，通常应当在发生时冲减当期销售商品收入；

② 已确认收入的销售折让属于资产负债表日后事项的，应当按照有关资产负债表日后事项的相关规定进行处理。

【例12－2】 甲公司在2017年5月1日向乙公司销售一批商品，开出的增值税专用发票上注明的销售价格为10 000元，增值税额为1 700元。为及早收回货款，甲公司和乙公司约定的现金折扣条件为：2/10，1/20，n/30。假定计算现金折扣时不考虑增值税额，甲公司的账务处理如下：

（1）5月1日销售实现时，按销售总价确认收入。

	借方	贷方
借：应收账款	11 700	
贷：主营业务收入		10 000
应交税费——应交增值税（销项税额）		1 700

（2）如果乙公司在5月9日付清货款，则按应收账款11 700元的2%享受现金折扣234元（11 700×2%），实际付款11 466元（11 700－234）。

	借方	贷方
借：银行存款	11 466	
财务费用	234	
贷：应收账款		11 700

（3）如果乙公司在5月18日付清货款，则按应收账款11 700元的1%享受现金折扣117元（11 700×1%），实际付款11 583元（11 700－117）。

	借方	贷方
借：银行存款	11 583	
财务费用	117	
贷：应收账款		11 700

（4）如果乙公司在5月底才付清货款，则按全额付款。

	借方	贷方
借：银行存款	11 700	
贷：应收账款		11 700

3. 销售折让、销售退回及附有销售退回条件的销售的处理

（1）销售折让。销售折让应在实际发生时冲减发生当期的收入。发生销售折让时，如按规定允许扣减当期销项税额的，应同时冲减“应交税费——应交增值税”科目的“销项税额”专栏。

【例12－3】 甲公司销售商品一批，增值税发票上注明的售价为50 000元，增值税额为8 500元。货到后购货方发现商品质量有缺陷，要求在价格上给予10%的折让。假定已获得税务部门开具的索取折让证明单，并开具了红字增值税专用发票。甲企业应进行如下会计处理：

销售实现时：

	借方	贷方
借：应收账款	585 000	
贷：主营业务收入		50 000
应交税费——应交增值税（销项税额）		8 500

发生销售折让时：

	借方	贷方
借：主营业务收入	5 000	

应交税费——应交增值税（销项税额） 850

贷：应收账款 5 850

实际收到款项时：

借：银行存款 526 500

贷：应收账款 526 500

（2）销售退回。销售退回是指企业售出的商品由于质量、品种不符合要求等原因而发生的退货。对于销售退回，企业应根据不同情况分别进行会计处理：

① 对于未确认收入的售出商品发生销售退回的，企业应按已记入“发出商品”科目的商品成本金额，借记“库存商品”科目，贷记“发出商品”科目。采用计划成本或售价核算的，应按计划成本或售价记入“库存商品”科目，同时计算产品成本差异或商品进销差价。

② 对于已确认收入的售出商品发生退回的，企业一般应在发生时冲减当期销售商品收入，同时冲减当期销售商品成本。如该项销售退回已发生现金折扣的，应同时调整相关财务费用的金额；如该项销售退回允许扣减增值税额的，应同时调整“应交税费——应交增值税（销项税额）”科目的相应金额。

已确认收入的售出商品发生的销售退回属于资产负债表日后事项的，应当按照有关资产负债表日后事项的相关规定进行会计处理。

【例 12－4】 甲公司在 2016 年 12 月 18 日向乙公司销售一批商品，开出的增值税专用发票上注明的销售价格为 50 000 元，增值税额为 8 500 元，该批商品成本为 26 000 元。为及早收回货款，甲公司和乙公司约定的现金折扣条件为：2/10，1/20，n/30。乙公司在 2016 年 12 月 27 日支付货款，2017 年 4 月 5 日该批商品因质量问题被乙公司退回，甲公司当日支付有关款项。假定计算现金折扣时不考虑增值税，销售退回不属于资产负债表日后事项。甲公司的账务处理如下：

2016 年 12 月 18 日销售实现时，按销售总价确认收入：

借：应收账款 58 500

贷：主营业务收入 50 000

应交税费——应交增值税（销项税额） 8 500

借：主营业务成本 26 000

贷：库存商品 26 000

在 2016 年 12 月 27 日收到货款时，按应收账款 58 500 元的 2% 享受现金折扣 1 170 元（58 500×2%），实际收款 57 330 元（58 500－1 170）。

借：银行存款 57 330

财务费用 1 170

贷：应收账款 58 500

2017 年 4 月 5 日发生销售退回时：

借：主营业务收入 50 000

应交税费——应交增值税（销项税额） 8 500

贷：银行存款 57 330

财务费用 1 170

借：库存商品　　26 000

　　贷：主营业务成本　　26 000

（3）附有销售退回条件的商品销售。附有销售退回条件的商品销售，是指购买方依照有关协议有权退货的销售方式。

在这种销售方式下，企业根据以往经验能够合理估计退货可能性且确认与退货相关负债的，通常应在发出商品时确认收入；企业不能合理估计退货可能性的，通常应在售出商品退货期满时确认收入。

4. **具有融资性质的分期收款销售商品的处理**

企业销售商品，有时会采取分期收款的方式，如分期收款发出商品，即商品已经交付，货款分期收回（通常为超过3年）。如果延期收取的货款具有融资性质，其实质是企业向购货方提供信贷时，企业应当按照应收的合同或协议价款的公允价值确定收入金额。应收的合同或协议价款的公允价值，通常应当按照其未来现金流量现值或商品现销价格计算确定。应收的合同或协议价款与其公允价值之间的差额，应当在合同或协议期间内，按照应收款项的摊余成本和实际利率计算确定的金额进行摊销，作为财务费用的抵减处理。

其中，实际利率是指具有类似信用等级的企业发行类似工具的现时利率，或者将应收的合同或协议价款折现为商品现销价格时的折现率等。应收的合同或协议价款与其公允价值之间的差额，按照实际利率法摊销与直线法摊销结果相差不大的，也可以采用直线法进行摊销。

【例12－5】　2015年1月1日，甲公司采用分期收款方式向乙公司销售一套大型设备，合同约定的销售价格为2 000万元，分5次于每年12月31日等额收取。

该大型设备成本为1 560万元。在现销方式下，该大型设备的销售价格为1 600万元。假定甲公司发出商品时开出增值税专用发票，注明的增值税额为340万元，并于当天收到增值税额340万元。

根据本例的资料，甲公司应当确认的销售商品收入金额为1 600万元，根据下列公式：

未来五年收款额的现值＝现销方式下应收款项金额

可以得出：

400×（P/A，r，5）＋340＝1 600＋340＝1 940（万元）

可在多次测试的基础上，用插值法计算折现率。

当r＝7%时，400×4.100 2＋340＝1 980.08＞1 940

当r＝8%时，400×3.992 7＋340＝1 937.08＜1 940

因此，7%＜r＜8%。用插值法计算如下：

现值	利率
1 980.08	7%
1 940	r
1 937.08	8%

（1 980.08－1 940）÷（7%－r）＝（1 980.08－1 937.08）÷（7%－8%）

求得r＝7.93%

每期计入财务费用的金额如表12－1所示。

表 12-1 财务费用金额表

	未收本金 ①=上期①-上期④	财务费用 ②=①×7.93%	收现总额 ③	已收本金 ④=③-②
2015 年 1 月 1 日	1 600		400	
2015 年 12 月 31 日	1 600	126.88	400	273.12
2016 年 12 月 31 日	1 326.88	105.22	400	294.78
2017 年 12 月 31 日	1 032.10	81.85	400	318.15
2018 年 12 月 31 日	713.95	56.62	400	343.38
2019 年 12 月 31 日	370.57	29.43 *	400	370.57
总　额		400	2 000	1 600

根据表 12-1 的计算结果，甲公司各期的账务处理如下：

(1) 2015 年 1 月 1 日销售实现：

	借方	贷方
借：长期应收款	20 000 000	
银行存款	3 400 000	
贷：主营业务收入		16 000 000
应交税费——应交增值税（销项税额）		3 400 000
未实现融资收益		4 000 000
借：主营业务成本	15 600 000	
贷：库存商品		15 600 000

(2) 2015 年 12 月 31 日收取货款：

	借方	贷方
借：银行存款	4 000 000	
贷：长期应收款		4 000 000
借：未实现融资收益	1 268 800	
贷：财务费用		1 268 800

(3) 2016 年 12 月 31 日收取货款：

	借方	贷方
借：银行存款	4 000 000	
贷：长期应收款		4 000 000
借：未实现融资收益	1 052 200	
贷：财务费用		1 052 200

(4) 2017 年 12 月 31 日收取货款：

	借方	贷方
借：银行存款	4 000 000	
贷：长期应收款		4 000 000
借：未实现融资收益	818 500	
贷：财务费用		818 500

(5) 2018 年 12 月 31 日收取货款：

	借方	贷方
借：银行存款	4 000 000	
贷：长期应收款		4 000 000
借：未实现融资收益	566 200	

贷：财务费用　　566 200

（6）2019 年 12 月 31 日收取货款和增值税额：

借：银行存款　　4 000 000

贷：长期应收款　　4 000 000

借：未实现融资收益　　294 300

贷：财务费用　　294 300

5. **代销商品**

代销商品有两种方式：视同买断和收取手续费。企业应根据情况确认收入，并分别进行相应账务处理：

（1）视同买断。视同买断方式是指由委托方与受托方签订协议，委托方按协议价收取所代销商品的货款，受托方则享有自定实际售价与协议价之间的差额。如果协议明确标明，受托方在取得代销商品后，无论是否能够卖出、是否获利，均与委托方无关，那么委托方和受托方之间的代销商品交易，与委托方直接销售商品给受托方没有实质区别。在符合销售商品收入确认条件时，委托方应确认相关销售商品收入，如果协议明确标明，将来受托方没有将商品售出时可以将商品退回，或受托方因代销商品出现亏损时可以要求委托方补偿，那么委托方在交付商品时不确认收入，受托方也不进行购进商品处理，受托方将商品销售后，按实际售价确认销售收入，并向委托方开具代销清单。委托方收到代销清单时，再确认本企业的销售收入。

（2）收取手续费。它是指受托方根据所代销的商品数量向委托方收取手续费的销售方式，这对受托方来说实际上是一种劳务收入。这种代销方式与视同买断方式相比，主要特点在于受托方通常应按照委托方规定的价格销售，不得自行改变售价，在这种代销方式下，委托方应在受托方将商品销售后并开具代销清单来确认收入；受托方在商品销售后，按应收取的手续费确认收入。

受托单位可开设“受托代销商品”和“受托代销商品款”账户来核算受托代销的商品，并按委托单位设置明细账。

6. **售后回购**

售后回购是指在销售商品的同时，销售方同意日后再用同样的商品购回的销售方式，一般来说，售后回购本质上不是一种销售，而是融资交易。采用售后回购方式销售商品的，收到的款项应确认为负债；回购价格大于原售价的，差额应在回购期间按期计提利息，计入财务费用。

这时，企业不能确认销售收入。企业在发出商品时，按实际收到或应收的价款，借记“银行存款”、“应收账款”等科目；按库存商品的实际成本，贷记“库存商品”等科目；按增值税专用发票上注明的增值税额，贷记“应交税费——应交增值税（销项税额）”科目；按其差额，贷记“其他应付款”科目，回购价与原售价之间的差额，应在售后回购期内按期计提利息费用，借记“财务费用”科目，贷记“其他应付款”科目。

企业回购售出的商品时，按购入物资处理。同时，将与该购回商品有关的“其他应付款”科目的余额冲减或增加回购商品的成本，借记或贷记“其他应付款”科目；贷记或借记“库存商品”等科目。

有确凿证据表明售后回购交易是按照公允价值达成的，销售的商品按售价确认收入，回购的商品作为购进商品处理。

【例 12－6】 甲公司、乙企业均为增值税一般纳税人，增值税税率均为17%（不考虑其他相关税费）。双方以售后回购方式签订了一项销售合同，合同规定，甲公司2016年7月1日向乙企业销售一批商品，价款600 000元（不含增值税），商品实际成本为450 000元。一年后，甲公司再将该批商品以660 000元购回，上述交易过程已完成。甲公司会计处理如下：

（1）2016年7月1日销售商品：

借：银行存款	702 000	
贷：库存商品		450 000
应交税费——应交增值税（销项税额）		102 000
其他应付款		150 000

（2）计提利息费用：

每月应计提的利息费用＝（660 000－600 000）÷12＝5 000（元）

借：财务费用	5 000	
贷：其他应付款		5 000

（3）2017年6月30日回购：

借：库存商品	660 000	
应交税费——应交增值税（进项税额）	112 200	
贷：银行存款		772 200
借：其他应付款	210 000	
贷：库存商品		210 000

7. 售后租回

采用售后租回方式销售商品的，收到的款项应确认为负债；售价与资产账面价值之间的差额，应当采用合理的方法进行分摊，作为折旧费用或租金费用的调整，有确凿证据表明认定为经营租赁的售后租回交易是按照公允价值达成的，销售的商品按售价确认收入，并按账面价值结转成本。

8. 以旧换新销售

以旧换新销售是指销售方在销售商品的同时回收与所售商品相同的旧商品的销售方式。在这种销售方式下，销售的商品按一般商品销售的方法确认收入，回收的旧商品作为购进商品处理。

12.1.3 提供劳务收入的核算

1. 提供劳务收入的确认和计量

（1）提供劳务交易结果能够可靠估计。

企业在资产负债表日提供劳务交易的结果能够可靠估计的，应当采用完工百分比法确认提供劳务收入。

① 提供劳务交易结果能够可靠估计的条件、提供劳务交易的结果能够可靠估计，是指同时满足下列条件：

一是收入的金额能够可靠地计量，是指提供劳务收入的总额能够合理地估计。通常情况下，企业应当按照从接受劳务方已收或应收的合同或协议价款确定提供劳务收入总额。随着劳务的不断提供，可能会根据实际情况增加或减少已收或应收的合同或协议价款，此时，企业应及时调整提供劳务收入总额。

二是相关的经济利益很可能流入企业，是指提供劳务收入总额收回的可能性大于不能收回的可能性。企业在确定提供劳务收入总额能否收回时，应当结合接受劳务方的信誉、以前的经验以及双方就结算方式和期限达成的合同或协议条款等因素综合进行判断。

三是交易的完工进度能够可靠地确定，是指交易的完工进度能够合理地估计。企业确定提供劳务交易的完工进度，可以选用下列方法：

- 已完工作的测量，这是一种比较专业的测量方法，由专业测量师对已经提供的劳务进行测量，并按照一定方法计算确定提供劳务交易的完工程度。
- 已经提供的劳务占应提供劳务总量的比例，这种方法主要以劳务量为标准确定提供劳务交易的完工程度。
- 已经发生的成本占估计总成本的比例，这种方法主要以成本为标准确定提供劳务交易的完工程度。

四是交易中已发生和将发生的成本能够可靠地计量，是指交易中已经发生和将要发生的成本能够合理的估计。企业应当建立完善的内部成本核算制度和有效的内部财务预算及报告制度，准确地提供每期发生的成本，并对完成剩余劳务将要发生的成本作出科学、合理地估计。同时应随着劳务的不断提供或外部情况的不断变化，随时对将要发生的成本进行修订。

② 完工百分比法的具体应用。完工百分比法是指按照提供劳务交易的完工进度确认收入和费用的方法。在这种方法下，确认的提供劳务收入金额能够提供各个会计期间关于提供劳务交易及其业绩的有用信息。

企业应当在资产负债表日按照提供劳务收入总额乘以完工进度扣除以前会计期间累计已确认提供劳务收入后的金额，确认当期提供劳务收入。同时，按照提供劳务估计总成本乘以完工进度扣除以前会计期间累计已确认劳务成本后的金额，结转当期劳务成本。用公式表示如下：

本期确认的收入 = 劳务总收入 × 本期末止劳务的完工进度 − 以前期间已确认的收入
本期确认的费用 = 劳务总成本 × 本期末止劳务的完工进度 − 以前期间已确认的费用

（2）提供劳务交易结果不能可靠估计。

企业在资产负债表日提供劳务交易结果不能够可靠估计的，即不能满足上述三个条件中的任何一个条件时，企业不能采用完工百分比法确认提供劳务收入。此时，企业应正确预计已经发生的劳务成本能够得到补偿和不能得到补偿，分别进行会计处理：

① 已经发生的劳务成本预计全部能够得到补偿的，应按已收或预计能够收回的金额确认提供劳务收入，并结转已经发生的劳务成本。

② 已经发生的劳务成本预计部分能够得到补偿的，应按能够得到补偿的劳务成本金额确认提供劳务收入，并结转已经发生的劳务成本。

③ 已经发生的劳务成本预计全部不能得到补偿的，应将已经发生的劳务成本计入当期损益，不确认提供劳务收入。

（3）同时销售商品和提供劳务交易。

企业与其他企业签订的合同或协议，有时既包括销售商品又包括提供劳务，如销售电梯的同时负责安装工作、销售软件后继续提供技术支持、设计产品同时负责生产等。此时，如果销售商品部分和提供劳务部分能够区分且能够单独计量的，企业应当分别核算销售商品部分和提供劳务部分，将销售商品的部分作为销售商品处理，将提供劳务的部分作为提供劳务处理；如果销售商品部分和提供劳务部分不能够区分，或虽能区分但不能够单独计量的，企业应当将销售商品部分和提供劳务部分全部作为销售商品部分进行会计处理。

2. 提供劳务收入的账务处理

（1）提供劳务交易结果能够可靠估计。

对于交易结果能够可靠估计的劳务，企业对外提供劳务发生的成本费用有两种处理方法：对于一次就能完成的劳务，于成本费用发生时直接记入“主营业务成本”科目，如饮食、理发、照相等；对于需要持续一段时间才能完成的劳务，于成本费用发生时先记入“劳务成本”科目，待确认收入时，由“劳务成本”科目转入“主营业务成本”科目，如安装、培训、旅游等。

在采用完工百分比法确认提供劳务收入的情况下，企业应按计算确定的提供劳务收入金额，借记“应收账款”、“银行存款”等科目，贷记“主营业务收入”科目。

结转提供劳务成本时，借记“主营业务成本”科目，贷记“劳务成本”科目。

【例 12－7】　甲公司于 2016 年 12 月 1 日接受一项设备安装任务，安装期为 3 个月，合同总收入 600 000 元，至年底已预收安装费 440 000 元，实际发生安装费用为 280 000 元（假定均为安装人员薪酬），估计还会发生安装费用 120 000 元。假定甲公司按实际发生的成本占估计总成本的比例确定劳务的完工进度。甲公司的会计处理如下：

实际发生的成本占估计总成本的比例＝280 000÷（280 000＋120 000）＝70%

2016 年 12 月 31 日确认的劳务收入＝600 000×70%－0＝420 000（元）

2016 年 12 月 31 日结转的劳务成本＝（280 000＋120 000）×70%－0＝280 000（元）

（1）实际发生劳务成本时：

	借方	贷方
借：劳务成本	280 000	
贷：应付职工薪酬		280 000

（2）预收劳务款时：

	借方	贷方
借：银行存款	440 000	
贷：预收账款		440 000

（3）2016 年 12 月 31 日确认劳务收入并结转劳务成本时：

	借方	贷方
借：预收账款	420 000	
贷：主营业务收入		420 000
借：主营业务成本	280 000	
贷：劳务成本		280 000

（2）提供劳务交易结果不能可靠估计。

对于交易结果不能作出可靠估计的劳务，应按已经发生并预计能够补偿的劳务成本确认收入，并按相同金额结转成本；如果预计已经发生的劳务成本不能得到补偿，则不应确认收入，但应将已经发生的成本确认为当期费用。

【例 12－8】 甲公司于 2017 年 12 月 25 日接受乙公司委托，为其培训一批学员，培训期为 6 个月，2017 年 1 月 1 日开学。协议约定，乙公司应向甲公司支付的培训费总额为 60 000元，分三次等额支付，第一次在开学时预付，第二次在 2017 年 3 月 1 日支付，第三次在培训结束时支付。

2017 年 1 月 1 日，乙公司预付第一次培训费。2017 年 2 月 29 日，甲公司发生培训成本 30 000 元（假定均为培训人员薪酬）。2017 年 3 月 1 日，甲公司得知乙公司经营发生困难，后两次培训费能否收回难以确定。甲公司的账务处理如下：

（1）2017 年 1 月 1 日收到乙公司预付的培训费：

借：银行存款	20 000	
贷：预收账款		20 000

（2）实际发生培训支出：

借：劳务成本	30 000	
贷：应付职工薪酬		30 000

（3）2017 年 2 月 29 日确认劳务收入并结转劳务成本：

借：预收账款	20 000	
贷：主营业务收入		20 000
借：主营业务成本	30 000	
贷：劳务成本		30 000

（3）同时销售商品和提供劳务交易。

【例 12－9】 甲公司与乙公司签订合同，向乙公司销售一部电梯并负责安装。甲公司开出的增值税专用发票上注明的价款合计为 1 000 000 元，其中电梯销售价格为 980 000 元，安装费为 20 000 元，增值税额为 166 600 元。电梯的成本为 560 000 元；电梯安装过程中发生安装费 12 000 元，均为安装人员薪酬。假定电梯已经安装完成并经验收合格，款项尚未收到。甲公司的账务处理如下：

（1）电梯发出，结转成本 560 000 元。

借：发出商品	560 000	
贷：库存商品		560 000

（2）实际发生安装费用 12 000 元。

借：劳务成本	12 000	
贷：应付职工薪酬		12 000

（3）电梯销售实现，确认收入 980 000 元。

借：应收账款	1 146 600	
贷：主营业务收入		980 000
应交税费——应交增值税（销项税额）		166 600
借：主营业务成本	560 000	
贷：发出商品		560 000

（4）确认安装费收入 20 000 元并结转安装成本 12 000 元。

借：应收账款	20 000	
贷：主营业务收入		20 000

借：主营业务成本　　12 000

　　贷：劳务成本　　12 000

【例 12-10】　沿用［例 12-9］，同时假定电梯销售价格和安装费用无法区分。

甲公司的会计处理如下：

（1）电梯发出结转成本 560 000 元。

借：发出商品　　560 000

　　贷：库存商品　　560 000

（2）发生安装费用 12 000 元。

借：劳务成本　　12 000

　　贷：应付职工薪酬　　12 000

（3）销售实现，确认收入 1 000 000 元，并结转成本 572 000 元。

借：应收账款　　1 166 600

　　贷：主营业务收入　　1 000 000

　　　　应交税费——应交增值税（销项税额）　　166 600

借：主营业务成本　　572 000

　　贷：库存商品　　560 000

　　　　劳务成本　　12 000

12.1.4　让渡资产使用权收入的核算

1. 让渡资产使用权收入的内容及确认

让渡资产使用权收入主要包括：

（1）利息收入，主要是指金融企业对外贷款形成的利息收入，以及同业之间发生往来形成的利息收入等。

（2）使用费收入，主要是指企业转让无形资产（如商标权、专利权、专营权、软件、版权）等资产的使用权形成的使用费收入。

企业对外出租资产收取的租金、进行债权投资收取的利息、进行股权投资取得的现金股利，也构成让渡资产使用权收入，有关的会计处理，参照有关租赁、金融工具确认和计量、长期股权投资等内容。

让渡资产使用权收入同时满足下列条件的，才能予以确认：

① 相关的经济利益很可能流入企业；

② 收入的金额能够可靠地计量。

2. 让渡资产使用权收入的账务处理

（1）利息收入。

企业应在资产负债表日，按照他人使用本企业货币资金的时间和实际利率计算确定利息收入金额。按计算确定的利息收入金额，借记“应收利息”、“银行存款”等科目，贷记“利息收入”、“其他业务收入”等科目。

（2）使用费收入。

使用费收入应当按照有关合同或协议约定的收费时间和方法计算确定。不同的使用费收入，收费时间和方法各不相同。有一次性收取一笔固定金额的，如一次收取 10 年的场地使用费；有在合同或协议规定的有效期内分期等额收取的，如合同或协议规定在使用期内每期收取一笔固定的金额；也有分期不等额收取的，如合同或协议规定按资产使用方每期销售额的百分比收取使用费等。

如果合同或协议规定一次性收取使用费，且不提供后续服务的，应当视同销售该项资产一次性确认收入；提供后续服务的，应在合同或协议规定的有效期内分期确认收入。如果合同或协议规定分期收取使用费的，应按合同或协议规定的收款时间和金额或规定的收费方法计算确定的金额分期确认收入。

【例12－11】　甲公司向乙公司转让其商品的商标使用权，约定乙公司每年年末按年销售收入的10%支付使用费，使用期10年。第一年，乙公司实现销售收入1 000 000元；第二年，乙公司实现销售收入1 500 000元。假定甲公司均于每年年末收到使用费，不考虑其他因素。甲公司的账务处理如下：

（1）第一年年末确认使用费收入时：

使用费收入金额＝1 000 000×10%＝100 000（元）

	借方	贷方
借：银行存款	100 000	
贷：主营业务收入		100 000

（2）第二年年末确认使用费收入时：

使用费收入金额＝1 500 000×10%＝150 000（元）

	借方	贷方
借：银行存款	150 000	
贷：主营业务收入		150 000

12.1.5　建造合同收入

1. 建造合同概述

建造合同是指为建造一项或数项在设计、技术、功能、最终用途等方面密切相关的资产而订立的合同。其中，所建造的资产主要包括房屋、道路、桥梁、水坝等建筑物，以及船舶、飞机、大型机械设备等。

建造合同属于经济合同的范畴，但又不同于一般的经济合同。其主要特征是：

（1）先有买主（即客户），后有标底（即资产）。建造资产的造价在签订合同时已经确定。

（2）资产的建设期长，一般都要跨越一个会计年度，有的长达数年。

（3）所建造的资产体积大，造价高。

（4）建造合同一般为不可取消的合同。

建造合同分为固定造价合同和成本加成合同。固定造价合同是指按照固定的合同价或固定单价确定工程价款的建造合同。成本加成合同是指以合同允许或其他方式议定的成本为基础，加上该成本的一定比例或定额费用确定工程价款的建造合同。

2. 合同收入的内容

合同收入包括合同规定的初始收入以及因合同变更、索赔、奖励等形成的收入两部分。

（1）合同的初始收入，即建造承包商与客户在双方签订的今同中最初商定的合同总金额，它构成合同收入的基本内容，

（2）因合同变更、索赔、奖励等形成的收入。这部分收入并不构成合同双方在签订合

同时已在合同中商定的合同总金额，而是在执行合同过程中由于合同变更、索赔、奖励等原因而形成的收入，建造承包商不能随意确认这些收入，只有在符合收入确认条件时才能构成合同总收入。

3. **建造合同成本**

建造合同成本包括从合同签订开始至合同完成止所发生的，与执行合同有关的直接费用和间接费用。

直接费用是指为完成合同所发生的、可以直接计入合同成本核算对象的各项费用支出，直接费用包括四项费用：耗用的人工费用、耗用的材料费用、耗用的机械使用费和其他直接费用。

间接费用是企业下属的施工单位或生产单位为组织生产和管理施工生产活动所发生的费用，包括临时设施摊销费用和施工、生产单位管理人员薪酬、固定资产折旧费及修理费、物料消耗、低值易耗品摊销、水电费、办公费、差旅费、财产保险费、工程保修费、排污费等。

直接费用在发生时直接计入合同成本，间接费用应在期末按系统、合理的方法分摊计入合同成本，常见的用于间接费用分摊的方法有人工费用比例法和直接费用比例法。

合同完成后处置残余物资取得的收益等与合同有关的零星收益，应当冲减合同成本，合同成本不包括应当计入当期损益的管理费用、销售费用和财务费用。因订立合同而发生的有关费用，应当直接计入当期损益。

4. **合同收入和合同费用的确认和计量**

在确认和计量建造合同的收入和费用时，首先应当判断建造合同的结果能否可靠地估计。

（1）在资产负债表日，建造合同的结果能够可靠地估计。

在资产负债表日，建造合同的结果能够可靠地估计的，应当根据完工百分比法确认合同收入和合同费用。

根据完工百分比法确认建造合同收入和费用的公式如下：

当期合同收入＝合同总收入×完工进度－以前会计期间累计已确认收入

当期合同费用＝合同预计总成本×完工进度－以前会计期间累计已确认费用

当期确认的毛利＝（合同总收入－合同预计总成本）×完工进度－以前会计期间累计已确认毛利

其中：完工进度是指累计完工进度，企业确定合同完工进度可以选用下列方法：

① 累计实际发生的合同成本占合同预计总成本的比例。

② 已经完成的合同工作量占合同预计总工作量的比例。

③ 实际测定的完工进度。

在采用方法①的情况下，累计实际发生的合同成本不包括施工中尚未安装或使用的材料成本等与合同未来活动相关的合同成本，以及在分包工程的工作量完成之前预付给分包单位的款项。

（2）在资产负债表日，建造合同的结果不能可靠地估计。

在资产负债表日，建造合同的结果不能可靠估计的，应当分别按下列情况处理：

合同成本能够收回的，合同收入根据能够收回的实际合同成本予以确认，合同成本在其发生的当期确认为合同费用。

合同成本不可能收回的，在发生时立即确认为合同费用，不确认合同收入。需要指出的是，使建造合同的结果不能可靠估计的不确定因素不复存在时，应当改按完工百分比法确认合同收入和合同费用。

如果合同预计总成本超过合同预计总收入，应将预计损失确认为当期费用。

【例 12－12】　甲公司签订了一项总金额为 5 800 000 元的固定造价合同，承建一艘船舶，合同完工进度按照累计实际发生的合同成本占合同预计总成本的比例确定。工程已于 2015 年 2 月开工，预计 2017 年 8 月完工。最初预计的工程总成本为 5 500 000 元，到 2016 年年底，由于材料价格上涨等因素调整了预计总成本，预计工程总成本已为 6 000 000 元。该造船企业于 2017 年 6 月提前两个月完成了造船合同，工程质量优良，客户同意支付奖励款 200 000 元。建造该艘船舶的其他有关资料如表 12－2 所示。

表 12－2　船舶的其他有关资料的费用　　单位：元

	2015 年	2016 年	2017 年
累计实际发生成本	1 540 000	4 800 000	5 950 000
预计完成合同尚需发生的成本	3 960 000	1 200 000	—
结算合同价款	1 740 000	2 960 000	1 300 000
实际收到价款	1 700 000	2 900 000	1 400 000

甲公司对本项建造合同的有关会计处理如下（为简化起见，会计分录以汇总数反映，有关纳税业务的会计分录略）：

（1）2015 年账务处理如下：

① 登记实际发生的合同成本：

借：工程施工——合同成本　　1 540 000

　　贷：原材料、应付职工薪酬等　　1 540 000

② 登记已结算的合同价款：

借：应收账款　　1 740 000

　　贷：工程结算　　1 740 000

③ 登记实际收到的合同价款：

借：银行存款　　1 700 000

　　贷：应收账款　　1 700 000

④ 确认计量当年的收入和费用，并登记入账：

2015 年的完工进度＝1 540 000÷（1 540 000＋3 960 000）×100%＝28%

2015 年确认的合同收入＝5 800 000×28%＝1 624 000（元）

2015 年确认的合同费用＝（1 540 000－3 960 000）×28%＝1 540 000（元）

2015 年确认的毛利＝1 624 000－1 540 000＝84 000（元）

借：工程施工——合同毛利　　84 000

　　主营业务成本　　1 540 000

　　贷：主营业务收入　　1 624 000

（2）2016 年的账务处理如下：

① 登记实际发生的合同成本：

借：工程施工——合同成本　　3 260 000

　　贷：原材料、应付职工薪酬等　　3 260 000

② 登记结算的合同价款：

借：应收账款　　2 960 000

　　贷：工程结算　　2 960 000

③ 登记实际收到的合同价款：

借：银行存款　　2 900 000

　　贷：应收账款　　2 900 000

④ 确认计量当年的合同收入和费用，并登记入账：

2016 年的完工进度 = 4 800 000 ÷（4 800 000 + 1 200 000）×100% = 80%

2016 年确认的合同收入 = 5 800 000 × 80% − 1 624 000 = 3 016 000（元）

2016 年确认的合同费用 =（4 800 000 + 1 200 000）× 80% − 1 540 000 = 3 260 000（元）

2016 年确认的毛利 = 3 016 000 − 3 260 000 = −244 000（元）

2016 年确认的合同预计损失 =（4 800 000 + 1 200 000 − 5 800 000）×（1 − 80%）= 40 000（元）

注：在 2016 年年底，由于该合同预计总成本（6 000 000）大于合同总收入（5 800 000），预计发生损失总额为 200 000 元，由于已在“工程施工——合同毛利”中反映了 −160 000元（84 000 − 244 000）的亏损，因此应将剩余的、为完成工程将发生的预计损失40 000元确认为当期费用。

借：主营业务成本　　3 260 000

　　贷：主营业务收入　　3 016 000

　　　　工程施工——合同毛利　　244 000

借：资产减值损失　　40 000

　　贷：存货跌价准备　　40 000

（3）2017 年的账务处理如下：

① 登记实际发生的合同成本：

借：工程施工——合同成本　　1 150 000

　　贷：原材料、应付职工薪酬等　　1 150 000

② 登记结算的合同价款：

借：应收账款　　1 300 000

　　贷：工程结算　　1 300 000

③ 登记实际收到的合同价款：

借：银行存款　　1 400 000

　　贷：应收账款　　1 400 000

④ 确认计量当年的合同收入和费用，并登记入账：

2017 年确认的合同收入 = 合同总金额 − 至目前止累计已确认的收入 = ［5 800 000 −

（-200 000）］-（1 624 000+3 016 000）=1 360 000（元）

2017 年确认的合同费用=5 950 000-1 540 000-3 260 000=1 150 000（元）

2017 年确认的毛利=1 360 000-1 150 000=210 000（元）

借：主营业务成本　　1 150 000

　　工程施工——合同毛利　　210 000

　　贷：主营业务收入　　1 360 000

⑤ 2017 年工程全部完工，应将“合同损失准备”相关余额冲减“主营业务成本”，将“工程施工”科目的余额与“工程结算”科目的余额相对冲。

借：存货跌价准备　　40 000

　　贷：主营业务成本　　40 000

借：工程结算　　6 000 000

　　贷：工程施工——合同成本　　5 950 000

　　　　工程施工——合同毛利　　50 000

12.2　费　　用

12.2.1　费用的定义及确认

1. 费用的定义

我国的《企业会计准则——基本准则》（2006 年）将费用表述为：“企业在日常活动中发生的、会导致所有者权益减少的、与向所有者分配利润无关的经济利益的总流出。”

费用有广义和狭义之分。广义的费用泛指企业各种日常活动发生的所有耗费，狭义的费用之于本期营业收入相配比的那部分耗费。费用的产生会减少企业的资源，最终会使企业所有者权益减少。究竟什么是费用，会计界仍有不同的认识。美国财务会计准则委员会（FASB）在其第 6 号概念公告（1985 年）中，将费用定义为：“一个主体在某一期间由于销售或生产货物，或从事构成该主体不断进行的主要经营活动的其他业务而发生的现金流出或其他资产的耗用或债务的承担（或两者兼而有之）。”国际会计准则委员会（IASC）在“编报财务报表的框架”（1989 年）中，将费用界定为：“会计期间经济利益的减少，其形式表现为资产流出、资产折耗或负债的承担而引起业主权益的减少，但不包括与所有者分配有关的类似项目。”

从定义上看，我国会计准则规定的费用与 FASB 的定义基本相同，都不包括非经常性活动中所发生的支出或损失，即我国的费用是指狭义的费用，对于由于投资所产生的投资损失、公允价值变动损益、资产减值损失、与正常经营活动无直接关系的营业外支出等非经常性活动中发生的支出，不包括在费用的范围内。

2. 费用的分类

（1）按照费用的经济用途分类。

费用按照其经济用途可以分为生产成本和期间费用两大类。属于生产成本的费用，按照其计入的方式不同，又分为直接费用和间接费用。

① 生产成本。生产成本是指一定期间生产产品所发生的各项耗费，包括直接费用和间

接费用。

• 直接费用是指企业在生产商品和提供劳务过程中所发生的直接材料、直接人工和其他直接费用。

直接材料是指企业在生产商品和提供劳务过程中所消耗的，直接用于产品生产，构成产品实体的原料、主要材料、外购半成品及有助于产品形成的辅助材料和其他材料费用。

直接人工是指企业在生产商品和提供劳务过程中，直接参加产品生产的工人工资薪酬等。

其他直接费用是指企业发生的除直接材料费用和直接人工费用以外的，与生产商品或提供劳务有直接关系的费用。直接费用应当按照其实际发生数进行核算，按照成本计算对象进行归集，直接计入产品的生产成本。

• 间接费用，即制造费用，间接费用主要是指应由产品生产成本负担的，不能直接计入各产品成本的有关费用，主要是指企业各生产单位（如生产车间）为组织和管理生产而发生的各项间接费用，包括职工薪酬、折旧修理费、办公费、水电费、机物料消耗、劳动保护费等，间接费用应当按一定的程序和方法进行分配，计入相关产品的生产成本。

② 期间费用。期间费用是指企业当期发生的必须从当期收入得到补偿的费用，由于它仅与当期实现的收入相关，必须计入当期损益，所以称其为期间费用，期间费用主要包括行政管理部门为组织和管理生产经营活动而发生的管理费用、为筹集资金而发生的财务费用、为销售商品而发生的销售费用。

企业发生的费用应按照权责发生制和配比原则确认，凡应属于本期发生的费用，不论其款项是否支付，均确认为本期费用；反之，不属于本期发生的费用，即使款项已在本期支付，也不能确认为本期费用。

（2）按照费用的经济内容分类。

费用按经济内容（或性质）进行分类，一般由以下几个项目组成：

① 外购材料。指企业为进行生产而耗用的从外部购入的原材料及主要材料、半成品、辅助材料、包装物、修理用备件和低值易耗品等。

② 外购燃料、动力。指企业为进行生产而耗用的从外部购入的各种燃料，包括固体燃料、液体燃料和气体燃料以及各种动力，包括热力、电力和蒸汽等。

③ 职工薪酬。指企业所有应计入生产费用的为获得职工提供的服务而给予各种形式的报酬以及其他相关支出。

④ 折旧费。指企业所拥有或控制的固定资产按照使用情况计提的折旧费。

⑤ 利息支出。指企业计入期间费用等的负债利息净支出（即利息支出减利息收入后的余额）。

⑥ 税金。指计入企业成本费用的各种税金，如印花税、房产税、车船使用税和土地使用税等。

⑦ 其他费用。指不属于以上各项的费用。

费用按照经济内容进行分类，可以反映企业在一定时期内发生了哪些生产费用、金额各是多少，以便于分析企业各个时期各种费用占整个费用的比重，进而分析各个时期各种要素费用支出的水平，有利于考核费用计划的执行情况。

3. **费用的确认**

狭义的费用应按权责发生制和配比原则确认，凡应属于本期发生的费用，不论其款项是否支付，均作为本期费用；反之，不属于本期发生的费用，即使其款项已在本期支付，也不作为本期费用。

在确认费用时，应当划分生产经营支出与固定资产购建支出的界限。属于固定资产购建所发生的，应当将其计入相应固定资产的购建成本，不得计入当期费用；属于当期生产经营支出的，应作为经营费用，不得计入固定资产购建成本。

在确认费用时，企业应当合理划分期间费用和成本的界限，对于确认为期间费用的费用，必须进一步将期间费用划分为管理费用、销售费用和财务费用；对于确认为成本的费用，首先严格按规定的成本开支范围核算本期的成本，然后根据该费用发生的实际情况根据不同的费用性质将其确认为不同产品所负担的费用；对于几种产品共同发生的费用，必须按受益原则采用一定方法和程序将其分别计入相关产品的成本。

12.2.2　期间费用

1. **销售费用**

销售费用是指企业销售商品和材料、提供劳务的过程中发生的各种费用，包括企业在销售商品过程中发生的保险费、包装费、展览费、广告费、商品维修费、预计产品质量保证损失、运输费、装卸费等以及为销售本企业商品而专设的销售机构（含销售网点、售后服务网点等）的职工薪酬、业务费、折旧费、固定资产修理费等费用。

企业应设置“销售费用”账户，用来核算发生的各种销售费用，并按照费用项目设置明细账，进行明细核算。企业在销售商品过程中发生的运输费、装卸费、包装费、保险费、展览费和广告费等各种销售费用，借记“销售费用”科目，贷记“库存现金”、“银行存款”等科目；企业发生的为销售本企业商品而专设的销售机构的职工工资、福利费、业务费等费用，借记“销售费用”科目，贷记“应付职工薪酬”、“银行存款”等科目；期末结转“销售费用”科目，将“销售费用”科目的余额转入“本年利润”科目，借记“本年利润”科目，贷记“销售费用”科目，结转后“销售费用”账户无余额。

【例12－13】　甲公司2017年1月发生如下销售费用：销售A产品，应由本公司负担运输费1 500元，以银行存款支付；参加展览，以银行存款支付展览费10 000元；专设的销售机构，本月共发生工资费用5 000元。甲公司的会计处理如下：

（1）支付运输费：

借：销售费用	1 500	
贷：银行存款		1500

（2）支付展览费：

借：销售费用	10 000	
贷：银行存款		10 000

（3）分配职工工资及福利费：

借：销售费用	5 000	
贷：应付职工薪酬——工资		5 000

2. 管理费用

管理费用是指为组织和管理企业生产经营所发生的各种费用，包括企业在筹建期间内发生的开办费、董事会和行政管理部门在企业的经营管理中发生的或者应由企业统一负担的公司经费（包括行政管理部门职工工资及福利费、物料消耗、低值易耗品摊销、办公费和差旅费等）、工会经费、董事会费（包括董事会成员津贴、会议费和差旅费等）、聘请中介机构费、咨询费（含顾问费）、诉讼费、业务招待费、房产税、车船使用税、土地使用税、印花税、技术转让费、矿产资源补偿费、研究费用、排污费以及企业生产车间（部门）和行政管理部门等发生的固定资产修理费用等。

企业应设置"管理费用"账户，用来核算发生的各种管理费用，并按费用项目设置明细账，进行明细核算。企业发生行政管理部门人员工资及福利费，借记"管理费用"科目，贷记"应付职工薪酬"科目；行政管理部门计提固定资产折旧、无形资产、长期待摊费用按规定摊销时，借记"管理费用"科目，贷记"累计折旧"、"累计摊销"、"长期待摊费用"科目；支付业务招待费、咨询费等各种管理费用，借记"管理费用"科目，贷记"银行存款"等科目；按规定计算出应交的矿产资源补偿费、房产税、车船使用税、土地使用税，借记"管理费用"科目，贷记"应交税费"科目；按规定计算出应交的工会部门的工会经费，借记"管理费用"科目，贷记"其他应付款"科目。期末结转"管理费用"科目，将"管理费用"科目余额转入"本年利润"科目，借记"本年利润"科目，贷记"管理费用"科目，结转后"管理费用"科目期末无余额。

【例 12－14】　甲公司 2017 年 1 月份发生如下管理费用：支付业务招待费 30 000 元，摊销无形资产 5 000 元，行政管理部门人员工资 120 000 元。甲公司的会计处理如下：

（1）支付业务招待费：

	借方	贷方
借：管理费用	30 000	
贷：银行存款		30 000

（2）摊销无形资产：

	借方	贷方
借：管理费用	5 000	
贷：累计摊销		5 000

（3）分配管理部门工资及福利费：

	借方	贷方
借：管理费用	120 000	
贷：应付职工薪酬——工资		120 000

3. 财务费用

财务费用是指企业为筹集生产经营所需资金等而发生的费用。财务费用包括应当作为期间费用的利息支出（减利息收入）、汇兑损益以及相关的手续费、企业发生的现金折扣或收到的现金折扣等。

为购建固定资产的借款所发生的借款费用，在固定资产达到预定可使用状态前按规定应予资本化的部分，不包括在财务费用内。

企业应设置"财务费用"账户，用来核算企业发生的各种财务费用，并按费用项目设置明细账，进行明细核算。企业发生财务费用，借记"财务费用"科目，贷记"银行存款"、"未确认融资费用"、"应付利息"、"应收账款"等科目；发生应冲减财务费用的利息收入、汇兑收益、现金折扣，借记"银行存款"、"应付账款"等科目，贷记"财务费用"

科目。期末将“财务费用”科目余额转入“本年利润”科目，结转后“财务费用”科目无余额。

【例 12－15】 甲企业 2017 年 1 月份发生如下财务费用：计提银行短期借款利息5 000元，交纳票据办理手续费 60 元。甲公司会计处理如下：

(1) 计提利息：

借：财务费用　　5 000

　　贷：应付利息　　5 000

(2) 交纳票据办理手续费

借：财务费用　　60

　　贷：银行存款　　60

12.3 利润总额的形成

12.3.1 利润总额的构成

企业作为独立的经济实体，应当以自己的经营收入抵补其支出，并且为投资人提供一定的投资收益，企业盈利的大小在很大程度上反映企业生产经营的经济效益，表明企业每一会计期间的最终经营成果。

利润是指企业在一定会计期间的经营成果，利润包括收入减去费用后的净额、直接计入当期利润的利得和损失等。直接计入当期利润的利得和损失，是指应当计入当期损益，会导致所有者权益发生增减变动的，与所有者投入资本或者向所有者分配利润无关的利得或者损失，主要包括计提的资产减值准备、非流动资产处置损益等。

利润按其形成过程，分为税前利润和税后利润。税前利润也称利润总额，税前利润减去所得税费用，即为税后利润，也称净利润。

利润金额的计量取决于收入和费用、直接计入当期利润的利得和损失金额的计量。其计算公式为

利润总额＝营业收入－营业成本－营业税金及附加－销售费用－管理费用－财务费用
　　　　－资产减值损失＋公允价值变动净收益＋投资净收益＋营业外收支净额

其中，营业收入包括主营业务收入和其他业务收入，营业成本包括主营业务成本和其他业务成本。

12.3.2 资产减值损失

资产减值损失是指企业在资产负债表日，经过对资产的测试，判断资产的可收回金额低于其账面价值而计提资产减值损失准备所确认的相应损失。这里的资产指的是应收账款、存货、长期股权投资、持有至到期投资、固定资产、在建工程、工程物资、无形资产等。

企业根据确定的减值损失，借记“固定资产减值准备”科目，贷记“坏账准备”、“存货跌价准备”、“长期股权投资减值准备”、“持有至到期投资减值准备”、“固定资产减值准备”、“在建工程——减值准备”、“工程物资——减值准备”、“无形资产减值准备”等科目。

企业计提坏账准备、存货跌价准备、持有至到期投资减值准备等后，相关资产的价值又得恢复，应在原已计提的减值准备金额内，按恢复增加的金额，借记“坏账准备”、“存货跌价准备”、“持有至到期投资减值准备”等科目，贷记“资产减值损失”。

企业计提的长期股权投资减值准备、持有至到期投资减值准备、固定资产减值准备、在建工程减值准备、工程物资减值准备、无形资产减值准备，按照我国企业会计准则不得转回。

【例 12-16】 甲公司 2017 年 12 月末，固定资产账面价值为 100 000 元，可收回金额为 98 800 元，以前未发生减值。甲公司会计处理如下：

借：资产减值损失 1 200

贷：固定资产减值准备 1 200

12.3.3 公允价值变动损益

公允价值变动损益是指企业在初始确认时划分为以公允价值计量且其变动计入当期损益的资产或负债由于公允价值变动形成的损益。

资产负债表日，企业应按交易性金融资产的公允价值高于其账面余额的差额，借记“交易性金融资产——公允价值变动”、“投资性房地产——公允价值变动”科目，贷记“公允价值变动损益”。公允价值低于其账面余额的差额，作相反的会计分录。

【例 12-17】 甲公司 2017 年 12 月末，交易性金融资产的账面价值为 60 000 元，公允价值为 66 000 元。甲公司会计处理如下：

借：交易性金融资产——公允价值变动 6 000

贷：公允价值变动损益 6 000

12.3.4 投资收益

投资收益是指企业在一定的会计期间对外投资所取得的回报。投资收益包括对外投资所分得的股利和收到的债券利息，以及投资到期收回在或到期前转让债权得款项高于账面价值的差额等。投资活动也可能遭受损失，如投资到期收回的或到期前转让所得款低于账面价值的差额，即为投资损失。投资收益减去投资损失则为投资净收益。

【例 12-18】 甲公司 2017 年 12 月末，确认当月国债利息收入 3 600 元。甲公司会计处理如下：

借：持有至到期投资——应计利息 3 600

贷：投资收益 3 600

12.3.5 营业外收入和营业外支出

1. 营业外收支的内容

营业外收支是指与企业的生产经营活动无直接关系的各项收支，营业外收支虽然与企业生产经营活动没有多大关系，但从企业主体来考虑，同样带来收入或形成企业的支出，也是增加和减少利润的因素，对企业的利润总额和净利润产生较大的影响。

营业外收入是指企业发生的与日常活动无直接关系的各项利得，主要包括非流动资产处置利得、非货币性资产交换利得、债务重组利得、罚没利得、政府补助利得、盘盈利得、捐赠利得、确实无法支付而按规定程序经批准后转作营业外收入的应付款项等。

营业外支出是指企业发生的与日常活动无直接关系的各项损失，主要包括处置非流动资产损失、非货币性资产交换损失、债务重组损失、罚款支出、公益性捐赠支出、非常损失、盘亏损失等。

2. 营业外收入的账务处理

企业取得的各项营业外收入，在“营业外收入”科目核算。企业取得各项营业外收入时，借记“固定资产清理”、“应付账款”、“银行存款”、“待处理财产损溢”等科目，贷记“营业外收入”科目；期末将“营业外收入”科目的余额转入“本年利润”科目，借记“营业外收入”科目，贷记“本年利润”科目，结转后本科目无余额。

【例 12－19】　甲公司应付乙公司的货款及增值税款共计 3 510 元，因乙公司原因无法偿还。甲公司会计处理如下：

借：应付账款——乙公司	3 510	
贷：营业外收入——无法偿还账款		3 510

3. 营业外支出的账务处理

企业发生的各项营业外支出，在“营业外支出”科目核算。企业发生各项营业外支出时，借记“营业外支出”科目，贷记“固定资产清理”、“待处理财产损溢”、“银行存款”等科目。期末将“营业外支出”科目的余额转入“本年利润”科目，借记“本年利润”科目，贷记“营业外支出”科目，结转后本科目无余额。

【例 12－20】　某企业将银行存款 30 000 元捐赠给希望工程，该公司账务处理如下：

借：营业外支出——捐赠支出	30 000	
贷：银行存款		30 000

12.3.6　利润总额的核算

企业应设置“本年利润”科目，核算本年度内实现的利润总额（或亏损总额）。期末将各收益类科目的余额转入“本年利润”科目的贷方；将各成本、费用类科目的余额转入“本年利润”科目的借方。

12.4　所得税费用

12.4.1　所得税概述

1. 所得税的概念

所得税是企业依照税法规定，就其生产、经营所得和其他所得向国家缴纳的税金。财务会计和税收分别遵循不同的原则，服务于不同的目的。财务会计核算必须遵循会计准则，其目的是为了真实、完整地反映企业的财务状况、经营业绩以及现金流量全貌，为信息使用者提供决策有用的会计信息。而税法是以课税为目的，根据经济合理、公平税负、培植税源、促进竞争以及引导社会投资等原则，依据有关税收法规确定一定时期纳税人应交纳的税额。从所得税角度考虑，主要确定企业的应税所得，对企业的经营所得以及其他所得进行征税。

所得税会计的形成和发展是所得税法规和会计准则规定相互分离的必然结果，两者分离的程度和差异的种类、数量直接影响和决定了所得税会计处理方法的改进。财务会计准则和税收法规的区别在于确认收益实现和费用扣减的时间，以及费用的可扣减性。由于财务会计是按照会计准则核算收益、费用、利润、资产、负债等，税法是按照税收法规确认收益、费用、利润、资产、负债等，因此，按照会计准则计算的会计利润与按照税法规定计算的应纳税所得额不一定相同。

所得税会计就是研究会计利润和应纳税所得额之间差异如何处理的会计理论和方法。所得税是企业的一项资产流出，通常在净利润前扣除，一般认为，所得税属于企业的一项费用。

2. 资产负债表债务法及其理论基础

所得税准则采用资产负债表债务法核算所得税，要求企业从资产负债表出发，通过比较资产负债表上列示的资产、负债按照会计准则规定确定的账面价值与按照税法规定确定的计税基础，对于两者之间的差异分别应纳税暂时性差异与可抵扣暂时性差异，确认相关的递延所得税负债与递延所得税资产，并在此基础上确定每一会计期间利润表中的所得税费用。

资产负债表债务法较为完整地体现了资产负债观，在所得税的会计核算方面贯彻了资产、负债的界定。从资产负债表角度考虑，资产的账面价值代表的是企业在持续持有及最终处置某项资产的一定期间内，该项资产为企业带来的未来经济利益，而其计税基础代表的是在这一期间内，就该项资产按照税法规定可以税前扣除的金额。一项资产的账面价值小于其计税基础的，表明该项资产于未来期间产生的经济利益流入低于按照税法规定允许税前扣除的金额，产生可抵减未来期间应纳税所得额的因素，减少未来期间以应交所得税的方式流出企业的经济利益，从其产生时点来看，应确认为资产；反之，一项资产的账面价值大于其计税基础的，两者之间的差额将会于未来期间产生应税金额，增加未来期间的应纳税所得额及应交所得税，对企业形成经济利益流出的义务，应确认为负债。

3. 所得税会计核算的一般程序

采用资产负债表债务法核算所得税的情况下，企业一般应于每一资产负债表日进行所得税的核算。发生特殊交易或事项时，如企业合并，在确认因交易或事项取得的资产、负债时即应确认相关的所得税影响。企业进行所得税核算，一般应遵循以下程序：

（1）按照相关会计准则规定确定资产负债表中除递延所得税资产和递延所得税负债以外的其他资产和负债项目的账面价值。其中资产、负债的账面价值，是指企业按照相关会计准则的规定进行核算后在资产负债表中列示的金额。例如，企业持有的应收账款账面余额为2 000 万元，企业对该应收账款计提了100 万元的坏账准备，其账面价值为1 900 万元，为该应收账款在资产负债表中的列示金额。

（2）按照准则中对于资产和负债计税基础的确定方法，以适用的税收法规为基础，确定资产负债表中有关资产、负债项目的计税基础。

（3）比较资产、负债的账面价值与其计税基础，对于两者之间存在差异的，分析其性质，除准则中规定的特殊情况外，分为应纳税暂时性差异与可抵扣暂时性差异，确定资产负债表日递延所得税负债和递延所得税资产的应有金额，并与期初递延所得税负债和递延所得税资产的余额相比，确定当期应予进一步确认的递延所得税资产和递延所得税负债金额或应予转销的金额，作为构成利润表中所得税费用的其中一个组成部分——递延所得税。

（4）按照适用的税法规定计算确定当期应纳税所得额，将应纳税所得额与适用的所得税税率计算的结果确认为当期应交所得税，作为利润表中应予确认的所得税费用的另外一个组成部分——当期所得税。

（5）确定利润表中的所得税费用。利润表中的所得税费用包括当期所得税和递延所得税两个组成部分，企业在计算确定了当期所得税和递延所得税后，两者之和（或之差）是利润表中的所得税费用。

12.4.2 资产、负债的计税基础及暂时性差异

所得税会计的关键在于确定资产、负债的计税基础。在确定资产、负债的计税基础时，应严格遵循税收法规中对于资产的税务处理以及可税前扣除的费用等的规定进行。

1. 资产的计税基础

资产的计税基础，是指企业收回资产账面价值过程中，计算应纳税所得额时按照税法规定可以自应税经济利益中抵扣的金额，即某一项资产在未来期间计税时按照税法规定可以税前扣除的金额。

资产的计税基础 = 未来可税前列支的金额

资产在初始确认时，其计税基础一般为取得成本，即企业为取得某项资产支付的成本在未来期间准予税前扣除。在资产持续持有的过程中，其计税基础是指资产的取得成本减去以前期间按照税法规定已经税前扣除的金额后的余额，该余额代表的是按照税法规定，就涉及的资产在未来期间计税时仍然可以税前扣除的金额。资产账面价值与计税基础可能存在差异的情况主要有：固定资产、无形资产、交易性金融资产、可供出售金融资产、长期股权投资、其他计提减值准备的资产等。

【例 12－21】 甲公司于2016年年末以600万元购入一项生产用固定资产，按照该项固定资产的预计使用情况，甲公司估计其使用寿命为20年，按照直线法计提折旧，预计残值为0。假定税法规定的折旧年限、折旧方法及净残值与会计规定相同。2015年12月31日，甲公司估计该项固定资产的可收回金额为500万元。

该固定资产在2016年12月31日的账面价值＝600－600÷20×2－40＝500（万元）

该固定资产在2016年12月31日的计税基础＝600－600÷20×2＝540（万元）

该固定资产的账面价值500万元与其计税基础540万元之间产生的40万元差额，在未来期间会减少企业的应纳税所得额和应交所得税。

【例 12－22】 甲公司当期发生研究开发支出计2 000万元，其中研究阶段支出400万元，开发阶段符合资本化条件前发生的支出为400万元，符合资本化条件后至达到预定用途前发生的支出为1 200万元。假定开发形成的无形资产在当期期末已达到预定用途（尚未开始摊销）。

对于内部研究开发形成的无形资产，会计准则规定，研究阶段的支出应当费用化计入当期损益，开发阶段符合资本化条件以后至达到预定用途前发生的支出应当资本化作为无形资产的成本。甲公司当期发生的研究开发支出中，按照会计规定应予费用化的金额为800万元，形成无形资产的成本为1 200万元，即期末所形成无形资产的账面价值为1 200万元。

对于研究开发费用的税前扣除，税法中规定企业为开发新技术、新产品、新工艺发生的研究开发费用，未形成无形资产计入当期损益的，在按照规定据实扣除的基础上，按照研究

开发费用的50%加计扣除；形成无形资产的，按照无形资产成本的150%计算每期摊销额。如该无形资产的确认不是产生于企业合并交易，同时在确认时既不影响会计利润也不影响应纳税所得额，则按照所得税准则的规定，不确认有关暂时性差异的所得税影响。甲公司当期发生的研究开发支出中，按照税法规定应予税前抵扣的金额为1 600万元，未来可予摊销的金额为1 800万元，即期末所形成无形资产的计税基础为1 800万元。

该项无形资产的账面价值1 200万元与其计税基础1 800之间的差额600万元会形成可抵扣暂时性差异，但是该无形资产的确认不是产生于企业合并交易，同时在确认时既不影响会计利润也不影响应纳税所得额，则按照所得税准则的规定，不确认有关暂时性差异的所得税影响。

【例12-23】 2016年10月20日，甲公司自公开市场取得一项权益性投资，支付价款1 600万元，作为交易性金融资产核算。2016年12月31日，该项权益性投资的市价为1 760万元。

该项交易性金融资产的期末市价为1 760万元，其按照会计准则规定进行核算，在2016年资产负债表日的账面价值为1 760万元。因税法规定交易性金融资产在持有期间的公允价值变动不计入应纳税所得额，其在2016年资产负债表日的计税基础应维持原取得成本不变，即为1 600万元。

该交易性金融资产的账面价值1 760万元与其计税基础1 600万元之间产生了160万元的暂时性差异，产生未来期间应交所得税的义务。

2. **负债的计税基础**

负债的计税基础，是指负债的账面价值减去未来期间计算应纳税所得额时按照税法规定可予抵扣的金额。用公式表示为

负债的计税基础 = 账面价值 - 未来期间按照税法规定可予税前扣除的金额

负债的确认与偿还一般不会影响企业的损益，也不会影响其应纳税所得额，未来期间计算应纳税所得额时按照税法规定可予抵扣的金额为0，计税基础即为账面价值。如企业的短期借款、应付账款等。

但是，某些情况下，负债的确认可能会影响企业的损益，进而影响不同期间的应纳税所得额，使得其计税基础与账面价值之间产生差额，如企业因销售商品提供售后服务等原因确认的预计负债、某些预收账款等。

【例12-24】 甲公司2015年因销售产品承诺提供3年的保修服务，在当年度利润表中确认了400万元的销售费用，同时确认为预计负债，当年度未发生任何保修支出。

该项预计负债在甲公司2015年12月31日资产负债表中的账面价值为400万元。因税法规定与产品保修相关的支出在未来期间实际发生时允许税前扣除，则该项负债的计税基础 = 账面价值 - 未来期间计算应纳税所得额时按照税法规定可予抵扣的金额，未来期间计算应纳税所得额时按照税法规定可予抵扣的金额为400万元，该项负债的计税基础 = 400万元 - 400万元 = 0。

3. **暂时性差异**

暂时性差异是指资产、负债的账面价值与其计税基础不同而产生的差额。由于资产、负债的账面价值与其计税基础不同，产生了在未来收回资产或清偿负债的期间内，应纳税所得

额增加或减少并导致未来期间应交所得税增加或减少的情况，形成企业的递延所得税资产和递延所得税负债。

根据暂时性差异对未来期间应纳税所得额的影响，分为应纳税暂时性差异和可抵扣暂时性差异。

（1）应纳税暂时性差异。

应纳税暂时性差异是指在确定未来收回资产或清偿负债期间的应纳税所得额时，将导致产生应税金额的暂时性差异，该差异在未来期间转回时，会增加转回期间的应纳税所得额，即在未来期间不考虑该事项影响的应纳税所得额的基础上，由于该暂时性差异的转回，会进一步增加转回期间的应纳税所得额和应交所得税金额。

在应纳税暂时性差异产生当期，应当确认相关的递延所得税负债。

应纳税暂时性差异通常产生于以下情况：

① 资产的账面价值大于其计税基础。一项资产的账面价值代表的是企业在持续使用或最终出售该项资产时将取得的经济利益的总额，而计税基础代表的是一项资产在未来期间可予税前扣除的金额。资产的账面价值大于其计税基础，该项资产未来期间产生的经济利益不能全部税前抵扣，两者之间的差额需要交税，产生应纳税暂时性差异。

② 负债的账面价值小于其计税基础。一项负债的账面价值为企业预计在未来期间清偿该项负债时的经济利益流出，而其计税基础代表的是账面价值在扣除税法规定未来期间允许税前扣除的金额之后的差额。因负债的账面价值与其计税基础不同产生的暂时性差异，本质上是税法规定就该项负债在未来期间可以税前扣除的金额。负债的账面价值小于其计税基础，则意味着就该项负债在未来期间可以税前抵扣的金额为负数，即应在未来期间应纳税所得额的基础上调增，增加应纳税所得额和应交所得税金额，产生应纳税暂时性差异。

（2）可抵扣暂时性差异。

可抵扣暂时性差异是指在确定未来收回资产或清偿负债期间的应纳税所得额时，将导致产生可抵扣金额的暂时性差异。该差异在未来期间转回时会减少转回期间的应纳税所得额，减少未来期间的应交所得税。在可抵扣暂时性差异产生当期，应当确认相关的递延所得税资产。

可抵扣暂时性差异一般产生于以下情况：

① 资产的账面价值小于其计税基础，从经济含义来看，资产在未来期间产生的经济利益少，按照税法规定允许税前扣除的金额多，则就账面价值与计税基础之间的差额，企业在未来期间可以减少应纳税所得额并减少应交所得税，形成可抵扣暂时性差异。

② 负债的账面价值大于其计税基础，负债产生的暂时性差异实质上是税法规定就该项负债可以在未来期间税前扣除的金额。一项负债的账面价值大于其计税基础，意味着未来期间按照税法规定与该项负债相关的全部或部分支出可以自未来应税经济利益中扣除，减少未来期间的应纳税所得额和应交所得税，形成可抵扣暂时性差异。

（3）特殊项目产生的暂时性差异。

除因资产、负债的账面价值与其计税基础不同产生的暂时性差异以外，某些交易或事项发生以后，因为不符合资产、负债的确认条件而未体现为资产负债表中的资产或负债，但按照税法规定能够确定其计税基础的，其账面价值与计税基础之间的差异也构成暂时性差异。

按照税法规定可以结转以后年度的未弥补亏损和税款抵减，也视同可抵扣暂时性差异处理。

12.4.3 递延所得税资产及递延所得税负债

企业在计算确定了应纳税暂时性差异与可抵扣暂时性差异后，应当按照所得税准则规定的原则确认与应纳税暂时性差异相关的递延所得税负债以及与可抵扣暂时性差异相关的递延所得税资产。

1. 递延所得税资产的确认和计量

（1）递延所得税资产的确认。

① 确认的一般原则。递延所得税资产产生于可抵扣暂时性差异。资产、负债的账面价值与其计税基础不同产生可抵扣暂时性差异的，在估计未来期间能够取得足够的应纳税所得额用以利用该可抵扣暂时性差异时，应当以很可能取得用来抵扣可抵扣暂时性差异的应纳税所得额为限，确认相关的递延所得税资产。

同递延所得税负债的确认相同，有关交易或事项发生时，对税前会计利润或是应纳税所得额产生影响的，所确认的递延所得税资产应作为利润表中所得税费用的调整；有关的可抵扣暂时性差异产生于直接计入所有者权益的交易或事项的，确认的递延所得税资产也应计入所有者权益；企业合并中取得的有关资产、负债产生的可抵扣暂时性差异，其所得税影响应相应调整合并中确认的商誉或是应计入合并当期损益的金额。

确认递延所得税资产时，应关注以下问题：

一是，递延所得税资产的确认应以未来期间很可能取得的用来抵扣可抵扣暂时性差异的应纳税所得额为限。在可抵扣暂时性差异转回的未来期间内，企业无法产生足够的应纳税所得额用以利用可抵扣暂时性差异的影响，使得与可抵扣暂时性差异相关的经济利益无法实现的，则不应确认递延所得税资产；企业有明确的证据表明其于可抵扣暂时性差异转回的未来期间能够产生足够的应纳税所得额，进而利用可抵扣暂时性差异的，则应以很可能取得的应纳税所得额为限，确认相关的递延所得税资产。

二是，对于按照税法规定可以结转以后年度的未弥补亏损（可抵扣亏损）和税款抵减，应视同可抵扣暂时性差异处理。在预计可利用可弥补亏损或税款抵减的未来期间内很可能取得足够的应纳税所得额时，应当以很可能取得的应纳税所得额为限，确认相应的递延所得税资产，同时减少确认当期的所得税费用。

② 不确认递延所得税资产的特殊情况。某些情况下，如果企业发生的某项交易或事项不属于企业合并，并且交易发生时既不影响会计利润也不影响应纳税所得额，且该项交易中产生的资产、负债的初始确认金额与其计税基础不同，产生可抵扣暂时性差异的，所得税准则中规定在交易或事项发生时不确认相关的递延所得税资产，如融资租入固定资产。

（2）计量。

① 适用税率的确定。同递延所得税负债的计量原则相一致，确认递延所得税资产时，应当以预期收回该资产期间的适用所得税税率为基础计算确定。无论相关的可抵扣暂时性差异转回期间如何，递延所得税资产均不要求折现。

② 递延所得税资产的减值。所得税准则规定，资产负债表日，企业应当对递延所得税资产的账面价值进行复核。如果未来期间很可能无法取得足够的应纳税所得额用以利用可抵扣暂时性差异带来的经济利益，应当减记递延所得税资产的账面价值。递延所得税资产的账面价值减记以后，继后期间根据新的环境和情况判断能够产生足够的应纳税所得额利用可抵

扣暂时性差异，使得递延所得税资产包含的经济利益能够实现的，应相应恢复递延所得税资产的账面价值。

【例12-25】　沿用［例12-21］中的有关资料，假定甲公司2015年除该固定资产外，当期发生的交易和事项不存在其他会计与税收的差异。

甲公司2015年年末该固定资产的账面价值500万元与其计税基础540万元之间产生的40万元可抵扣暂时性差异。如果所得税率为25%，则甲公司应确认的递延所得税资产为10万元（40×25%）。

2. **递延所得税负债的确认和计量**

递延所得税负债产生于应纳税暂时性差异。因应纳税暂时性差异在转回期间将增加企业的应纳税所得额和应交所得税，导致企业经济利益的流出，在其发生当期，构成企业应支付税金的义务，应作为负债确认。

确认应纳税暂时性差异产生的递延所得税负债时，交易或事项发生时影响到会计利润或应纳税所得额的，相关的所得税影响应作为利润表中所得税费用的组成部分；与直接计入所有者权益的交易或事项相关的，其所得税影响应减少所有者权益；与企业合并中取得资产、负债相关的，递延所得税影响应调整购买日应确认的商誉或是计入合并当期损益的金额。

（1）递延所得税负债的确认。

企业在确认因应纳税暂时性差异产生的递延所得税负债时，应遵循以下原则：

① 除所得税准则中明确规定可不确认递延所得税负债的情况以外，企业对于所有的应纳税暂时性差异均应确认相关的递延所得税负债。

基于谨慎性原则，为了充分反映交易或事项发生后，对未来期间的计税影响，除特殊情况可不确认相关的递延所得税负债外，企业应尽可能地确认与应纳税暂时性差异相关的递延所得税负债。

② 不确认递延所得税负债的特殊情况。有些情况下，虽然资产、负债的账面价值与其计税基础不同，产生了应纳税暂时性差异，但出于各方面考虑，所得税准则中规定不确认相应的递延所得税负债，如商誉的初始确认等。

（2）递延所得税负债的计量。

① 所得税准则规定，资产负债表日，对于递延所得税负债，应当根据适用税法规定，按照预期清偿该负债期间的适用税率计量，即递延所得税负债应以相关应纳税暂时性差异转回期间按照税法规定适用的所得税税率计量。

② 无论应纳税暂时性差异的转回期间如何，准则中规定递延所得税负债不要求折现。

【例12-26】　沿用［例12-23］中的有关资料，假定甲公司2015年除该交易性金融资产外，当期发生的交易和事项不存在其他会计与税收的差异。

2015年资产负债表日，该项交易性金融资产的账面价值1 760万元与其计税基础1 600万元之间产生160万元应纳税暂时性差异。如果所得税率为25%，则甲公司应确认的递延所得税负债为40万元（160×25%）。

3. **适用税率变化对已确认递延所得税资产和递延所得税负债的影响**

因适用税收法规的变化，导致企业在某一会计期间适用的所得税税率发生变化的，企业应对已确认的递延所得税资产和递延所得税负债按照新的税率进行重新计量。递延所得税资产和递延所得税负债的金额代表的是有关可抵扣暂时性差异或应纳税暂时性差异于未来期间转回时，导致应交所得税金额的减少或增加的情况。因国家税收法律法规等的变化导致适用税率变化的，必然导致应纳税暂时性差异或可抵扣暂时性差异在未来期间转回时产生应交所得税金额的变化，在适用税率变动的情况下，应对原已确认的递延所得税资产及递延所得税负债的金额进行调整，反映税率变化带来的影响。

除直接计入所有者权益的交易或事项产生的递延所得税资产及递延所得税负债，相关的调整金额应计入所有者权益以外，其他情况下产生的递延所得税资产及递延所得税负债的调整金额应确认为变化当期的所得税费用（或收益）。

12.4.4 所得税费用的确认和计量

企业核算所得税主要是为确定当期应交所得税以及利润表中应确认的所得税费用。按照资产负债表债务法核算所得税，利润表中的所得税费用由两个部分组成：当期所得税和递延所得税。

1. 当期所得税

当期所得税是指企业按照税法规定计算确定的针对当期发生的交易和事项，应交纳给税务部门的所得税金额，即应交所得税，当期所得税应以适用的税收法规为基础计算确定。

企业在确定当期所得税时，对于当期发生的交易或事项，会计处理与税收处理不同的，应在会计利润的基础上，按照适用税收法规的规定进行调整，计算出当期应纳税所得额，按照应纳税所得额与适用所得税税率计算确定当期应交所得税。一般情况下，应纳税所得额可在会计利润的基础上，考虑会计与税收之间的差异，按照以下公式计算为

当期所得税 = 当期应交所得税 = 应纳税所得额 × 适用的所得税税率

应纳税所得额 = 税前会计利润 + 纳税调增项目 − 纳税调减项目

2. 递延所得税

递延所得税是指按照所得税准则规定应予确认的递延所得税资产和递延所得税负债在期末应有的金额相对于原已确认金额之间的差额，即递延所得税资产及递延所得税负债当期发生额的综合结果。用公式表示即为

递延所得税 =（期末递延所得税负债 − 期初递延所得税负债） −
（期末递延所得税资产 − 期初递延所得税资产）

应予说明的是，企业因确认递延所得税资产和递延所得税负债产生的递延所得税，一般应当记入所得税费用，但以下两种情况除外：

一是，某项交易或事项按照会计准则规定应计入所有者权益的，由该交易或事项产生的递延所得税资产或递延所得税负债及其变化亦应计入所有者权益，不构成利润表中的递延所得税费用（或收益）。

【例 12－27】 甲公司持有的某项可供出售金融资产，成本为 400 万元，会计期末其公允价值为 480 万元，该企业适用的所得税税率为 25%。除该事项外，该企业不存在其他会计与税收之间的差异，且递延所得税资产和递延所得税负债不存在期初余额。

会计期末在确认 80 万元的公允价值变动时：

借：可供出售金融资产 800 000

　　贷：资本公积——其他资本公积 800 000

确认应纳税暂时性差异的所得税影响时

借：资本公积——其他资本公积　　200 000

　　贷：递延所得税负债　　200 000

二是，企业合并中取得的资产、负债，其账面价值与计税基础不同，应确认相关递延所得税的，该递延所得税的确认影响合并中产生的商誉或是记入合并当期损益的金额，不影响所得税费用。

3. **所得税费用**

计算确定了当期所得税及递延所得税以后，利润表中应予确认的所得税费用为两者之和，即：

$$所得税费用 = 当期所得税 + 递延所得税$$

【例12－28】　甲公司2016年度利润表中利润总额为2 400万元，适用的所得税税率为25%。递延所得税资产及递延所得税负债不存在期初余额。与所得税核算有关的情况如下：

(1) 2016年发生的有关交易和事项中，会计处理与税收处理存在差别的有：

① 2016年1月开始计提折旧的一项固定资产，成本为1 200万元，使用年限为10年，净残值为0，会计处理按直线法计提折旧，税收处理按双倍余额递减法计提折旧。假定税法规定的使用年限及净残值与会计规定相同。

② 向关联企业捐赠现金400万元。假定按照税法规定，企业向关联方的捐赠不允许税前扣除。

③ 当年度发生研究开发支出600万元，全部费用化。税法规定企业发生的研究开发支出可按实际发生额的150%加计扣除。

④ 违反环保规定应支付罚款200万元。

⑤ 期末对持有的存货计提了60万元的存货跌价准备。

2016年度应交所得税：

应纳税所得额＝24 000 000－1 200 000－4 000 000－3 000 000＋2 000 000＋600 000

　　　　　　＝26 400 000（元）

应交所得税＝26 400 000×25%＝6 600 000（元）

(2) 2016年度递延所得税。

该公司2016年度资产负债表相关项目金额及其计税基础如表12－3所示。

表12－3　2016年度资产负债表相关项目金额及其计税基础　　单位：元

项　目	账面价值	计税基础	差　异	
			应纳税暂时性差异	可抵扣暂时性差异
存货	16 000 000	16 600 000		600 000
固定资产				
固定资产原价	12 000 000	12 000 000		
减：累计折旧	1 200 000	2 400 000		
减：固定资产减值准备	0	0		
固定资产账面价值	10 800 000	9 600 000	1 200 000	
总　　计			1 200 000	600 000

递延所得税负债 = 1 200 000 × 25% = 300 000（元）

递延所得税资产 = 600 000 × 25% = 150 000（元）

递延所得税 = 300 000 − 150 000 = 150 000（元）

（3）利润表中应确认的所得税费用。

所得税费用 = 6 600 000 + 150 000 = 6 750 000（元）

借：所得税费用	6750 000	
递延所得税资产	150 000	
贷：应交税费——应交所得税		6 600 000
递延所得税负债		300 000

【例 12－29】 沿用［例 12－28］中有关资料，假定甲公司 2016 年当期应交所得税为 700 万元。资产负债表中有关资产、负债的账面价值与其计税基础相关资料如表 12－4 所示，除所列项目外，其他资产、负债项目不存在会计和税收的差异。

表 12－4 资产负债表 单位：元

项 目	账面价值	计税基础	差 异	
			应纳税暂时性差异	可抵扣暂时性差异
存货	32 000 000	33 600 000		1 600 000
固定资产				
固定资产原价	12 000 000	12 000 000		
减：累计折旧	2 400 000	4 320 000		
减：固定资产减值准备	400 000	0		
固定资产账面价值	9 200 000	7 680 000	1 520 000	
预计负债	2 000 000	0		2 000 000
总 计			1 520 000	3 600 000

分析：

（1）当期所得税 = 当期应交所得税 = 7 000 000（元）

（2）递延所得税：

① 期末递延所得税负债（1 520 000 × 25%）= 380 000（元）

期初递延所得税负债 300 000 元

递延所得税负债增加 80 000 元

② 期末递延所得税资产（3 600 000 × 25%）= 900 000（元）

期初递延所得税资产 150 000 元

递延所得税资产增加 750 000 元

递延所得税 = 80 000 − 750 000 = −670 000（元）

（3）所得税费用：

所得税费用 = 7 000 000 − 670 000 = 6 330 000（元）

借：所得税费用	6 330 000	
递延所得税资产	750 000	
贷：应交税费——应交所得税		7 000 000
递延所得税负债		80 000

12.5　净利润及利润分配

12.5.1　净利润的形成及核算

净利润是指在利润总额中按规定扣除了所得税费用后公司的利润留成，一般也称为税后利润或净收入。净利润的计算公式为

$$净利润 = 利润总额 - 所得税费用$$

企业的所得税费用同其他成本、费用类科目的余额一样转入“本年利润”科目的借方。待所有收益类和成本、费用类科目的余额都结转入“本年利润”科目后，“本年利润”科目如为贷方余额，反映本年度自年初开始累计实现的净利润；如为借方余额，反映本年度自年初开始累计发生的净亏损。年度终了应将“本年利润”科目的全部累计余额，转入“利润分配”科目，如为净利润，借记“本年利润”科目，贷记“利润分配”科目；如为净亏损，编制相反会计分录。年度结账后“本年利润”科目无余额。

【例12－30】　甲公司2015年12月31日各损益类科目的余额如下：

科目名称	金额
主营业务收入（贷）	3 890 000
其他业务收入（贷）	200 000
投资收益（贷）	80 000
营业外收入（贷）	10 000
主营业务成本（借）	2 100 000
营业税金及附加（借）	50 000
销售费用（借）	23 000
管理费用（借）	100 000
财务费用（借）	40 000
资产减值损失（借）	10 000
其他业务成本（借）	120 000
营业外支出（借）	8 000
所得税费用（借）	500 000

则甲公司12月31日应进行如下会计处理：

（1）结转收入类科目的余额：

借：主营业务收入　　3 890 000
　　其他业务收入　　200 000
　　投资收益　　80 000
　　营业外收入　　10 000
　　贷：本年利润　　4 180 000

（2）结转费用损失类科目的余额：

借：本年利润　　2 951 000

贷：主营业务成本		2 100 000
营业税金及附加		50 000
销售费用		23 000
管理费用		100 000
财务费用		40 000
资产减值损失		10 000
其他业务成本		120 000
营业外支出		8 000
所得税费用		500 000

(3) 结转本年利润：

本年实现净利润 = 4 180 000 − 2 951 000 = 1 229 000（元）

借：本年利润	1 229 000	
贷：利润分配——未分配利润		1 229 000

12.5.2 利润分配

1. 利润分配的程序

利润分配就是企业根据股东大会和类似权力机构批准的、对企业可供分配利润指定其特定用途和分配给投资者的行为。利润的分配过程和结果，不仅关系到所有者的合法权益是否得到保护，而且还关系到企业能否长期、稳定地发展。

企业取得的净利润，应当按照国家规定和投资者的决议进行分配。企业本年实现的净利润加上年初未分配利润构成可供分配的利润。根据我国有关法规的规定，一般企业和股份有限公司每期实现的净利润，首先是弥补以前年度尚未弥补的亏损，然后再进行其他方面的分配。具体分配程序如下。

（1）弥补以前年度亏损。

企业如果发生亏损，可以用以后年度实现的利润弥补，也可以用以前年度提取的盈余公积弥补，用利润弥补亏损时，一般在发生亏损后的5年内用所得税前利润弥补，5年后用净利润弥补。

（2）提取法定盈余公积。

根据规定，公司制企业按本年实现净利润10%的比例提取法定盈余公积，非公司制企业根据需要按不低于10%的比例提取，企业提取的法定盈余公积累计超过其注册资本的50%以上的，可以不再提取。

（3）提取任意盈余公积。

这是指公司制企业按照规定在提取了法定盈余公积以后，经过股东大会决议，可以提取任意盈余公积。

（4）向投资者分配利润或股利。

企业实现的净利润在扣除上述项目后，再加上期初未分配利润，即为可供投资者分配的利润。对股份有限公司而言，可供投资者分配的利润还应按照下列顺序进行分配：

① 应付优先股股利，这是指企业按照利润分配方案分配给优先股股东的现金股利。

② 应付普通股股利，这是指企业按照利润分配方案分配给普通股股东的现金股利。

③ 转作资本（或股本）的普通股股利，这是指企业按照利润分配方案以分派股票股利的形式转作的资本（或股本）。

需要说明的是，外商投资企业实现的净利润在首先弥补以前年度尚未弥补的亏损之后，应当按照法律、行政法规的规定，按净利润提取储备基金、企业发展基金、职工奖励及福利基金等。中外合作经营企业按规定在合作期内以利润归还投资者的投资，以及国有工业企业按规定以利润补充的流动资本也从中扣除，随后的净额才为可供投资者分配的利润。

上述利润分配顺序的相互关系是：企业以前年度亏损未弥补完，不得提取法定盈余公积金。在提取法定盈余公积金前，不得向投资者分配利润。

2. **利润分配的核算**

企业应设置“利润分配”科目，核算利润的分配（或亏损的弥补）和历年分配（或弥补）后的余额，它属于所有者权益类科目。其借方登记利润已分配额和亏损转入额，其贷方登记利润转入额和亏损的弥补；本科目年末若为贷方余额表示未分配利润，若为借方余额表示未弥补亏损，利润分配科目下应分别设置以下明细科目：“提取法定盈余公积”、“提取任意盈余公积”、“应付现金股利（利润）”、“转作股本的股利”、“盈余公积补亏”和“未分配利润”等。

（1）年终利润的结转。

年终，企业应将“本年利润”账户的年末余额全数转入“利润分配”账户。如为盈利，应借记“本年利润”，贷记“利润分配——未分配利润”；如为亏损，则为相反的分录。

如果年终结转本年利润前，“利润分配——未分配利润”账户为借方余额（未弥补亏损数），本年利润转入后，已自动与其相抵。所以，企业用利润补亏，不必进行专门的账务处理。无论是以税前利润还是以税后利润弥补亏损，其会计处理方法相同，不同的只是两者计算交纳所得税时的处理不同。在以税前利润弥补亏损时，其弥补的数额可以抵减当期企业应纳税所得额，而以税后利润弥补的数额，则不能作为纳税所得扣除处理。

（2）利润分配的会计处理。

① 盈余公积补亏。若企业本年度发生亏损，动用以前年度提取的盈余公积补亏，应借记“盈余公积”，贷记“利润分配——盈余公积补亏”。

② 提取盈余公积和公益金。企业按规定从净利润中提取法定盈余公积和任意盈余公积时，应借记“利润分配——提取法定盈余公积”、“利润分配——提取任意盈余公积”，贷记“盈余公积——法定盈余公积”、“盈余公积——任意盈余公积”。

③ 向投资者分配现金股利或利润。企业在分配利润的宣告日，应借记“利润分配——应付现金股利（利润）”，贷记“应付股利”。

④ 企业按股东大会或类似机构批准的应分配股票股利或应转增的资本金额，在办理增资手续后，应借记“利润分配——转作股本的股利”，贷记“实收资本（或股本）”。如实际发放的股票股利的金额与股票票面金额不一致，应按其差额，贷记“资本公积——股本溢价”科目。

（3）结转“利润分配”科目的明细科目。

年度终了应将“利润分配”科目下的其他明细科目，转入“未分配利润”明细科目。结转后除“未分配利润”明细科目外，“利润分配”科目的其他明细科目均应无余额，“利润分配——未分配利润”科目的贷方余额即为企业的累计未分配利润，如出现借方余额，则表示为企业的累计未弥补亏损。

【例 12－31】 沿用［例 12－30］的相关资料，甲公司实现净利润 1 229 000 元，股东大会决议，按 10% 提取法定盈余公积，剩余利润向投资者分配每股 0.1 元的现金股利。该公司流通在外的普通股股数为 4 000 000 股，该公司的账务处理如下：

（1）提取法定盈余公积：

	借方	贷方
借：利润分配——提取法定盈余公积	122 900	
贷：盈余公积——法定盈余公积		122 900

（2）分配现金股利：

	借方	贷方
借：利润分配——应付现金股利	400 000	
贷：应付股利		400 000

（3）结转利润分配科目中的明细科目：

	借方	贷方
借：利润分配——未分配利润	522 900	
贷：利润分配——提取法定盈余公积		122 900
——应付普通股股利		400 000

本章小结

本章主要讲述收入、费用和利润等内容。重点要掌握收入的确认、利润的形成和利润分配，以及所得税的核算内容。应纳税暂时性差异和可抵扣暂时性差异，是因为资产和负债的计税基础和账面价值的差异所形成的。

关键名词

收入　销售商品收入　其他劳务收入　让渡资产使用权收入　建造合同收入　费用　利润总额　所得税费用　净利润　利润分配

即测即评

请扫描二维码，在线测试本章学习效果。

选择题　　判断题

实训题

请扫描二维码，查看实训题题目及答案

实训题

第 13 章
财 务 报 告

学习目标

（1）掌握：资产负债表、利润表、现金流量表编制及会计报表附注的编写；重大会计事项的披露。

（2）理解：资产负债表、利润表、现金流量表、所有者权益变动表四种主要报表的结构和内容。

（3）了解：财务报告的目标、结构及编制要求。

问题导入

（1）为什么是财务报告而不是会计报表？

（2）会计报表的附注有什么作用？

（3）为什么企业需要定期编制报送财务报告？

13.1 财务报告概述

财务会计报告是指企业对外提供的反映企业某一特定日期的财务状况和某一会计期间的经营成果、现金流量等会计信息的文件。财务报告包括财务报表和其他应当在财务报告中披露的相关信息和资料。

13.1.1 财务报告的意义

由于编制财务报告是会计循环的最后一个阶段，对外公布财务报告是企业向信息使用者提供信息的主要形式，所以财务报告也是会计核算的最终成果，是会计信息的主要载体。

企业平时发生的经济业务，已经通过编制记账凭证、登记账簿等工作得到了确认、计量和记录。通过日常会计核算，虽然可以反映企业的经营活动、财务状况、经营成果和现金流量信息，但是，会计凭证和会计账簿反映的会计信息还是比较分散，不能集中、直观和全面地反映企业交易或事项的全貌，不便于理解和利用，很难满足投资者、债权人等会计信息使用者对会计信息的需求。因此，有必要在日常会计核算的基础上，根据会计信息使用者的需要，定期地对日常会计核算资料进行分析、整理，通过编制财务报告，来对分散、零乱的会计信息进行进一步浓缩。

财务报告所提供的会计信息，是企业内部管理部门、投资者、债权人、政府部门等会计信息使用者分析企业偿债能力、营运能力、盈利能力的直接依据，是有关利益团体进行筹资、投资决策和制定宏观经济政策时的主要参考指标。

13. 1. 2　财务会计报告的构成

财务报告应当能够提供企业的经济资源、现存的义务和投资者的权利，以及引起资源、义务和投资者权利变动的各种交易、事项和情况的影响等。企业的财务会计报告包括会计报表及其附注和其他应当在财务会计报告中披露的相关信息和资料。财务报表是财务报告的主体部分，是对企业财务状况、经营成果和现金流量的结构性表述。财务报表至少应当包括资产负债表、利润表、现金流量表、所有者权益（或股东权益）变动表等报表及报表附注，报表附注主要包括两个方面的内容：一是对财务报表各要素的补充说明；二是财务报表中无法描述而又需要说明的其他财务信息，如会计政策变更对企业财务状况的影响等。

1. 财务报表

（1）财务报表的种类。

企业的财务报表主要包括资产负债表、利润表、现金流量表和所有者权益（或股东权益）变动表。财务报表的各个组成部分是相互联系的，他们从不同的角度说明企业的财务状况、经营业绩和现金流量情况。资产负债表主要反映企业的财务状况；利润表主要提供企业的经营业绩，即利润或亏损的情况；而现金流量表则反映企业现金及现金等价物的来源、运用以及增减变动的原因等；所有者权益变动表反映企业构成所有者权益的各组成部分当期的增减变动情况。因此，资产负债表、利润表、现金流量表和所有者权益变动表是企业基本的财务会计报表，通过对这些报表的阅读、分析，可以为使用者提供所需的财务信息。

财务报表可以根据需要，按照不同的标准进行分类：

① 按照财务报表反映的内容，可以分为动态财务报表和静态财务报表。

动态财务报表是反映企业一定时期内资金耗费和资金收回的报表，如利润表是反映企业一定时期内经营成果的报表；静态财务报表是指综合反映一定时点企业资产、负债和所有者权益的财务会计报表，如资产负债表是反映一定日期企业资产总额和权益总额的报表，从企业资产总量方面反映企业的财务状况，从而反映企业资产的变现能力和偿债能力。

② 按照财务报表的编制时间，可以分为月报、季报、半年报和年报。

月报、季报是指月度终了和季度终了提供的财务报表；半年报是指在每个会计年度的前6个月结束后对外提供的财务报表；年报是指年度终了对外提供的财务报表。半年报、季报和月度财务会计报告统称为中期财务会计报告，股份有限公司应编制中期财务会计报告。中期财务报告至少包括资产负债表、利润表、现金流量表和报表附注，年度报告应同时包括资产负债表、利润表、现金流量表、所有者权益（股东权益）变动表和报表附注。

③ 按照财务报表的编制基础，可以分为个别财务报表、汇总财务报表和合并财务报表。

个别财务报表一般根据账簿记录进行加工后编制，以反映个别企业的财务状况和经营成果；汇总财务报表由企业主管部门或上级机关，根据所属单位报送的个别财务报表，连同本单位财务报表简单汇总编制的财务会计报表；合并财务报表是由母公司编制的，在母公司和子公司个别财务报表的基础上，对企业集团内部交易进行相应抵销后编制的财务报表，以反映企业集团综合的财务状况和经营成果。

④ 按照财务报表的服务对象，可以分为内部财务报表和外部财务报表。

内部财务报表是指为适应企业内部经营管理需要而编制的、不对外公开的财务报表。内部财务报表一般可以不需要有统一规定的格式，也没有统一的指标体系。外部财务报表是指企业向企业外部不同财务报表使用者提供的财务报表。

根据我国《企业会计准则》的规定，企业应编制和报送的基本报表包括资产负债表、利润表、所有者权益变动表和现金流量表。具体的报表编号、报表名称和编报时期如表13－1所示。

表13－1 企业会计（财务）报表一览表

编号	会计报表名称	编报时期
会企01表	资产负债表	中期报告、年度报告
会企02表	利润表	中期报告、年度报告
会企03表	现金流量表	（至少）年度报告
会企04表	所有者权益变动表	中期报告、年度报告

（2）财务报表的主要内容。

① 反映企业财务状况的信息。企业财务状况的好坏，受诸多因素的影响，如企业控制的经济资源产生现金和现金等价物的能力、外部市场环境等。财务报表提供反映企业财务状况的信息，有助于预计企业的综合能力。

② 反映企业经营业绩的信息。企业经营业绩尤其是获利能力的信息，是评价企业利用所控制的经济资源的能力，并预计未来可能产生的现金流量的重要资料，也是判断企业可能控制的经济资源的潜在能力和新增资源利用程度的能力的资料。

③ 反映企业现金流量的信息。通过反映企业现金流量的信息，可以了解企业在某一期间内的经营活动、投资活动和筹资活动对现金流量影响的全貌，了解企业取得现金和现金等价物的方式以及现金流出的合理性等财务信息。

④ 反映其他相关信息。例如，所有者权益变动情况、分部信息等。

2. **附注**

附注是对在资产负债表、利润表、现金流量表和所有者权益变动表等报表中列示项目的文字描述或明细资料，以及对未能在这些报表中列示项目的说明等，但附注不能代替确认和计量。附注应当披露财务报表的编制基础，相关信息应当与资产负债表、利润表、现金流量表和所有者权益变动表等报表中列示的项目相互参照。

按照《企业会计准则——财务报表列报》的规定，会计报表附注一般应当按照下列顺序披露：①财务报表的编制基础；②遵循企业会计准则的声明；③重要会计政策的说明，包括财务报表项目的计量基础和会计政策的确定依据等；④重要会计估计的说明，包括下一会计期间内很可能导致资产、负债账面价值重大调整的会计估计的确定依据等；⑤会计政策和会计估计变更以及差错更正的说明；⑥对已在资产负债表、利润表、现金流量表和所有者权益变动表中列示的重要项目的进一步说明，包括终止经营税后利润的金额及其构成情况等；⑦或有和承诺事项、资产负债表日后非调整事项、关联方关系及其交易等需要说明的事项。

企业应当在附注中披露在资产负债表日后、财务报表批准报出日前提议或宣布发放的股利总额和每股股利金额（或向投资者分配的利润总额）。

准则还规定，如果下列各项没有在与财务报表一起公布的其他信息中披露的，企业应当在附注中披露：①企业注册地、组织形式和总部地址；②企业的业务性质和主要经营活动；

③母公司以及集团最终母公司的名称。

13.1.3 财务报告的作用

由于财务报告的目的是提供有助于使用者决策的财务信息。这里所说的财务报表，是通用的财务报表，它面向外部不同的使用者，所提供的应是外部集团共同关心、都能有用的信息，而不是针对某类使用者的特定信息需求。财务报告的作用表现在以下几个方面：

（1）财务报告有助于投资者和债权人等进行合理的决策。

（2）财务报告反映企业管理当局的受托经管责任。

（3）财务报告能够帮助企业管理当局改善经营管理，协调企业与相关利益集团的关系，促进企业快速、稳定地发展。

（4）财务报告能够帮助国家有关部门实现其经济与社会目标，并进行必要的宏观调控，促进社会资源的有效配置。

13.1.4 财务会计报告的基本要求

1. 财务会计报告的质量要求

会计核算应当以实际发生的交易或事项为依据，如实反映企业的财务状况、经营成果和现金流量。这是对会计工作的基本要求，如果会计信息不能真实反映企业的实际情况，会计工作就失去了存在的意义，甚至会误导会计信息使用者，导致经济决策的失误。企业应当按照《企业财务会计报告条例》的规定，编制和对外提供真实、完整的财务会计报告。

2. 财务会计报告的时间要求

企业的会计核算应当及时进行，不得提前或延后。企业应当依照有关法律、行政法规规定的结账日进行结账。年度结账日为公历年度每年的12月31日；半年度、季度、月度结账日分别为公历年度每半年、每季、每月的最后一天。并且要求月度财务会计报告应当于月度终了后6天内（节假日顺延，下同）对外提供；季度财务会计报告应当于季度终了后15天内对外提供；半年度财务会计报告应当于年度中期结束后60天内（相当于两个连续的月份）对外提供；年度财务会计报告应当于年度终了后4个月内对外提供。

3. 财务会计报告的形式要求

企业对外提供的会计报表应当依次编定页数，加具封面，装订成册，加盖公章。封面上应当注明企业名称、企业统一代码、组织形式、地址、报表所属年度或者月份、报出日期，并由企业负责人和主管会计工作的负责人、会计机构负责人（会计主管人员）签名并盖章；设置总会计师的企业，还应当由总会计师签名并盖章。

4. 财务会计报告的编制要求

在编制财务会计报告过程中，应遵守下列关于财务会计报告编制的要求：

（1）企业在编制年度财务会计报告前，应当全面清查资产、核实债务，包括结算款项、存货、投资、固定资产、在建工程等。在年度中间，应根据具体情况，对各项财产物资和结算款项进行重点抽查、轮流清查或者定期清查。企业清查、核实后，应当将清查、核实的结果及其处理办法向企业的董事会或者相应机构报告，并根据国家同意的会计制度的规定进行相应的会计处理。

企业在编制财务会计报告前，除应当全面清查资产、核实债务外，还要做好结账和对账工作，并检查会计核算中可能存在的各种需要调整的情况。

（2）企业在编制财务会计报告时，应当按照国家统一会计制度规定的会计报表格式和内容，根据登记完整、核对无误的会计账簿记录和其他有关资料编制会计报表，做到内容完整、数字真实、计算准确，不得漏报或者任意取舍。会计报表之间、会计报表各项目之间，凡有对应关系的数字，都应当相互一致；会计报表中本期与上期的有关数字应当相互衔接；会计报表附注和财务情况说明书应当对会计报表中需要说明的事项作出真实、完整、清楚的说明。

5. 财务会计报告的列报要求

（1）遵循各项会计准则进行确认和计量。

企业应当根据实际发生的交易和事项，遵循各项具体会计准则的规定进行确认和计量，在此基础上编制财务报表。如果由于某种原医没有遵循准则的要求，应在附注中说明。

（2）列报基础。

企业以持续经营为基础编制财务报表。注意区分列报基础和记账基础，企业的记账基础为权责发生制，列报基础是持续经营。如果一个企业不能持续经营，那么应按破产清算的思路处理，此时要用清算时的价值来代替以历史成本为主的计量属性的选择。

（3）项目列报。

① 性质或功能不同的项目，应当在财务报表中单独列报，但是不具有重要性的项目可以合并列报。性质或功能不同的项目，对财务报表使用者的含义是不同的。

② 性质或功能类似的项目，一般可以合并列报，但是对其具有重要性的类别，应当按其类别在财务报表中单独列报。比如，库存现金、银行存款、其他货币资金合并作为货币资金列报；原材料、在产品、库存商品的性质类似，合并作为存货项目列报；但是存货与固定资产项目不能合并列报。

③ 项目单独列报的原则不仅适用于报表，还适用于附注。

④ 企业会计准则规定单独列报的项目，企业都应当予以单独列报。

重要性是判断项目是否单独列报的重要标准。重要性应当根据企业所处环境，从项目的性质和金额大小两方面予以判断。

（4）列报的一致性。

财务报表项目的列报应当在各个会计期间保持一致，不得随意变更，但下列情况除外：

① 会计准则要求改变财务报表项目的列报。

② 企业经营业务的性质发生重大变化后，变更财务报表项目的列报能够提供更可靠、更相关的会计信息。

（5）财务报表项目金额间的相互抵销。

财务报表项目应当以总额列报，资产和负债、收入和费用不得相互抵销，但会计准则另有规定的除外。下列两种情况不属于抵销，可以净额列示：

① 非日常活动产生的损益，以收入扣减费用后的净额列示，不属于抵销。比如，固定资产清理净损益，不需要将清理收入、发生的清理费用等单独列报。

② 资产项目按扣除减值准备后的净额列示，不属于抵销。

（6）比较信息的列报。

我国的报表是比较报表，即至少提供两期的数据。比如，资产负债表有年初余额和期末余额，利润表、现金流量表、所有者权益变动表都有本年数和上年数，这就是比较报表。

我们把提供两期或两期以上的报表信息称为比较报表。

企业在列报当期财务报表时，至少应当提供所有列报项目上一可比会计期间的比较数据，以及与理解当期财务报表相关的说明。

（7）财务报表表首的列报要求。

资产负债表一般分为表首和正表两部分，企业编制的财务报表应当在表首部分概括说明下列基本信息：

① 编报企业的名称。

② 资产负债表日或财务报表涵盖的会计期间。

③ 人民币金额单位。

④ 财务报表是合并财务报表的，应当予以标明。

（8）报告期间。

企业至少应当按年编制财务报表。年度财务报表涵盖的期间短于一年的，应当披露年度财务报表的涵盖期间，以及短于一年的原因。

13.2 资产负债表

13.2.1 资产负债表的概念及作用

资产负债表是反映企业在报告期末全部资产、负债和所有者权益情况的报表，它是一张揭示企业在一定时点上财务状况的静态报表。资产负债表的作用主要表现在以下几个方面。

1. 反映企业的经济资源及其分布情况

资产负债表把企业的经济资源按经济性质、用途加以分类，划分为流动资产、长期投资、固定资产、无形资产等，各个资产类别之下又进一步地具体划分明细项目。使用者通过资产负债表，可以清楚地了解企业在某一特定时日所拥有的资产总量及其结构。企业的经济资源来自债权人及股东，债权人对企业的资产享有优先受偿的权利，股东享有剩余权益。因此，负债与股东权益相对比重的大小，会直接影响到债权人及股东的相对风险。负债比重越大，债权人所冒的风险越高。

2. 可据以评价和预测企业的短期偿债能力

短期偿债能力主要体现为企业资产和负债的流动性。短期债权人关注的是企业是否有足够的现金和足够的资产可及时转换成现金，以清偿短期内将到期的债务。长期债权人及企业所有者也要评价和预测企业的短期偿债能力，短期偿债能力越弱，企业越有可能破产，越没有得到投资回报的保障，越有可能收不回投资。资产负债表分门别类地列示流动资产与流动负债，本身虽未直接反映出短期偿债能力，但通过将流动资产与流动负债的比较，并借助于报表可以评价和预测企业的短期偿债能力。

3. 可据以评价和预测企业的长期偿债能力

企业的长期偿债能力主要指企业以全部资产清偿全部负债的能力。一般认为资产越多，负债越少，其长期偿债能力越强；反之，若资不抵债，则企业缺乏长期偿债能力。资不抵债往往由企业长期亏损、蚀耗资产引起，还可能因为举债过多所致。所以，企业的长期偿债能力一方面取决于它的获利能力，另一方面取决于它的资本结构。资产负债表按资产、负债和所有者权益三大会计要素分类，列示了重要项目，可据以评价预测企业的长期偿债能力，为管理部门和债权人信贷决策提供重要的依据。

4. 有助于评价、预测企业的财务弹性

财务弹性指企业应付各种挑战、适应各种变化的能力。财务弹性来自于：资产的流动性或变现能力、由经营产生资金流入的能力、向投资者和债权人筹措资金的能力、在不影响正常经营的前提下变卖现有资产取得现金的能力。财务弹性强的企业不仅能从有利可图的经营中获取大量资金，而且可以借助债权人的长期资金和所有者的追加资本获利，万一需要偿还巨额债务时也不至于陷入财务困境，遇到新的获利能力更高的投资机会时，也能及时筹集所需资金。资产负债表所展示的资源分布情形及对资源的要求权，有助于评价、预测企业的财务弹性。

13.2.2 资产负债表的结构

1. 资产负债表的格式

资产负债表各项目在表中的排列方法不同，形成了各种各样的资产负债表格式。由于企业各异，资产负债表项目排列及采用的结构也有所区别。但不论采取何种格式，资产负债表一般由表首和正表两部分组成，其中正表列示了用以说明企业财务状况的各个项目。

（1）报告式资产负债表。

报告式资产负债表将资产、负债、股东权益项目采用垂直分列的形式。分别有两种形式：①依照“资产＝权益”的等式；②依照“资产－负债＝股东权益”的等式。报告式资产负债表的优点在于便于编制比较资产负债表，即在一张报表中，除列出本期的财务状况外，可增设几个栏目，分别列示过去几期的财务状况。其缺点是资产和权益间的衡等关系并不一目了然。

（2）账户式资产负债表。

即按照“T”形账户的形式设计资产负债表，将资产列在报表左方，负债及股东权益列在报表右方，左右两方总额相等。

账户式资产负债表的优缺点与报告式资产负债表正好相反。资产和权益间的衡等关系一目了然，但要编制比较资产负债表，要做些旁注，可能困难一些。

（3）我国现行资产负债表格式。

我国《企业会计准则》规定的资产负债表采用账户式结构，分左右两部分。左边列示资产，右边列示负债和所有者权益。从整体上体现了“资产＝负债＋所有者权益”的会计等式。资产和负债各项目按流动性顺序依次排列。所有者权益各项目则按实收资本、资本公积、盈余公积和未分配利润的顺序排列。并采用对比式（对照式）填列，即各项目均应对比填列“年初数”和“期末数”。这样做有利于进行纵向的对比分析，也有利于考察各项目在本期增减变动的情况，便于年末编制现金流量表时获得必要的数据。

2. 资产负债表项目的排列

我国资产负债表项目排列与国际通用做法基本一致，是按流动性对其项目进行分类排列的。具体排列方法是：资产项目按资产的流动性由强到弱排列，依次为流动资产和非流动资产；负债项目按负债的流动性由强到弱排列，依次是流动负债和非流动负债；所有者权益项目按永久性由高到低排列，依次是实收资本、资本公积、盈余公积和未分配利润。

13.2.3 资产负债表的编制方法

1. 资产负债表数据的填列方法

财务会计报表的编制，主要是通过对日常会计核算记录的数据加以归集、整理，使之成为有用的财务信息。《企业财务会计报告条例》规定：年度、半年度会计报表至少应当反映两个年度或者相关两个期间的比较数据。也就是说，企业需要提供比较资产负债表，所以资产负债表各项目需要分为"年初余额"和"期末余额"两栏分别填列，各项目数据的来源，主要通过以下几种方式取得。

（1）年初余额数据的填列方法。

表中"年初余额"栏中各项目数字，应根据上年年末资产负债表"期末余额"栏中所列数字填列。如果本年度资产负债表规定的各个项目的名称和内容同上年度不相一致，应对上年年末资产负债表各项目的名称和数字按照本年度规定进行调整，按调整后的数字填入本表"期末余额"栏内。

（2）期末余额数据的填列方法。

"期末余额"是指某一会计期末的数字，即月末、季末、半年末或年末的数字，可以通过以下几种方式取得：

① 根据总账科目余额填列。资产负债表各项目的数据来源，主要是根据总账科目期末余额直接填列，如"交易性金融资产"项目，根据"交易性金融资产"总账科目的期末余额直接填列；"短期借款"项目，根据"短期借款"总账科目的期末余额直接填列等。

有些项目应根据几个总账科目余额计算填列。资产负债表某些项目需要根据若干个总账科目的期末余额计算填列，如"货币资金"项目，根据"库存现金"、"银行存款"、"其他货币资金"科目的期末余额的合计数填列。

② 根据明细科目余额计算填列。资产负债表某些项目不能根据总账科目的期末余额，或若干个总账科目的期末余额计算填列，需要根据有关科目所属的相关明细科目的期末余额计算填列，如"应付账款"项目，根据"应付账款"、"预付账款"科目的所属相关明细科目的期末贷方余额计算填列。

③ 根据总账科目和明细科目余额分析计算填列。资产负债表上某些项目既不能根据有关总账科目的期末余额直接或计算填列，也不能根据有关总账科目和明细科目余额分析计算填列，需要根据总账科目和明细科目余额分析计算填列，如"长期借款"项目，根据"长期借款"总账科目余额扣除"长期借款"科目所属明细科目中反映的将于一年内到期的长期借款部分分析计算填列。

④ 根据总账科目与其备抵科目抵销后的净额填列，如"持有至到期投资"项目，应当根据"持有至到期投资"科目期末余额减去"持有至到期投资减值准备"科目期末余额后的金额填列；"固定资产"项目，应当根据"固定资产"科目期末余额减去"累计折旧"、"固定资产减值准备"等科目期末余额后的金额填列。

⑤ 综合运用以上各种方法分析填列，如"应收账款"项目，应根据"应收账款"和"预收账款"科目所属各明细科目的期末借方余额合计数，减去"坏账准备"科目中有关应收账款计提的坏账准备期末余额后的金额填列；"存货"项目，应根据"材料采购"、"原材

料”、“发出商品”、“库存商品”、“周转材料”、“委托加工物资”、“委托代销商品”、“生产成本”、“受托代销商品”等科目的期末余额合计，减去“受托代销商品款”、“存货跌价准备”科目期末余额后的金额填列，材料采用计划成本核算，以及库存商品采用计划成本核算或售价核算的企业，还应按加或减材料成本差异、商品进销差价后的金额填列。

2. 资产负债表各项目的填列方法

①“货币资金”项目。本项目应根据“库存现金”、“银行存款”、“其他货币资金”科目的期末余额合计填列。

②“交易性金融资产”项目。本项目应根据“交易性金融资产”科目的期末余额填列。

③“应收票据”项目。本项目应根据“应收票据”科目的期末余额填列。已向银行贴现和已背书转让的应收票据不包括在本项目内，其中已贴现的商业承兑汇票应在财务会计报表附注中单独披露。

④“应收账款”项目。本项目应根据“应收账款”科目所属各明细科目的期末借方余额与“预收账款”科目所属各明细科目的期末借方余额合计数，减去“坏账准备”科目中有关应收账款计提的坏账准备期末余额后的金额填列，如“应收账款”科目所属明细科目期末有贷方余额，应在本表“预收款项”项目内填列。

⑤“预付款项”项目。本项目应根据“预付账款”科目所属各明细科目的期末借方余额与“应付账款”科目所属各明细科目的期末借方余额合计填列，如“预付账款”科目所属明细科目期末有贷方余额，应在本表“应付账款”项目内填列。

⑥“应收利息”项目，本项目应根据“应收利息”科目的期末余额填列，企业购入到期还本付息债券应收的利息，不包括在本项目内。

⑦“应收股利”项目。本项目应根据“应收股利”科目的期末余额填列，企业应收其他单位的利润，也包括在本项目内。

⑧“其他应收款”项目。本项目应根据“其他应收款”科目的期末余额，减去“坏账准备”科目中有关其他应收款计提的坏账准备期末余额后的金额填列。

⑨“存货”项目。本项目应根据“在途物资”、“材料采购”、“原材料”、“周转材料”、“库存商品”、“发出商品”、“委托加工物资”、“生产成本”等科目的期末余额合计，减去“存货跌价准备”科目期末余额后的金额填列。材料采用计划成本核算，以及库存商品采用计划成本或售价核算的企业，还应按加上或减去“材料成本差异”、“商品进销差价”期末余额后的金额填列。“受托代销商品”减去“受托代销商品款”后的余额，也在“存货”项目反映。建造承包商的“工程施工”期末余额大于“工程结算”期末余额的差额，应在“存货”项目反映。

⑩“一年内到期的非流动资产”项目。反映长期应收款、持有至到期投资、长期待摊费用等资产中将于一年内到期或摊销完毕的部分。

⑪“其他流动资产”项目。反映企业除以上流动资产项目外的其他流动资产项目。

⑫“可供出售金融资产”项目。本项目应根据“可供出售金融资产”科目的期末余额填列。

⑬“持有至到期投资”项目。本项目应根据“持有至到期投资”科目的期末余额，减去一年内到期的“持有至到期投资”及“持有至到期投资减值准备”科目期末余额后的金额填列。

⑭“长期应收款”项目。本项目应根据“长期应收款”科目的期末余额，减去相应的“未实现融资收益”科目的期末余额，再减去相应的“长期应收款减值准备”后的金额填列。

⑮“长期股权投资”项目。本项目应根据“长期股权投资”科目的期末余额，减去“长期股权投资减值准备”科目期末余额后的金额填列。

⑯“投资性房地产”项目。本项目应根据“投资性房地产”科目的期末余额，减去“投资性房地产减值准备”科目期末余额后的金额填列。

⑰“固定资产”项目。本项目应根据“固定资产”科目的期末余额，减去相应的“累计折旧”科目的期末余额，再减去“固定资产减值准备”科目的期末余额后的金额填列。

⑱“在建工程”项目。本项目应根据“在建工程”科目的期末余额，减去“在建工程减值准备”科目期末余额后的金额填列。

⑲“工程物资”项目。本项目应根据“工程物资”科目的期末余额填列。

⑳“固定资产清理”项目。本项目应根据“固定资产清理”科目的期末余额填列，如“固定资产清理”科目期末为贷方余额，以“－”号填列。

㉑“无形资产”项目。本项目应根据“无形资产”科目的期末余额，减去“累计摊销”科目的期末余额，再减去“无形资产减值准备”科目期末余额后的金额填列。

㉒“开发支出”项目。本项目应根据“开发支出”科目的期末余额填列。

㉓“商誉”项目。本项目应根据“商誉”科目的期末余额填列。

㉔“长期待摊费用”项目。本项目应根据“长期待摊费用”科目的期末余额减去一年内（含一年）摊销的数额后的金额填列。

㉕“递延所得税资产”项目。本项目应根据“递延所得税资产”科目的期末借方余额填列。

㉖“其他非流动资产”项目。反映企业期末持有的“衍生工具”、“套期工具”、“被套期项目”等。

㉗“短期借款”项目。本项目根据“短期借款”科目的期末余额填列。

㉘“交易性金融负债”项目。本项目根据“交易性金融负债”科目的期末余额填列。

㉙“应付票据”项目。本项目根据“应付票据”科目的期末余额填列。

㉚“应付账款”项目。本项目应根据“应付账款”科目所属各明细科目的期末贷方余额与“预付账款”科目所属各明细科目的期末贷方余额合计填列。如“应付账款”科目所属明细科目期末有借方余额，应在本表“预付款项”科目内填列；建造承包的“工程施工”期末余额小于“工程结算”期末余额的差额，应在“应付账款”项目反映。

㉛“预收款项”项目。本项目应根据“预收账款”科目所属各明细科目的期末贷方余额与“应收账款”科目所属各明细科目的期末贷方余额合计填列。如“预收账款”科目所属明细科目期末有借方余额，应在本表“应收账款”项目内填列。

㉜“应付职工薪酬”项目，本项目根据“应付职工薪酬”科目期末贷方余额填列，如“应付职工薪酬”科目期末为借方余额，以“－”号填列。

㉝“应交税费”项目。本项目根据“应付利息”科目的期末贷方余额填列，如“应交税费”科目期末为借方余额，以“－”号填列。

㉞“应付利息”项目。本项目根据“应付利息”科目的期末余额填列。

㉟“应付股利”项目。本项目根据“应付股利”科目的期末余额填列。

㊱“其他应付款”项目。本项目根据“其他应付款”科目的期末余额填列。

㊲“一年内到期的非流动负债”项目。反映长期应付款、长期借款、应付债券、预计负债等负债中将于一年内到期的部分。

㊳“其他应付款”项目反映企业期末持有的“衍生工具”、“套期限工具”、“被套期项目”以及“递延收益”中将于一年内到期的部分等。

㊴“长期借款”项目。本项目根据“长期借款”科目的期末余额填列。

㊵“应付债券”项目。本项目根据“应付债券”科目的期末余额填列。

㊶“长期应付款”项目。本项目根据“长期应付款”科目的期末余额，减去“未确认融资费用”科目期末余额后的金额填列。长期应付款中将于一年内到期的部分，在“一年内到期的非流动负债”项目反映。

㊷“专项应付款”项目。本项目根据“专项应付款”科目的期末余额填列。

㊸“预计负债”项目。本项目根据“预计负债”科目的期末余额填列。

㊹“递延所得税负债”项目。本项目根据“递延所得税负债”科目的期末贷方余额填列。

㊺“其他非流动负债”项目。本项目反映企业除以上长期负债项目以外的其他长期负债，根据有关项目期末余额填列。

㊻“实收资本或股本”项目。本项目根据“实收资本或股本”科目的期末余额填列。

㊼“资本公积”项目。本项目根据“资本公积”科目的期末余额填列，期末资本公积为负数的，以“－”号填列。

㊽“库存股”项目。本项目根据库存股期末余额填列，它是所有者权益的减项。

㊾“其他综合收益”项目。本项目根据“其他综合收益”科目的期末余额填列。

㊿“盈余公积”项目。本项目根据“盈余公积”科目的期末余额填列。

(51)“未分配利润”项目。本项目根据“本年利润”和“利润分配”科目的余额计算填列，未弥补的亏损，在本项目内以“－”号填列。

13.3.4 资产负债表编制举例

1. 资料

【例13－1】 某公司为一般纳税人，增值税率为17%，所得税率为25%，已发行500万股，均为普通股，其2016年1月1日有关科目的余额如表13－2所示。

表13－2 科目余额表　　单位：元

科目名称	借方余额	科目名称	贷方余额
库存现金	2 000	短期借款	300 000
银行存款	1 280 000	应付票据	200 000
其他货币资金	124 300	应付账款	953 800
交易性金融资产	35 000	其他应付款	50 000
应收票据	246 000	应付职工薪酬	110 000
应收账款	300 000	应交税费	36 600

（续表）

科目名称	借方余额	科目名称	贷方余额
坏账准备	−3 000	应付利息	1 000
预付账款	100 000	长期借款	1 600 000
其他应收款	5 000	其中：一年内到期的非流动负债	1 000 000
材料采购	225 000	股本	5 000 000
原材料	550 000	资本公积	600 000
周转材料	90 150	盈余公积	100 000
库存商品	1 680 000	利润分配（未分配利润）	50 000
材料成本差异	36 950		
长期股权投资	250 000		
持有至到期投资	580 000		
固定资产	1 500 000		
累计折旧	−400 000		
在建工程	1 500 000		
无形资产	600 000		
长期待摊费用	300 000		
合　　计	9 001 400	合　　计	9 001 400

该公司2016年发生的经济业务如下：

（1）收到银行通知，用银行存款支付到期的商业承兑汇票100 000元。

（2）购入原材料一批，用银行存款支付货款200 000元，购入材料支付的增值税额为34 000元，款项已付，材料未到。

（3）收到原材料一批，实际成本100 000元，计划成本95 000元，材料已验收入库，货款已于上月支付。

（4）用银行汇票支付采购材料价款，公司收到开户银行转来银行汇票多余款收账通知，通知上填写的多余款项为234元，购入材料及运费99 800元，支付的增值税额16 966元，原材料已验收入库，该批原材料计划价格100 000元。

（5）销售产品一批，销售价款500 000元（不含应收取的增值税），该批产品实际成本300 000元，产品已发出，价款未收到。

（6）公司将交易性投资（全部为股票投资）15 000元兑现，收到本金15 000元，投资收益5 000元，均存入银行。

（7）购入不需安装的设备1台，价款100 000元，支付的增值税17 000元，支付运杂费3 000元。价款及运杂费均以银行存款支付，设备已交付使用。

（8）购入房屋建造工程物资一批，价款150 000元（含已交纳的增值税），已用银行存款支付。

（9）工程应付工资200 000元。

（10）工程完工，计算应负担的长期借款利息150 000元，该项借款本息未付。

（11）工程完工，交付生产使用，已办理竣工手续，固定资产价值1 400 000元。

（12）基本生产车间1台机床报废，原价200 000元，已提折旧180 000元，清理费用3 000元，残值收入1 000元，均通过银行存款收支，该项固定资产已清理完毕。

（13）从银行借入3年期借款400 000元，借款已入银行账户，该项借款用于购建固定资产。

（14）销售产品一批，销售价款750 000元，应收的增值税额127 500元，销售产品的实际成本450 000元，银行已收妥货款。

（15）公司将要到期的一张面值为200 000元的无息银行承兑汇票（不含增值税），连同解讫通知和进账单交银行办理转账，收到银行盖章退回的进账单一联，银行已收妥款项。

（16）收到股息30 000元（该项投资为成本法核算），已存入银行。

（17）公司出售一台不用的设备，收到价款300 000元，该设备原价400 000元，已提折旧150 000元，该项设备已由购入单位运走。

（18）归还短期借款本金250 000元，利息12 000元，已于以前期间计提。

（19）提取现金600 000元，准备发放工资。

（20）支付工资600 000元，其中包括支付在建工程人员的工资200 000元。

（21）分配应支付的职工工资400 000元（不包括在建工程应负担的工资），其中生产人员工资300 000元，车间管理人员工资50 000元，行政管理部门人员工资50 000元。

（22）公司于10月1日发行普通股1 000 000股，每股面值1元，发行价为每股2元，发行费用为发行收入的1%，收到转来的证券公司扣除发行费用后的认股款。

（23）提取应计入本期损益的借款利息共21 000元，其中，短期借款利息11 000元，长期借款利息共10 000元。

（24）基本生产领用原材料，计划成本700 000元，领用周转材料，计划成本50 000元，采用一次摊销法摊销。

（25）结转领用原材料及低值易耗品应分摊的材料成本差异，材料成本差异率为5%。

（26）摊销无形资产60 000元，摊销行政管理部门租入固定资产改良支出10 000元，摊销基本生产车间租入固定资产修理费（已列入长期待摊费用）90 000元。

（27）计提固定资产折旧100 000元，其中计入制造费用80 000元，管理费用20 000元。

（28）收到应收账款285 000元（不含增值税），存入银行按应收账款余额的10%计提坏账准备。

（29）用银行存款支付产品展览费10 000元。

（30）计算并结转本期完工产品成本1 307 500元，没有期初在产品，本期生产的产品全部完工入库。

（31）广告费10 000元，已用银行存款支付。

（32）公司采用银行承兑汇票结算方式销售产品一批，价款250 000元，增值税额为42 500元，收到292 500元的商业承兑汇票1张，产品实际成本150 000元。

（33）公司将上述承兑汇票到银行办理贴现，贴现息为20 000元。

（34）公司本期产品销售应交纳的教育费附加为2 000元。

（35）用银行存款交纳增值税100 000元，教育费附加2 000元。

（36）结转本期产品销售成本750 000元。

（37）年末原购入的账面价值为20 000元的准备短期持有的债券，其公允价值为

30 000元。

(38) 将各收支科目结转到“本年利润”账户，计算净利润。

(39) 计算并结转应交所得税（税率为33%）125 400 元。

(40) 按10%提取法定盈余公积金。

(41) 将利润分配各明细科目的余额转入“未分配利润”明细科目，结转本年利润。

(42) 偿还长期借款1 000 000 元。

(43) 用银行存款交纳所得税100 000 元。

(44) 公司为下年度资金需要考虑，将原作为持有至到期投资的K公司的债券一批，重分类可供出售的金融资产。该债券在重分类日的公允价值为620 000 元，账面成本600 000 元，应计利息30 000 元，已计提减值准备50 000 元。

2. 根据上述资料编制会计分录和资产负债表

(1) 根据前述业务编制会计分录。

		借方	贷方
① 借：应付票据		100 000	
贷：银行存款			100 000
② 借：材料采购		200 000	
应交税费——应交增值税（进项税额）		34 000	
贷：银行存款			234 000
③ 借：原材料		95 000	
材料成本差异		5 000	
贷：材料采购			100 000
④ 借：材料采购		99 800	
银行存款		234	
应交税费——应交增值税（进项税额）		16 966	
贷：其他货币资金			117 000
借：原材料		100 000	
贷：材料采购			99 800
材料成本差异			200
⑤ 借：应收账款		585 000	
贷：主营业务收入			500 000
应交税费——应交增值税（销项税额）			85 000
⑥ 借：银行存款		20 000	
贷：交易性金融资产			15 000
投资收益			5 000
⑦ 借：固定资产		103 000	
应交税费——应交增值税（进项税额）		17 000	
贷：银行存款			120 000
⑧ 借：工程物资		150 000	
贷：银行存款			150 000
⑨ 借：在建工程		200 000	

贷：应付职工薪酬 200 000

⑩ 借：在建工程 150 000

贷：长期借款——应付利息 150 000

⑪ 借：固定资产 1 400 000

贷：在建工程 1 400 000

⑫ 借：固定资产清理 20 000

累计折旧 180 000

贷：固定资产 200 000

借：固定资产清理 3 000

贷：银行存款 3 000

借：银行存款 1 000

贷：固定资产清理 1 000

借：营业外支出——非流动资产处置损失 22 000

贷：固定资产清理 22 000

⑬ 借：银行存款 400 000

贷：长期借款 400 000

⑭ 借：银行存款 877 500

贷：主营业务收入 750 000

应交税费——应交增值税（销项税额） 127 500

⑮ 借：银行存款 200 000

贷：应收票据 200 000

⑯ 借：银行存款 30 000

贷：投资收益 30 000

⑰ 借：固定资产清理 250 000

累计折旧 150 000

贷：固定资产 400 000

借：银行存款 300 000

贷：固定资产清理 300 000

借：固定资产清理 50 000

贷：营业外收入——非流动资产处置利得 50 000

⑱ 借：短期借款 250 000

应付利息 12 000

贷：银行存款 262 000

⑲ 借：库存现金 600 000

贷：银行存款 600 000

⑳ 借：应付职工薪酬 600 000

贷：库存现金 600 000

㉑ 借：生产成本 300 000

制造费用 50 000

管理费用 50 000

贷：应付职工薪酬 400 000

㉒ 借：银行存款 1 980 000

贷：股本 1 000 000

资本公积 980 000

㉓ 借：财务费用 21 000

贷：应付利息 11 000

长期借款——应付利息 10 000

㉔ 借：生产成本 700 000

贷：原材料 700 000

借：制造费用 50 000

贷：周转材料 50 000

㉕ 当期领用材料应负担的材料成本差异为：

原材料应负担：700 000×5% =35 000（元）

低值易耗品应负担：50 000×5% =2 500（元）

借：生产成本 35 000

制造费用 2 500

贷：材料成本差异 37 500

㉖ 借：管理费用——无形资产摊销 60 000

贷：累计摊销 60 000

借：管理费用——固定资产改良支出 10 000

制造费用——固定资产修理费 90 000

贷：长期待摊费用 100 000

㉗ 借：制造费用——折旧费 80 000

管理费用——折旧费 20 000

贷：累计折旧 100 000

㉘ 借：银行存款 285 000

贷：应收账款——货款 285 000

借：资产减值损失——坏账损失 3 000

贷：坏账准备 3000

㉙ 借：销售费用 10 000

贷：银行存款 10 000

㉚ 借：生产成本 272 500

贷：制造费用 272 500

借：库存商品 1 307 500

贷：生产成本 1 307 500

㉛ 借：销售费用——广告费 10 000

贷：银行存款 10 000

㉜ 借：应收票据 292 500

贷：主营业务收入 250 000

应交税费——应交增值税（销项税额） 42 500

㉝ 借：财务费用 20 000

银行存款 272 500

贷：应收票据 292 500

㉞ 借：营业税金及附加 2 000

贷：应交税费——应交教育费附加 2 000

㉟ 借：应交税费——应交增值税（已交税金） 100 000

应交税费——应交教育费附加 2 000

贷：银行存款 102 000

㊱ 借：主营业务成本 900 000

贷：库存商品 900 000

㊲ 借：交易性金融资产 10 000

贷：公允价值变动损益 10 000

㊳ 借：主营业务收入 1 500 000

营业外收入 50 000

投资收益 35 000

公允价值变动损益 10 000

贷：本年利润 1 595 000

借：本年利润 1 128 000

贷：主营业务成本 900 000

销售费用 20 000

营业税金及附加 2 000

管理费用 140 000

财务费用 41 000

资产减值损失 3 000

营业外支出 22 000

利润总额 = 1 595 000 − 1 128 000 = 467 000（元）

㊴ 本年应交所得税：（467 000 − 30 000 + 3 000）×25% = 110 000（元）

递延所得税资产：3 000 ×25% = 750（元）

借：所得税费用 109 250

递延所得税资产 750

贷：应交税费——应交所得税 110 000

借：本年利润 109 250

贷：所得税费用 109 250

净利润 = 467 000 − 109 250 = 357 750（元）

㊵ 本年应提法定盈余公积 = 357 750 × 10% = 35 775（元）

借：利润分配——提取法定盈余公积 35 775

贷：盈余公积——法定盈余公积 35 775

㊶ 借：利润分配——未分配利润　　35 775
　　贷：利润分配——提取法定盈余公积　　35 775
借：本年利润　　357 750
　　贷：利润分配——未分配利润　　357 750

㊷ 借：长期借款　　1 000 000
　　贷：银行存款　　1 000 000

㊸ 借：应交税费——应交所得税　　100 000
　　贷：银行存款　　100 000

㊹ 借：可供出售的金融资产　　620 000
　　持有至到期投资减值准备　　50 000
　　贷：持有至到期投资——K 公司债券（投资成本）　　600 000
　　　　——K 公司债券（应计利息）　　30 000
　　　　其他综合收益　　40 000

根据上述资料，2016 年 12 月 31 日的科目余额如表 13 – 3 所示。

表 13 – 3　科目余额表　　单位：元

科目名称	借方余额	科目名称	贷方余额
库存现金	2 000	短期借款	50 000
银行存款	2 955 234	应付票据	100 000
其他货币资金	7 300	应付账款	953 800
交易性金融资产	30 000	其他应付款	50 000
应收票据	46 000	应付职工薪酬	110 000
应收账款	600 000	应交税费	133 634
坏账准备	– 6 000	应付股利	0
预付账款	100 000	应付利息	0
其他应收款	5 000	长期借款	1 160 000
材料采购	325 000	其中：一年内到期的非流动负债	0
原材料	45 000	股本	6 000 000
周转材料	40 150	资本公积	1 580 000
库存商品	2 087 500	其他综合收益	40 000
材料成本差异	4 250	盈余公积	135 775
可供出售金融资产	620 000	利润分配（未分配利润）	371 975
长期股权投资	250 000		
固定资产	2 403 000		
累计折旧	– 170 000		
工程物资	150 000		
在建工程	450 000		
无形资产	600 000		
累计摊销	– 60 000		

（续表）

科目名称	借方余额	科目名称	贷方余额
长期待摊费用	200 000		
递延所得税资产	750		
合　　计	10 685 184	合　　计	10 685 184

（2）编制比较资产负债表（见表13－4）。

表13－4　资产负债表

编制单位：××公司　　　　2016年12月31日　　　　单位：元

资　　产	行次	期末余额	年初余额	负债和所有者权益（或股东权益）	行次	期末余额	年初余额
流动资产：				流动负债：			
货币资金		2 964 534	1 406 300	短期借款		50 000	300 000
交易性金融资产		30 000	35 000	交易性金融负债			
应收票据		46 000	246 000	应付票据		100 000	200 000
应收账款		594 000	297 000	应付账款		953 800	953 800
预付账款		100 000	100 000	预收账款			
应收利息				应付职工薪酬		110 000	110 000
应收股利				应交税费		133 634	36 600
其他应收款		5 000	5 000	应付利息			1 000
存货		2 501 900	2 582 100	应付股利			
一年内到期的非流动资产				其他应付款		50 000	50 000
其他流动资产				一年内到期的非流动负债			1 000 000
流动资产合计		6 241 434	4 671 400	其他流动负债			
非流动资产：				流动负债合计		1 397 434	2 651 400
可供出售金融资产		620 000		非流动负债：			
持有至到期投资			580 000	长期借款		1 160 000	600 000
长期应收款				应付债券			
长期股权投资		250 000	250 000	长期应付款			
投资性房地产				专项应付款			
固定资产		2 233 000	1 100 000	预计负债			
在建工程		450 000	1 500 000	递延所得税负债			
工程物资		150 000		其他非流动负债			
固定资产清理				非流动负债合计		1 160 000	600 000
生产性生物资产				负债合计		2 557 434	3 251 400

（续表）

资　产	行次	期末余额	年初余额	负债和所有者权益（或股东权益）	行次	期末余额	年初余额
油气资产				所有者权益（或股东权益）：			
无形资产		540 000	600 000	实收资本（或股本）		6 000 000	5 000 000
开发支出				资本公积		1 580 000	600 000
商誉				减：库存股			
长摊待摊费用		200 000	300 000	其他综合收益		40 000	
递延所得税资产		750		盈余公积		135 775	100 000
其他非流动资产				未分配利润		371 975	50 000
非流动资产合计		4 443 750	4 330 000	所有者权益（或股东权益）合计		8 127 750	5 750 000
资产总计		10 685 184	9 001 400	负债和所有者权益（或股东权益）合计		10 685 184	9 001 400

13.3 利　润　表

13.3.1 利润表的概念及作用

利润表是反映企业一定期间经营成果的会计报表，属于动态报表。利润表的作用如下。

1. 为企业外部投资者以及信贷者的投资决策及贷款决策提供依据

通过利润表可以计算利润的绝对值指标，也可以计算投资报酬率以及资金利润率等相对值指标，并通过前后两个时期以及同一时期不同行业或企业的同类指标的比较分析，了解该企业的获利水平、利润增长变化趋势，据此决定是否投资、是否追加投资以及是否改变投资方向。

2. 为企业内部管理层的经营决策提供依据

利润表综合地反映营业收入、营业成本、营业费用以及期间费用等，披露利润组成的各大要素。通过比较分析利润的增减变化，可以寻求其根本原因，以便在价格、品种、成本、费用及其他方面揭露矛盾、找出差距，明确今后工作重点，以便作出正确的决策。

3. 为企业内部业绩考核提供重要的依据

企业一定时期的利润总额集中地反映了各部门工作的结果，它既是制订各部门工作计划的参考，又是考核各部门计划执行结果的重要依据。利润表内所提供的相关数据可以评判各部门工作的业绩，以便作出正确的奖罚决策。

13.3.2 利润表的结构

利润表通过一定的表格来反映企业的经营成果。由于不同的国家和地区对会计报表的信息要求不完全相同，利润表的结构也不完全相同。利润表由表首和正表两部分组成，其中正表反映形成经营成果的各个项目和计算过程，目前比较普遍的利润表的结构有单步式利润表和多步式利润表两种。

1. **单步式利润表**

单步式利润表是指将所有收入和所有费用分别相加，再将两个加总数相减得出净利润的利润表。这种利润表因为只有一个收入与费用相减的步骤，故称为单步式利润表。单步式利润表实际上是将“收入－费用＝利润”这一基本会计等式予以表格化。

在单步式利润表下，首先列示当期的所有收入项目，然后再列示当期所有费用项目，两者相减得出净利润。在单步式利润表中，如果有非常项目，应单独予以反映。这时可以分为两步：第一步，将非常项目前收入合计，减去非常项目前费用合计，得出非常项目前净利润；第二步，将非常项目前净利润加（减）非常项目的损益，得出净利润。

单步式利润表的优点是比较直观、简单、易于编制；其缺点则在于没能反映出各类收入与费用之间的配比关系，无法揭示出各构成要素之间的内在联系，不便于会计报表使用者进行分析，也不利于同行业之间的报表比较。在我国，单步式利润表主要用于那些业务比较简单的服务咨询行业和某些实行企业化管理的事业单位。

2. **多步式利润表**

多步式利润表是将利润表上的收入、费用项目加以分类，在从营业收入到净利润的计算过程中，经过营业利润、利润总额等几次中间性计算的利润表。

多步式利润表的优点在于，通过列示中间性利润数据，分步反映净利润的计算过程，准确地揭示了净利润各构成要素之间的内在联系，提供了比单步式利润表更为丰富的财务信息，便于报表使用者进行盈利分析，能够满足现有和潜在的投资者、债权人对企业财务信息的需求。

13.3.3 利润表的编制方法

1. **利润表的填列规则**

由于利润表是动态会计报表，因而填列的主要是各类损益类科目的本期发生额。各收入类项目应根据相应的收入类会计科目的发生额填列，各费用类项目则应根据相应的费用类会计科目的发生额填列。有些项目尚需计算分析填列，如“营业利润”项目应根据“营业收入”科目和“营业成本”、“营业税金及附加”科目的发生额计算填列。

2. **利润表各项目的内容和具体填列方法**

（1）利润表中的“本月数”与“本年累计数”。

利润表金额分为“本月数”与“本年累计数”，“本月数”栏反映各项目的本月实际发生数。“本年累计数”栏反映各项目自年初起至报告期末止的累计实际发生数。在编报中期财务会计报告和年度财务会计报告时，则分为“本期金额”和“上期金额”两栏。编报中期财务会计报告时，填列上年同期累计实际发生数；编报年度财务会计报告时，填列上年全年累计实际发生数。如果上年度利润表与本年度利润表的项目名称和内容不相一致，应对上年度利润表项目的名称和数字按本年度的规定进行调整，填入本表“上期金额”栏。

（2）利润表中各项目的填列方法。

利润表“本月数”或“本期金额”栏内各项数字一般应当反映以下内容：

①“营业收入”项目，反映企业经营主要业务和其他业务所确认的收入总额。

②“营业成本”项目，反映企业经营主要业务和其他业务发生的实际成本总额。

③“营业税金及附加”项目，反映企业经营业务应负担的营业税、消费税、城市维护建设税、资源税、土地增值税和教育费附加等。

④“销售费用”项目，反映企业在销售商品过程中发生的包装费、广告费等费用和为销售本企业商品而专设的销售机构的职工薪酬、业务费等经营费用；“管理费用”项目，反映企业为组织和管理生产经营发生的管理费用；“财务费用”项目，反映企业筹集生产经营所需资金等而发生的筹资费用。企业发生勘探费用的，应在“管理费用”和“财务费用”项目之间，增设“勘探费用”项目反映。

⑤“资产减值损失”项目，反映企业各项资产发生的减值损失。

⑥“公允价值变动收益”项目，反映企业交易性金融资产、交易性金融负债及采用公允价值模式计量的投资性房地产等公允价值变动形成的应计入当期损益的利得或损失，如为损失，以“-”号填列。

⑦“投资收益”项目，反映企业以各种方式对外投资所取得的收益，如为损失，以“-”号填列。其中，“对联营企业和合营企业的投资收益”项目，反映采用权益法核算的对联营企业和合营企业投资在被投资单位实现的净损益中应享有的份额（不包括处置投资形成的收益）。

⑧“营业外收入”、“营业外支出”项目，反映企业发生的与其经营活动无直接关系的各项收入和支出。其中，处置非流动资产净损失，应当单独列示。

⑨“利润总额”项目，反映企业实现的利润总额，如为亏损总额，以“-”号填列。

⑩“所得税费用”项目，反映企业根据所得税准则确认的应从当期利润总额中扣除的所得税费用。

⑪“基本每股收益”和“稀释每股收益”项目，应当根据每股收益准则的规定计算的金额填列。

3. 每股收益的计算

每股收益是反映企业普通股股东持有每一股份所能享有企业利润或承担企业亏损的业绩评价指标。该指标有助于投资者、债权人等信息使用者评价企业或企业之间的盈利能力，预测企业成长潜力，进而作出经济决策。

对于普通股或潜在普通股已公开交易的企业，以及正处于公开发行普通股或潜在普通股过程中的企业，需要列报每股收益。所谓潜在普通股，是指赋予其持有者在报告期或以后期间享有取得普通股权利的一种金融工具或其他合同，包括可转换公司债券、认股权证、股票期权等。在无潜在普通股的情况下，企业只需计算基本每股收益，相应的如存在潜在普通股的情况下，企业需要同时计算基本每股收益和稀释每股收益。

（1）基本每股收益的计算。

基本每股收益 = 归属于普通股股东的当期净利润 ÷ 当期发行在外普通股的加权平均数

发行在外普通股加权平均数 = 期初发行在外普通股股数 + 当期新发行普通股股数 × 已发行时间 ÷ 报告期时间 - 当期回购普通股股数 × 已回购时间 ÷ 报告期时间

已发行时间、报告期时间和已回购时间，一般都按照天数计算，在不影响计算结果合理性的前提下，也可以采用简化的计算方法。新发行普通股股数，应当根据发行合同的具体条款，从应收对价之日（一般为股票发行日）起计算确定。一般来说，包括下列几种情况：①为收取现金而发行的普通股股数，从应收现金之日起计算。②因债务转资本而发行的普通股股数，从停计债务利息之日或结算日起计算。③非同一控制下的企业合并，作为对价发行的普通股股数，从购买日起计算；同一控制下的企业合并，作为对价发行的普通股股数，应当计入各列报期间普通股的加权平均数。④为收购非现金资产而发行的普通股股数，从确认收购之日起计算。

【例 13-2】 某公司期初发行在外的普通股 10 000 股，4 月 1 日新发行 6 000 股，12 月 2 日回购 1200 股。

普通股加权平均数：10 000 × 12 ÷ 12 + 6 000 × 9 ÷ 12 − 1 200 × 1 ÷ 12 = 14 400（股）

（2）稀释每股收益的计算。

企业存在稀释性潜在普通股的，应当分别调整归属于普通股股东的当期净利润和发行在外普通股的加权平均数，并据以计算稀释每股收益。企业应当根据下列事项对归属于普通股股东的当期净利润进行调整：①当期已确认为费用的稀释性潜在普通股的利息；②稀释性潜在普通股转换时将产生的收益或费用；③相关所得税的影响。同时，当期发行在外普通股的加权平均数应当调整为计算基本每股收益时普通股的加权平均数与假定稀释性潜在普通股转换为已发行普通股而增加的普通股股数的加权平均数之和。计算稀释性潜在普通股转换为已发行普通股的加权平均数时，以前期间发行的稀释性潜在普通股，应当假设在当期期初转换；当期发行的稀释性潜在普通股，应当假设在发行日转换。

稀释性潜在普通股是指假设当期转换为普通股会减少每股收益的潜在普通股。目前常见的潜在普通股主要包括可转换公司债券、认股权证和股份期权等。

（3）计算每股收益时应考虑的其他调整因素。

① 企业派发股票股利、公积金转增资本、拆股或并股等，会增加或减少其发行在外普通股或潜在普通股的数量，并不影响所有者权益金额，也不改变企业的盈利能力。

② 配股。配股在计算每股收益时比较特殊，因为配股是向全部现有股东以低于当前股票市价的价格发行普通股，实际上可以理解为按市价发行股票和无对价送股的混合体。也就是说，配股中包含的送股因素导致了发行在外普通股股数的增加，但却没有相应的经济资源的流入。

13.3.4 利润表编制举例

【例 13-3】 根据[例 13-1]资料，该公司 2016 年度有关损益科目的余额如表13-5所示。

表 13-5 科目余额表　　单位：元

科目名称	借方发生额	贷方发生额	科目名称	借方发生额	贷方发生额
营业收入		1 500 000	财务费用	41 000	
营业成本	900 000		投资收益		35 000
营业税金及附加	2 000		营业外收入		50 000
销售费用	20 000		营业外支出	22 000	
管理费用	140 000		所得税费用	109 250	
资产减值损失	3 000		公允价值变动损益		10 000

根据资料，编制利润表，如表 13－6 所示。

表 13－6　利 润 表

编制单位：××公司　　2016 年　　单位：元

项　　目	行次	本期金额	上期金额（略）
一、营业收入		1 500 000	
减：营业成本		900 000	
营业税金及附加		2 000	
销售费用		20 000	
管理费用		140 000	
财务费用（收益以“－”号填列）		41 000	
资产减值损失		3 000	
加：公允价值变动净收益（损失以“－”号填列）		10 000	
投资收益（亏损以“－”号填列）		35 000	
其中：对联营企业和合营企业的投资收益			
二、营业利润（亏损以“－”号填列）		43 900	
加：营业外收入		50 000	
减：营业外支出		22 000	
其中：非流动资产处置净损失（净收益以“－”号填列）		－28 000	
三、利润总额（亏损总额以“－”号填列）		467 000	
减：所得税费用		109 250	
四、净利润（净亏损以“－”号填列）		357 750	
五、每股收益			
（一）基本每股收益		0.072	
（二）稀释每股收益			

13.4 现金流量表

13.4.1 现金流量表的概念及作用

1. 现金流量表的概念

现金流量表是指反映企业在一定会计期间现金和现金等价物流入和流出的报表。从编制原则上看，现金流量表按照收付实现制原则编制，将权责发生制下的盈利信息调整为收付实现制下的现金流量信息，便于信息使用者了解企业净利润的质量。

现金流量表是以现金及现金等价物为基础编制的，具体包括以下内容：

（1）现金。

现金包括库存现金、银行存款和其他货币资金。

① 库存现金是指企业持有的可随时用于支付的现金。

② 银行存款是指企业存在金融企业、随时可以用于支付的存款，它与银行存款账户核

算的银行存款基本一致，主要的区别是编制现金流量表所指的银行存款是可以随时用于支付的银行存款，如结算户存款、通知存款等。企业不能随时支取的定期存款，不作为现金流量表中的现金，但提前通知金融企业便可支取的定期存款，则包括在现金流量表中的现金范围内。

③ 其他货币资金是指企业存在金融企业有特定用途的资金，也就是“其他货币资金”账户核算的银行存款，如外埠存款、银行汇票存款、银行本票存款、信用证保证金存款、在途货币资金等。

（2）现金等价物。

现金等价物是指企业持有的期限短、流动性强、易于转换为已知金额的现金、价值变动风险很小的投资。现金等价物虽然不是现金，但其支付能力与现金的差别不大，相当于现金，故可视为现金。典型的现金等价物通常指企业持有的，自购买之日起3个月内到期的短期债券投资。

除特别说明外，以下所称的现金均包括现金等价物。

2. **现金流量表的作用**

（1）现金流量表可以提供企业的现金流量信息，从而对企业整体财务状况作出客观评价。在市场经济条件下，竞争异常激烈，企业要想站稳脚跟，不但要想方设法把自身的产品销售出去，更重要的是要及时收回销货款，以便于以后的经营活动能够顺利开展。除了经营活动外，企业从事的投资和筹资活动同样影响企业的现金流量，从而影响财务状况。如果企业进行投资而没能取得相应的现金回报，就会对企业的财务状况（如流动性、偿债能力）产生不良的影响，从企业的现金流量可以大致判断其经营周转是否顺畅。

（2）现金流量表是在以营运资金为基础编制的财务状况变动表基础上发展起来的，它提供了新的信息。以营运资本为基础编制的财务状况变动表有一定的局限性。营运资金是流动资产和流动负债的差额，流动资产中不但包括现金，还包括存货、应收账款等其他流动资产。假设一个企业现金大幅度减少，但应收账款和存货却大量增加，这时营运资金不一定会减少，反而可能增加，因此就会给人一种错觉，似乎企业的财务状况不错。如果应收账款和存货的质量有问题，就会误导会计信息的使用者。而现金流量信息则可以避免这种缺陷，投资者和债权人通过现金流量表，可以对企业的支付能力和偿债能力以及企业对外部资金的需求情况作出较为可靠的判断。

（3）通过现金流量表，不但可以了解企业当前的财务状况，还可以预测企业未来的发展情况。如果现金流量表中各部分现金流量结构合理，现金流入和流出无重大异常波动，一般来说企业的财务状况良好。企业最常见的失败原因和症状也可以在现金流量表中得到反映。比如，从投资活动流出的现金、筹资活动流入和流出的现金中，可以分析企业是否过度扩大经营规模；通过当期净利润与当期净现金流量的比较，可以看出非现金流动资产吸收利润的情况，以评价企业产生净现金流量的能力是否偏低。

13.4.2 现金流量表的内容及结构

1. **现金流量表的内容**

从内容上看，现金流量表被划分为经营活动、投资活动和筹资活动三个部分，每类活动又分为各具体项目，这些项目从不同角度反映企业业务活动的现金流入与流出，弥补了资产负债表和利润表提供信息的不足。

（1）经营活动产生的现金流量。

经营活动是指企业投资活动和筹资活动以外的所有交易和事项，即除投资活动和筹资活动以外的所有交易和事项，都可归属于经营活动。主要包括销售商品、提供劳务、购买商品、接受劳务、支付税费等。

通常情况下，经营活动产生的现金流入项目主要有：销售商品、提供劳务收到的现金；收到的税费返还；收到的其他与经营活动有关的现金。经营活动产生的现金流出项目主要有：购买商品、接受劳务支付的现金；支付给职工以及为职工支付的现金；支付的各项税费；支付的其他与经营活动有关的现金。

（2）投资活动产生的现金流量。

投资活动是指企业长期资产的购建和不包括在现金等价物范围内的投资及其处置活动。通常情况下，投资活动产生的现金流入项目主要有：收回投资所收到的现金；取得投资收益所收到的现金；处置固定资产、无形资产和其他长期资产所收回的现金净额；收到的其他与投资活动有关的现金。投资活动产生的现金流出项目主要有：购建固定资产、无形资产和其他长期资产所支付的现金；投资所支付的现金；支付的其他与投资活动有关的现金。

（3）筹资活动产生的现金流量。

筹资活动是指导致企业资本及债务规模和构成发生变化的活动。通常情况下，筹资活动产生的现金流入项目主要有：吸收投资所收到的现金；取得借款所收到的现金；收到的其他与筹资活动有关的现金。筹资活动产生的现金流出项目主要有：偿还债务所支付的现金；分配股利、利润或偿付利息所支付的现金；支付的其他与筹资活动有关的现金。

需要注意的是，对于企业日常活动之外的不经常发生的特殊项目，如自然灾害损失、保险赔款、捐赠等，企业应当将其归并到相关类别中单独反映。

2. 现金流量表的结构

现金流量表由表首、正表与附表（或称补充资料）两部分组成，按正表与附表分别表达企业现金流量的目的，是为了更完整地披露现金流量信息。

按我国企业会计制度的规定，正表有五项：一是经营活动产生的现金流量；二是投资活动产生的现金流量；三是筹资活动产生的现金流量；四是汇率变动对现金的影响；五是现金及现金等价物净增加额。其中，经营活动产生的现金流量要求按直接法编制。

现金流量表补充资料部分要求揭示按间接法重新计算与表达经营活动现金流量以及不涉及现金的投资和筹资活动。现金流量表的具体格式如表 15 - 8 所示。

13.4.3 现金流量表的填列方法

1. 编制依据

现金流量表是按收付实现制基础反映企业报告期内的现金流动信息，而企业编制的资产负债表、利润表及有关账户记录资料反映的会计信息，都是按权责发生制基础记录报告的。所以，现金流量表的编制依据必然是资产负债表、利润表及有关账户记录资料，编制现金流量表的过程就是将权责发生制下的会计资料转换为按收付实现制表示的现金流动。现金流动信息要求根据经营活动、投资活动和筹资活动报告。

（1）经营活动现金流量的填列。

编制现金流量表时，对经营活动现金流量的反映方法有直接法和间接法两种。直接法的优点是：直接列出了企业经营活动的现金流量，明确易懂，有助于预测企业未来的现金流量；而间接法的优点是：能将利润表与现金流量表紧密联系起来，但现金流动不清晰，非会计专业人员难以读懂。总的说来，直接法优于间接法。国际会计准则鼓励企业采用直接法编制现金流量表。在我国，现金流量表的基本部分也按直接法编制，但在该表的补充资料中又单独按照间接法列出了经营活动现金流量的情况。

① 直接法。直接法是通过现金收入和现金支出的主要类别反映来自企业经营活动的现金流量。采用直接法编制经营活动的现金流量时，一股以利润表中的营业收入为起算点，调整与经营活动有关项目的增减变动，然后计算出经营活动的现金流量。在直接法下，经营活动现金流量各项目的内容及填列方法如下：

• "销售商品、提供劳务收到的现金"项目，反映企业销售商品、提供劳务实际收到的现金（含销售收入和应向购买者收取的增值税额），包括本期销售商品、提供劳务收到的现金，以及前期销售和前期提供劳务本期收到的现金和本期预收的账款，减去本期退回本期销售的商品和前期销售本期退回的商品支付的现金。企业销售材料和代购代销业务收到的现金，也在本项目反映。本项目可以根据"现金"、"银行存款"、"应收账款"、"应收票据"、"预收账款"、"主营业务收入"、"其他业务收入"等科目的记录分析填列，计算公式为

销售商品、提供劳务收到的现金 = 当期营业收入 + 当期收到的增值税销项税额 + 应收账款（期初余额 - 期末余额） + 应收票据（期初余额 - 期末余额） + 预收账款（期末余额 - 期初余额） - 以非现金资产抵偿债务而减少的应收账款和应收票据 - 当期核销的坏账损失 + 当期收到的前期已核销的坏账损失 - 当期票据贴现所支付的利息

【例 13-4】 A 股份有限公司 2015 年有关资料如下：利润表中主营业务收入 300 000 元，"应收账款"科目年初余额 90 000 元、年末余额 150 000 元，本年度发生坏账 3 000 元已予以核销，本年度债务人企业用存货抵偿应收账款 18 000 元，本年度收到以前年度核销的坏账 24 000 元。根据上述资料，现金流量表中"销售商品、提供劳务收到的现金"项目的金额计算如下：

销售商品、提供劳务收到的现金 = 300 000 + （90 000 - 150 000） - 3 000 - 18 000 + 24 000
= 243 000（元）

• "收到的税费返还"项目，反映企业收到返还的各种税费，如收到的增值税、消费税、营业税、所得税、教育费附加返还等。本项目可以根据"现金"、"银行存款"、"营业税金及附加"等科目的记录分析填列。

• "收到的其他与经营活动有关的现金"项目，反映企业除了上述各项目外，收到的其他与经营活动有关的现金流入，如罚款收入、流动资产损失中由个人赔偿的现金收入等。其他现金流入如价值较大的，应单列项目反映。本项目可以根据"现金"、"银行存款"、"营业外收入"等科目的记录分析填列。

• "购买商品、接受劳务支付的现金"项目，反映企业购买材料、商品、接受劳务实际支付的现金，包括本期购入材料、商品、接受劳务支付现金（包括增值税进项税额），以及本期支付前期购入商品、接受劳务的未付款项和本期预付款项。本项目可以根据"现金"、"银行存款"、"应付账款"、"应付票据"、"主营业务成本"、"其他业务成本"等科

目的记录分析填列，计算公式为

购买商品、接受劳务支付的现金 = 当期的营业成本 + 当期支付的增值税进项税额 + 存货（期末余额 - 期初余额） + 应付账款（期初余额 - 期末余额） + 应付票据（期初余额 - 期末余额） + 预付账款（期末余额 - 期初余额） - 以非现金资产清偿债务减少的应付账款和应付票据 - 本期购货退回所收到的现金

应说明的是：营业成本中应扣除当期列入生产成本、制造费用的非现金支出，如固定资产修理费、折旧费等；各资产负债表项目的增减变动金额必须是与经营活动有关的业务；存货的期初期末余额差额应等于附表中间接法反映经营活动产生的现金流量中“存货的减少（减：增加）”项目的数额。

【例 13 - 5】 A股份有限公司2015年利润表中“主营业务成本”180 000元，资产负债表中“应付账款”项目年初余额9 000元、年末余额6 000元，“预付账款”项目年初余额为0、年末余额1 500元，“存货”项目年初余额210 000元、年末余额270 000元。当年接受投资人投入存货24 000元。根据上述资料，“购买商品、接受劳务支付的现金”项目的计算如下：

购买商品、接受劳务支付的现金 = 180 000 + （9 000 - 6 000） + （1 500 - 0） + （270 000 - 210 000） - 24 000 = 220 500（元）

- “支付给职工以及为职工支付的现金”项目，反映企业实际支付给职工以及为职工支付的现金，包括本期实际支付给职工的工资、奖金、各种津贴和补贴等，以及为职工支付的其他费用，但不包括支付的离退休人员的各项费用和支付给在建工程人员的工资等。企业支付给离退休人员的各项费用，包括支付的统筹退休金以及未参加统筹的退休人员的费用，在“支付的其他与经营活动有关的现金”项目中反映；支付的在建工程人员的工资，在“购建固定资产、无形资产和其他长期资产所支付的现金”项目反映。本项目可以根据“应付职工薪酬”、“现金”、“银行存款”等科目的记录分析填列。

企业为职工支付的养老、失业等社会保险基金、补充养老保险、住房公积金、支付给职工的住房困难补助，以及企业支付给职工或为职工支付的其他福利费用等，应按职工的工作性质和服务对象，分别在本项目和在购建固定资产、无形资产和其他长期资产所支付的现金项目中反映。

- “支付的各项税费”项目，反映企业按规定支付的各种税费，包括本期发生并支付的税费，以及本期支付以前各期发生的税费和预交的税金，如支付的教育费附加、矿产资源补偿费、印花税、房产税、土地增值税、车船使用税、预交的营业税等，不包括计入固定资产价值、实际支付的耕地占用税等，也不包括本期退回的增值税、所得税，本期退回的增值税、所得税在“收到的税费返还”项目反映。本项目可以根据“应交税费”、“现金”、“银行存款”等科目的记录分析填列。

- “支付的其他与经营活动有关的现金”项目，反映企业除上述各项目外，支付的其他与经营活动有关的现金流出，如罚款支出、支付的差旅费、业务招待费现金支出、支付的保险费等。其他现金流出如价值较大的，应单列项目反映。本项目可以根据有关科目的记录分析填列。

② 间接法。间接法是以本期净利润（或净损失）为起算点，调整不增加或不减少现金

的收入与费用项目，调整属于投资活动、筹资活动的收益与损失，调整与经营活动有关的非现金流动资产与流动负债的增减变动，从而计算出经营活动现金流量的一种方法。“净利润”与“经营活动现金流量”之间的差异主要表现在：与净利润有关的交易或事项不一定涉及现金，如计提的资产减值准备等；与净利润有关的交易或事项不一定都与经营活动有关，如投资损益等；有些交易或事项虽然与净利润没有直接关系，但属于经营活动，如用现金购买存货等。所以，间接法下只有在“净利润”的基础上进行调整，才能计算出经营活动现金流量。具体方法在补充资料中解释。

（2）投资活动现金流量的填列。

现金流量表中投资的概念和一般会计核算中投资的概念不一样。这里所指的投资不仅包括对外取得或收回股票债券投资和其他投资，还包括企业内部长期资产的购建和处置，如固定资产、无形资产、在建工程和其他持有期限在一年或一个营业周期以上的资产：投资活动现金流量的报告，需要依据有关科目的记录分析填列，这些科目主要有银行存款、交易性金融资产、长期股权投资、持有至到期投资、投资收益、应收股利、应收利息、固定资产、累计折旧、固定资产清理、在建工程、工程物资、无形资产、长期待摊费用以及应交税费（如与处置不动产或无形资产有关的应交营业税）等。

投资活动现金流量各项目的具体内容及填列方法如下：

①“收回投资所收到的现金”项目，反映企业报告期内出售、转让或到期收回除现金等价物以外的交易性投资、长期股权投资而收到的现金以及收回持有至到期投资本金而收到的现金。本项目应根据“银行存款”科目的借方记录及“交易性金融资产”、“长期股权投资”、“持有至到期投资”、“可供出售金融资产”等科目的贷方发生额分析填列。

②“取得投资收益所收到的现金”项目，反映企业报告期内因股权性投资而取得的现金股利、因债权投资而取得的利息，以及从子公司、联营企业和合营企业分回利润收到的现金。本项目根据“银行存款”等科目的借方记录及“投资收益”、“应收利息”、“应收股利”等科目的贷方发生额分析填列。

③“处置固定资产、无形资产和其他长期资产所收回的现金净额”项目，反映企业报告期内处置固定资产、无形资产及其他长期资产时因取得价款收入、保险赔偿收入等而收到的现金，扣除与之相关的现金支出后的净额。另外，由于自然灾害所造成的固定资产等长期资产损失而收到的保险赔款收入，也在本项目中反映。本项目根据“银行存款”等科目的记录及“固定资产清理”、“营业外收入”、“其他应收款”、“应交税费”等科目的发生额分析填列。

④“处置子公司及其他营业单位收到的现金净额”项目，反映企业处置子公司及其他营业单位所取得的现金减去相关处置费用后的净额。

⑤“收到的其他与投资活动有关的现金”项目，反映的内容包括：企业除上述各项目外，收到的其他与投资活动有关的现金，包括收到购买股票和债券时，实际支付的价款中包含的已宣告尚未领取的现金股利或已到付息期但尚未领取的债券的利息。这些项目不经常发生，可根据“银行存款”、“应收股利”、“应收利息”等科目分析填列。

⑥“购建固定资产、无形资产和其他长期资产所支付的现金”项目，反映企业报告期内与固定资产、在建工程、工程物资、无形资产、其他长期资产的增加有关的现金支出。但是，本项目不包括为购建固定资产而发生的借款利息资本化的部分以及融资租入固定资产支

付的租赁费。本项目应根据“银行存款”、“现金”等科目的贷方记录及“固定资产”、“在建工程”、“工程物资”、“应付职工薪酬”、“应交税费”、“无形资产”等科目借方发生额分析填列。

⑦“投资所支付的现金”项目，反映企业报告期内进行权益性投资和债权性投资所支付的现金，包括企业取得的除现金等价物以外的交易性投资、长期股权投资、持有至到期投资支付的现金（包括支付的价款及佣金、手续费等附加费用）。本项目根据“银行存款”等科目的贷方记录及“长期股权投资”、“持有至到期投资”、“交易性金融资产”等科目的借方发生额分析填列。

但应注意，企业购买股票或债券时，实际支付的价款中包含的已宣告但尚未领取的现金股利或已到付息期但尚未领取的债券利息，应在“支付的其他与投资活动有关的现金”项目中反映；而企业收回购买股票和债券时支付的已宣告但尚未领取的现金股利或已到付息期但尚未领取的债券利息，在“收到的其他与投资活动有关的现金”项目中反映。

⑧“取得子公司及其他营业单位支付的现金净额”项目，反映企业购买子公司及其他营业单位购买出价中以现金支付的部分，减去子公司或其他营业单位持有的现金和现金等价物后的净额。

⑨“支付的其他与投资活动有关的现金”项目，反映企业除上述各项目外，支付的其他与投资活动有关的现金，包括企业购买股票和债券时，实际支付的价款中包含的已宣告尚未领取的现金股利或已到付息期但尚未领取的债券利息。其他与投资活动有关的现金，如果价值较大的，应单列项目反映。在“处置固定资产、无形资产和其他长期资产而收到的现金净额”中如果为负数，则在本项目中反映。

（3）筹资活动现金流量的填列。

筹资活动现金流量的报告，需要依据有关科目的记录分析填列，这些科目主要有银行存款、现金、短期借款、应付股利、应付利息、长期借款、应付债券、长期应付款、股本、资本公积等。

筹资活动现金流量各项目的具体内容及填列方法如下：

①“吸收投资所收到的现金”项目，反映企业报告期内吸收投资人投入的现金，包括以发行股票、债券等方式筹集资金实际收到的款项净额（发行收入减去支付的佣金等发行费用后的净额）。但是，以发行股票、债券等方式筹集资金时由企业直接支付的审计、咨询等费用，在“支付的其他与筹资活动有关的现金”项目中反映，不在本项目中扣除。本项目根据“银行存款”科目的借方记录及“股本”（或“实收资本”）、“资本公积”、“应付债券”等科目的贷方发生额分析填列。

②“借款所收到的现金”项目，反映企业报告期内因举借各种短期借款、长期借款所收到的现金。本项目根据“银行存款”等科目的借方记录及“短期借款”、“长期借款”等科目的贷方发生额分析填列。

③“收到的其他与筹资活动有关的现金”项目，反映企业除上述各项目外，收到的其他与筹资活动有关的现金。其他与筹资活动有关的现金，如果价值较大的，应单列项目反映。本项目可根据有关科目的记录分析填列。

④“偿还债务所支付的现金”项目，反映企业报告期内偿还借款和到期债券的本金所支付的现金。本项目根据“银行存款”科目的贷方记录及“应付债券”、“短期借款”、“长期

借款”等科目的借方发生额分析填列。

⑤“分配股利、利润或偿付利息所支付的现金”项目，反映企业报告期内实际支付的现金股利或分配利润以及支付的债券利息、借款利息所发生的现金流出。本项目根据“银行存款”等科目贷方记录及“应付股利”或“应付利润”、“应付利息”、“应付债券”、“长期借款”等科目的借方发生额分析填列。

⑥“支付的其他与筹资活动有关的现金”项目，反映企业除上述各项目外，支付的其他与筹资活动有关的现金。其他与筹资活动有关的现金，如果价值较大的，应单列项目反映。

需要注意的是，企业在对现金流量进行分类及编制现金流量表时，应根据企业自身经济业务性质和项目的具体情况处理好以下问题：

第一，对于现金流量表中未特别指明的现金流量，应按照现金流量表的分类方法和重要性原则，判断某项交易或事项所产生的现金流量应当归属的类别或项目，如用现金支付罚款支出、捐赠支出等应归于支付的“其他与经营活动有关的现金”项目。对于重要的现金流入或流出项目应当单独反映。

第二，对于一些特殊的、不经常发生的项目，如自然灾害损失、保险赔偿等，应根据其性质，分别归并到经营活动、投资活动或筹资活动的现金流量项目中反映。

2. 汇率变动对现金的影响

企业在编制现金流量表时，应当将企业外币现金流量以及境外子公司的现金流量折算成记账本位币。本项目反映的内容是：企业外币现金流量及境外子公司的现金流量折算成记账本位币时，所采用的是现金流量发生日的汇率或平均汇率，而现金流量表最后一行“现金及现金等价物净增加额”中外币现金净增加额是按期末汇率折算的，这两者的差额即为汇率变动对现金的影响。对本项目的填列方法，可以不必逐笔计算汇率变动对现金的影响，而通过报表附注中“现金及现金等价物净增加额”和主表中三项现金流量的净额倒算得出。

3. 现金流量表补充资料的填列

现金流量表的补充资料分为三部分：第一部分是“将净利润调节为经营活动的现金流量”，第二部分是“不涉及现金收支的投资和筹资活动”，第三部分是“现金及现金等价物净变动情况”。下面重点讲述第一部分。

（1）将净利润调节为经营活动的现金流量。

采用间接法报告经营活动的现金流量时，需要调整四大类项目：实际没有支付现金的费用、实际没有收到现金的收益、不属于经营活动的损益、经营性应收应付项目的增减变动。其具体内容如下：

① 计提的资产减值准备。该项目反映企业当期实际计提的各项资产减值准备，包括坏账准备、存货跌价准备、交易性金融资产跌价准备、长期股权投资减值准备、持有至到期投资减值准备、投资性房地产减值准备、固定资产减值准备、在建工程减值准备、无形资产减值准备、商誉减值准备、生产性生物资产减值准备、油气资产减值准备等资产减值准备等。企业计提各项资产减值准备时，计入了当期管理费用、营业外支出等，抵减了当期利润，但实际上并没有发生现金流出，因此，当期计提的资产减值准备应加回到净利润中。本项目可以根据“资产减值损失”科目的记录计算得出，也可根据各准备科目的期末、期初差额填列。

② 固定资产折旧、油气资产折耗、生产性生物资产折旧项目。该项目反映企业本期实

际计提的固定资产折旧、油气资产折耗、生产性生物资产折旧。企业计提固定资产折旧、油气资产折耗、生产性生物资产折旧时，分别计入了管理费用和制造费用。计入管理费用的折旧费已作为期间费用抵减了当期利润，计入制造费用的折旧费则通过销售成本也抵减了当期利润，但计提固定资产折旧时并没有发生现金流出，所以应将当期计提的折旧、折耗加回到净利润中。本项目可汇集“管理费用”、“制造费用”等账户的折旧费发生额计算得出，也可根据“累计折旧”、“累计折耗”科目的贷方发生额分析填列。

③ 无形资产摊销和长期待摊费用摊销。无形资产和长期待摊费用摊销时，计入了管理费用，抵减了当期利润，但并没有发生现金流出，所以在调整时应将本期摊销额加回到净利润中。这两个项目可以根据“管理费用”科目的明细记录计算得出，也可根据“无形资产”、“长期待摊费用”科目的贷方发生额分析填列。

④ 处置固定资产、无形资产和其他长期资产的损失（减：收益）。企业处置固定资产、无形资产和其他长期资产不属于经营活动，但其产生的损益计入了当期净利润，所以其产生的损失在调整时应加回到净利润中，所产生的收益在调整时应从净利润中转出。该项目可根据“待处理财产损溢”、“营业外收入”和“营业外支出”科目所属的有关明细科目的记录分析计算填列，如为净收益，以“－”号填列。

⑤ 固定资产报废损失。企业进行固定资产盘点也不属于经营活动，但其产生的损益计入了当期净利润，所以发生的固定资产盘亏，应在调整时加回到净利润中，而发生的固定资产盘盈，则应在调整时从净利润中减去。该项目可根据“营业外支出”和“营业外收入”科目所属的有关明细科目中固定资产盘亏损失减去固定资产盘盈收益后的差额填列。

⑥ 公允价值变动损失。该项目反映企业持有的金融资产、金融负债以及采用公允价值计量模式的投资性房地产的公允价值变动损失。当确认公允价值变动损失时，抵减了当期利润，但并没有发生现金流出，所以在调整时应加回到净利润中。本项目可以根据“公允价值变动损失”科目的本期借方发生额分析填列，如为收益，以“－”号填列。

⑦ 财务费用。该项目反映企业本期实际发生的应属于投资活动和筹资活动的财务费用。企业发生的财务费用按其性质可以分别归属于经营活动、投资活动和筹资活动，如企业赊销商品发生的现金折扣、应收票据的贴现利息、支付给银行的承兑手续费，以及销售商品和购买原材料产生的汇兑损益等属于经营活动的财务费用；购买固定资产所产生的汇兑损益属于投资活动的财务费用；支付的借款利息和债券利息则属于筹资活动的财务费用。在调整时应将属于投资活动和筹资活动的财务费用加回到净利润中。本项目可以根据“财务费用”科目的本期借方发生额分析填列，如为收益，以“－”号填列。

⑧ 投资损失（减：收益）。企业当期发生的投资损失或收益已计入当期损益，但投资活动不属于经营活动，所以在调整时应将投资损失加回到净利润中，如为投资收益，则应从净利润中减去。本项目可以根据利润表“投资收益”项目的数字直接填列，如为投资收益，以“－”号填列。

⑨ 递延所得税资产减少。该项目反映企业资产负债表“递延所得税资产”项目的期初余额与期末余额的差额。由于企业实际交纳的所得税是按应税所得计算的，递延税款只是对当期所得税费用的调整，并没有发生实际的现金流入或流出，但在利润表中已列入了所得税费用，抵减或增加了当期净利润，所以应当调整净利润。本项目可以根据资产负债表“递延所得税资产”项目的期初、期末余额的差额填列。“递延所得税资产”期末数小于期初数

的差额，以正数填列；相反，以“-”号填列。

⑩ 递延所得税负债增加。该项目反映企业资产负债表“递延所得税负债”项目的期初余额与期末余额的差额。本项目可以根据资产负债表“递延所得税负债”项目的期初、期末余额的差额填列。“递延所得税负债”期末数大于期初数的差额，以正数填列；相反，以“-”号填列。

⑪ 存货的减少（减：增加）。在不存在赊销的情况下，若一定会计期间期末存货比期初存货减少了，说明本期生产经营过程耗用的存货有一部分是期初的存货，耗用这部分存货并没有发生现金支出，所以在调整时应加回到净利润中；相反，在调整时应将存货的增加额从净利润中减去。在存在赊购的情况下，还应通过调整应付款项的增减变动来反映赊购对现金流量的影响，即在“经营性应付项目”的增加（或减少）项目中调整，本项目可以根据资产负债表“存货”项目期初、期末余额的差额填列，期末数大于期初数的差额，以“-”号填列。

应注意的是，由于存货的增减变动有些不是由经营活动引起的，如存货的增加包括接受投资、捐赠转入，存货的减少包括用于在建工程、对外投资等，所以不能简单地将存货的期初、期末余额相减。填列本项目时应将存货的贷方发生额中进入成本费用的部分（即不包括工程领用对外投资的存货）减借方发生额购入的部分（即不包括接受投资、捐赠增加的存货），如果企业当期没有发生非经营性活动引起的存货增减变动，那么，直接按资产负债表中存货项目的年初、年末差额填列即可。

⑫ 经营性应收项目的减少（减：增加）。该项目反映企业经营性应收项目年末余额小于或大于年初余额的数额。若经营性应收项目的年末余额小于年初余额，说明本期从购货方收到的现金大于本期销售收入，即本期从购货方收取的现金中有一部分是本期收回前期的应收账款和应收票据等，所以在调整时应将经营性应收项目的减少数加回到净利润中；反之，应将经营性应收项目的增加数从净利润中减去。本项目可以根据资产负债表“应收账款”、“应收票据”、“其他应收款”等项目的期初、期末余额的差额，减去非现金资产抵偿债务而减少的应收账款、应收票据填列，期末数大于期初数的差额，以“-”号填列。

填列本项目的关键问题是要明确经营性应收项目的概念。经营性应收项目包括应收账款、应收票据、预付账款（包括应收的增值税销项税额）、其他应收款中与经营活动有关的部分。非经营性应收项目主要有应收利息、应收股利等。

⑬ 经营性应付项目的增加（减：减少）。该项目反映企业经营性应付项目年末余额大于或小于年初余额的数额。若经营性应付项目的年末余额大于年初余额，表明本期购入的存货中有一部分没有支付现金，但在利润表中已全数列入销售成本，以及本期计入有关成本费用的工资、职工福利费、税金中有一部分没有支付现金，所以在调整时应将经营性应付项目的增加数加回到净利润中；反之，应将经营性应付项目的减少数从净利润中减去。本项目可以根据资产负债表“应付账款”、“应付票据”、“应付职工薪酬”、“应交税费”、“其他应付款”等项目的期初、期末余额的差额，减去非现金资产抵偿债务而减少的应付账款、应付票据填列；期末数小于期初数的差额，以“-”号填列。

填列本项目的关键问题是要明确经营性应付项目的概念。经营性应付项目包括：应付账款、应付票据、预收账款、其他应付款、应付职工薪酬、应交税费中与经营活动有关的部分（包括应付的增值税进项税额）等。非经营性应付项目主要有应付利息、应付股利、应付利润、应付职工薪酬中支付给在建工程人员的部分等。

（2）不涉及现金收支的投资和筹资活动。

这些投资和筹资活动虽然不涉及现金收支，但属于企业的重大理财活动，对以后各期的现金流量有重大影响，因此，应单列项目在补充资料中反映。目前，要求列示的项目主要有下列几项：①债务转为资本；②1 年内到期的可转换公司债券；③融资租入固定资产。

（3）现金及现金等价物净增加情况。

附表第三部分的填列较简单，通过现金的期末、期初差额进行反映即可，用以检验用直接法编制的现金流量净额是否准确。

4. 现金流量表的平衡关系

主表中用直接法填列的“经营活动产生的现金流量净额”，等于附表中用间接法调整得出的“经营活动产生的现金流量净额”。

主表中“经营活动产生的现金流量净额”、“投资活动产生的现金流量净额”、“筹资活动产生的现金流量净额”以及“汇率变动对现金的影响额”之和得出的“现金及现金等价物净增加额”，等于附表中通过“现金”、“银行存款”、“其他货币资金”账户的期末、期初余额的差额以及现金等价物的差额得出的“现金及现金等价物净增加额”。

以上平衡关系是检验现金流量表编制正确与否的最重要的两个依据，也是基本的平衡关系。

13.4.4 现金流量表的编制方法及程序

在采用直接法编制现金流量表时，可以采用工作底稿法或 T 形账户法编制，也可以直接根据有关科目记录分析填列。

1. 工作底稿法

采用工作底稿法编制现金流量表，就是以工作底稿为手段，以资产负债表和利润表的数据为基础，对每一项目进行分析并编制调整分录，进而编制现金流量表。用于编制现金流量表的工作底稿如表 15－7 所示。

采用工作底稿编制现金流量表的基本程序为：

（1）将资产负债表各项目的期初数和期末数过入工作底稿相应项目的期初和期末数栏。

（2）对当期发生的经济业务进行分析并编制调整分录。调整分录大体分为以下几类：第一类，涉及利润表中的收入、成本和费用项目，以及资产负债表中的资产、负债及所有者权益项目，通过调整将权责发生制下的收入费用转换为现金基础；第二类，涉及资产负债表和现金流量表中的投资筹资项目，反映投资和筹资活动现金流量；第三类，涉及利润表和现金流量表中的投资和筹资项目，目的是将利润表中有关投资和筹资方面的收入和费用列入现金流量表投资筹资现金流量中去。此外，还有一些调整分录并不涉及现金收支，只是为了核对资产负债表项目的期末期初数的变动。在调整分录中，有关现金和现金等价物的事项，并不直接借记或贷记现金，而是分别计入“经营活动产生的现金流量”、“投资活动产生的现金流量”和“筹资活动产生的现金流量”的有关项目，借记表明现金流入，贷记表明现金流出。

（3）将所作的调整分录过入工作底稿中的相应部分。

（4）核对调整分录，检查借贷合计是否相等，资产负债表各项目的期初数加减调整分录中的借贷金额以后，应当等于相应项目的期末数。

（5）根据工作底稿中现金流量表项目的数据编制正式的现金流量表。

2. T形账户法

采用T形账户法，就是以T形账户为手段，以利润表和资产负债表中的数据为基础，对每一项目进行分析并编制调整分录，进而编制出现金流量表。

采用T形账户法编制现金流量表的基本程序为：

（1）为所有的非现金项目（包括资产负债表项目和利润表项目）分别开设T形账户，并将各自的期末期初变动数过入各该账户。

（2）开设一个大的现金及现金等价物式T形账户，每边分为经营活动、投资活动和筹资活动三个部分，左边记现金流入，右边记现金流出。与其他账户一样，过入期末期初的变动数。

（3）以利润表项目为基础，结合资产负债表分析每一个非现金项目的增减变动，并据此编制调整分录。

（4）将调整分录过入各T形账户，并进行核对，该账户借贷相抵后的余额与原先过入的期末期初变动数应当一致。

（5）根据大的现金及现金等价物T形账户，编制出正式的现金流量表。

3. 分析填列法

分析填列法是直接根据资产负债表、利润表和有关会计科目明细账的记录，分析计算出现金流量表各项目的金额，并据以编制现金流量表的一种方法。

13.4.5　现金流量表编制举例

【例13－6】　根据［例13－1］所提供的资料，按照工作底稿法可以编制现金流量表如下：

第一步，将资产负债表的期初数和期末数过入工作底稿的期初数栏和期末数栏，如表15－7所示。

第二步，对当期业务进行分析并编制调整分录。编制调整分录时，要以利润表项目为基础，从“主营业务收入”开始，结合资产负债表项目逐一进行分析。

（1）分析调整主营业务收入：

	借方	贷方
借：经营活动现金流量——销售商品收到的现金	1 400 000	
应收账款	300 000	
贷：主营业务收入		1 500 000
应收票据		200 000

（2）分析调整主营业务成本：

	借方	贷方
借：主营业务成本	900 000	
应付票据	100 000	
贷：经营活动现金流量——购买商品支付的现金		919 800
存货		80 200

（3）计算销售费用付现：

	借方	贷方
借：销售费用	20 000	

贷：经营活动现金流量——支付的其他与经营活动有关的现金 20 000

(4) 调整本年营业税费：

借：营业税金及附加 2 000

贷：经营活动现金流量——支付的各项税费 2 000

(5) 调整管理费用：

借：管理费用 140 000

贷：经营活动现金流量——支付的其他与经营活动有关的现金 140 000

(6) 分析调整财务费用：

借：财务费用 41 000

贷：经营活动现金流量——销售商品收到的现金 20 000

应付利息 11 000

长期借款 10 000

(7) 分析调整资产减值损失：

借：资产减值损失 3 000

贷：经营活动现金流量——支付的其他与经营活动有关的现金 3 000

(8) 分析调整投资收益：

借：投资活动现金流量——取得投资收益所收到的现金 35 000

投资活动现金流量——收回投资所收到的现金 15 000

贷：投资收益 35 000

交易性金融资产 15 000

(9) 分析调整营业外收入：

借：投资活动现金流量——处置固定资产、无形资产和其他长期资产而收回的现金净额 300 000

累计折旧 150 000

贷：营业外收入——处置非流动资产利得 50 000

固定资产 400 000

(10) 分析调整营业外支出：

借：营业外支出——处置非流动资产损失 22 000

累计折旧 180 000

贷：固定资产 200 000

投资活动现金流量——处置固定资产、无形资产和其他长期资产而收回的现金净额 2 000

(11) 分析调整所得税：

借：所得税费用 109 250

递延所得税资产 750

贷：应交税费 110 000

(12) 分析调整公允价值变动损益：

借：交易性金融资产 10 000

贷：公允价值变动损益 10 000

（13）分析调整坏账准备：

借：经营活动现金流量——支付的其他与经营活动有关的现金　3 000

　贷：坏账准备　3 000

（14）分析调整持有至到期投资：

借：可供出售金融资产　620 000

　贷：持有至到期投资　580 000

　　其他综合收益　40 000

（15）分析调整固定资产：

借：固定资产　1 503 000

　贷：投资活动现金流量——购建固定资产支付的现金　103 000

　　在建工程　1 400 000

（16）分析调整累计折旧：

借：经营活动现金流量——支付的其他与经营活动有关的现金　20 000

　经营活动现金流量——购买商品支付的现金　80 000

　贷：累计折旧　100 000

（17）分析调整在建工程和工程物资：

借：在建工程　350 000

　工程物资　150 000

　贷：投资活动现金流量——购建固定资产支付的现金　350 000

　　长期借款　150 000

（18）分析调整无形资产：

借：经营活动现金流量——支付的其他与经营活动有关的现金　60 000

　贷：无形资产　60 000

（19）分析调整长期待摊费用：

借：经营活动现金流量——支付的其他与经营活动有关的现金　10 000

　经营活动现金流量——购买商品支付的现金　90 000

　贷：长期待摊费用　100 000

（20）分析调整短期借款：

借：短期借款　250 000

　贷：筹资活动现金流量——偿还债务支付的现金　250 000

（21）分析调整应付职工薪酬：

借：应付职工薪酬　400 000

　贷：经营活动现金流量——支付给职工以及为职工支付的现金　400 000

借：经营活动现金流量——购买商品支付的现金　350 000

　经营活动现金流量——支付的其他与经营活动有关的现金　50 000

　贷：应付职工薪酬　400 000

（22）分析调整应交税费：

借：应交税费　267 966

　贷：经营活动现金流量——支付各项税费（增值税）　100 000

经营活动现金流量——支付各项税费（所得税） 100 000
经营活动现金流量——购买商品支付的现金 67 966
借：经营活动现金流量——销售商品收到的现金 255 000
贷：应交税费 255 000
(23) 分析调整预提费用：
借：应付利息 12 000
贷：筹资活动现金流量——分配股利、利润或偿付利息所支付的现金 12 000
(24) 分析调整长期借款：
借：长期借款 1 000 000
贷：筹资活动现金流量——偿还债务支付的现金 1 000 000
借：筹资活动现金流量——借款收到的现金 400 000
贷：长期借款 400 000
(25) 分析调整股本和资本公积：
借：筹资活动现金流量——吸收投资收到的现金 1 980 000
贷：股本 1 000 000
资本公积 980 000
(26) 结转净利润：
借：净利润 357 750
贷：未分配利润 357 750
(27) 提取盈余公积：
借：未分配利润 35 775
贷：盈余公积 35 775
(28) 最后调整现金净变化额：
借：现金 1 558 234
贷：现金净增加额 1 558 234

第三步，将调整分录过入工作底稿的相应部分。

表 13－7 现金流量表工作底稿

项目	期初数	调整分录		期末数
		借方	贷方	
一、资产负债表项目				
借方项目：				
货币资金	1 406 300	(28) 1 558 234		2 964 534
交易性金融资产	35 000	(12) 10 000	(8) 15 000	30 000
应收票据	246 000		(1) 200 000	46 000
应收账款	297 000	(1) 300 000	(13) 3 000	594 000
预付账款	100 000			100 000
其他应收款	5 000			5 000

（续表）

项　　目	期初数	调整分录		期末数
		借　　方	贷　　方	
存货	2582100		（2） 80 200	2 501 900
可供出售金融资产	0	（14） 620 000		620 000
持有至到期投资	580 000		（14） 580 000	0
长期股权投资	250 000			250 000
固定资产原价	1 500 000	（15） 1 503 000	（9） 400 000 （10） 200 000	2 403 000
工程物资		（17） 150 000		150 000
在建工程	1 500 000	（17） 350 000	（17） 1 400 000	450 000
无形资产	600 000		（18） 60 000	540 000
长期待摊费用	300 000		（19） 100 000	200 000
递延所得税资产	0	（11） 750		750
借方项目合计	9 401 400			10 855 184
贷方项目：				
累计折旧	400 000	（9） 150 000 （10） 180 000	（16） 100 000	170 000
短期借款	300 000	（20） 250 000		50 000
应付票据	200 000	（2） 100 000		100 000
应付账款	953 800			953 800
其他应付款	50 000			50 000
应付职工薪酬	110 000	（21） 400 000	（21） 400 000	110 000
应付股利	0			
应交税费	36 600	（22） 267 966	（11） 110 000 （22） 255 000	133 634
应付利息	1 000	（22） 12 000	（6） 11 000	0
长期借款	1 600 000	（24） 1 000 000	（6） 10 000 （17） 150 000 （24） 400 000	1 160 000
股本	5 000 000		（25） 1 000 000	6 000 000
资本公积	600 000		（25） 980 000	1 580 000
其他综合收益	0		（14） 40 000	40 000
盈余公积	100 000		（27） 35775	135 775
未分配利润	50 000	（27） 35 775	（26） 357 750	371 975
贷方项目合计	9 401 400			10 855 184
二、利润表项目				
主营业务收入			（1） 1 500 000	1 500 000

（续表）

项　　目	期初数	调整分录		期末数
		借　　方	贷　　方	
主营业务成本		（2）900 000		900 000
营业税费		（4）2 000		2 000
其他业务利润				
销售费用		（3）20 000		20 000
管理费用		（5）140 000		140 000
财务费用		（6）41 000		41 000
资产减值损失		（7）3 000		3 000
投资收益			（8）35 000	35 000
公允价值变动损益			（12）10 000	10 000
营业外收入			（9）50 000	50 000
营业外支出		（10）22 000		22 000
所得税费用		（11）109 250		109 250
净利润		（26）357 750		357 750
三、现金流量表项目				
（一）经营活动产生的现金流量				
销售商品、提供劳务收到的现金		（1）1 400 000 （22）255 000	（6）20 000	1 635 000
现金收入小计				1 635 000
购买商品、接受劳务支付的现金		（16）80 000 （19）90 000 （21）350 000	（2）919 800 （22）67 966	467 766
支付给职工以及为职工支付的现金			（21）400 000	400 000
支付的各项税费			（4）2 000 （22）100 000 （22）100 000	202 000
支付的其他与经营活动有关的现金		（13）3 000 （16）20 000 （18）60 000 （19）10 000 （21）50 000	（3）20 000 （5）140 000 （7）3 000	20 000
现金支出小计				1 089 766
经营活动产生现金流量净额				545 234
（二）投资活动产生的现金流量				
收回投资所收到的现金		（8）15 000		15 000
取得投资收益所收到的现金		（8）35 000		35 000

（续表）

项　　目	期初数	调整分录		期末数
		借　　方	贷　　方	
处置固定资产、无形资产和其他长期资产而收回的现金净额		（9）300 000	（10）2 000	298 000
现金流入小计				348 000
购建固定资产支付的现金			（15）103 000 （17）350 000	453 000
现金流出小计				453 000
投资活动产生的现金流量净额				−105 000
（三）筹资活动产生的现金流量				
吸收投资所收到的现金		（25）1 980 000		1 980 000
借款所收到的现金		（24）400 000		400 000
现金收入小计				2 380 000
偿还债务所支付的现金			（20）250 000 （24）1 000 000	1 250 000
分配股利、利润和偿付利息所支付的现金			（23）12 000	12 000
现金支出小计				1 262 000
筹资活动产生现金流量净额				1 118 000
（四）现金及现金等价物净增加额			（23）1 558 234	1 558 234
调整分录借贷合计		13 530 725	13 530 725	

第四步，核对调整分录。借方、贷方合计数均已经相等，资产负债表项目期初数加减调整分录中的借贷金额以后，也已等于期末数。

第五步，根据工作底稿中的现金流量表项目部分编制正式的现金流量表，如表13－8所示。

表13－8　现金流量表

编制单位：××公司　　　　2015年度　　　　单位：元

项　　目	行次	本期金额	上期金额
一、经营活动产生的现金流量：			
销售商品、提供劳务收到的现金		1 635 000	
收到的税费返还			
收到其他与经营活动有关的现金			
经营活动现金流入小计		1 635 000	
购买商品、接受劳务支付的现金		467 766	

（续表）

项　目	行次	本期金额	上期金额
支付给职工以及为职工支付的现金		400 000	
支付的各项税费		202 000	
支付其他与经营活动有关的现金		20 000	
经营活动现金流出小计		1 089 766	
经营活动产生的现金流量净额		545 234	
二、投资活动产生的现金流量：			
收回投资收到的现金		15 000	
取得投资收益收到的现金		35 000	
处置固定资产、无形资产和其他长期资产收回的现金净额		298 000	
处置子公司及其他营业单位收到的现金净额			
收到其他与投资活动有关的现金			
投资活动现金流入小计		348 000	
购建固定资产、无形资产和其他长期资产支付的现金		453 000	
投资支付的现金			
取得子公司及其他营业单位支付的现金净额			
支付其他与投资活动有关的现金			
投资活动现金流出小计		453 000	
投资活动产生的现金流量净额		－105 000	
三、筹资活动产生的现金流量：			
吸收投资收到的现金		1 980 000	
取得借款收到的现金		400 000	
收到其他与筹资活动有关的现金			
筹资活动现金流入小计		2 380 000	
偿还债务支付的现金		1 250 000	
分配股利、利润或偿付利息支付的现金		12 000	
支付其他与筹资活动有关的现金			
筹资活动现金流出小计		1 262 000	
筹资活动产生的现金流量净额		1 118 000	
四、汇率变动对现金的影响			
五、现金及现金等价物净增加额		1 558 234	
期初现金及现金等价物余额		1 406 300	

（续表）

项　　目	行次	本期金额	上期金额
期末现金及现金等价物余额		2 964 534	
1. 将净利润调节为经营活动现金流量：			
净利润		357 750	
加：资产减值准备		3 000	
固定资产折旧、油气资产折耗、生产性生物资产折旧		100 000	
无形资产摊销		60 000	
长期待摊费用摊销			
处置固定资产、无形资产和其他长期资产的损失（收益以“－”号填列）		－50 000	
固定资产报废损失（收益以“－”号填列）		22 000	
公允价值变动损失（收益以“－”号填列）		－10 000	
财务费用（收益以“－”号填列）		21 000	
投资损失（收益以“－”号填列）		－35 000	
递延所得税资产减少（增加以“－”号填列）		－750	
递延所得税负债增加（减少以“－”号填列）			
存货减少（增加以“－”号填列）		80 200	
经营性应收项目的减少（增加以“－”号填列）		0	
经营性应付项目的增加（减少以“－”号填列）		－2 966	
其他			
经营活动产生的现金流量净额		545 234	
2. 不涉及现金收支的重大投资和筹资活动：			
债务转为资本			
一年内到期的可转换公司债券			
融资租入固定资产			
3. 现金及现金等价物净变动情况：			
现金的期末余额		2 964 534	
减：现金的期初余额		1 406 300	
加：现金等价物的期末余额		0	
减：现金等价物的期初余额		0	
现金及现金等价物净增加额		1 558 234	

13.5 所有者权益变动表

13.5.1 所有者权益变动表的内容及结构

1. 所有者权益变动表的内容

所有者权益变动表是指反映构成所有者权益各组成部分当期增减变动情况的报表。所有者权益变动表应当全面反映一定时期所有者权益变动的情况，不仅包括所有者权益总量的增减变动，还包括其变动的重要结构性信息，特别是要反映直接计入所有者权益的利得和损失，让报表使用者准确理解所有者权益变动的根源。

按照《企业会计准则——财务报表列报》的规定，所有者权益（或股东权益）变动表至少应当单独列示下列信息的项目：①净利润；②直接计入所有者权益的利得和损失项目及其总额；③会计政策变更和差错更正的累计影响金额；④所有者投入资本和向所有者分配利润等；⑤按照规定提取的盈余公积；⑥实收资本（或股本）、资本公积、盈余公积、未分配利润的期初和期末余额及其调节情况。

2. 所有者权益变动表的结构

为了清楚地表明构成所有者权益的各组成部分当期的增减变动情况，所有者权益变动表应当以矩阵的形式列示：一方面，列示导致所有者权益变动的交易或事项，改变了以往仅仅按照所有者权益的各组成部分反映所有者权益变动情况，而是从所有者权益变动的来源对一定时期所有者权益变动情况进行全面反映；另一方面，按照所有者权益各组成部分（包括实收资本、资本公积、盈余公积、未分配利润和库存股）及其总额列示交易或事项对所有者权益的影响。此外，企业还需要提供比较所有者权益变动表，所有者权益变动表还就各项目再分为“本年金额”和“上年金额”两栏分别填列。

13.5.2 所有者权益（或股东权益）变动表的填列方法

1. 上年金额栏的填列方法

所有者权益变动表“上年金额”栏内各项数字，应根据上年度所有者权益变动表“本年金额”栏内所列数字填列。如果上年度所有者权益变动表规定的各个项目的名称和内容同本年度不相一致，应对上年度所有者权益变动表各项目的名称和数字按本年度的规定进行调整，填入所有者权益变动表“上年金额”栏内。

2. 本年金额栏的填列方法

所有者权益变动表“本年金额”栏内各项数字，一般应根据“实收资本（或股本）”、“资本公积”、“盈余公积”、“利润分配”、“库存股”、“以前年度损益调整”科目的发生额分析填列。

13.5.3 所有者权益变动表编制举例

【例 13-7】 根据［例 13-1］资料，填列的所有者权益（股东权益）变动表，如表13-9所示。

表 13－9

所有者权益（股东权益）变动表

编制单位：××公司　　2015 年　　单位：元

项　目	行次	本年金额							上年金额（略）						
		实收资本（或股本）	资本公积	减：库存股	其他综合收益	盈余公积	未分配利润	所有者权益合计	实收资本（或股本）	资本公积	减：库存股	其他综合收益	盈余公积	未分配利润	所有者权益合计
一、上年年末余额		5 000 000	600 000			100 000	50 000	5 750 000							
1. 会计政策变更															
2. 前期差错更正															
二、本年年初余额		5 000 000	600 000			100 000	50 000	5 750 000							
三、本年增减变动金额（减少以"－"号填列）															
（一）综合收益总额					40 000		357 750	307 750							
（二）所有者投入和减少资本															
1. 所有者投入资本		1 000 000	980 000					1 980 000							
2. 股份支付计入所有者权益的金额															
3. 其他															
（三）利润分配															
1. 提取盈余公积						35 775	－35 775	0							
2. 对所有者（或股东）的分配															
3. 其他															
（四）所有者权益内部结转															
1. 资本公积转增资本（或股本）															
2. 盈余公积转增资本（或股本）															
3. 盈余公积弥补亏损															
4. 其他															
四、本年年末余额		6 000 000	1 580 000		40 000	135 775	371 975	8 127 750							

本章小结

本章主要讲述财务报表的概念及构成，企业主要报表的格式及编制方法，以及报表的基本要求和报表的作用。

关键名词

财务报告　资产负债表　利润表　现金流量表　所有者权益变动表

即测即评

请扫描二维码，在线测试本章学习效果。

选择题　　判断题

实训题

请扫描二维码，查看实训题题目及答案

实训题

参 考 文 献

[1] 刘明传，国凤兰．中级财务会计［M］．北京：中国传媒大学出版社，2012

[2] 戴德明，林钢，赵西卜．财务会计学（第八版）［M］．北京：中国人民大学出版社，2015

[3] 戴德明，林钢，赵西卜．财务会计学（第八版）学习指导书［M］．北京：中国人民大学出版社，2015

[4] 高翠莲．企业财务会计［M］．北京：高等教育出版社，2015

[5] 张志凤，闫华红．初级会计实务 2016 年会计专业技术资格考试应试指导编著［M］．北京：北京大学出版社，2015